荣格所画的梦中利物浦的玉兰树。

荣格根据梦中利物浦地图绘制成的曼荼罗。

荣格所画的曼荼罗。他称这幅曼荼罗就像由城墙和护城河守备的城市。画的中心是金顶城堡，城堡中间是一座金色神庙。

荣格所画的脑中幻象，巴塞尔变成港口城镇，镇上有带炮台的城堡。

荣格所画的腓利门。

荣格所画的幻想中的圣甲虫。

荣格所画的幻想中的太阳船。在埃及神话中，太阳神与怪物进行战斗，怪物试图在太阳船每天于天空穿梭时吞掉它。荣格认为与怪物的战斗象征自我意识试图摆脱无意识的控制。

荣格所画的吉尔伽美什从蛋中重生。

荣格所画的蛇。

荣格自传
我的梦与潜意识
（专家伴读版）

Memories,
Dreams,
Reflections

[瑞士]卡尔·古斯塔夫·荣格 著

徐说 译

文汇出版社

图书在版编目（CIP）数据

荣格自传：我的梦与潜意识：专家伴读版 /
（瑞士）卡尔·古斯塔夫·荣格（Carl G. Jung）著；徐
说译. -- 上海：文汇出版社，2023.8
（读客三颗钻人类思想文库）
ISBN 978-7-5496-4074-4

Ⅰ. ①荣… Ⅱ. ①卡… ②徐… Ⅲ. ①荣格(Jung,
Carl Gustav 1875-1961)—自传 Ⅳ. ①K835.226.2

中国国家版本馆CIP数据核字(2023)第109674号

荣格自传：我的梦与潜意识（专家伴读版）

作　　者 / ［瑞士］卡尔·古斯塔夫·荣格
译　　者 / 徐　说

责任编辑 / 陈　屹
特约编辑 / 祝艺菲　　张　萌
封面设计 / 温海英

出版发行 / 文匯出版社
　　　　　　上海市威海路 755 号
　　　　　　（邮政编码 200041）
经　　销 / 全国新华书店
印刷装订 / 河北中科印刷科技发展有限公司
版　　次 / 2023 年 8 月第 1 版
印　　次 / 2025 年 2 月第 2 次印刷
开　　本 / 880mm×1230mm　1/32
字　　数 / 405 千字
印　　张 / 16
插　　页 / 8页

ISBN 978-7-5496-4074-4
定　　价 / 79.90 元

侵权必究
装订质量问题，请致电010-87681002（免费更换，邮寄到付）

荣格的自我疗愈之路

李孟潮

1. 我与荣格的缘分

为什么我们要读这本《荣格自传》？

因为它既是心理咨询师必读之书，也是大多数心理咨询者必读之书，更是对自我心理疗愈感兴趣的大众读者必读之书。之所以成为必读之书，是因为它有三大优点：一是系统全面，展现了一位心理治疗师自我疗愈的一生；二是文辞优雅，真诚动人；三是内容深刻，涵盖了心理学、人生哲学等方面。

对这本内涵丰富的书，也有三种读法，分别是"得其皮，得其骨，得其神"。

得其皮者，一路读下去，读得懂就读，读不懂就跳过。这样读完之后，增长了一些知识，知道了一些名字。涣散的灵魂，涣散地捕捉，迅速地遗忘。

得其骨者，看到不懂之处，则自感惭愧，承认自己孤陋寡闻，从而翻阅各种词典、导读、文献，内心坚信——荣格此书既然是名著，自然字字珠玑，有深文大意。

得其神者，则是放下此书，安坐湖边，闭目凝神。回忆昨夜之梦，凝视着一滴记忆穿透另一滴记忆，白色的宁静，内心寒潮深幽，从时间中脱离、上升或下降，时空的贝壳嗡嗡作响，意识塌陷其中。

我自己阅读此书的心路，正在从得其皮走向得其骨，朝着得其神努力。

我大约在大学二年级，第一次阅读此书。

那是一个春末夏初的早上，我睡了懒觉，吃完早饭，逃课，快乐地躺在草地上，拿出从图书馆借来的本书，一整天都在那里读，直到黄昏，午饭没吃，晚饭也不想吃了。暮色降临，我回到医学院的六人学生宿舍，感觉到内心世界正在地震，我和我自己，我和其他医学青年们，虽然仍站在同一块大地上，但这片土地正在摇晃，一条裂缝正在产生。我突然发现，原来世界上真的有另外一种活法，另外一种医生。

大学毕业后，我成为一名心理医生，虽然也时不时翻阅一下本书，但只是把它当作苍蝇小馆的下饭菜。下饭菜嘛，关键是作料多，味道重，能帮自己赶快把两大碗米饭运输到消化系统，然后产生能量，继续为了生存、为了名利奔波。

就这样，直到2012年，我才开始认真研读此书。推动力首先来自我的个案们，他们中不少人和荣格一样，正在经历中年危机。几年后，我自己的中年危机也接踵而至。这样的人生经历和临床经验，让我发现荣格心理学的独到之处。后续我开了一系列导读荣格著作的课程，基本上把中文的荣格著作都讲了一遍。然后就有编辑来约稿出版，但我感觉此前的讲解内容太过粗糙，于是推倒重来，查找更多资料写了《自愈与成长：荣格的生命故事》。那一次的阅读，相当于"得其骨"的过程。

这次读客文化找到我，让我为此书写导读。本来以为已经读透此书的我，心生警觉，除了英文版、德文版外，又找来此书在国内的五个译本（三种英译、两种德译），对照阅读。我又更新了两本荣格传记资料，新旧资料翻出来一起读，果然产生了许多新见解。乃至写导读的时候，我遇到最大的困难，是压缩字数，使之不至于喧宾夺主。

考虑到本导读的目标人群是大众读者，我们只围绕一个关键词展开：自性化（individuation）。简单地概括：**自性化＝自得其乐＋自成一体＋自由自在＋自性圆满**。

自得其乐就是一个人有自己的兴趣爱好，有独处的能力，一般在青春期之前就应获得；自成一体是具有自己的价值观和理想，不人云亦云，独立而不惧，一般在青年期获得，所谓"三十而立"；自由自在和自性圆满则是中年期的发展任务，所谓"从心所欲，不逾矩"。

"自性化"这个词，概括了荣格追求心灵超越、发现心灵超越模型的一生。荣格的前半生，完成了自得其乐＋自成一体，可见于本书第一章到第五章；后半生则完成了自由自在＋自性圆满，由本书第六章到十二章体现。

2. 五大概念助你厘清荣格思想

了解荣格的自性化之路前，需了解五个概念：集体无意识[1]、本能、原型、原型意象、情结。

荣格理论和弗洛伊德理论一样，首先有两个假设：无意识决定论和本能驱动。

无意识就是未知的东西，我们意识之外、意识不到的东西。无意识

---

[1] Unconscious在本书中均译为"无意识"，个别处为便于读者理解译为"潜意识"。——编者注

决定论指我们未知的东西决定了我们的精神系统。探索无意识，梦境是最核心的途径，弗洛伊德说，梦是通往无意识的康庄大道。本书的德文原名是*Erinnerungen, Träume, Gedanken*（意为：回忆、梦境、反思），这也是探索无意识的三部曲：回忆前尘往事，回忆中最核心的内容就是梦境，通过对梦境的体验、理解和分析，对自己的人生进行反思。

本能驱动就是说人生像一部汽车，驱动它前行的燃料是本能。荣格和弗洛伊德都赞同，人类最基础的本能是爱本能。本书"晚年思想"一章的最后一部分，就是在探索爱本能的心理意义。

意识像家中我们能够一眼看见的东西，无意识则像我们看不见却深受其影响的东西，如楼下的地基、床下的灰尘、装修材料散发的甲醛等。我们的记忆大部分储存在无意识中。无意识内容有很多来源：来源于个人生活的，称其为"个人无意识"；来源于文化习俗的，称其为"文化无意识"；**来源于人类集体200多万年演化的，称其为"集体无意识"**。

集体无意识里储存着人类从古到今的记忆，荣格将其称为"原型"。这些原型就是心理的DNA，荣格认为它们既是物质的，也是心理的，很可能储存在细胞的DNA双螺旋中。这一假设近年来得到了神经生物学的一些支持（Alcaro, Carta and Panksepp, 2017）。

随着儿童的成长，原型开始被表达，包括父亲原型、儿童原型、母亲原型、化合原型、人格面具原型、阴影原型、阿尼玛-阿尼姆斯原型、愚弄者原型、永恒少年原型、智慧老人原型、自性原型等。原型表达时形成了各种原型意象，一般出现在梦中，有时候出现在幻想中。比如在本书开篇，我们就看到荣格携带的原型得到表达，出现了上帝意象。

原型被激活，一是因为自然的发展历程，二是因为外界刺激。比如我的一位个案，随着自然发展，进入青春期时，她的阿尼姆斯原型被激活，因此她很容易坠入爱河，恰好外部环境中的校草爱上了她，更加强化了这一原型。她整个青春期都在偶像剧的粉红色泡泡中度过，这又形成了她强烈的"青春情结"。

精神分析把这种自然发展遇到重大刺激形成的记忆称为"情结"。特别要注意的是，情结是重大刺激"之后"形成的记忆，而不是对重大刺激本身的记忆。因为人类对刺激事件的记忆，本来就不像记者的录像机一样，完全忠实于本来事件，而是充满了自己的选择。

比如，妈妈骂完小朋友又心痛地抱抱亲亲。有的小朋友是高敏感儿童，记忆系统特征是"记坏不记好"，他记忆中更多的是妈妈骂我、妈妈好凶、妈妈是个坏妈妈，这就形成了负性情绪主导的情结。而有的小朋友有很强的钝感力，记忆中妈妈总是对他抱抱亲亲，这种好妈妈情结让他日后见到中老年妇女就会自然产生亲近感和温暖感。

所以，所谓"记忆"就是"故事"。故事中如果有神、有灵魂，就是"神话"。荣格领悟到这一点，在本书中说，他要讲述的，是属于他个人的"神话"。

人的一生，在原型和各种刺激的作用下，会形成八大情结[1]：自恋情结、控制情结、三角情结、学习情结、青春情结、名利情结、家国情结、生死情结。

大部分心理学和心理自助书都只讨论了其中一两个情结，如《蛤蟆先生去看心理医生》主要讨论的是自恋情结和控制情结，《被讨厌的勇气》主要讨论的是自恋情结和名利情结。而荣格这本自传，可以说论述了所有情结，尤其是中老年时期才出现的家国情结和生死情结。

---

[1]　"情结"这个术语，曾经在精神分析学派内部被逐渐淡化，随着研究发展至今，获得了很多理论支持，可以参考克里格所著《意识之桥：情结与复杂性》（*Bridges to Consciousness: Complexes and Complexity*, Krieger，2014）一书。

所以我们的读者，如果你是年轻人，看不懂这些内容非常正常，婴儿也看不懂爱情片啊。不过如果你已年过四十，人到中年，乃至到了退休的年纪，仍然看不懂本书，那就有点儿说不过去了，就要多花功夫，多看几遍，把中年危机转化为中年转机。

3. 两大工具助你理解荣格成长

为了更深入地理解本书，读者们可以借助两个工具。

一个工具是导读中的"荣格情结原型自性化发展表"。它列出了精神分析研究至今的主要情结和原型及其在本书中对应的章节。读者每读完一章，可以回到这个表进行反思。当然，反思最好遵循荣格的三步骤，从回忆到梦境，再通过梦境进行反思。

另一个工具是附录的"荣格自我疗愈年表"。这个表有三个作用。一是让时间线更加清晰。本书不是严格按照时间发展顺序来写的，尤其是梦境，有些老年期的梦境放在了中年期梦境之前阐述，这会让人看不清楚荣格自性化发展的过程。二是补充了本书没有叙述，但在其他荣格传记中陈述的历史事件、时代背景等，可以让我们更加全面地了解本书的故事脉络。三是让专业研究者、深度阅读者参考，尤其是准备阅读荣格心理学著作的人，了解这些著作和荣格个人生活的关系。

下面我们主要结合"荣格情结原型自性化发展表"来简要阐述荣格自性化发展过程中情结和原型的变化（李孟潮，2022）。

荣格情结原型自性化发展表

情结	原型	客体—自体配对	本书对应章节
自恋情结	伟大母亲原型—儿童原型	慈爱母亲—信任婴儿 死亡母亲—恐惧婴儿	第一章、第二章、 第六章
控制情结	父亲原型—个人阴影原型	规训父母—自主幼儿 操纵父母—害羞幼儿	第一章、第五章
三角情结	化合原型—集体阴影原型	相爱父母—主动小儿 敌对父母—内疚小儿	第一章、第三章
学习情结	人格面具—文化阴影原型	民主老师—勤奋少儿 独裁老师—懒散少儿	第二章、第三章、 第七章
青春情结	永恒少年原型—智慧老人原型 阿尼玛—阿尼姆斯原型	欣赏长辈—浪漫少年 功利长辈—空心少年	第一章、第二章、 第三章、第九章
名利情结	人格面具—愚弄者原型	关爱社会—有为青年 冷漠社会—隔绝青年	第四章、第五章、 第六章、第七章、 第十章
家国情结	智慧老人原型—永恒少年原型	感恩家国—繁衍中年 冷漠家国—停滞中年	第六章、第八章、 第九章、第十章
生死情结	自性原型	抱持宇宙—统整老人 无情宇宙—绝望老人	第十一章、 第十二章

3.1 自性化发展阶段一：童年期

本书第一章描述了四种情结、六个原型对荣格的影响。

第一个情结叫作"自恋情结"。以爱为主导情绪的自恋情结，被称为"正性自恋情结"。核心是人类把自己记忆为一个被宠爱的、信任世界和人类的婴儿，而把养育者，尤其是母亲，记忆为慈爱母亲。负性自恋情结相反，自己是恐惧婴儿，母亲是死亡母亲，即死气沉沉的母亲或者巴不得婴儿死亡的母亲。这些记忆中的"我"为"自体"，记忆中的"母亲、父亲"等别人为"客体"。**自体和客体的记忆，通过情绪联结在一起。**情结就像房屋里的一面墙，而自体-客体关系配对就相当于构成这面墙的砖块。

形成正性自恋情结，需要自体和客体之间发生七件事——抱、亲、摸、看、说、逗、玩。这七件事无法在死亡母亲这里获得，恐惧婴儿体验不到自己存在的意义与价值，内心空虚无比，这就是最原始的空心病、黑洞体验的来源。

但女性也有自己的爱好、事业和理想，怎么就愿意挤占这些时间去和跟孩子进行抱、亲、逗等费力费时费神的游戏呢？其中就有原型的力量，一个是伟大母亲原型（Great Mother，也翻译成"大母神原型"），另一个则是儿童原型，或称"神圣婴儿原型"。

伟大母亲原型激活后，婴儿会把它投射给自己的生物学母亲，自然而然地无条件依赖给自己喂奶的妈妈。唯有婴儿能赋予人类无条件的依赖、无条件的接纳，当然也有无条件的吸取和恼怒。另外，可以说整个社会，包括产科医生和心理咨询师，从女性怀孕的第一天起就把"伟大母亲"原型投射给她。与此同时，儿童原型也会被激活。婴儿被投射为"无比可爱的儿童"，母亲被投射为"无所不能的大母神"。这就是人类社会繁衍生息的原型基础，每个社会必要的自恋情结。

从第一章荣格的最初记忆，尤其是摇篮记忆看来，荣格的正性自恋情结占六成以上的比例。正性自恋情结也体现在他日后的发展中，比如他总是坚信自己具有独一无二的价值，敢于追求自己的兴趣和事业。总体来说，他对社会的安全感超过了怀疑不安，从他对大自然母亲的热爱中可见一斑。

荣格大概有四成负性自恋情结，又称"自卑情结"。荣格的自卑情结在幼年主要和父母并不融洽的婚姻生活、母亲的精神病发作有关；在小学时，又因为学习成绩下降、同伴欺凌、家境自卑而得到强化。负性自卑情结在婴儿期的关系配对记忆是"死亡母亲—恐惧婴儿"，在少年期变化为"鄙视、排斥的城市老师同学—自卑退缩的小孩"。有些人一直到成年都保持这种配对记忆，荣格则逐渐疗愈了这种情结带来的痛苦（可以参考本书第二章和第六章）。

荣格自我疗愈的原因是：他的父亲原型和个人阴影原型被激活了。父亲原型中，既有正性的威严父亲、英雄父亲，也有负性的暴虐父亲。正性的父亲原型投射，形成了规训父母—自主幼儿的关系配对，这被称为"正性控制情结"。这大概占据荣格幼年记忆的30%～40%，尤其是在学习文化知识方面，有很多父母陪伴的温暖记忆，难怪他日后成为"学神"。

但他可能终身受到负性控制情结的影响，把对方记忆为"操纵父母"，而自己是"害羞幼儿"，这种负性控制情结，让他很难适应普鲁士教育体系风格，从而形成了负性学习情结，乃至成年后，他成了有点儿激进的自由主义教育观的拥护者。

在太阳的照耀下，我们身后会自然留下阴影。阴影原型的命名就来自这个比喻，阴影是我们不能看到、不愿看到的东西。因为阴影原型的激活，意识的阴影面积就越来越大，无意识的领域也就越来越广阔（李孟潮，2021）。

个人阴影原型被激活时，我们会自然地压抑自己、克制自己。我们之所以说个人阴影原型和父亲原型紧密结合，是因为，哪怕爸爸很温柔，幼儿们也会自发地畏惧父亲、克制自己，尤其是男孩。直到和爸爸进行无数次刺激好玩的打闹、抛甩游戏后，幼儿们才和爸爸变得亲密无间。另外不难发现，母亲原型激活之时，大部分母亲容易宠溺孩子，无条件接纳孩子；而父亲原型激活时，父亲们则倾向于要求孩子表现得更好，表现得超乎孩子的能力。父亲就像太阳一样，照亮孩子的同时，也在孩子身后留下阴影。

在本书第一章的"独眼肉柱梦"和第九章的"驯服阿拉伯王子梦"中就有负性父亲原型形成的关系配对。独眼肉柱是个国王，这是权力、控制的象征。而梦者小荣格充满了恐惧和逃离的愿望。我们看到荣格成长为一个害羞的小孩，他很难体验到控制也是一种爱，因此对权威主义充满仇恨。他强烈地反对建立学派，可以推测，在他的认知系统中，大概形成了"控制等于恨"的信念系统。

在童年期被激活的第三个心理基因被称为"化合原型"。化合原型形成的原型意象中国人应该都很熟悉，比如伏羲、女娲交尾图，阴阳太极图。这些原型意象表明，宇宙中天生有一种力量，让对立的双方产生化学反应，合为一体，就像化学中的化合反应一样。具体到人类社会，这股力量就体现为男女交合。其中，乱伦被人类社区排斥、压抑和耻笑，所以被压抑的乱伦冲动就成为阴影，而且是人类集体共有的阴影，于是它被称为"集体阴影原型"。

化合原型和集体阴影原型在父权制社会中被表达后，形成了俄狄浦斯情结。以男孩为例，俄狄浦斯情结分为三种：1）正性俄狄浦斯情结，即男孩认同自我性别为男，恨父爱母；2）负性俄狄浦斯情结，即男孩认同自我性别为男，爱父恨母；3）倒错性俄狄浦斯情结，即男孩认同自我性别为女，恨父爱母或者爱父恨母。

荣格应该是正性俄狄浦斯情结占到40%。从本书中我们看到，即便对母亲印象不好，荣格仍然很快把这种爱意转移到其他女性身上。他的生命中似乎缺乏男孩进入正性俄狄浦斯情结的条件——夫妻双方恩爱，也许在日后的发展旅程中，尤其是和弗洛伊德的思想斗争中，荣格形成了正性俄狄浦斯情结。但他的生命也充满了构成负性俄狄浦斯情结的因素，可能也占比40%，父母分居分床，相当于婚内离婚，父亲和儿子关系更紧密。而童年被成年男性性骚扰的经历，可能增强了荣格对男性同性恋式的爱慕，这大概形成了20%的倒错性俄狄浦斯情结。

为什么我们把俄狄浦斯情结又称为"三角情结"？因为它的实质是三方博弈。在父权制度下，它在父—母—子的三元关系中最容易出现。近代以来，随着父权制度的瓦解，人类进入单身社会时代，我们就很难看到具备弗洛伊德式三角情结的人了。

3.2 自性化发展阶段二：中学期

从本书第二章开始，我们看到了荣格"学习情结"的发展。人们形成这个情结，首先需要人格面具这个原型被高度激活和表达。其实所有原型从人出生的那一刻，就存在被激活的可能性，人格面具也不例外。如果外界压力很大，比如时刻强调孩子要赢在起跑线，那么孩子的人格面具很可能很早就会被激活。我的一个个案天天给女儿"打鸡血"[1]，结果发现女儿三岁不到就学会了假笑，去别人家做客居然跑去书房假装看书。人格面具是一个人天生的亲近社会、认同社会投射的倾向，它让我们把自己假装成社会想要的人物。

我们说客体关系有六老——老爸、老妈、老师、老板、老公／老婆、老小（小孩）。相应地，人们也会形成六个人格面具，爸爸的好孩子、妈妈的好孩子、老师的好学生、老板的好员工、老公的好老婆（或

---

[1] 网络用语，指人对某件事突然情绪亢奋的一种行为。——编者注

老婆的好老公）、老小的好爸爸／妈妈。

在"荣格情结原型自性化发展表"里，绝大部分充满爱的自体表象，都是我们在社会生活中要扮演的角色、要戴上的人格面具，如自主幼儿、主动小儿、勤奋少儿、浪漫少年、有为青年等。但也有例外，比如婴儿期和老年期，一般人格面具的作用会小一些。

在我们内心的天空中，如果人格面具成了太阳，那它形成的阴影则是社会文化所排斥的，这就形成了文化阴影原型。荣格刚开始有强烈的负性学习情结，成为厌学儿童，大概是因为此时德语区采取的多是权威主义教育。一直到中学后期，荣格才出现正性学习情结，详见本书第二、三章。从青年期开始，他的正性学习情结压倒了负性学习情结，并且一直驱动他，让他终身保持热爱学习、热爱写作的习惯。

一般人在青春期首先会有两个原型被激活，一个是智慧老人原型，另一个是永恒少年原型。荣格最与众不同的一点，就是他早在幼儿期，智慧老人原型就被激活，一直到青春期后期才稍稍平静。在和弗洛伊德决裂后，他的智慧老人原型再次被激活。类似情况好像在康熙身上也出现过，他小小年纪就表现出超常的智慧。《红楼梦》中的贾宝玉就是永恒少年的代表，而空空道人就是智慧老人的象征。以前流行的武侠小说、现在流行的玄幻小说，核心故事线之一也都是永恒少年与智慧老人的相遇。

为什么这两个原型会被同步激活？可能因为青少年蓬勃的生命力使得认知能力突飞猛进，而大量分泌的性激素，需要智慧来调节性欲和学习之间的辩证关系。

正性青春情结表现为向往青春、向往自由、向往爱情，如果发展过度，甚至会变成"恋爱脑"[1]，崇尚"生命诚可贵，爱情价更高"。负

---

[1] 网络用语，指一种恋爱至上的思维模式。形容那些在恋爱时把全部心思和精力放在恋人身上的人。——编者注

性青春情结则是恐惧青春、嫉妒青春，恨不得把青少年都变成老成持重的中年人。**"鸡血教育"的本质，就是中年人把自己的生活重担，变成青少年的学习重担，要求青少年早早变成一个扛起重担的中年人。**

荣格的青春情结，应该有一半是比较正性的：他热切地向往智慧，取得了学业上的成功，深入思考和确定了自己的事业方向，前面几个时期形成的负性情结，以及自恋情结、控制情结、学习情结，在青春期都得到了一定程度的疗愈。但是他也留下了青春的伤疤：一个是受到学校老师和同学的排斥，另一个是性压抑。他的性压抑比较严重，青少年多是向往爱情、浪漫和性爱的，而他的自传里几乎没有这方面的内容。这大概形成了他中年的危机，婚前留下的性压抑，推演到中年期才爆发。

永恒少年的特征之一，就是渴望纯洁无瑕的、一生一次的初恋。这个时候，另外两个原型被激活，它们叫作阿尼玛原型和阿尼姆斯原型。阿尼玛原型，是男人心中的"女神"；阿尼姆斯原型，是女人心中的"男神"。青春期的少男少女，之所以会对文艺偶像或者同学如痴如醉，就是因为产生了阿尼玛或者阿尼姆斯原型的投射。和男神坠入爱河，就会产生"灵魂伴侣"感；男神变心了，就会产生"失魂落魄"感。

阿尼玛-阿尼姆斯的整合，和其他原型间的整合不一样的是，它们一般是在爱情关系中整合的，而且往往要经历几段爱情关系才能被较好地整合，从而"灵魂伴侣"感可以在夫妻关系中逐步变成现实。荣格很有可能一直到七八十岁，妻子死亡前，才和妻子完成了这样的整合。这个过程在这本自传中是看不到的，读者感兴趣的话可以看《浮士德》和《悉达多》，当然《红楼梦》也是描述一个永恒少年整合阿尼玛原型投射的心路历程。

3.3 自性化发展阶段三：青春成年期

本书的第五、六、七三个章节，回忆了荣格的青年成人期，这一时期，人们仍然受到人格面具的驱动，我们要戴上的人格面具，叫作"有为青年"。如果真的成为有为青年，我们就形成正性名利情结。"名利"这个词不太好听，但其实也有高尚的名利，比如"求名当求万古名，谋利应谋众生利"。正性名利情结中，青年们认同自己是有为有爱的青年，投射社会为一个关爱的客体，从而会和社会中众人形成亲密、合群的关系。反之，他就变成一个孤独的、隔绝的青年，把这个社会设想为充满冷漠、功利的他人。

当然，和社会名利系统保持适当的距离是有必要的，保持一些负性名利情结也有利于一个人面对社会的阴暗面，以防被阴影反噬。荣格大概就是正性名利情结发展得太快太过了，他早早就功成名就，中年危机也提前到来。电影《美国精神病人》塑造了一个正性名利情结过度发展的金融才子，当他的负性名利情结袭来时，他出现了大量杀人的幻象。

为了防止人格原型、正性名利情结过度发展，愚弄者原型开始补偿和调整人类心灵的失衡。它的典型代表就是东方文化中的孙悟空。悟空，就是要由色悟空，由名利悟空。

愚弄者原型具有两个功能，其一是愚蠢，其二是愚弄，就是愚弄自己和他人，让自己和他人做一系列愚蠢的事。例如悟空，他不断地愚弄八戒，也让自己受到不少伤害，还严重耽误了团队西天取经的进程。人们在追求名利的过程中，经常会做出愚蠢至极的决策。阻碍自己达到目标，往往就是愚弄者原型在起作用。愚弄者原型在荣格身上，体现为过度热情地拥护弗洛伊德，后又和其彻底闹翻，还有他和自己的病人、学生发生不伦之恋，这两件事是他在事业、爱情方面的自毁行为。

3.4　自性化发展阶段四：中年期

中年期和青春期一样，智慧老人原型和永恒少年原型会再度被激活，但这一次它们更加具有主导性。中年期的永恒少年原型让我们形成繁衍生息感，产生一种身份认同——"我"可以在退休前再努力一把——从而充满活力和创造力。与此配对，他眼中的家庭和国家，是感恩他的付出的，他虽然会不时感到力不从心，但会认为自己累得值得，也会产生落地生根、叶落归根感，比如"此生不悔入华夏"。这就是正性家国情结。

如果他要靠贬低外国才能安居中国，或者相反，要靠抹黑中国才能在外国安心定居，那就是缺乏对负性家国情结的整合，缺乏中年人必须面对的正常的停滞感。中年正常的停滞感，一方面来对自己体力、脑力衰退的正确认知，意识到自己的人生已经走了一半，工作上开始规划退休、养老和死亡，家庭中做好给父母送葬、子女将要离家的准备。另一方面，是对家国正常的冷漠性接纳，也就是经历了青年期的"名利情结"，能够领悟到，"贫居闹市无人问，富在深山有远亲；人情似纸张张薄，世事如棋局局新"。

荣格在中年期，非常努力地构建属于自己的"家与国"。一方面，他把理想的国家和文化投射给异国他乡，从中国到印度，从非洲到炼金术；另一方面，他也开始漫长的修建塔楼、写作疗愈日记的过程。本书第六、八、九、十章都在描述他处理中年危机、整合家国情结的心路历程。对一个童年期就激活智慧老人的天才来说，中年危机居然也如此惨烈，我们一般人在中年期遇到些波折也就再正常不过了。

3.5 自性化发展阶段五：老年期

中年期过后，出现的就是自性原型（又称"大我原型"），一般在老年期、体验濒死、遭受严重创伤时才会充分显现。

在老年期的情结被称为"生死情结"。死亡焦虑虽然贯穿人的一生，但之前的死亡焦虑，往往是丧失焦虑、分离焦虑、存在焦虑、道德焦虑的变形。只有老年期的死亡焦虑，才是真正要面对必然死亡的。

生死情结也分两种，正性生死情结中，一个老年人安然赴死，是因为他具有足够智慧，能统整人生中的一切喜怒哀乐，他面对的宇宙，对他来说是充满智慧和慈悲的，所以他愿意停止各种养生延寿的手段，把岁月、成就、名利、家国留给年轻人和中年人，自己安静地走向死亡。以正性生死情结为主时，一个人往往倾向于相信死后仍然有另外一个世界存在，漫威电影《黑豹》中就有这样一句台词：死亡不是生命的终点，而是通往另一段旅程的起点。

我们可以在本书后半部分看到，荣格以正性生死情结为主，占比超过七成。在他的死亡观中，不但死后有另外一个世界，而且在那个世界中，人们仍然有家庭、婚姻、爱情。荣格自己也对人类充满了爱和慈悲，只要人们祈祷他回来讲授心理学，他就愿意重新回来做心理医生。

一个人能够平静地接受死亡，多少也要有三成左右的负性生死情结，有正常的绝望感。荣格的绝望和孤独，在本书最后一章表现得十分充分。

4. 结语

万事万物起始之时，就要细致地分析各种冲突的原型、情结对我们的影响。故而在半明半昧的认知门廊，我们看到记忆列队走过，体验七情六欲的压痕，落在万物表象的压痕。仅凭驱力中的空旷，笨拙的爱情在余晖中沉浮，语言嘈嘈切切错杂弹，知觉路径与梦境故事纠缠撕咬，情话连篇，相互吞噬，光与尘一起降落。时间怒放之后，唯有原型，明灭其间。

参考文献

李孟潮.《自愈与成长：荣格的生命故事》.北京：中国广播影视出版社，2021。

Alcaro, A., Carta, S. Panksepp, J. (2017). The Affective Core of the Self: A Neuro-Archetypical Perspective on the Foundations of Human (and Animal) Subjectivity. *Front. Psychol.* 8: 1424. doi: 10.3389/fpsyg. 2017.01424.

Shamdasani, S. (2012). *C. G. Jung: A Biography in Books*. London: W. W. Norton & Company. Ltd.

Turner, J. H. & Maryanski, A. (2005). *Incest: Origins of The Taboo.* New York: Routledge.

Krieger, N. M. (2014). *Bridges to Consciousness: Complexes and Complexity*. New York: Routledge.

前　言

李孟潮

　　本书缘起荣格81岁时朋友们的建议。荣格从1957年他82岁时开始写作，一直到1961年出版，历时3年，荣格也在1961年与世长辞。这就是有意义的巧合，即荣格理论中所说的共时性事件。

　　此书是一名心理咨询师在晚年进行的自我疗愈，可称为"写作疗法"。荣格如此描述写作疗法的功效——"写下早年的回忆，于我而言已成了一件每日必行的事情。一日不写，身体就会感到不适。而只要提起笔，不适感便荡然无存，头脑也会异常清晰。"

　　导读中提到，老年期的发展，在自体层面主要是整合"绝望老人"和"统整老人"这两种心态，在客体层面是整合"无情宇宙"和"抱持宇宙"这两种认知。

　　荣格在前言中如此描述这种老年人的心态：

　　其一，"上了年纪以后，我们于内于外皆向早期回归了"。这是在老年早期出现的情况，远事记忆增强，近事记忆减退，童年往事突然就回忆起来，而昨天手机在什么地方充电都想不起来。这种特性有助于老年人回收自己的一生，从而获得统整感。

　　其二，"我一生中的大部分'外在'经历，就这样从记忆里消失无踪……关于内在经验的记忆不断地变得愈加生动多彩"。大部分老年人都会越来越内倾，生命能量内收，回归内在。这样他就可以做到"不假外求"，不再死死抓住外在事物，比如财产、子女、医药等不放手。孔子说，老而"戒之在得"，大概就是说老人要学会放手。

可以看出，荣格已经能够整合"无价值感"。他说，"若是问我的人生是否有价值，我只能把自己放入过去的几个世纪中去比较，然后我必须说，是的，它有一定意义。但倘若用现代的观念看，它便一文不值"。这就是整合了老年内心冲突的表现。这位老人准备好了，准备做一个"幸福的老废物"。

前言中有一部分论述了荣格与宗教的关系。这是因为，健康老化后需要处理好自己与"神"的关系、自己与宇宙的关系。正如斯宾诺莎把上帝物理学化一样，荣格把上帝心理学化了，上帝变成了一种意象——上帝意象[1]。找到自己的心神，也是荣格心理治疗的要诀。

---

[1] 申荷永教授的博士生Michael K. Yen写过一篇博士学位论文——《荣格原神心神意象在心理分析中的角色研究》，就是专门研究上帝意象的。

前　言

他审视着自己的灵魂，

以望远镜。它看似

全无规律，却在他眼中

显现为美丽的星群；他亦

为意识添加了世间

一个不为人知的领域。

——柯勒律治《笔记本》[1]

写这本书的设想萌生于1956年的夏天，也是爱诺思会议在阿斯科纳召开的时候。在那里，出版商库尔特·沃尔夫在与来自苏黎世的朋友们

---

[1] 英文原文如下：He looked at his own Soul
with a Telescope. What seemed
all irregular, he saw and
shewed to be beautiful
Constellations; and he added
to the Consciousness hidden
worlds within worlds. ——译者注

交谈时，表达了他想让纽约万神殿书局出版一部卡尔·荣格传记的意向。而荣格的一位助手，乔兰德·雅克比博士，便提议由我来主持传记的编写。

我们都明白这一工作并不容易完成——众所周知，荣格一向反感将私生活公之于众。事实上，他确实犹豫了很长时间才同意出版这本传记。不过一旦同意，他便每周安排一整个下午，专门与我一起写传记。就他日常工作的压力，以及因年过八旬而极易疲劳的身体状况而言，这些时间已是很多了。

从1957年春季动笔时开始，这本书便被设想为一部"自传"而非"传记"，由荣格本人作为叙述者。这个设想决定了书的构架，而我的任务则基本是提问和记录。一开始，荣格显得有些沉默寡言，但他很快就对这件事燃起了热情。他开始越来越有兴致地讲他的故事、成长经历、梦和见解。

同年年末，荣格对协力合作的积极态度促成了一个关键性的进展。经过一段时间的内心动荡后，荣格源于童年、之后长期潜藏的一些内在意象渐渐浮现。他发觉这些意象与他晚年作品中的一些思想有所关联，却又无法准确把握其中联系。一天早上，他告诉我他想亲自执笔童年回忆的部分。彼时，他已向我讲述过很多关于早年的记忆了，不过仍有错漏之处。

这是一个令人欣喜又出人意料的决定，因为我知道这项写作对荣格而言会多耗费精力。以他的高龄来说，除非打心里觉得这是一项内心的使命，否则他是绝不会接手这类事务的。这样一来，即从荣格本人的精神生活的角度，证明了本书是一部"自传"。

不久之后，我记录下了荣格的一句话："我的每一本书都与命运息息相关。每一次写作过程中总会有不可预测的事件出现，我无法给自己预设一个什么章程。如今这部‘自传’，也与我最初的设想截然不同。写下早年的回忆，于我而言已成了一件每日必行的事情。一日不写，身体就会感到不适。而只要提起笔，不适感便荡然无存，头脑也会异常清晰。”

1958年4月，荣格完成了自传的童年时代、中学时代和大学时代共三章内容，最初被他称为“重要的早期经验”。第三章叙述截至1900年他完成医科学业。

不过，荣格对这部传记做出的直接贡献并不仅限于上述章节。1959年1月，他住在柏林根的乡间住所，每个早上都用来校对选定章节，本书也在那时修改成文。当校完“论死后的生活”一章时，他对我说：“我内在的某样东西被触动了。一些改变正在发生，我必须写下来。”于是“晚年思想”一章应运而生，这一章讲述了他最核心的，可能也是意义最深远的信仰。

这一年的夏季，荣格在柏林根写了“肯尼亚和乌干达”一节。而“美国：普韦布洛印第安人”一节则取自一篇未发表的未完成手稿，论及原始宗教心理学的一般问题。

在完成“西格蒙德·弗洛伊德”和“与无意识的面质”这两章时，我参考了1925年一次研讨会的会议记录。荣格第一次讲述他的内在发展历程便是在该研讨会上。

“在精神科的实践活动”一章的内容则基于1956年荣格与一位年轻的助理医生的谈话记录。这位助理医生来自伯格尔兹尼的苏黎世精神病院，当时荣格的孙子也在该院当精神病医生。谈话地点是荣格在库斯纳赫特的一处住所。

荣格通读过本书的原稿，并予以了肯定。间或他会订正几个段落，或添加一些新材料。反过来，我也会用我们的谈话记录来补充他自己写的章节，扩充其中过于晦涩的隐喻，再删去重复的部分。本书越是向前推进，他的工作和我的工作就越是趋向于融合。

在某种程度上，本书的产生即决定了其内容。谈话和随机的讲述难免带有随意性，随意的格调便贯穿了整部自传。所有章节都像是灵光一闪，匆匆阐述了荣格的人生和工作中的某些外在经历。不过作为补偿，这些章节传递了荣格智慧世界的气场，以及一个视心灵为深刻现实者的经验。我常向荣格询问这些外部事件的具体资料，却徒劳无获。他只记得他生活经验的精神实质，并且似乎也只有精神实质值得他讲述。

比文本梳理的困难更为要紧的，是固有的、更私人化的障碍。1957年下半年，一位学生时代的朋友来函邀请荣格写一写青年时代的记忆，他在回信上曾提及这一障碍。他写道：

> 你说得很对。上了年纪以后，我们于内于外皆向早期回归了。很早以前，有30年了吧，我的学生们要我解释，我是怎样得出了无意识这个概念的。我以研讨会[1]的形式回应了这个请求。过去一年里，我接到多方建议，说我该写一部自传。可我一直无法想象自己也会做这种事。我知道，太多的自传都在自欺欺人，全然是谎言；我也知道要描写自己，是何等的不可能——以至我根本不敢做任何尝试。
>
> 近来，我应邀提供一些自传的信息。在回答问题的过程中，我发现了记忆里潜藏的一些客观问题，似乎需要细致入微的审视。权衡轻重之后，我决定避开其他合约，用一段足够长

---

[1] 之前提及的1925年研讨会。——原注

的时间着手处理我生命中最初的体验，并以一种客观的方式进行思考。结果这项任务是如此之难，又如此私人化。于是，我只好向自己许诺，只要我还在世，这些结果就不会被发表，如此才能继续进行下去。这个许诺对我来说意义重大，有了它，我才确定能保持一种必不可少的超然态度和平静。逐渐明确的一点是，所有那些依旧生动可见的、涉及情绪的记忆，都会让我心绪不宁与激荡——而这又绝不是令文本客观的最佳状态！正是在我就要决定冒险一试时，你的信悄然而至。

命运自有安排——这句话完全符合我的经历——我一生中全部的"外在"经历都是偶然发生的。只有内在经验具有实质性，有着明确的意义。所以，有关外在经历的记忆都消退了，或许它们压根儿就不重要，或许它们只是在与我内在的发展期同时出现时才重要。我一生中的大部分"外在"经历，就这样从记忆里消失无踪，对我而言，全部精力都投入其中了。然而一部明智的传记通常会包含这样的内容：曾经见过的人、旅行过的地方、冒过的险、遇到的纠葛、命运的冲击等。但这些事情于我已成了幻象，只有少数例外。我很少想起这些事，我的头脑也没有将之重现的愿望，它们不再能在我心中激起一丝涟漪。

另一方面，关于内在经验的记忆不断地变得愈加生动多彩。这就使得我渐渐感到笔拙词穷，起码目前如此。非常抱歉，我不能满足您的要求，实为力有不逮……

荣格的态度在这封信中展露无遗。尽管他"就要决定冒险一试"，信却以拒绝结尾。一直到离世，他都在同意和拒绝之间摇摆不定，总有一丝怀疑挥之不去，总是回避着未来的读者们。他不认为这部自传是学术作品，甚至不把它当成自己的著作。相反，他总是称它是"安妮拉·亚菲的项目"，而他自己在其中的作用仅仅是有所贡献。在他的特别要求下，本书未被收入《荣格文集》。

荣格对他的人际交往一向不予置评，不论涉及公众人物还是亲密的朋友和家人。"我与许多同时代的名人交谈过，那些学术界泰斗和政界元老，像是探险家、艺术家、作家、权贵和富豪之类。不过说实话，这样的会面几乎不曾带给我什么重要的体验，只像是远海上两船相错时互相点旗致意一般。而且，这些人常常会问及一些我不能随便透露的问题。于是，不论他们在世人眼中有多重要，也不能刻入我的记忆中。我和他们的会见毫无特别之处，很快就被淡忘，亦不曾产生更深远的影响。至于我的至亲挚友——他们对我而言则十分重要，仿佛是从久远的记忆里走出后来到我身边一样——我亦无从谈起。因为这些亲密关系不只涉及我的内心生活，也属于他们。我不可以猝然把那扇永远锁着的门向公众敞开。"

不过，内在经验和丰富的思想很好地弥补了外部事件的匮乏，并像荣格所说的一样构成了这部自传的主体。对荣格的宗教观念而言更是如此——本书包含了荣格的宗教遗言。

几个不同的渠道都把荣格引向了宗教问题。童年时代的视象使他直面宗教经验的现实性，并伴他终生。而对心灵的内容及其呈现的那种无法抑制的好奇心，那种求知欲，成了他的学术研究的特点。此外，同样重要的是他作为医生的感悟。荣格认为自己的第一身份是一名医生，而且是一名精神科医生。他清楚地认识到病人的宗教态度在精神疾病的治疗中起了关键作用。与之相符，他还发现心灵会自动产生带有宗教内容的意象——"心灵生来就有宗教性"。他亦知很多精神症皆源自对心灵这一基本特征的忽视，尤其是在人的后半生当中。

荣格的宗教观念在许多方面与传统基督教不同——尤其是他对罪恶的问题的回答及其对上帝并非全知全能全善的理解。从严格的基督教教条的角度看，荣格显然是一名"局外人"。由于他享誉世界，从其著作中得出的这个论断便被强加到他身上。这使他感到痛心。因而在本书中，荣格多次表达了身为一名科研人员，自己关于宗教的见解并未能被人们正确理解的失望之情。不止一次，他严肃地说道："放在中世纪，他们一定会把我当成异教徒烧死的！"直到他去世之后，才有越来越多的神学家开始宣称，荣格无疑是20世纪宗教史上的一位大师级人物。

荣格曾明确声称他忠于基督教，而且他最重要的著作便论述了基督徒的宗教问题。他以心理学的观点来看待这些问题，并谨慎地和神学方法划清了界限。这样一来，与基督教对忠诚的需求相左，他强调了理解和思考的必要性。他视这种必要性为理所当然，是生活的根本属性之一。在1952年给一位年轻牧师的信中，他写道："我发现我的想法总是围绕着上帝，就像行星绕着太阳旋转一样，无法抗拒地被上帝吸引着。一旦我想反抗这个引力，就会觉得自己罪大恶极。"

在荣格的等身著作之中，只有本书论及上帝和他对上帝的个人体验。在写到青少年时期对教堂的反抗时，他曾说："那时我意识到，上帝是一种最直接的体验，至少对我来说是这样。"荣格在学术著作中很少提到上帝，若提到则会不厌其烦地使用"人类心目中的上帝的意象"这一术语。这其实并不矛盾。提到内在经验时，他会使用较为主观的语言；而涉及科学研究时，则会运用更客观的表述。在前一种情况下，作为一个人，他的思想可以被人格、强烈的情感、直觉和漫长而丰富的人生经历影响；在后一种情况下，作为一名科学工作者，他有意识地克制自己，只说那些能被证明、有证据支持的话。作为科学家，荣格是一位经验主义者。在本书中，当荣格谈到他的宗教体验的时候，他假设读者是乐意与他的见解产生共鸣的。他主观的表述只能被那些有过类似经验的人——或者说，那些心目中的上帝意象有相同或相似特征的人——接受。

尽管荣格在著写这部"自传"的过程中表现得积极且肯定，但长期以来，他对本书出版的前景都持一种批判和消极的态度，这一点很好理解。他极担忧公众的反应，一来是因为他在书中对他的宗教体验、观念直言不讳；二来则是《答约伯》引起的反对声仍未消散，而被世人不理解或误解着实令人痛苦不堪。"我一生守护着这些素材，从未打算公之于世；因为倘若它们受到抨击，会比我的其他著作受到抨击对我的伤害更大。我不知道是否应该远离尘世，远到批评之箭再也射不到我，远到能够隔开负面的回应。我受够了不被理解的苦，也因独自说着没有人懂的话而尝尽孤独。《答约伯》尚且遭遇了如此之多的误解，我的'回忆录'只能落得一个更不幸的结局。这部'自传'借由我从科学钻研中得到的知识来审视我的一生，二者融为一体，所以这本书对那些不知道或不能理解我的科学理念的人而言要求很高。在某种意义上，我的人生故事成了我著述的精髓，而不是相反。我和我的作品是一个整体。我所有的见解和钻研都是我的一部分。故而这部'自传'也只是管中窥豹罢了。"

在本书逐渐成形的几年里，荣格也经历了一个彻底转型与客体化的过程。可以这么说，每向下进行一章，他便离自我更远一些，直到最后他能够隔一段距离去看他自己、他的一生和著作的意义。"若是问我的人生是否有价值，我只能把自己放入过去的几个世纪中去比较，然后我必须说，是的，它有一定意义。但倘若用现代的观念看，它便一文不值。"这句话表露的超然态度和历史连续感，正如读者稍后所见，将在本书的行文中更加强烈地显现出来。

题为"著述"的这一章，由对荣格而言最重要的几部著作萌生的简单追溯拼凑而成。我也别无他法，因为他的文集有近20卷之多。何况荣格从来没有把他的诸多观点进行总结的意向——无论是以谈话的形式还是以书面的形式。若是请他总结，他便会以他那招牌式的激烈措辞回答道："我绝不肯做这种事。把费尽心思详细阐述的论题再缩写一遍，我觉得这种出版物毫无意义。早知道我就省略所有论据，直接采用那种晦涩难懂的理论陈述风格了。比如，有蹄类动物典型的反刍机能，把嚼过的东西再反刍一遍之类的事，根本不能刺激我的食欲……"

因此，读者应把这一章作为回应一种特殊情形写就的回顾性随笔，而不要期望它是全面的。

应出版商之邀，我在书尾附上简略的术语汇编，谨望能为不熟悉荣格作品和专业术语的读者提供帮助。经编者库尔特·冯·萨里医学博士慷慨授权，其中一部分定义取自《心理学及其相关领域词典》，其余荣格心理学的概念，我都尽可能地通过引用荣格的著作来阐释，因此也能充实词典中摘录的条目。不过，请务必只把这些引文当作提示和线索。荣格认为不存在一个终极定义，因而他不断地用新颖、迥异的方式重新阐述他的观点。他认为，明智之举是把依附于心理事实上那些无法解释的原理仍视为谜题或秘密。

在完成这项既振奋人心又困难重重的任务的过程中，有很多人帮助过我。尽管任务进程缓慢，他们却始终如一地关心，并用有启发性的建议和批评推动着它前进。我由衷地感谢他们每一个人。在此特别列出其中几位的名字：来自洛迦诺的海伦和库尔特·伍尔夫，是他们提出这本书的设想并助之开花结果；来自科斯纳特–苏黎世的玛丽安和瓦尔特·尼赫斯–荣格，在写就这本书时从始至终都用语言和行动支持着我；以及来自马略卡岛帕尔马的赫尔，他以无比的耐心给予了我很多建议和帮助。

安妮拉·亚菲

1961年12月

目　录

三颗钻
专家伴读

引 言

李孟潮

荣格在这一节开头说道："我的一生是一个无意识自我实现的故事。"

这是精神分析治疗的基础，叫作"无意识决定论"。无意识，简单地说就是我们不知道的东西，无意识决定论就是未知决定已知。我们的一生，就是无意识的各种情结不断涌现，涌入意识层面被我们识别、觉察和整合，然后我们协助这些情结不断实现。那么，如何帮助这些无意识情结实现呢？荣格的方法是不断地阅读写作、培养艺术爱好，而最核心的方法就是对梦境展开工作，写作是在写梦，绘画也是在画梦。

荣格说："我没有能力以科学的语言叙述我内心的成长过程，因为我的内心体验并非一个科学问题。"这说明他在自己人生的最后时刻，把心理治疗定义为一种诠释学、神话学，关注灵性成长。

社会上有三支心理学。第一支是综合大学的学院心理学，特点是拼了命想把自己变成科学，大部分是不学精神分析的。第二支是医院心理学，即临床心理学，培养精神科医生给有心理障碍的病人进行心理治疗，主要研究认知行为疗法，偶尔学一点儿精神分析。第三支是"江湖心理学"，即私人执业的心理咨询师开创的心理学。比如弗洛伊德，他就是私人营业的神经科医生。他开创的精神分析，就是"江湖心理学"中最著名的一支。

荣格在职业生涯中期，从医院心理学转行到"江湖心理学"，不再那么热衷心理学的科学研究。因为他认为"相较于科学，神话更为个体化，能够更加准确地表现生活。科学使用的是平均值的思想，它过于综合，不能够用来处理个体生活中多种多样的主观感受"。这是说科学的心理学，追求真假判断、规律和可重复性，它使用数学作为自己的语言。但在心理咨询中，我们处理的爱恨情仇，是不太可能被科学化、标准化的。所以，荣格要"讲述我的个人神话"，发展一种"神学"的个人心灵疗愈方法。

荣格在职业生涯早期对使心理学成为一门科学也比较狂热，其英文文集第二卷充满各种科学心理学实验论文，有严谨的实验心理学设计和密密麻麻的数字及图表。正因为这些研究，荣格受到弗洛伊德的青睐。19世纪科学的精神，是去伪存真，但是真假判断，并不适合其他领域。临床医学更重视治疗有效还是无效的判断。

荣格说："到头来，我这一辈子仅有的值得一提的事件，竟是那些从永恒之境闯入短暂之界的刹那。"那些永恒之境，被称为"集体无意识"或"宇宙无意识"，即"大我"或者说"自性"。"短暂之界"则是"小我"，指我们每个人从生到死的过程，大约4000周的时间。大我闯入小我的瞬间，就是各种原型意象、神话意象被我们短暂地自我意识、觉察、整合的过程，它们大多闪现于人们的梦中。

引 言

　　我的一生是一个无意识自我实现的故事。无意识的全部内容都想要表现出来，人格也期冀能够脱离无意识的状态，完整地体验生活中的酸甜苦辣。我没有能力以科学的语言叙述我内心的成长过程，因为我的内心体验并非一个科学问题。

　　内向观望所见的我们的模样和永恒所见的人类的面貌，都只能以神话的语言来讲述。相较于科学，神话更为个体化，能够更加准确地表现生活。科学使用的是平均值的思想，它过于综合，不能够用来处理个体生活中多种多样的主观感受。

　　我已经八十有三了，如今也想要谈谈我个人的"神话"。我所做的不过是平铺直述，"讲些故事"罢了。至于这些故事是否还原了"事实"并无甚要紧。关键在于，我要讲述我的寓言、我心中的真相。

　　写自传的困难之处，在于我们没有一个能够用来评价自己的标准或客观根据。我们缺少合适的参照系。我只知道我在许多方面不同于他人，但不知道我究竟是什么样的。人类无法将自己与其他物种做比较。人类只知道，自己不同于猴子、奶牛或树木。我是人类，但这意味着什么？我与一切物种一样，是无尽神性的一个碎片，但是我却无法拿自己与动物、植物或石头进行比较。只有神话人物的范畴比人类的更广。那么，一个人怎样才能通过与神话人物的比较，来获得关于自我的确凿见解呢？

我们无法控制我们的心理过程，至多对其稍加引导。因此，我们不能对自己或生活下定论。如果要下定论，我们便必须无所不知、无所不晓——这不是自吹自擂又是什么。归根结底，我们永远不能知道心理过程是怎么来的。我们一生的故事从某个地方，在某个恰好被我们记住的时刻展开。在那一刻，生活已然是高度复杂的了。我们亦不知道生活将会如何开花结果。也就是说，人生的故事不知所起，亦不明所终。

人的生命是一个毫无把握的实验。只有用数字来统计时，它才庞大到令人惊叹。对个体而言，生命转瞬即逝、渺小无用，其中的一切存在和发展都不能不说是一种奇迹。我很早就发现了这一事实，并深信不疑，那时我还是一个羽翼未丰的医学生，认为自己能够活到成年简直是个奇迹。

我一直觉得，人生就像一朵莲花，生长在它的根茎上。它的命脉是不可见的，就像莲藕埋藏在淤泥里。淤泥之上的莲花，不过绽放一季，便凋谢了——一个稍纵即逝的幻象。思及人生和文明的无穷无尽的盛衰兴废，我们难免会产生一种空洞徒劳之感。然而我一直都觉得，在这种永恒的轮回之下，有一种东西一直活着、持续着。我们肉眼所见的莲花只活了倏忽一夏，但莲藕却能长存。

到头来，我这一辈子仅有的值得一提的事件，竟是那些从永恒之境闯入短暂之界的刹那。因此，我所讲的主要是内在经验，包括我的梦和视象。它们是我科研工作的原初素材（*prima materia*）。它们就像炙热的岩浆，凝结成了可用的岩浆岩。

与这些内在事件相比，那些关于旅行、形形色色的人和环境的记忆显得黯然失色。很多人都曾经历我们这个时代的潮起潮落并做了相应的记录。倘若读者想要了解这一类的内容，尽可以去找这种作品来读，或找一位长者打听打听。我已经记不清甚至忘却了生命中大部分的外部事件。但是，我所遭遇的"另一种"现实，即我与无意识的拉锯战，却不可磨灭地镌刻在我的脑海里。无意识的领域中有着无穷无尽的财富，能使一切事物相形见绌。

　　同样，那些融入我记忆中的人，他们的名字从最开始便已经写在我的命运卷轴之中了，也就是说，与他们相遇仿佛是记忆的重现。

　　此外，内在经验决定了我在青年时期或后来所遇到的重要外部事件的属性。我很早就有了这样的领悟，倘若生活中的问题或复杂性不能唤起内部的呼应，那么它们基本上是没有意义的。内在体验是不能够被外部事件取代的。所以，我生命中的外部事件异常贫乏。它们在我眼中是如此空洞而又微不足道，我无法就之高谈阔论，我只能从内在事件的角度去认识自己。这些内在事件塑造了我奇特的一生，也构成了这部自传的主要内容。

第一章 童年时代

李孟潮

做心理治疗时，治疗师会问一个问题："你最早的记忆是什么？"一般来说，早期记忆可以奠定这个人的记忆和人格的基础，也可以用来判断和预测对此人大致的治疗效果。

荣格在本章一开始记录了他最早的记忆："我躺在婴儿车里，上方是一片树荫。那是一个晴朗和煦的夏日，天空湛蓝，金灿灿的阳光射透了绿荫。"这个早期记忆能够回想起来，表明荣格记忆力较好。对心理治疗来说，一个人如果记好不记坏，那这个人就比较好治。荣格显然是记好不记坏，是一个幸福的婴儿。

然后，荣格回忆了记忆中牛奶的味道，这说明他能记起口腔欲望的满足，可能满足口腹之欲让他感到幸福。接着是阿尔卑斯山，带有一些悲伤和失落，因为他想去阿尔卑斯而不能去，但主题色彩还是美好的。这时他记忆中第一个人类出现了——他的阿姨。

这些记忆中的太阳、阿姨、阿尔卑斯山、牛奶等为"客体"，记忆中的"我"，比如婴幼儿荣格，则是"自体"，自体和客体通过情绪联结在一起。充满爱恨情仇情绪基调的记忆复合体被称为"情结"，它会驱动我们人生的各种行为。

以上0～3岁的记忆形成了他的第一个情结：自恋情结。如导读所说，正性自恋情结下，婴儿觉得自己无所不能、无比可爱。荣格这几段记忆的确有这种特点，但可以看到，给他"慈爱母亲感"的客体不是他的生物学母亲，而是大自然和父亲。与之相反，负性自恋情结下婴儿会觉得自己无能至极、无比丑陋，导致其极度自卑。在荣格的婴幼儿期记忆中，他的母亲是"死亡母亲"，这和她精神病发作住院有关。荣格的自恋情结＝60%正性自恋＋40%负性自恋。

荣格记录了他如何使用"转移"这种防御机制，把爱的能量从母亲身上转移到其他女性身上，包括女仆、姨妈和岳母。他还记录了自己采用的第一个心理治疗技术——祈祷疗法，让他在危机暗伏的夜里获得安心的感觉。祈祷是他妈妈带给他的，这多少冲淡了"死亡母亲"的记忆。上帝随着祈祷疗法，以一个"慈爱父亲"的意象进入荣格的记忆，但是很快，上帝又变成"死亡父亲"，因为他听说上帝会杀人。小荣格显然还没有办法整合这种分裂的心态，乃至居然记得自己因一位路过的天主教神父而受刺激至惊恐发作。一些细小的事情，之所以被我们牢牢记住，就是因为它触发了情结。

在本章，他记录了人生记忆的第一个梦——"独眼肉柱梦"。

其一，这个梦在个人无意识层面试图呈现荣格与父亲的关系，父亲可能是一个阉割者、吞噬者，而母亲是警告者、保护者，这似乎是正性俄狄浦斯情结（爱母恨父）的内容。其二，这个梦在社会或者说文化无意识的层面象征着父权制家庭的危机。父亲的权力象征——阳具——变成了具有吞噬和威胁的东西，而母亲在整个梦境中没有起到足够的保护功能。其三，在集体无意识层面，这个梦呈现了人类原始部落时期的阳具崇拜和眼睛崇拜。

独眼肉柱这样的崇拜，当然主要也是对原始父神的崇拜，所以我们可以假设，荣格在童年创伤的影响下，激活了父亲原型。荣格对这个梦分析一通后，又连续回忆起两个充满父爱的片段，这提供给我们有关"独眼肉柱梦"一个新的假设：也许是白天的父爱太多，为了补偿这种偏向，保持平衡，梦中出现了可怕的父亲意象。这也是荣格梦境理论的一个假设，即梦是反的，是对白天偏颇态度的补偿。

荣格回忆了自己刚刚上学时父母陪伴自己读书的情景，这让我们有理由假设他形成了正性学习情结，即"学习＝爱"，这也是他最早关于阅读疗法的记忆。同样，他讲述了自己的厌学心态，这就是"负性学习情结"。一方面，因为他性格内倾，热爱各种游戏。另一方面，他开始出现各种幻觉和噩梦。我们看到，他的父母分床睡，而他会看到断头人从母亲卧室飘出来，他还会梦到电线、圆球等越变越大，这些东西和独眼肉柱一样，都是"攻击客体"，但是它们已经比独眼肉柱进化了很多，独眼肉柱是"吞噬"的，而电线、圆球则是"压迫"的。

荣格认为这种压迫感造成他7岁时生了一场病，在父亲的怀抱中，他眼前出现了原型意象——金色天使，这让他有所安慰。但同时，他的心灵世界开始分裂，感觉自己内在的安全感受到了破坏：一边是安全美好的幻想世界，另一边是浸透着死神气息的外在世界。这是一令人担心的情况，因为分裂——把世界一分为二的心态——这一防御机制，人一生下来就有，但随着成长应逐渐减少。此时荣格已经7岁了，居然还保留着早期负性自恋情结带来的不安全依恋感，仍然有大量的原始意象。

令人宽慰的是，在这种分裂中仍然有疗愈的火花。在外在世界，荣格和同伴玩火。小孩们玩火，既是返祖行为，重现进化史上人类对火的掌握，又是学习掌控危险、光明和温暖的力量，这是一种积极的控制情结。在玩火游戏中，荣格出现了自恋性分裂。一方面，他认为自己的火是圣洁的，这叫自恋夸大；另一方面，他认为别人的火是世俗的，这叫自恋贬低。看起来他正在修复自己的自恋创伤。在内在世界，荣格产生了令人惊奇的庄周梦蝶式的哲学反思——究竟我是石头，还是石头是我？这个伟大的疑问，其本质是要超越人类社会的正常分裂——"物我两分"。

为了疗愈这种分裂带来的精神世界失衡，小荣格在10岁时还无师自通了一种艺术治疗——雕刻小人。让雕刻小人和小石头在一起，为它们建立了一个家，还写了很多名言警句。1910年，已是国际精神分析协会首任主席的荣格开始撰写《转化的象征》，此时他35岁。他回想起童年的记忆，发现小石头和雕刻小人都和医神崇拜有关，他开始假设原型的存在。在英国之旅中，他再次用木头雕刻了两个小人，类似童年的小石头和小人。到了晚年，他还为自己建立了一座塔楼，作为闭关场所，在其中雕刻石头，在石头上雕刻各种名言警句。雕塑以及美术等艺术手段成为他中老年自我疗愈的重要技术，而自我疗愈可以说贯穿了他的一生。

这个"秘密的石头"仪式为什么会起作用呢？石头的重要性我们先按下不表，在下一章深入讨论，这里首先说说"秘密"的作用。一群人拥有秘密，在于增进亲密感和优越感。就像男孩女孩们在青春期会发明他们自己的秘密语言、在小团体中保守秘密一样，大家的亲密感增强，而且与不知道秘密的其他人相比具有了优越感。另外，秘密还可以带来安全感和隐身感。所以，秘密，尤其是群体中的秘密，是整合人格面具和阴影的工作。我们大家都属于秘密团体，这形成了我们的人格面具，但是我们这个秘密对团体之外的人来说又是黑暗中的阴影。这种不断发明秘密仪式的方式是人类的防御机制之一，被称为"仪式化"[1]。

---

[1] 可以参考Rayner E., Joyce A., Rose J. etc. (2005). *Human Development: An Introduction to the Psychodynamics of Growth, Maturity and Ageing*, the 4th Edition, London and New York: Routledge。

第一章
童年时代

在我6个月大的时候，我家从康士坦茨（Constance）湖畔的凯斯威尔（Kesswil）搬到了劳芬（Laufen），住在莱茵河瀑布南岸的城堡和牧师住宅区。那是1875年。

我还能回想起两岁或三岁时候的事情。我还记得那所牧师住宅、花园、洗衣房、教堂、城堡、瀑布、沃思小城堡和教堂司事的农场。这些记忆只不过是茫茫大海中沉浮的小岛，它们彼此孤立，看上去没有任何联系。

我常想起一个情景，那可能是我最初的记忆吧，只不过印象非常模糊。我躺在婴儿车里，上方是一片树荫。那是一个晴朗和煦的夏日，天空湛蓝，金灿灿的阳光射透了绿荫。婴儿车的遮阳篷敞开着。我一觉醒来，便看到如此灿烂美好的天光，感受到一种无与伦比的幸福。阳光在枝叶和花朵间闪烁着。整个世界显得那么神奇、多彩和绚烂。

我还记得另一个情景：我家的餐厅位于房子的西头，我坐在餐厅里一把很高的椅子上，用勺子吃热牛奶浸泡的碎面包。牛奶非常美味，散发着一种独特的香气。那是我第一次注意到牛奶的香味。可以说我是在那一刻起才意识到了气味的存在。这一记忆也已十分久远了。

我还记得一个美好的夏日傍晚，一位阿姨对我说："我要带你去看一样东西。"她把我领到我家房子前面通往达赫森（Dachsen）的道路上。天边绵延的阿尔卑斯山脉被燃烧的夕阳染得通红。阿尔卑斯山脉在那个傍晚看起来格外清晰。"你看那边"——我听见她用瑞士方言对我说——"山多么红啊！"这便是我对阿尔卑斯山脉的第一印象。她还告诉我，村里有些孩子第二天要参加学校的郊游，去的就是苏黎世附近的玉特利山（Uetliberg）。我当然也非常想参加。然而令我伤心的是，我因年龄太小而不能同去，我真是一点儿办法都没有。自那时起，在那光芒万丈、白雪皑皑的山脉旁的苏黎世与玉特利山，便成了我魂牵梦萦却又触不可及的地方。

　　接下来的一件事发生在一段时间之后。我的母亲携我去图尔高（Thurgau）探望朋友，她的朋友拥有康士坦茨湖畔的一座城堡。大人们简直无法把我从湖边拖走。湖岸被汽船激起的波浪冲刷着，湖水在太阳的照射下闪闪发亮，湖底的沙子则被波浪卷出了细纹。湖面一直延伸到很远的远方。浩瀚无涯的水面显得无比壮丽，使我有种说不出的欢喜。从那以后，一个想法在我心中生了根——我一定要住在湖边。我觉得，如果没有大片的水，人便无法生活。

　　还有一个场景：来了一些陌生人，显得很慌乱，又带着点儿兴奋。女仆从外面飞奔回来，惊魂未定地大声说道："渔民发现了一具尸体——顺着瀑布落下来的——他们想要把它搬进洗衣房去。"我父亲答道："好的，可以。"我一听就想去看那具尸体。我的母亲制止了我，并严格禁止我踏入花园半步。等所有人都走了以后，我立即偷偷溜进花园，去了洗衣房。但洗衣房的门是锁着的。我绕着洗衣房走了一圈。在洗衣房的后面有一道明渠，顺着坡地向下延伸，我看到渠里流淌着血水。我对此非常感兴趣。那时我还不到4岁。

另一个情景是：我哭闹不休，发着高烧，无法入睡。我的父亲抱着我踱来踱去，哼着他学生时代的老歌。有一首歌总是能让我平静下来，我很喜欢它，所以到现在都记得。"天地寂静，万物怡然……"（Alles schweige, jeder neige...）那首歌的开头这样唱道。直到今天，父亲的声音依然盘旋在我的脑海里，总是在寂静的夜里萦绕在我的耳旁。

后来我的母亲跟我讲过，我当时得的是普通的湿疹。那时我父母的婚姻遇到了问题，一些隐隐的迹象令我疑心。所以1878年的那一场病，一定与我父亲和母亲的短暂分居脱不了干系。我的母亲去巴塞尔住了几个月的院，想来她的病大约也与婚姻问题有关。我的一位姨母负责照料我，她比我母亲年长20岁左右，终身未婚。母亲的离去使我坐卧不安。从那以后，我总觉得"爱"这个字眼不值得信任。在很长一段时间里，"女人"一词会让我联想到一种与生俱来的不可靠。而"父亲"则意味着可靠，但有一种无力感。我自幼便承受着这样的创伤和障碍。后来，这些早期的印象不断地被修正：我曾信任的男性朋友，他们总是辜负我的信任；我不信任女性，她们却从未让我失望。

在我母亲不在的那段时间里，照顾我的人还有我家的女仆。我至今记得，她抱着我，我则将头依偎在她的肩上。她有深色的头发、橄榄色的皮肤，与我母亲截然不同。即使到了现在，我依然清晰地记得她的发际线、颈部的线条与肤色、耳朵的轮廓。我感觉她的一切都带着一股异域风情，伴着莫名的熟悉感。好像她不是我家的女仆，而是我一个人的女仆，又仿佛她与另一些我无法理解的神秘事物有着某种联系。这一类型的女性后来成了我的阿尼玛[1]的一部分。她所散发的陌生感和似曾相识的熟悉感，都成了阿尼玛的特征，阿尼玛包含了成年

---

[1] 阿尼玛及其他荣格常用的术语，如果读者不熟悉或者印象模糊，就请参见附录中的术语表。——原注

女性的全部特质。

在父母分居时期，我的记忆里还有另外一个场景：在一个秋高气爽的日子里，一个年轻美艳、金发碧眼的迷人姑娘，带着我在沃思城堡旁，莱茵河瀑布下游的河边，金黄的枫树和栗树下玩耍。阳光透过树冠洒下来，地上铺满了黄叶。后来，这个姑娘成了我的岳母。她非常敬仰我的父亲。再一次见到她时，我已经21岁了。

以上这些是我对外在事物的记忆。接下来要讲的，是一些更强烈的、势不可当的意象，其中一些事情的来龙去脉我已经记得不大清楚了。比如说，我曾摔下过楼梯，还曾磕在火炉腿的角上。我仍记得那种剧痛、流出的鲜血、医生缝合我头上的伤口——直到读中学高年级的时候，那道伤疤依然可见。我的母亲还告诉过我，有一次我们要去诺伊豪森（Neuhausen），我曾滑倒在横跨莱茵河瀑布的桥上。幸好女仆及时抓住了我——我的一条腿已经伸出了栏杆，险些就滑下去了。这几件事都表明了我无意识中的自杀冲动，或者说，我对活在这个世界上的极力抵抗。

在那个时期，我对夜晚有一种模糊的恐惧。我仿佛能听到有人在房子里游荡。我还总能听到莱茵河瀑布低沉的咆哮，感觉身边危机四伏。有人落入瀑布而丧命，尸体猛地撞击在暗礁上。随后，教堂司事便在附近的墓园里挖起了坑——翻出一堆棕色的泥土。一些严肃的黑衣人来了，他们身上穿着黑色的双排扣长礼服，头上戴着异常高的黑帽子，脚下则是擦得一尘不染的黑靴子。他们一同搬来一个黑箱子。父亲则穿起了牧师的法衣，用一种洪亮的声音讲着话。女人们开始哭泣。我得知，他们正在把某个人埋入这个坑里。某些曾生活在我们周围的人，突然永远地不在了。有人告诉我，他们入土为安了，主耶稣把他们接走了。

我的母亲教给我一段祈祷文，规定我每天晚上必须说一遍。我是乐意做祈祷的，因为祈祷能让我在危机暗伏的夜里获得安心的感觉：

> 请张开您的双翼吧，
>
> 耶稣基督，我仁慈的主，
>
> 并请吃下您的幼雏！
>
> 如果撒旦企图吞噬您的孩子，
>
> 请让天使齐唱：
>
> 他们是坚不可摧的。[1]

　　主耶稣能带给我安慰，他是一位态度和蔼、心地仁慈的绅士，像城堡里的维根斯坦先生（Herr Wegenstein）一样富有、威武和受人敬重，此外还会在夜晚格外关照年幼的孩子们。至于他为何像鸟类一样长了一对翅膀，倒是一个费解的难题，不过我并没有劳神去思量它。更吸引我注意、让我深思的，是为何要把小孩子比作幼雏，为何主耶稣要不情不愿地，像吃苦药一样"吃下"他们。这着实令人疑惑。但是后来又听说，撒旦也喜欢吃幼雏，而主耶稣必须制止撒旦这样做。我一下子理解了整个逻辑。尽管主耶稣并不喜欢吃小孩子，可是为了不让撒旦抓到他们，他还是将孩子们吃了下去。到这里为止，我的这番推论还是颇使人安慰的。可是这会儿，我又听说主耶稣还"吃"成年人，而且被他"吃掉"竟然与被埋入坟墓是同一回事。

　　这一不祥的联想造成了很坏的后果。我开始不信任主耶稣了。他不

---

[1] 德文原文是"Breit aus die Flügel beide, o Jesu, meine Freude, und nimm dein Küchlein ein! Will Satan mich verschlingen, so lass die Englein singen: Dies Kind soll unverletzet sein"，节选自格尔哈特（Paul Gerhardt）的赞美诗《森林沉睡了》（*Nun ruhen alle Wälder*）。格尔哈特是生活在17世纪的德国神学家、路德教会牧师和赞美诗作家。——译者注

再以和蔼仁慈的大鸟的形象出现，却与那些身着双排扣长礼服、高帽子和洁净的黑靴子，忙于填埋黑箱子的阴郁黑衣人联系了起来。

这些思索让我头一次感到了精神创伤。在某一个炎炎夏日，我照常独自坐在我家房前路边的沙堆中玩耍。这条路通向一座小山，一直消失在山顶的树林中。我坐在房前，可以看到这条路蜿蜒到山上去。有一次我抬头张望时，看到一个一袭黑袍、戴着一顶夸张的宽檐帽的人从树林处向山下走来。我觉得他好像是个穿了女装的男人。直到他走近了，我才看清楚他实际上是穿了一件黑色法衣，下摆很长，垂到了脚面上。我大吃一惊，脑子里如惊雷一般地想着："那是一名耶稣会会士。"这个可怕的认知使我面若死灰。在不久以前，我父亲的一位同事前来拜访，我不小心听到他们在谈论耶稣会会士们的邪恶事迹。父亲的语调饱含愤怒与担忧，我由此断定，"耶稣会会士"是一种特别危险的存在，甚至还威胁到了我的父亲。实际上，我并不知道什么是耶稣会会士，只不过我从我那小小的祈祷词中熟悉了"耶稣"一词。

我心想，从山上走下来的那个家伙一定经过了乔装打扮，所以他才穿着女装。也许他怀着不可告人的目的。吓坏了的我狼狈地逃回家里，冲上楼梯，躲进阁楼最黑的角落里，藏在一根横梁的后面。我不知道我藏了多长时间才出来，不过时间一定不短，因为当我鼓起勇气走下楼梯，小心翼翼地探头向窗外张望时，那个黑衣人早已走得连影儿都没了。从那以后，地狱般的恐惧一直围绕着我，让我好多天都不敢出门。即便后来我又回到路边玩耍，山顶的树林始终令我不安和警觉。当然，那个黑衣人只不过是一位无害的天主教神父罢了，只不过我后来才知道这一点。

大约就在同一时期——我不记得比这个经历是更早些还是更晚些了——我做了第一个我能记住的梦，我一辈子都忘不了这个梦。做梦时我三岁多。

我家的牧师住宅建在劳芬城堡旁边，周围少有其他建筑，在教堂司事的农场后面，有一大片草地。在梦中，我便站在这片草地的中间。忽然，我发现地上有一个阴暗的长方形石砌洞穴。我从未见过这里有个洞。于是我好奇地跑上前去，想看看洞里到底有什么。我发现了一道石砌的楼梯通往地下。我战战兢兢、如履薄冰地走下了楼梯。在楼梯的末端有一扇门，门是半圆拱顶式样的，被一张绿色的门帘挡得严严实实。门帘又大又重，上面有刺绣，似乎是锦缎之类，看上去十分华丽。怀着一窥究竟的好奇心，我掀开了门帘。展现在我眼前的是一间幽暗的长方形房间，长约30英尺[1]。头顶是毛石砌成的拱顶。脚下则是石板铺就的地板，一条红毯从入口处通向一个不高的平台。平台中央有一个宝座，由纯金铸成，价值连城，光彩夺目。我看不清楚宝座上是否铺着一张红色垫子。这个宝座庄严华贵极了，丝毫不输给童话中国王的宝座。宝座上立着一个柱子，高12英尺到15英尺，粗一英尺半到两英尺。我最初以为它是一棵树的主干。这个庞然大物几乎要触到屋顶。可是它的成分非常古怪：它由皮与肉组成，顶部好似一个圆形头颅，没有脸孔，没有头发。最顶端有一只眼睛，一动不动地凝视着屋顶。

虽然没有窗户或直接的光源，房间还是亮堂堂的。在圆形头颅的上方，有一束光洒下来。柱子纹丝未动，但我却感觉它随时会从宝座上挪下来，蠕动着向我爬来。我吓得目瞪口呆，动弹不得。这时候，我突然听到我母亲的声音从屋顶上方传来。她大声说道："你且看它。它就是食人者！"这使我愈加害怕，以至我从梦中惊醒时，大汗淋漓，惊魂未定。之后好几个晚上我都不敢睡觉，生怕再做这样的梦。

---

[1] 1英尺＝30.48厘米。——编者注

这个梦对我的影响十分深远。很久以后，我才意识到我在梦中看见的是男性生殖器的形象。而直到几十年后，我方明白，这是一种阴茎崇拜。但我始终想不明白母亲的话的含义，是"它是会吃人的"呢，还是"它就是食人者"呢？如果是前者，那么吃下小孩子的，便不是主耶稣或者耶稣会会士，而是阴茎；如果是后者，那么阴茎便是"食人者"的一般象征，也就是说，一袭黑衣的主耶稣和耶稣会会士，与阴茎是同一的。

男性生殖器形象具有一层抽象的意义，即它自冕为王——"直立的阴茎"[1]。草地中央的洞或许代表着坟墓。这座地下神殿就是坟墓，它的绿色门帘象征着草地，或者说，它就是一个被绿色植被遮盖着的大地神迹。地毯是血红的。房间的拱顶喻示了什么呢？也许，那时我已去过沙夫豪森市（Schaffhausen）的米诺（Munot）堡垒了。但这不太现实，毕竟谁会带一个三岁幼儿去米诺堡垒呢。所以，这一场景并非来自记忆。我同样不知道这个在解剖学上十分精准的阴茎形象究竟从何而来。尿道口在梦中化作一只眼睛，其正上方有光源，这正指向了阴茎一词的词源（φαλός，发光的、明亮的）。[2]

不论如何，梦里的阴茎似乎是隐藏在地下的、"不愿透露姓名"的上帝，在我的整个青春期萦绕不去，每逢听人赞美主耶稣，我便会想起它。在我心里，耶稣是不真实、不可接受和不可爱的，我每每想起其在地下的化身，那一个可怕的、不请自来的启示。还有那名耶稣会会士的"乔装打扮"，亦使我学过的基督教教义蒙上了阴影。在我眼中，基督

---

[1] 直立的阴茎，原文为ithyphallically，是ithyphallic的派生词，ithy意为"直立的"，phallic意为"阴茎的"，用于形容古埃及神敏（Min），其肖像有一个勃起的阴茎，象征着生育能力。——译者注

[2] 参见《转化的象征》（《荣格文集》第五卷第403~410页），普林斯顿大学出版社。——原注

教教义就好比一场隆重的化装舞会，或者一个葬礼，送葬者摆出一副或严肃或悲痛的表情，可旋即又偷偷笑起来，连一丝悲伤也没有了。从某种程度上说，主耶稣对我而言更像是一位死亡之神，虽然他的确能够帮我驱散对于黑夜的恐惧，但他本人却是一具神秘莫测、鲜血淋漓、被钉在十字架上的尸体。人们总是赞美主耶稣的仁爱与善良，可是我却偷偷起了疑心，这主要是由于这群常谈论"伟大的主耶稣"的人都身着黑色长袍和闪闪发亮的黑色靴子，这身装扮会让我联想起葬礼。这群人是我的父亲和8个叔叔或舅舅的同僚——他们全都是牧师。在很多年里，这群人令我恐惧——更不用说那些偶尔来访的天主教神父了，他们总让我联想到可怖的、使我的父亲激动甚至惊恐的耶稣会会士。此后多年，一直到我行坚信礼时，我尝试了各种办法，想让自己对基督采取理应的积极态度。然而，我从未能够克服心底的不信任感。

　　这一体验的重点并不是对"黑衣人"的畏惧，毕竟小孩子都惧怕黑衣人；关键在于，有一种认识在年幼的我的脑海中扎下了根："那是一名耶稣会会士。"同样，这个梦的重点便是其非凡的象征性场景，以及那句令人震惊的解释："它就是食人者！"它并非用来吓唬小孩的吃人怪物，它就是那个食人者，而且，它就伫立在一个地下的金色宝座上。在幼小的我的想象中，首先是国王会坐在金色宝座上；其次，头戴金冠、身着白袍的上帝与主耶稣也坐在天边的一个更华丽、更高大、更加金碧辉煌的宝座上。但是，从这同一个主耶稣身上，衍生出了"耶稣会会士"，他穿着黑色的女式长袍，戴着黑色的宽檐帽，从草木茂盛的山坡上走下来。我只好时不时地向山坡上张望，以防又有别的危险人物出现。我还梦见自己走进一个地下洞穴，里面有金色的宝座，然而矗立在宝座之上的东西却有悖于我的想象，它不属于人间，而属于地狱，它凝视着上方，以人肉为食。直到50年后的一天，我偶然看到一篇关于宗教仪式的研究性文章，揭示了弥撒这一象征背后的食人主题。直到这时，我才恍然大悟，这两个事件中开始浮上意识层面的思想，非但不幼稚，反倒颇为老练，并且非常深刻。是谁在我的头脑里布下了这样的启示？是谁精心设计了它们？这种更高级的智能究竟是怎么回事？我知道，冥顽之人将大发议论，说些什么"黑衣人""食人者""巧合"或者"事后的解释"，一心只想避开这堆麻烦事，以免玷污了所谓的童年的纯真。唉，这帮好心、讲究效率、头脑健康的人，总是能让我联想起涸泽里的蝌蚪，它们挤在浅浅的水洼里，晒着太阳，悦人地摆动着尾巴，丝毫想不到水洼次日清晨就会干涸，它们就要身陷危机之中。

是谁给我灌输了这一切呢？是谁告诉了我这些我根本无从得知的问题？又是谁把天堂与地狱结合在一起，埋下了一个伏笔，让我的后半生充满了最澎湃的热情？除了那位穿梭在天堂与地狱之间的陌生客人，还会是谁呢？

童年时期的梦使我得以知晓大地的秘密。这个梦好比一场地下的葬礼，我用了很多年才从其中走了出来。现在我明白了这个梦的作用，是为了将尽可能多的光明引入黑暗之中。它是一场关于黑暗领域的启蒙。它也是我的智力生活的无意识起源。

1879年，我家搬迁至巴塞尔附近的克莱因惠宁根（Klein-hüningen），然而我对此事没有印象了。但是我还记得之后几年发生的事。有一天晚上，我的父亲把已入睡的我叫醒，抱着我去了门廊，我家的门廊朝向西面。他让我看夜空，其沐浴在一片灿烂至极的绿光中。那是1883年喀拉喀托火山（krakatoa）爆发的时候。

我的父亲后来还把我抱出去一回，是为了让我看东边地平线上的一颗硕大的彗星。

还有一回是一场大洪水。流经我们村庄的维塞河（Wiese）冲破了堤坝，还冲毁了河流上游的桥梁。共有14人丧命，浑黄的洪水将他们的尸体卷入了莱茵河。当大水退去时，有几具尸体便留在了河滩上。我听闻此事后，迫不及待地要去一探究竟。我果真看到了一名中年男子的尸体，他尚穿着黑色双排扣长礼服，显然刚刚去过教堂。河沙掩埋了他的一侧身体，另一只胳膊则挡住了他的眼睛。类似地，我还见过一头猪被屠宰的情景，并为之深深着迷。我看完了整个宰猪过程，这可吓坏了我的母亲。我的母亲认为小孩子不该看这些东西，而我却觉得屠宰和尸体不过是些有趣的事物罢了。

搬到克莱因惠宁根后的那些年，我有了最初的关于美术的记忆。我和父母居住的房子是一座18世纪的牧师住宅，其中有一间暗室。那里陈列着考究的家具，墙上挂满了年代久远的油画。令我记忆犹新的是一幅关于大卫（David）与哥利亚（Goliath）[1]的意大利油画。它是一幅临摹作品，由吉多·雷尼（Guido Reni）的工作室制作；原作则保存在卢浮宫内。我并不知道这幅画的来历。暗室中还有另外一幅老油画，现在它正挂在我儿子的房间里——画的是巴塞尔的风景，作于19世纪初。我常偷偷溜进这个晦暗、僻静的房间，一连几小时坐在那些画作前，凝视着它们的美。它们是当时的我所知道的唯一美的东西。

大约在那段时期——我还是个很小的孩子，顶多6岁大——某一位阿姨带我去了巴塞尔，去看博物馆里的动物标本。我们在博物馆里逛了很久，因为每一件展品我都看得非常仔细。到了下午4点整，铃声大作，博物馆要关门了。阿姨频繁地催促着我，而我却非常不情愿离开那些陈列柜。在这空当，一侧大门已落了锁，我们只好穿过一个文物展厅，去另一侧的楼梯间。忽然，一组美不胜收的人体雕塑出现在我的眼

---

[1] 哥利亚是《圣经》中被大卫杀死的巨人。——译者注

前！我被彻底征服了，睁大眼睛看着它们，因为我从未见过如此美丽的东西。我怎么看也看不够。阿姨搀着我的手，将我拉到门口——我总是落在她身后一步远的地方——她口里嚷着："坏孩子，快别看了；坏孩子，快闭上你的眼睛！"听了这话，我才发觉这些雕塑或是裸体或仅有无花果叶子遮羞。而之前我丝毫没有注意到这一点。这便是我与艺术的第一次邂逅。我的阿姨义愤填膺，好像被人拖进了色情场所一般。

我6岁时，父母带我去阿勒海姆短途旅行。我的母亲穿了一件连衣裙，令我印象深刻，这也是她的衣服中我唯一记得的一件——它是用某种黑色布料制成的，点缀着小小的绿色新月图案。在我最初的记忆中，我的母亲是一位苗条的、穿着这种连衣裙的年轻女人。然而随后她变得衰老而肥胖了。

我们去了一座教堂，我的母亲说："这就是天主教堂了。"虽然有些畏惧，但好奇心驱使着我偷偷从母亲的身边离开了，从门口向室内窥探。我才刚刚瞥见装饰精美的祭坛上面高大的蜡烛（当时是复活节期间），却突然绊倒在台阶上，我的下巴猛地撞上了一块生铁。我记得，当我被父母抱起来时，便多了一个血流如注的伤口。我的心情复杂极了——一方面，我觉得非常难为情，因为我的尖叫声引得礼拜者纷纷侧目；另一方面，我感到自己做了一件被禁止的事。"耶稣会会士——绿色的帷幕——食人者的秘密……这里正是与耶稣会会士相关的天主教堂。是耶稣会会士害我绊倒并大喊大叫的。"

此后多年，我每一次踏入天主教教堂，都难免心怀一种对流血、跌倒和耶稣会会士的隐隐的恐惧。似乎天主教教堂就带着一种那样的感觉，或者说氛围，但与此同时它也深深地吸引着我。哪怕一位天主教神父的靠近都使我坐立不安。直到我三十几岁的时候，我才能够自然地踏入教堂，不再觉得被迫害了。我第一次克服这种恐惧，是在维也纳的圣斯蒂芬大教堂（St. Stephen's Cathedral）。

　　一过6周岁，我的父亲便开始教我拉丁文，同时我也开始去上学了。我并未在上学这件事上花太多心思。我的课业颇为轻松，因为我在上学之前就学会了阅读，比别的孩子学得快。不过，我记得在我还不识字的时候，有一次，我缠着我的母亲，让她给我读《世界图解》[1]。那是一本年代久远、插图丰富的儿童读物，里面讲了不少关于异国宗教的事，尤其是印度教。插图上画着梵天（Brahma）、毗瑟挐（Vishnu）和湿婆（Shiva），令我兴趣盎然、百看不厌。母亲后来告诉我，我当时总是翻来覆去地看这几幅图片。每当我翻到这几幅图片时，我便朦朦胧胧地感觉到，它们与我的"原始的启示"有某种密切的联系——我不曾对任何人讲过这一点。它是一个我不能吐露半个字的秘密。我的母亲间接地印证了这种朦胧的感觉，她每每提及"异教徒"，语气里都有一丝轻蔑，这可逃不过我的耳朵。我深知她定会惊恐万分地否认我的"启示"，而我当然不想让自己受到这样的伤害。

　　这种做事方式的早熟，一方面来源于我高度的敏感性和内心的脆弱，另一方面——这一点尤为重要——则是由于我的童年十分孤独（我9岁的时候才有了一个妹妹）。我总是一个人玩耍，自己发明一些游戏。可惜我不记得那时都玩了些什么。我只记得我在玩耍时不喜欢被打扰。我全身心地沉浸在我的游戏里，不能容忍别人看着我玩，更不容许他们发表意见。我能确凿记得的游戏，最早是我七八岁的时候玩的。我那时热爱玩积木，先把积木搭成塔，然后再兴致勃勃地搞一场"地震"摧毁它。8岁到11岁，我则日复一日地画画——打仗的场景、围攻、轰炸、海战。我还曾把一整本练习本洒满了墨渍，给它们赋予天马行空的

---

[1]　《世界图解》（*Orbis Pictus*），也叫*Orbis Sensualium Pictus*，捷克教育家科梅纽斯著，出版于1658年。——译者注

故事情节，以此自娱自乐。我喜欢上学的原因之一，便是在那里我终于找到了长久以来缺少的玩伴。

我喜欢上学还有另外的原因。但是在谈论这一点之前，我必须先讲一讲夜晚浓重阴郁的气氛。一到晚上，形形色色、千奇百怪的事情就发生了。我的父母有各自的卧房，我则睡在父亲的卧房里。母亲的卧房里有种可怖的气氛，透过房门散发出来。每当夜晚降临，母亲就变成了一个陌生、神秘的人。有一个晚上，我看见一个微微发着光的模糊人影从母亲的卧房里走了出来，它的头从脖子上断开了，飘飘然地悬浮在空气中，像一个小月亮。紧接着，它又生出了另一颗头，并再度从脖子上断开。这一情形重复了六七次。我还会做东西时而膨大时而缩小的焦虑的梦。例如，我曾梦见一个球，起初看起来很小，而且离我很远；它渐渐向我逼近，变成了一个巨大的、压迫感极强的球。我还梦见过一条电报线，上面落着鸟儿，然后，电报线越变越粗，我也越来越害怕，直到恐怖迫着我从梦中醒来。

这些梦不仅是青春期生理变化的前奏，更是我7岁那年的遭遇的序曲。7岁时，我患上了假性哮喘，伴有阵发窒息。一天夜里，我的哮喘发作了，我站在床尾，后仰着脑袋靠在床尾的围栏上，我的父亲环抱着我。我看到上方有一个蓝色的光圈，大约是满月大小，光圈里活动着一些金色的小人，我觉得他们是天使。这一视象不断重现，每次它都能安抚我对窒息的恐惧。但是在焦虑的梦里，窒息的感觉又回来了。我想，疾病与梦反映的是一种心理因素：家里的气氛变得让人无法呼吸了。

我痛恨去教堂。但是圣诞节的时候除外。圣诞节的赞美诗《这是上帝定下的日子》令我大为欣赏。而且到了傍晚，照例会有圣诞树可看。在所有的基督教节日之中，唯有圣诞节能让我兴高采烈。其他的节日都是索然无味的。虽说新年前夜也带有一抹类似于圣诞节的光彩，但它只能屈居第二了；基督降临节虽然也独具特色，但不知怎的，它与随后到来的圣诞节有些格格不入。基督降临节与夜晚、暴雨、狂风以及阴森森的房屋有着某种联结。还有稀奇古怪的事情上演，伴着窸窸窣窣的声响。

现在回到学校的话题上，我在与乡下同学交往的过程中有一些发现。我感觉他们使我与原本的自己脱离了。当我与他们在一起时，我变得和在家里不一样了。我会加入他们的恶作剧，或者自己发明一些恶作剧，那都是我在家时从未想过的。当然我确信，当我独自一人时，我也有策划这一切的本事。我认为，是我的同学影响并改变了我，他们潜移默化地误导或迫使我变得与原本的自己不同。这个包含了除我父母外其他所有人的更广阔的世界，对我产生的影响是可疑的，哪怕不是全部让人怀疑，而且隐约有一种敌意。我日益觉得那个明亮的、"金灿灿的阳光射透了绿荫"的世界是如此美好，但与此同时，我也预感到那个阴暗的、骇人的、带着令我头痛且无法解答的问题的世界再也挥之不去了。当然，晚间的祈祷仪式的确能够给我一种保护，因为它正派地结束了白天，又正派地开始了夜晚与睡眠。但是白天酝酿了新的危险。我仿佛感受到自己正在分裂，这让我害怕。我内在的安全感受到了破坏。

我还记得，我在那个时期（从7岁到9岁）喜欢玩火。在我家花园里，有一堵从前用大石块砌成的墙，石块中间的缝隙变成了有趣的小穴。我常常在某一个穴中生一捧火，其他的小孩都来帮我的忙。若是想让火一直燃烧下去，我们就必须共同努力、坚持不懈地收集木柴来维持它。只有我一个人负责维护这一捧火。别的小孩可以在别的小穴里面生他们自己的火，但是那些火都是不圣洁的，我并不在意它们。只有我的火是不灭的，而且确确实实地散发着圣洁的光辉。

这堵墙的前面是一个山坡，山坡上嵌着一块突出的石头——属于我的石头。一个人的时候，我常常坐在这块石头上玩一个想象的游戏，大概像这样——"我坐在石头上，石头半埋在地下。"接着，石头也用第一人称开口了——"我侧卧在山坡上，有个人坐在我身上。"于是问题来了——"我到底是坐在石头上面的人呢，还是被人坐着的石头呢？"这个问题总是困扰着我，然后我站起身来，继续揣摩人与石头的问题。答案始终没有水落石出，伴随着这种不确定感而来的，是一种对诱人的黑暗的好奇。但是不论如何，有一点是毋庸置疑的，这块石头与我有着某种秘密的联系。我可以一连在石头上坐好几个小时，沉浸在它带给我的谜团之中。

30年后，我再度站在那个山坡上。此时我已结婚生子，有了房子，在世间有了一席之地，还有很多想法和计划。但是突然之间，我又变成了那个孩子，他一会儿点起一捧充满神秘意义的火，一会儿又坐在石头上，想不明白究竟是石头变成了我，还是我变成了石头。一转念，我想起了自己在苏黎世的生活，它是那么陌生，就像从遥远的时空传来的信息。这令我恐惧，因为将我淹没的那个童年世界是永恒的，我已经被强行带离了那里，纵身投入了滚滚向前的时间的洪流中，渐行渐远。童年世界的吸引力太强大了，我不得不强迫自己离开那里，以免丧失对未来的掌控。

这个时刻令我铭记终生，因为它在电光石火之间揭示了我的童年的永恒性。在我10岁的时候，也有一些事件表现出了这种永恒性。我与自己的分裂以及整个世界的不确定性，导致我做出了连自己都不能理解的行动。那时我有一个涂着黄色亮漆的铅笔盒，是小学生最常用的款式，附带一把小锁和一把普通的尺子。我在尺子的一端刻了一个小人，大约

2英寸[1]长，它穿着双排扣长礼服，戴着高帽子，踩着闪亮的黑靴子。我用墨水把它涂成黑色，然后把它从尺子上锯了下来，放在铅笔盒里我专门为它做的小床上。我甚至还用一点儿羊毛给它做了一件外套。我还在铅笔盒里放了一枚光滑的椭圆形黑石头，是从莱茵河里捡来的，我用水彩给它上了色，使它看上去分成了上下两半，此前它在我的裤兜里待了好久。这是它的石头。这一切都是绝对的秘密。我偷偷把铅笔盒放在了已被禁用的、房子最顶层的阁楼里面（之所以被禁用是因为阁楼的地板已经被虫蛀而腐坏了），藏在屋顶下的横梁上，我觉得这实在稳妥极了——因为人们是看不到它的！我深知它永远都不会被别人找到。没有人能发现我的秘密或毁掉它。我这才安心了，与自己的分裂所带来的痛苦一扫而光。遇到困难时，不论是我做错了事，还是感情受了伤，又或者是父亲的怒气、母亲的久病压得我喘不过气的时候，我便会想起我的小人。它拥有仔细铺好的床铺、精细剪裁的衣服和一枚涂着漂亮颜色的光滑石头。每隔一段时间——通常是几个星期——在我确定没有人注意我的时候，我便偷偷溜进阁楼。我爬上横梁，打开铅笔盒，看一看我的小人和它的石头。每一次我都要往铅笔盒里放入一个小纸卷，上面是早些时候我在学校里写的字，用的是我自己发明的秘密语言。放入一个新的纸卷总是有种庄严的仪式感。可惜我现在已记不起我想与它说些什么了。我只记得我的这些"信"成了它的收藏品。我猜，上面大约写了一些我很欣赏的箴言，不过也无从考证了。

　　我从未考虑过这些举动背后的意义，或者该如何解释它们。我满足于寻得了新的安全感，也很满意自己拥有了一些别人不知道也得不到的东西。这是一个神圣的秘密，永远都不能被泄露，因为它决定了我在生

---

[1]　1英寸≈2.54厘米。——编者注

活中的安全感。至于为什么是这样，我不曾想过。这一切自然而然就发生了。

　　拥有秘密对我的人格形成影响巨大，我将它视为我的童年中最重要的事件。同样，我从未对任何人提起过关于阴茎的梦，当然也没提过耶稣会会士的事，它们都属于一个神秘的领域，我知道我必须守口如瓶。这木刻小人和它的石头，是我第一次无意识地、幼稚地想要把秘密具体化的尝试。我总是沉浸在秘密中，我觉得我应该看透它们的本质。但是，我一点儿都不了解我的这些秘密是想表达什么。我非常希望我能找到一点儿什么——比如在大自然中——能够发现一些线索，好知道这些秘密到底指什么，又意味着什么。这样一来，我便开始热衷于捣鼓植物、动物和石头。我随时随地在探寻神秘事物。意识里，我是信仰基督教的，虽然总是有所保留——"但是事情不一定是他们说的那样！""那么地底下的那个东西又算什么呢？"当别人向我灌输宗教教义时，他们总是说："这是美，也是善。"每到这时，我会暗自想道："没错，但这并不是全部，此外还有一些不为人所知的秘密存在。"

　　这个木刻小人的插曲，标志着我童年的顶峰与结束。它持续了大约一年。随后，我完全把它抛在了脑后。直到我35岁的时候，这段记忆才从我的童年谜团中浮现出来，就像它刚发生时一样清晰。当时，我正全神贯注地进行《力比多的转化和象征》[1]一书的初期研究工作，读到了关于阿尔勒谢姆（Arlesheim）附近的被藏匿的灵魂石，以及澳大利亚的神器（churinga）。我突然发觉，我心中有一个相当确切的关于这类石头的意象，虽然我不曾见过任何复制品或图片。这一意象是一枚椭圆形的、黑色的、被漆成了上下两半的石头。与它一同出现的，还有铅

---

[1] 被翻译为《无意识的心理学》，1917年；修订版更名为《转化的象征》（《荣格文集》第五卷），1956年。——原注

笔盒与一个小人。这个小人是一名披着斗篷的神，来自古代，就好像是忒勒斯福罗斯（Telesphoros）[1]站在阿斯克勒庇俄斯（Asklepios）[2]的碑前，为他诵读卷轴上的字。这让我回忆起了童年的秘密，也让我第一次产生了这样的信念，即古代的心理成分能够在没有任何直接的传承线索的情况下进入个体的心灵之中。又过了很久，我查阅了我父亲的书房，那里没有任何一本书涉及这类事情。而且，显然我的父亲对此类事情是一无所知的。

1920年我旅居英国时，曾用木头雕刻了两个类似的小人，但是根本没有想起那段童年记忆。我又用石料照着其中一个小人雕刻了放大的复制品，这个石头小人现在放在我的花园里，在库斯纳赫特（Küsnacht）。当我雕刻这一作品时，无意识浮现了一个名字。它将这个人像命名为阿特玛维图（Atmavictu），意思是"生命的脉息"。这是我童年的梦中那骇人的柱子的进一步发展，现在看来，它也正意味着"生命的脉息"、创造性的冲动。本质上，那个小人是一位求道者，裹着他的小斗篷，藏身在盒子里，拥有一种生命力量的供应品，即那枚椭圆形黑石头。不过，直到我颇上了些年纪之后，这些联系才变得清晰起来。当我还是个孩子时，我进行的这些仪式，就好像我后来观摩的非洲土著的仪式一样，他们只是那样做了，并不知道他们在做什么。直到很久之后，他们才开始思考那些举动的含义。

---

[1] 忒勒斯福罗斯在古希腊宗教中是医神之子。他是一个侏儒，总是戴着斗篷的帽子或是倒圆锥形帽。忒勒斯福罗斯象征着从疾病中康复，他的名字在希腊语中意味着"完成者"或"带来结束的人"。——译者注

[2] 古希腊宗教与神话中的医神，代表着医疗中的治愈环节。——译者注

第二章　中学时代

李孟潮

　　第二章是本书篇幅最长的章节，可见青春期对荣格的重要性。

　　荣格的青春期发生了一件大事——11岁转学到巴塞尔中学，相当于从乡村学校转学到了一线大城市的重点中学。巨大的落差让他的自卑情结被强烈激活。

　　12岁时，荣格开始了对母亲的叛逆。母亲要求他讲卫生、问候他人。荣格说他为了自尊和虚荣，小心翼翼、如履薄冰，尽可能维护完美的形象。这说明这个农村小孩的人格面具过度发展了，他正在假装成为一个"小绅士"，发展这些人格面具的情绪不是爱，而是恐惧和焦虑。

　　这让我们不由得联系起他日后一系列的自我毁灭行为——结交弗洛伊德（此时弗洛伊德备受学界排斥），和女病人发生性关系，研究很多不科学的东西，等等。这些自我毁灭行为可能是因为阴影和人格面具没有得到很好的整合，导致他攻击自己的人格面具。

　　在中学阶段，荣格的自尊遭受更多创伤，因为他的数学、绘画、体操这三门功课都不行。数学焦虑一方面和他的地域自卑有关，他觉得"这无异于戏弄乡下人的愚蠢把戏"；另一方面和他的人格面具有关，数学是理科基础，荣格无法认同"小绅士"，也无法认同"数学学霸"这样的人格面具。

　　他体操成绩不好的原因则有很多：其一，他的负性控制情结被激活，即认为控制＝恨，而他不能容忍让别人告诉他该做什么动作；其二，他童年患病，对体能的不自信被激活，他还自恋性地贬低体操老师，这加剧了他的体能自卑感；其三，母亲缺席带给他自卑情结和不安全感。

在绘画上的困难则是因为他讨厌写实主义的素描，也就是说，他无法接受被控制的绘画，这又是控制情结在起作用，其实他颇有绘画天赋。

数学代表思维功能，绘画和体操代表感知觉功能，而这两种自我功能在荣格的青春期受到抑制后，另外两种功能——情感功能和直觉功能——就会不受限制地发展。

这可能为他12岁患上癔症性昏厥埋下了伏笔。这段癔症性昏厥的故事要点有二：一是绘画疗法治愈了他的厌学情绪；二是对父亲的内疚感让他摆脱了癔症性昏厥，并过度认同了勤奋好学的好学生这个人格面具。

12岁那年的夏季，荣格看到了"上帝大便"意象，认为上帝是超越善恶的——善恶一体、既善又恶、非善非恶。与上帝意象的联结似乎修复了他因母亲缺席带来的不安全感，但也造成了他新的内心冲突，因为他想要和父母沟通自己的内心感受却无果。这也是当代青少年青春期内心危机的文化根源之一，青少年不再认同父权社会的理想和信念，陷入历史虚无主义的深渊。

为了弥补这种空虚和痛苦，荣格这一次的自我疗愈又是"阅读疗法"，少年荣格主动开始阅读。他走向父亲的书柜，阅读了不少哲学书籍和文学书籍，并在70年后仍然记得这些书籍。同时，他母亲推荐他阅读《浮士德》，这本书成为他终身疗愈的自助阅读书籍。不过，这进一步恶化了他的自恋性孤独，因为他的文化修养出众，遭到了老师和同学的嫉妒与排挤。由此，他更要把自己爱的能量投注到内心和大自然。通过大量阅读，荣格在16~19岁时已经变得非常自信了。

在这一段之后，荣格的记忆突然又回到了14岁。那年他被送去疗养，父亲让他独自登山，产生高峰体验。高峰体验让荣格产生了自己已经长大成人的感觉，他的自我这一次更多认同少年荣格，难怪数年后他希望第二人格的智慧老人消失。

荣格承认自己仍然受制于第一人格和第二人格的分裂，但是他说："第一人格和第二人格之间的作用与反作用贯穿了我的一生，不过这与一般医学意义上的分裂或解体是两码事。每个个体心中都有这两种人格。"我们如何理解这种矛盾呢？

首先，每个人的确都有作为防御机制的分裂，在人们的认知中，世界也是一分为二的。一块是"我"，另一块是"他、她、它、你"，一块是"好"的，一块是"坏"的，这是为了方便信息处理。与此同时，"自我"也分裂为两个部分，比如一个是"人格面具"，一个是"内在小孩"，这也并非罕见，所以荣格的分裂基本上可以算是正常的。除非他分裂的两个人格，彼此之间不打招呼，让他完全不能正常学习和生活，那可能是精神疾病发作的前兆。

荣格的分裂还有一个特点：他的第二人格是智慧老人而非受伤小孩，非常具有疗愈性。在这一章，我们看到，荣格的智慧老人人格已经和阁楼上的石头合二为一。所以，荣格大概在青春期，心灵就已经修炼出炼金术里说的"哲人石"。这块灵性的石头，就像《红楼梦》里的通灵宝玉，象征着超越时间的永恒性。既然有它在，父性缺席、母爱丧失也就只是"区区致命伤"了。

炼金术中要修炼的"真金"，就是自性圆满感。荣格得到"真金后"，好像可以超越城乡分化带来的地域自卑感了。他认识到幸福与不幸有着更深刻的原因，并不取决于一个人口袋里有多少钱。这说明，这个少年已经树立了比较坚定的超越功利主义的人本主义价值观。也许正是因为他的成熟和自信，他在这个时期也能够交到更多朋友了。

与此同时，他那第二人格的内心世界，也不再仅仅是一个智慧老人，还是一个木头小人、一个石头小人。在本章末尾我们看到，他居然在幻想中构建了一座城市来抵消学习的沉闷。

第二章
中学时代

　　11岁对我有别样的意义，因为那年我被送进了巴塞尔的高级中学。于是，我告别了我的乡下玩伴，真正地步入了"上流社会"。那儿有远比我的父亲更有权势的大人物，他们住着宽敞的豪宅，乘着昂贵的马车，驾着俊美的马儿，讲着高雅的德语与法语。他们的儿子——衣饰得体、风度翩翩、拥有花不完的零用钱——如今成了我的同学。他们大方谈论在阿尔卑斯山度假的见闻，这令我极大地震惊了，暗暗妒忌得要命。他们曾经登上过苏黎世周围闪闪发光的雪峰，甚至还去过海边——这令我瞠目结舌。我凝视着他们，他们仿佛来自另一个世界，来自触不可及、光芒万丈、白雪皑皑的山峰，来自遥远的、不可思议的大海。于是，我第一次意识到我来自一个多么贫穷的家庭，我的父亲是一个贫寒的乡下牧师，而我则是乡下牧师的一个穷酸的儿子，我的鞋子破了洞，雨天我就得穿着湿袜子坐在学校里——一连六个钟头。我开始用不同的目光看我的父母，开始理解他们的忧虑和烦恼。我尤其同情我的父亲——很奇怪，我对母亲的同情要少得多。我总觉得母亲是我的双亲中更强势的那一个。然而，每当父亲发火时，我却总是站在母亲这一边。这种必须明确表态的情形对我的性格形成颇为不利。为了不让自己困在父母的冲突里，我不得不充当一名高级的仲裁人，不论我愿不愿意，我都得对我的父母做出审判。这使我在一定程度上妄自尊大起来；我原本就不稳定的自信心，在某些方面增加了，也在某些方面减少了。

在我9岁的时候，我的母亲生了一个女儿。父亲的激动与喜悦溢于言表。"今晚，你有了一个小妹妹"，他对我说，这让我大吃一惊，因为这是我始料未及的。母亲的卧床时间的确比以往更多了，但是我并没有把这放在心上，因为我认为不论在什么情况下，一个人卧床不起都是一种不可宽恕的软弱。父亲把我领到母亲的床边，她则抱着一个长得极为扫兴的小东西——她的脸庞红通通的、皱成一团，就像一个老人；她的眼睛紧闭着，我想她大概像刚出生的小狗一样，什么都看不见吧。他们还给我看她背上的几根长长的红毛——莫非她曾是一只猴子来着？我震惊了，不知道该作何感想。难道新生儿都长这样？他们语焉不详地讲着鹳鸟送子的故事，理论上婴儿都是鹳鸟送来的。那么，成窝的小狗和小猫是怎么来的呢？鹳鸟得来回飞多少趟，才能凑够一整窝呢？还有，奶牛又是怎么来的呢？我无法想象鹳鸟的喙能叼得住一头小牛犊。何况，我听农夫们说过母牛产犊的事，牛犊并不是鹳鸟送来的啊。这个故事显然又是一个谎言，我的父母总是哄骗我。我非常确定，我的母亲一定又做了一件我不该知道的事。

妹妹的突然降生使我隐隐有一种不信任感，这令我的好奇心更强了，观察力也更敏锐了。随后，我母亲的古怪举动证实了我的猜测，一定有一些令人抱憾的事情伴随着这次生产发生了。除此以外，这一事件并不曾让我挂怀，不过，它很可能对我12岁时的一段经历起了推波助澜的作用。

我的母亲有个烦人的习惯，在我受到邀请准备出门做客的时候，她一定要在我后面喊出种种令我难堪的话。当我受邀外出时，我不仅会穿上我最体面的衣服、擦得锃亮的皮鞋，我也会体会到我的意志与公众形象的尊严。因此，倘若满大街的人都能听见我的母亲追在我身后喊那些不体面的话，那我真是颜面无存了——"不要忘了代爸爸妈妈向他们问好，记得擦鼻涕——你带手帕了吗？你洗手了吗？"等。这对我来说实在太不公平了，当我小心翼翼、怀着一颗自尊与虚荣的心，想要尽量表现出一个完美无瑕的形象时，这种与我的自负相伴而生的自卑，却被迫暴露于大庭广众之下。这些场合对我而言意义重大。在去做客的路上，我感觉自己很重要、很有尊严，就好像在平日里穿上了礼拜日的服装一样。然而，当我看见我将要拜访的房子时，这种感觉就灰飞烟灭了。这时，主人家的庄严与权势便扑面而来，将我压倒。他们令我畏惧，而我是那么卑微，恨不得钻进地缝里去。我便怀着这种感觉按下了门铃。房子里响起了叮当声，我听在耳朵里，觉得好像丧钟一般。我感到羞怯，惶惶如丧家之犬。我的母亲为我做的准备越是周全，事情就越糟。门铃声仿佛敲在了我的心上："我的鞋子非常肮脏，手也没有洗；我忘了带手帕，我的脖子上全是泥垢。"出于逆反心理，我故意不转达父母的问候，我的举止也变得异常羞涩和固执。如果情况糟糕透了，我便会想起我藏在阁楼上的秘密宝贝，这会使我重新镇静下来。在我孤立而绝望的时候，我就变成"另一个人"，他拥有神圣的秘密、黑色的石头和穿着双排扣长礼服、戴着高帽的小人儿。

我已想不起来，童年的我是否曾尝试把这几个因素联系起来——耶稣，穿着黑色长袍的耶稣会会士，站在坟墓旁边穿着双排扣长礼服、戴着高帽的人，草地中央如墓穴一般的洞，地底下的阴茎神殿，铅笔盒里的小人。梦见直立的阴茎之神是我的第一个重大秘密，小人则是第二个。然而，我确乎感受到了"灵魂之石"与山坡上的我的石头之间有着某种联系。

直到今天，我已83岁了，在写下这些回忆的时候，我仍没有完全解开我童年的心结。它们好比同一个地下茎长出的独立的根，就像无意识发展的道路上的驿站。虽然我越来越不可能对主耶稣采取一种积极的态度，但是从11岁时起，我就对"上帝"这一概念产生了兴趣。我逐渐喜欢上向上帝祈祷，不知为何这种祈祷并不令我感到矛盾，反而令我心满意足。上帝没有因为我的不信任而变得复杂。而且，上帝穿的并不是黑色长袍，也不是像主耶稣的图片中那样穿着色彩鲜艳的服装。与之相反，我听说上帝是一个独一无二的存在，人们不可能拥有一个准确的上帝的概念。诚然，他应该很像一个强大威武的老者。然而，有一条令我极其欣赏的戒律，大意是"你们不可使他成为偶像，或任何类似的事物"。因此，人们对待上帝，不能像对待没有"秘密"的主耶稣一样。我渐渐明白，上帝与我在阁楼里的秘密有一些相似之处。

　　我开始讨厌学校了。上学太耗费时间了，我宁愿把这些时间花在画打仗的画或玩火上。神学课是那种无法形容的枯燥，数学课则让我彻底地恐惧。数学老师声称，代数是一件自然而然的事，是理所应当的，但我却完全不能理解数字到底是什么。它不是植物，不是动物，也不是化石；我想象不出它们的形象，它们只是通过计算得到的数量。让我更加不解的是，这些数量现在由字符代表着，字符又对应着读音，所以可以说，我们能够听见数量。说来也奇怪，我的同学们都能掌握代数，并理解它们是不证自明的。没有人告诉我数字究竟是怎么回事，我甚至无法用语言准确地把我的问题描述出来。令我恐惧的是，我发觉谁也不理解我的困惑。老师向我解释这种将数量声音化的奇特操作是出于怎样的目的，我必须承认他已经竭尽全力了。最终我领悟到，其目的在于获得一种更简略的系统，使得很多个数量也能够用一个简短的公式来表示。但是，这丝毫无法激起我的兴趣。我觉得这门学科简直是蛮不讲理。为什么要用读音来表示数字？人们明明也可以将 a 理解成苹果树，将 b 理解成盒子，将 x 理解成一个问号。a、b、c、x、y、z 并不是确定的，就像苹果树一样，它们都不能告诉我任何数字的本质。最让人恼火的东西是如下命题——如果 $a=b$ 且 $b=c$，那么 $a=c$，但是，根据定义，a 与 b 代表着截然不同的两种东西，既然不同，那么 a 也就无法等于 b 了，更不用说等于 c 了。不过说到等值的问题，比如说 $a=a$、$b=b$ 之类的，这是我能够接受的，然而 $a=b$ 在我看来却是个彻彻底底的谎言或骗局。当老师公然不顾他本人讲过的平行线的定义，改口说它们在无穷远处相交时，我也同样恼怒了。我觉得这无异于戏弄乡下人的愚蠢把戏，我是不能也不会参与其中的。我的理智与道德都在与这种反复无常斗争着，数学的无常和善变使我永远都不能理解它。一直到晚年我都有这种顽固的感觉，如果我和我的同学们一样，轻描淡写地接受了 $a=b$、太阳＝月亮、狗＝猫这类定理，那么数学就会愚弄我一辈子——只有到了耄耋之年，我才可能醒过神来。我一辈子都没有想明白，虽然我毫无疑问是能够正确进行运算的，但我为什么始终未能在数学里找出个头绪呢？我尤其不能理解自己为何会在道德上质疑数学。

若要理解一个方程式，我只能替换掉方程式中的字母，代入特定的数值，再通过实际运算来进行验证。随着数学课的进阶，我凭借抄录那些不知所云的代数公式，记忆黑板上的字母组合，多少是能够跟上进度的。我渐渐不再能通过替换数值来取得进步，因为老师时不时地说道，"在这儿我们加上某某表达式"，然后他便在黑板上写下几个潦草的字母。我不知道这些字母的来龙去脉，也不理解老师为何要写下它们——我所知道的唯一原因就是，写下这几个字母能使运算得出一个令他满意的结果。我因不理解而惶惶不安，不敢提任何问题。

数学课完全变成了我的噩梦与折磨。其他课程对我来说都是小菜一碟。多亏了我良好的视觉记忆，我得以长期在数学课上蒙混过关，甚至每每得高分。然而，我对失败的恐惧和面对广阔世界时萌生的渺小感不仅令我厌恶，还让我感到一种无言的绝望，这彻底毁掉了我的中学时代。还有，我以能力不足为由，免修了绘画课。从某种意义上说，这是件好事，因为我因此有了更多的自由时间；但是从另一方面来说，它是一个新的挫败，因为我多少有点儿绘画天赋，尽管我并没有意识到这种天赋是建立在我的感受之上的。我只能画那些激发了我想象力的东西。但是，我却被迫临摹眼睛暗淡无神的希腊神祇，我当然画不好，而老师显然认为我应该临摹某种更贴近自然的东西，于是把一幅山羊的头像摆在了我的面前。那次作业我完全搞砸了，我的绘画课也由此画上了句号。

除了数学与绘画，我还有第三个挫败——我从一开始就讨厌体操。我不能容忍让别人告诉我该做什么动作。我上学是为了学习，而不是为了练习无用且愚蠢的杂技。不仅如此，由于我早年的疾病，我对自己的体能很没有自信，这种胆怯直到很久之后才被克服。这种胆怯还演变成了一种对世界及其可能性的不信任。当然，我眼中的世界美丽而令人喜爱，但是它同时也充满了混沌与无法掌控的风险。因此，我从一开始就想知道，我能依靠什么？我能把自己托付给谁呢？这也许与我曾被我的母亲抛弃过几个月有关吧。当我得了神经性昏厥——我稍后将详细讲述——以后，医生便禁止我练体操了，这很合我的意。我摆脱了体操课的负担，但是也承受了又一个挫败。

我并没有将多出来的时间全用来玩耍。这些时间使我多少能够更自由地沉溺在我对阅读的强烈渴望中，我如饥似渴地读着我能找得到的每一页印刷品。

我的12岁是决定性的一年，时值1887年的初夏。有一天，我站在大教堂广场，等候一个和我同路回家的同学。那时正是中午12点，上午的课已经结束了。突然，一个男孩撞了我一下，我便失去了重心。我摔倒的时候，脑袋重重地磕在马路牙子上，几乎失去了意识。接下来的半个小时里我都头晕眼花。在我被撞击的那一刹那，我的脑海里闪过了一个念头："这下好了，你再也不用上学了。"虽然我只是摔得有点儿迷糊，但是我故意比需要的多躺了片刻，主要是为了报复袭击我的那个男孩。后来我被路人抱了起来，送进了附近的一栋房子里，那里住着两位上了年纪的未婚女人。

自此以后，每当我的父母要求我去上学或做功课的时候，我的昏厥就开始发作。我整整6个月没去上学，那对我来说真是一段美好的时光。我自由自在，每天都能做几个小时的白日梦，想去哪里就去哪里，比如树林、水边，我还能画画。我又开始画画了，打斗、残暴的战争、攻城或烧城，我还一页又一页地画着讽刺画。到了今天，我还会在入睡前回想起类似的漫画形象，那些脸谱狞笑着，不断地移动、变幻，其中有一些将死的熟人的面孔。

最重要的是，我又能够沉浸在我的神秘世界中了。这个世界里有植物、水塘、沼泽、石头和动物，还有我父亲的藏书室。然而，我离现实世界越来越远了，这一直让我隐隐感到苦闷。我虚度着时光，闲逛、搜集小玩意儿、阅读、玩耍。但虚度并未使我更开心。我模糊地觉察到，我正在逃避我自己。

我不记得是怎么走到这一步的了，但是我觉察到了父母的担忧并深感痛心。他们咨询了很多医生，医生们抓耳挠腮，打发我去温特图尔的亲戚家度假。温特图尔有一个火车站，给我带来了无尽的乐趣。但是等我回到家里，一切还是老样子。有一位医生认为我得了癫痫。我知道癫痫有怎样的症状，暗地里嘲笑这种胡说八道。但是我的父母却愈加忧心忡忡。有一天，我父亲的一位朋友来访。他们坐在花园里聊天，我躲在灌木丛后面，因为不知怎的我非常好奇他们在聊什么。我听见客人问父亲："你儿子怎么样了？""唉，糟透了，"父亲回答说，"医生们查不出他得了什么病。有人认为可能是癫痫症。要是真的治不好，那可怎么办啊。我已经倾尽我的所有了，万一将来这孩子没法自食其力，他该如何是好呢？"

晴天霹雳一般，我发觉自己与现实是格格不入的。"天哪，我必须得好好学习了！"我突然想到。

从那一刻起，我变成了一个认真学习的孩子。我蹑手蹑脚地离开了灌木丛，来到父亲的书房，拿出我的拉丁语语法书，专心致志地大读特读起来。10分钟后，一次昏厥发作强烈地袭来。我险些从椅子上跌落下去，不过几分钟之后我便感觉好多了，于是继续读书。"该死，我不能再昏厥了"，我对自己说，依然坚持读我的书。这一次大约持续了15分钟，昏厥第二次发作了。不过这一次也像上一次一样被我挺过去了。"现在你必须得悬梁刺股了！"我坚持住了，第三次发作发生在一个小时以后。我依然没有放弃，而是又学了一个小时，最后我觉得我已经克服了昏厥发作。我的感觉一下子变得好极了，比此前几个月都要好。而且事实上，我再也没有昏厥过。此后，我每天都在学习语法和其他教科书。几个星期以后，我重返学校，之后也没有再昏厥过。这一场闹剧结束了，结束得干干净净！这也让我理解了到底什么是神经症。

我逐渐回忆起这一切是怎样发生的，我清晰地认识到这场可耻的闹剧是我一手造成的。所以，我从未真正生过那个把我撞倒的同学的气。我明白，他只是被我利用了而已，可以这么说，这整个事件其实是我自己策划的恶毒阴谋。我也明白，我以后不会再被人撞倒了。我对自己感到愤怒，也为自己感到羞耻。因为我知道是我害自己误入歧途的，害自己变成了自己眼中的蠢货。这事怪不得别人；我就是那个该诅咒的叛徒！在这之后，我再也无法忍受父母为我担忧，或者用一种怜惜的语气和我说话。

这场关于神经症的闹剧成了我的又一个秘密，但它是一个可耻的秘密，一个失败。然而，它使我变得谨小慎微、无比勤奋。我开始变得自觉了，并不是为了装出一副乖巧的样子来换取某些好处，而是真的为了自己能够成才。我通常会在五点按时起床学习，甚至会在凌晨三点起床，一直学习到七点，然后再去上学。

导致我误入歧途、陷入这场危机之中的，是我对独处的钟爱、对孤独的嗜好。在我的眼中，大自然充满了奇迹，我想要沉浸在大自然的奇迹之中。每一块石头、每一株植物以及其他的万事万物都生机勃勃、妙不可言。我沉湎于大自然之中，采天地灵气，吸日月精华，远离凡俗人世。

大约在同一个时期，我还有另一段重要的经历。我家住在克莱因惠宁根，我从家里出发去巴塞尔上学，这中间颇有一段距离。在路上，我突然产生了一种势不可当的感受，就好像拨云见日一般。我立即明白了——我终于找到了我自己！在此之前好像有一片迷雾在我身后，迷雾的后面没有"我"。但在这个时刻，我突然遇见了我自己。在此之前我虽然也活在这世上，但只是行尸走肉。而现在我找到了自己，我终于感受到我就是我自己，终于找到了存在感。从前，我按照别人的意愿行事；现在，我则按照自己的意愿行事。这种感受对我来说十分新鲜，而且极其重要——我拥有了"权威"。还有怪事一则，在这个时刻以及我身患昏厥性神经症的那几个月里，我不记得任何关于阁楼里的宝藏的事情。要不是这样的话，我当时就该意识到，我的"权威"感，与宝藏在我心中激发的价值其实有着某种相似之处。但事实不尽如人意，与铅笔盒有关的一切记忆都消失了。

也是在那些日子里，我应邀前往父母的朋友家度假，他们家在卢塞恩（Lucerne）湖畔有一栋房子。令我欣喜的是，这栋房子就坐落在湖边，有船屋，也有划艇。主人允许他的儿子和我使用划艇，同时也严厉地警告我们切不可鲁莽行事。事不凑巧，我偏偏知道如何驾驶威德令船（Waidling，一种两头尖尖的平底船）——那种船是站着划的。我家就有这么一条平底船，我们在上面尝试过一切可以想象的划船技巧。因此，我上划艇后做的第一件事，就是站在船尾的座位上，将一支船桨插进湖水中。焦虑的房主人对此忍无可忍，他立即吹口哨让我们回去，将我狠狠训斥了一顿。我垂头丧气，但又不得不承认，我的行为正是他明令禁止的，而他给我们的教训完全是理所应当的。但同时我也感到火冒三丈，因为这个又胖又蠢的乡下佬居然敢侮辱"我"。这个"我"，不仅已经长大，而且举足轻重，充满权威，有地位、有尊严，是一位理应受到尊重与敬畏的老者。然而，这一切与现实的差异实在是太大了，这使得我的愤怒戛然而止，一个疑问浮上心头："归根结底，你到底是谁呢？凭你现在的表现，鬼才知道你很重要！可是，你也明白他的做法合情合理。你才不到12岁，是一个中学生，而他却是一个父亲，有钱有权，还有两处住房和几匹骏马。"

这时我突然发现，我其实是两个不同的人，这令我十分困惑。其中一个我是中学生，他掌握不了代数，整个人也没有定型；另一个我则德高望重、不可小觑，其权势和影响力都不亚于我眼前的这位制造商。这"另一个我"，是一位生活在18世纪的老者，他穿着扣带鞋，戴着白假发，乘着一辆有高大后轮的出租马车，车厢以皮带悬吊在弹簧板上。

这个念头来源于我之前的一次奇特体验。在克莱因惠宁根时，有一天，一辆来自黑林山（Black Forest）的老式绿色马车经过我家门前。那真的是一个古董，看上去完全就像从18世纪一径驶来的。我一看到它便激动万分："就是它！毫无疑问，它来自我的时代。"仿佛我曾驾驶过同一类型的马车一般，我一眼就认出了它。但是旋即，我又感到了一种奇特的怨愤，好像有什么东西被人偷走了，或者被人骗走了——骗走了我美好的往昔。这辆马车就是来自往昔的一件遗物！我无法用语言描述我内心的感受，也说不上来是什么如此强烈地感染了我，也许是渴望，也许是乡愁，也许是一种认同感。一个声音说道："没错，就是这样！没错，就是这样！"

我还有另一个梦回18世纪的经历。我曾在一个阿姨家里看见过一个18世纪生产的小雕像，由赤陶制成，包含两个彩色的人物。其中一个人物是老斯塔克伯格医生（Dr. Stückeiherger），他是一位生活在18世纪末的巴塞尔名人。另一个人物则是他的病人，她被塑造成一副闭着眼睛、伸着舌头的模样。据说，有一天老斯塔克伯格正走在莱茵桥上，这位惹人厌的病人突然不知从哪儿冒出来，喋喋不休地抱怨着。老斯塔克伯格不耐烦地说："是，是，你一定是生病了。闭上你的眼睛，伸出舌头给我看看。"女病人照样做了，老斯塔克伯格趁机溜走了，而她却一直伸着舌头站在那儿，路人皆大笑。小雕像上的老医生穿着扣带鞋，不知怎的，我认为那双鞋是我自己的。我敢确定，那就是我以前穿过的鞋。这个信念使我激动得发狂。"天啊，这一定是我的鞋！"我仍然记得这双鞋穿在脚上的感受，但却解释不了这种奇特的感受从何而来。我不理解我为何会对18世纪有一种似曾相识的感觉。在那段日子里，我还经常把1886年写成1786年，每当这时，我心中总会涌现一股莫名的怀旧之情。

经历了船上的出格行为与因胆大妄为而遭受的惩罚之后，我开始琢磨这种分裂的感受，它们共同塑造了一幅连贯的画面——我是两个不同的人，他们同时生活在两个时代。我迷惑不解，思绪万千。最后，我失望地得出结论，无论如何，现在的我仅仅是一个不值一提的中学生，理应受到惩罚，我的举止必须与年龄相符。另外的那个我则属子虚乌有。我怀疑他在某种程度上与我从父母和亲戚那儿听来的我的祖父的故事有关。但是这种解释也不尽然，因为我的祖父生于1795年，他主要生活在19世纪，何况他在我出生前就已去世。与我具有同一性的那个人不可能是我的祖父。我想，我当时的这些考虑，大部分只是模糊的闪念和梦罢了。我不记得那时的我是否知晓我可能与歌德有某种血缘关系。我推测我是不知道的，因为印象里我是从一个陌生人那儿得知这个传闻的。补充一句，这则讨厌的传闻说我的祖父是歌德的私生子。[1]

同年夏季，有一天中午天气很好，我放学后去了大教堂广场。天空明亮湛蓝，太阳光芒四射。大教堂的房顶闪闪发亮，新铺的、熠熠生辉

---

[1] 本书中有两处涉及了这则传闻，即荣格可能是歌德的后代。荣格曾说："我曾祖父（弗朗茨·伊格纳兹·荣格，卒于1831年）的妻子，索菲·齐格勒，还有她的妹妹都与曼海姆剧院有联络，都有很多作家朋友。坊间传说索菲·齐格勒与歌德有一个私生子，也就是我的祖父，卡尔·古斯塔夫·荣格。事实大概就是如此。然而，我的祖父在他的日记中对此只字未提。他只提到过，他在魏玛看到过歌德一次，虽然看到的仅仅是一个背影。稍后，索菲·齐格勒·荣格与歌德的侄女洛蒂·凯斯纳成了朋友。洛蒂经常前来探望我的祖父，而弗朗茨·伊格纳兹很少探望他。几年后，洛蒂·凯斯纳定居在巴塞尔，这毫无疑问是由于她与荣格家族的密切交往。"

不论是在已有资料中、在法兰克福歌德故居的档案中，还是曼海姆耶稣会教堂的洗礼记录中，均找不到有关这则家族传闻的证据。在荣格的祖父诞生前的那段时间，歌德并不在曼海姆，也没有记载称索菲·齐格勒去过魏玛或其他与歌德邻近的地点。

每当荣格谈及这个经久不衰的传闻时，他总是显得心满意足而兴致勃勃，这也许部分解释了他为何如此热爱歌德的《浮士德》。似乎可以说，这个传闻成了一种心理上的事实。但是另一方面，荣格也说过这则传闻"令人恼火"。他认为这种事情属于"低级趣味"，而这类"喜欢讲述'身世之谜'的无聊人士"比比皆是。更重要的是，他认为来自那位博学识识的天主教医学与法学专家卡尔·荣格（Carl Jung，卒于1645年）的嫡系血统（参见第八章结尾处的讨论）同样是意义重大的。——原注，安妮拉·亚菲

的琉璃瓦折射着璀璨的阳光。我被这美景征服了，心想："这个世界好美，这座教堂好美，是上帝造就了这一切，他就在蓝天之上一个遥远的地方，坐在一个金色的宝座上……"突然，我再也想不下去了，并感到透不过气来。我全身都麻木了，只剩下一个唯一的念头："我不能再想下去了！否则就会想到某种恐怖的事物，那是我不愿意亦不敢去想的东西。为什么呢？因为我害怕犯下最深重的罪。最深重的罪是什么？是谋杀吗？不，谋杀不是最深重的罪。最深重的罪是背叛圣灵，这才是不可饶恕的。要是谁犯下了这一条罪行，那可是要遭天谴的，永世不得超生。我是独子，我的父母爱我至深，倘若我被判要受永世的惩罚，他们一定会悲痛欲绝的。我不能这样对待我的父母。我万万不能再想下去了。"

说起来容易，做起来难。我走在回家的长路上，努力去想别的事情，然而我却再三回想起那美不胜收、令我沉醉的大教堂，以及坐在宝座上的上帝——然后便像遇着了一个霹雳似的，无法再想下去了。我不断地告诉自己："别想它了，不能再想它了！"当我回到家时，我已经精疲力竭了。我的母亲注意到我不大对劲，便问道："你哪里不舒服吗？还是学校里出了什么事？"我向她保证学校里没出什么事，在这一点上我是无须撒谎的。我确实有过一个念头，觉得要是把我胡思乱想的真正原因告诉我的母亲，也许会对我有所帮助。但是这样一来，我就必须完成一件不可能完成的任务——放任我的思绪进行到底。我那可怜的母亲，她完全相信了我的话，丝毫不曾怀疑我已身处危机之中，将犯下不可饶恕之罪，陷入万劫不复的境地。我放弃了向她坦白的念头，将自己的想法埋入心底。

是夜，我失眠了。那禁忌的想法一再想要冒出来，虽然我不知道它具体是什么，我只得拼命抵挡它的出现。接下来的两天我为此备受煎熬，以至母亲觉得我一定是生病了。即使如此，我还是忍着什么都没有说，因为我认为，告诉我的父母这件事将会令他们悲痛欲绝。

然而到了第二天晚上，这种煎熬越发强烈，我感到无所适从。我辗转反侧，难以安枕，不知怎的又想起了大教堂与上帝。我险些没有遏制住我的思绪！我感到我对它的抵抗力渐渐弱了。我吓出了一身冷汗，从床上坐了起来，把睡意完全驱走。"该来的还是来了，事情严重了！我必须想下去。我必须想出个所以然来。然而为什么我要想这些我并不懂得的事情呢？我本是不愿意想这些事情的，我可以对天发誓。可是，是谁让我想的呢？是谁迫着我去思考这些我不懂得亦不想懂得的事情呢？这恼人的冲动从何而来？而且，为什么偏偏是我要经受这一切？我的本意只是想赞美造物主创造了一个美丽的世界，感谢他赠予我们这样一份无价之宝，凭什么我就得承受这些凶险可怕的念头呢？我不知道它具体是什么，真的，因为我无法，也万万不能去深思这一个念头，否则我就会知道它的内容。这种局面并非由我造成，也非我所愿，它只是发生在我身上，像噩梦一样。它从何而起？我什么都没做，老天为何降之于我？归根结底，我并不是自己的创造者，我生成这副模样，都是上帝的旨意——或者说，都是父母的功劳。莫非我的父母本就想将我塑造成这副模样？但是，我的父母是那么善良，他们是不可能有这种可怕的想法的。他们是绝对不会遇上这样残酷的事情的。"

我发觉自己的想法极为荒谬。然后，我又想起了我的祖父母，我只在画像上见过他们。他们看上去慈祥而高贵，是绝对不可能做一点儿坏事的。我又在心里细数那些我并不认识的祖先，最后想到了亚当与夏娃。随后，我便有了一个结论性的想法：亚当与夏娃是人类的始祖，他们并非由父母所生，而是由上帝直接创造的，他们的一毫一发都是上帝有意塑造的。他们自己并没有决定权，一切皆是上帝的旨意。因此，他们浑然不觉自己本可能是其他的模样。他们是上帝的完美造物，因为上帝创造的一切都是完美的，但是，他们仍然犯了原罪，做了上帝禁止的事情。这一切是怎么发生的呢？若不是上帝赋予了他们这种潜能，他们是不可能做出这种事的。蛇就是最明显的证据，上帝在创造亚当与夏娃之前便创造了蛇，而后蛇便引诱他们犯下原罪。全知全能的上帝早已布置了一切，使人类的始祖无法不犯罪。因此，是上帝的意志令他们犯罪的。

一想到这里，我的痛苦煎熬立即烟消云散了，因为我明白了，是上帝本人让我陷入了这一困境之中。起先，我拿不准上帝是想让我犯这宗罪呢，还是让我不要犯。但是我愿意通过祈祷来获得启示，因为上帝让我陷入了进退维谷的境地，完全无视了我的意愿，也没有对我施以援手。我决心亲自弄清上帝的意图，靠自己的力量寻得一条出路。这个时候，另一个问题又来了。

"上帝的意图是什么？我该行动，还是该等待？我必须得知道上帝到底想让我做什么，并且越快越好。"我当然明白，从传统的道德观念出发，我无疑是应该避免触犯这一罪行的。这也是我一直以来所做的事情，可是我发现我快要坚持不下去了。我已经夜不能眠、精神颓丧、形容憔悴，此时若要继续遏制我的思想，我便会陷入巨大的困境之中。我再也坚持不下去了。与此同时，除非我知道上帝的意愿，知道他究竟想让我做什么，否则我亦不会善罢甘休。因为我已经确定，上帝就是这一困境的始作俑者。奇怪的是，我从没有想过，这一切有可能是魔鬼的恶作剧。在当时，我并不太把魔鬼当回事，而且我认为，不论在什么情况下，上帝都比魔鬼厉害得多。而且，自我从迷雾中走出，终于找到了自己的那一刻开始，我想象中的上帝具有了全能、伟大的特性与神性的威严。于是，我心中的疑问一扫而光，剩下的只是上帝本人为我安排的一次重大考验，关键在于我能否正确地理解上帝的意图。我知道，我将面对的毫无疑问是崩溃与让步，但是我不希望这一切发生得不明不白，因为我的不朽的灵魂已经危在旦夕。

"上帝知道我就要坚持不下去了，可是他不曾帮助我，我就要犯下这不可饶恕的罪了。上帝是全知全能的，他本可以轻而易举地消除我的冲动，但是他却拒绝这样做。或许，上帝是想通过逼我做背弃道德判断、背叛宗教信条、违背他亲自定下的戒律之事，即我因恐惧永世的责罚而拼命抵抗之事，以考验我对他的忠诚。又或许，上帝想观察当我被信仰与理智推到死亡与地狱的边缘之时，我是否依然服从他的意志。事实很可能就是这样！但这只是我的一人之见。它可能是错的。事关重大，我不敢相信自己的推理。我必须得从头细细琢磨一遍。"

我重新推理了一遍，并得出了同样的结论。"显然，上帝希望我能鼓足勇气，"我想，"如果的确是这样，而我也经受住了考验，那么上帝便会赐予我他的仁慈和启示。"

我鼓足勇气，做好了上刀山下火海的准备，任凭我的思绪流淌。我的眼前出现了大教堂和湛蓝的天空。上帝坐在金色的宝座上，从天上俯视着世界——然后，宝座下面掉出了一坨巨大的粪便，砸在了大教堂闪闪发亮的新房顶上，琉璃瓦被砸得粉碎，大教堂的墙壁也被砸得粉碎。

原来如此！我长舒了一口气，如释重负。天降于我的不是预料中的被罚入地狱，而是恩典，以及一种我从未体验过的、难以言传的狂喜。幸福与感激一齐涌上心头，我不禁泪眼婆娑。我既已屈服于上帝的命令，他便向我展现了他的智慧与仁慈。我仿佛经历了一次启蒙。很多我早先并不理解的事情，现在变得清晰了。我想，我的父亲亦一直不理解这些事。他没有体验过上帝的意志，而是理由充分、信仰坚定地拒绝它。因此，他从未经历过那种能够治愈一切、解释一切的奇迹般的恩典。他把《圣经》中的十诫奉为圭臬，他对上帝的信仰，来自《圣经》的指示与祖宗的教诲。然而，他并不知道还有一位他可以直接感知的、更真实的上帝，他凌驾于《圣经》或教堂之上，全知全能、自由自在，他号召人们分享他的自由，让人们放弃自己的观念与信仰、无保留地执行他的命令。当上帝想要考验人们的勇气时，不论事情多么神圣，他都不会循规蹈矩。上帝的全知全能让他知道，关于勇气的考验是不会真的造成邪恶的后果的。所以，一个人只要履行的是上帝的意志，是不必担心误入歧途的。

上帝也是这样创造亚当与夏娃的，因此，他们不得不去想他们万万不愿意去想的事。上帝之所以这样做，是为了弄清楚他们是否虔诚。同样，上帝也要求我去做某件我由于传统的宗教信仰而不得不拒绝的事。我顺从了他，他才赐予了我恩典，我才体会到了何为上帝的恩典。一个人必须完全献身于上帝；除履行上帝的意志以外，其他事情都是次要的。其他的一切事情都是愚蠢和无意义的。从我体验到恩典那一刻起，我便肩负起了真正的责任。为什么上帝要玷污他的大教堂呢？在我看来，这是一件糟糕的事情。但是随后我模模糊糊地明白了，上帝有可能是糟糕的。我所经历的是一个阴暗恐怖的秘密。它是我一生的阴影，我变得忧心忡忡。

这一经历的另一个影响，是增加了我的自卑感。我开始觉得，我要么是个魔鬼，要么是头蠢猪，我是卑鄙无耻的。但是后来我查阅了《新约》，读到了关于法利赛人与税吏的故事，以及堕落者成为上帝的选民的故事，这令我颇为满意。它们给了我一个根深蒂固的印象，即不公正的管理者将受到赞扬，立场不坚定的彼得则被委以教会之柱石的重任。

我的自卑感变得越来越重，这使得我越来越无法理解上帝的恩典。说到底，我从来都不曾自信过。有一次，我的母亲对我说："你一向是个好孩子。"我丝毫不能理解她在说什么。我是个好孩子？这使我感到很新鲜。我一直以为自己是个堕落的、远不如他人的人。

经历了上帝与大教堂的事以后，我终于触碰到了那个伟大的秘密的一部分实体了——就好像我一直在谈论从天堂掉落的石子，而现在我的口袋里真的有了那样一块石子。但是实际上，我为这种体验感到羞愧。我陷入了一种邪恶、不祥、阴险的境地，但这同时也是一种荣耀。有时，我控制不住地想要一吐为快，并不是想倾诉这一经历，而是想告诉别人我有哪些与众不同之处，有哪些别人不知道的东西。我很想知道，别人是否有过相似的经历。可是我从未在别人身上寻见过一丝痕迹。因此，我觉得自己既是被放逐的又是被选中的，既是被诅咒的又是被祝福的。

我从未想过我会公开谈及我的经历、关于地下神殿的男性生殖器的梦或者我的木刻小人。事实上，到65岁为止，我从未提过关于男性生殖器的梦。至于其他两次经历，我可能跟我的妻子说过，但那时已时过境迁了。自童年时代起，这些事情一直是我最为忌讳的。在朋友面前，我也一向对此讳莫如深。

考虑到这些秘密，我的整个青春期是何情形便可想而知了。它们使我感到难以忍受的孤独。在那些岁月里，我最大的成就便是忍住了向别人倾诉的冲动。从一开始，我与世界的关系模式便已经定型了——自始至终，我是一个孤独的人，因为我知道一些别人不知道的事情，我还要示意众人那些他们所不愿意知道的事情。

我母亲的家族里有6位牧师，而在我父亲的家族里，我的父亲和两位叔叔也都是牧师。因此，我时常听到他们谈论宗教、讨论神学或布道。每当我听他们讨论时，我心里的想法是："对，对，这真是好极了。但是我的秘密又算什么呢？我的秘密亦关乎上帝的恩典。你们谁都不明白这一点。上帝逼我犯错、逼我行恶，好让我体验到他的恩惠。"
而他们所说的一切都与此完全不沾边。我想："看在上帝的分上，一定
是有人懂得这一点的，这世上一定有真理。"我翻遍了我父亲的藏书
室，阅读了我能找到的所有关于上帝、三位一体、灵魂和意识的书。
我狼吞虎咽地读了这些书，但却收获甚微。我一再认为："他们也不懂
得。"我甚至还查阅了我父亲的《路德圣经》。可惜，书中对约伯所做
的传统"教化性"解释使我对此书彻底失去了兴趣。我原本在《路德圣
经》中寻到了慰藉的，特别是第九章第30节："我已用雪水洗身……你
却要扔我在坑里。"

　　后来我的母亲告诉我，在那段时间里，我成天愁眉苦脸的。其实我
并非愁眉苦脸，我只是沉浸在这个秘密之中。在那些日子里，每当坐在
我的石头上，我的内心便奇妙地变得宁静平和。不知为何，我的石头总
能打消我的一切疑惑。每当我想到我是石头，内心的冲突便消失了。
"对石头而言，没有什么是不确定的，它也没有沟通的欲望，它是亘古
不变的，"我想，"而我却是转瞬即逝的，有着七情六欲，就像火焰，
熊熊燃烧，然而转眼就灭了。"我本人只不过是七情六欲的相加，但我
的"另一半"却是一块永恒不朽的石头。

　　也是在那段时间，我开始深刻怀疑我的父亲所说的一切。每当我听
他传讲上帝的恩典时，总是会想起我自己的体验。于是，他的传道变得
陈腐而空洞，就像在讲一个道听途说的、连自己都不太相信的故事一
样。我很想帮他一把，但又不知道怎么做才好。况且，我的羞怯让我不
敢将我的体验告诉他，也不敢去触碰他那些先入为主的见解。一方面，
我觉得自己还太年幼；另一方面，我也不敢使用我的"第二人格"赋予
我的权威。

　　当我长大成人之后，我与父亲进行过很多次讨论，我心里总是希望

能够让他理解恩典的奇迹，从而帮助他减轻良心上的苦闷。我相信，只要他能够履行上帝的意志，一切都会变好的。但是，我们的讨论总是不欢而散。这些事情令他恼怒和伤感。"哎，胡说八道，"他会习惯性地这样说，"你总是想要思考。但是我们不应该思考，而是要信仰。"我便会在心里说："不对，只有亲身体验过才会懂得。"但是我嘴上却说："给我这种信仰吧。"他便会耸耸肩，无奈地转身离开。

我结交了一些朋友，他们大多是出身平凡的、腼腆的男孩。我的学习成绩越来越好。在之后几年里，我甚至能够在班级中名列榜首。然而，我觉察到，那些成绩不如我的同学都嫉妒我，并在每一次考试中试图超越我。这破坏了我本该有的愉快。我痛恨一切竞争，哪怕是一个富有竞争性的游戏，我也会拒绝参加。后来，我保持班级第二的成绩，并发现这样更使人觉得愉快。学校的功课已经够令人厌烦了，我不能让竞争使之变得更为困难。有少数几位老师特别信任我，我至今很感激他们。其中一位是我的拉丁语老师，他给我留下了很美好的回忆。他是一名大学教授，十分睿智。碰巧，我6岁就懂拉丁文了，因为我的父亲给我上过拉丁文课。因此，这位老师允许我免听他的课，并经常让我去大学的图书馆帮他借书，而我则尽可能地放慢返程的脚步，在路上享受阅读的乐趣。

大部分老师认为我恼人而狡猾。学校一出了什么事，他们立马便怀疑上我。只要什么地方吵闹起来，他们便认为是我挑的头。实际上，我真正参与其中的只有一次，而正是那一次让我发觉一些同学对我抱有敌意。7名同学埋伏着，然后突然对我发起了攻击。那会儿我已经是个大高个儿，长得很结实了——我已15岁——并且伴有暴力冲动。我一下子红了眼，抓住其中一个男孩的双臂，将他抡了起来，用他的双腿将其余几人横扫在地。我模糊地记得，老师们了解了此事的来龙去脉之后，似乎对我进行了某种不公正的惩罚。从那以后，我终于获得了清净，再也没有人敢招惹我了。

我并未意料到我会四处树敌或受到不公正的惩罚，但不知怎的，我亦觉得这并不意外。每一次指责都令我恼火，然而我又无法辩白。我对自己只有少许的认识，而这少许的认识又是自相矛盾的。因此，我并不能问心无愧地反驳任何指责。实际上，我总是有一种愧疚感，总是很清楚自己犯下的和潜在的过失。所以，我对别人的责备十分敏感，因为所有责备都或多或少地击中了要害。尽管我并未真的做过应受责备的事情，但我还是认为我是有可能做出那种事情的。为了躲避指责，我甚至还列了一张辩白用的清单。如果我由于确实做了什么错事而受到指责，我反而会如释重负。因为至少我能知道该为什么而愧疚。

自然地，我开始通过外表的稳重来补偿内心的不安——或者说得更好听些——我的缺陷在未受意志干预的情况下自动发生了补偿。也就是说，我发现自己罪大恶极，但同时希望自己清白无辜。在心底深处，我一向明白自己有两个身份。一个是我父母的儿子、一名中学生，比起别的孩子来不算聪明，也不算专心勤勉，甚至也不怎么得体整洁；另外一个则是成年人——实际上已经很老了——他多疑、猜忌、远离世人，但他却贴近自然、土壤、日月山川、阴晴雨雪以及一切生物，更重要的是他熟悉夜晚、梦境和其他"上帝"直接作用于他的途径。在这里，我给"上帝"加上了引号。因为尽管上帝创造了自然，自然是上帝的一个体现，但上帝却不认为自然是神圣的，而我的处境也如自然一样。没有人能够说服我，只有人类是"按照上帝的形象"创造的。在我看来，人类穿衣戴冠、爱财如命、目空一切、虚伪狡诈、蝇营狗苟。对我的第一个身份，也就是生活在1890年的中学生来说，仅从自己身上便足以熟知这些特征了——与此相比，崇山峻岭、河流、湖泊、树木、鲜花、飞禽走兽其实更能体现出上帝的本质。除了这个中学生的世界以外，我还有另一个天地，它就像一座神殿，让进入里面的每个人都被感化了，都在一瞬间被宇宙的全景深深触动，使得每个人都只能惊叹、赞美、浑然忘我。在这个天地中，居住着"另一个我"，他知晓上帝是一个神秘的、私人的，但同时又是超越个人的秘密。在这个天地中，没有什么能隔在人与上帝之间，甚至，就好像人的头脑正与上帝一齐俯视着天地万物似的。

我在这里虽然洋洋洒洒，可是在那时我却对这一切浑然不知，我只是通过一种强烈的预感和高昂的情绪而感觉到了它。在这种时候，我才感觉无愧于自己，我才是真正的自己。每当我独自一人时，我便会沉浸到这种状态之中。因此，我开始追求"另一个我"，即我的第二人格所带来的宁静与孤独。

第一人格与第二人格之间的作用与反作用贯穿了我的一生，不过这与一般医学意义上的"分裂"或解体是两码事。恰恰相反，每个个体心中都有这两种人格。在我的一生里，我的第二种人格起了举足轻重的作用，我总想试着为我心中呼之欲出的东西留出空间。我的第二种人格是一个典型的形象，但是只有极少数人能够感知他。大多数人的意识都不足以理解他是存在于所有人的头脑里的。

渐渐地，教堂成了我的痛苦之地。因为那里竟然有人敢大声地——我不禁要说，也是无耻地——进行有关上帝、上帝的意旨与行动的布道。人们在教堂里被劝诫他们应持有的感情以及应该相信的秘密，而据我所知，这一秘密乃是最神秘的、内心最深处的、不可以泄露一个字的必然之事。我也只能说，这一秘密显然是不为人们所知的，就连牧师也不知道。因为若不是这样的话，是没有人敢在公众面前透露上帝的神秘性，并用老套的多愁善感来亵渎这种不可言传的感觉的。此外，我还确信通过这种方式去接近上帝是不对的，因为我从经验里得知，恩典只赐予那些能够毫无保留地执行上帝意志的人。虽然布道者也在宣扬这一点，但是他们向来假定启示能浅白地表现出上帝的意志。对我来说，启示其实是最含混与不可知的东西。我认为，每个人都有责任终日探索上帝的意志。我虽然没有这样做，但是我确定，一旦有紧急的诱因出现，我会立马这样做。第一人格占据了我的绝大部分时间。我常常觉得，宗教戒律似乎取代了上帝的意志——这一点非常出人意料，也十分惊人——宗教戒律的唯一目的竟是使人们不理解上帝的意志。我的疑虑与日俱增，我父亲及其他牧师的布道词开始让我左右为难。而我周围的人似乎都认为这些莫名其妙的布道词是顺理成章的，布道词里面的不知所云也是有理有据的。他们草率地接纳了这些错漏百出的说法，例如上帝是全知全能的，因而得以预见人类的全部历史，或者上帝创造的人类原本就该犯原罪，然而他却禁止人类犯罪，甚至惩罚他们永世生活在水深火热之中。

在很长一段时间里，我始终不曾考虑过有关魔鬼的事情，这实为奇事一桩。在我的眼中，魔鬼并不比一条被人用铁链拴着的强壮的看门恶狗更坏。除了上帝，其他人并不对这个世界负责，而且我也清楚地知道，上帝有时也是罪恶的。每当我听到我的父亲感情饱满地在布道词中提及"仁慈的"上帝，赞扬上帝的仁爱并劝诫人们回报上帝以爱时，我便疑心顿起、坐立不安。"他真的明白自己在说什么吗？"我在心里揣度着："难道他会像亚伯拉罕对以撒那样，手刃我——将他的儿子——作为活人献祭吗？或者，他会将自己送至不公正的法庭，使得自己像耶稣一样被钉死在十字架上吗？不，他一定不会那样做的。《圣经》之中已经表明，有的时候上帝的意志十分糟糕，而他在这种时候是不会执行上帝的意志的。"我渐渐明白过来，所谓的人们首先应该顺从上帝而不是人，不过是随口一说罢了，并没有经过思考。显然，人们压根儿就不知道上帝的意志是什么，如果他们知道，一定会对这个关键问题更加敬畏，哪怕仅仅是害怕。因为强大的上帝能把其可怕的意志强加在弱小的人类身上，就像他对我所做的那样。那些装作了解上帝意志的人，又有谁知道上帝想让我做的事呢？至少在《新约》中，没有一件事是可以与之比较的。而《旧约》，特别是其中的《约伯书》，本可以使我更为了解这件事情，不过那时我并不太熟悉这本书。当时我还在接受坚信礼，不过我也并未从坚信礼中得知类似的信息。当然，坚信礼提到了对上帝的敬畏，不过却认为它是过时的，是"犹太人作风"，早就被基督教中关于上帝博爱仁慈的启示取代了。

童年经历的象征与意象之中的暴力让我烦得要命。我问自己："谁会那样说话呢？是谁那么厚颜无耻，将一个赤裸的阴茎放在宝座上展示？是谁让我想到，上帝竟会以一种如此可恶的方法毁掉教堂？"到最后，我想：这一切是不是魔鬼干的呢？我一直相信，会以这种方式说话和做事的，不是上帝就是魔鬼。我十分确定，这些思想与意象绝对不是我本人发明的。

这是我一生中至关重要的体验。正是在这一刻，我恍然大悟——我必须负起责任，因为我的命运将完全取决于我自己。我所遇到的是一个亟待解答的问题。这个问题是谁提出的？我不能从别人那里获得答案。我知道，我必须从自己内心最深处寻得这个答案，我独自一人面对上帝，上帝独向我一人提出了这些可怕的问题。

从一开始，我就相信一切自有命数，我的生活似乎已是注定的，而我必须去实现它。这使我心中感到安全，而且，尽管我从来没有想过要去证实它，它却向我证实了自己。不是我感到了这种确定性，而是它征服了我。别人无法剥夺我的这一信念，即我被命令去履行上帝的意念，而不是我自己的意念。这使我获得了特立独行的力量。我常常感觉到，在一切重大问题上，我并不身处人群中间，而是单独站在上帝的身边。每当我身处"彼处"，我便不再是独自一人了，我置身于时间之外，经历了数个世纪。这时，回答的那个人，便是那个存在了很久的、在我出生以前就已存在的他。他是永恒存在的。与这"另一个人"的对话是我经历过的意义最深远的体验：它既是残酷的斗争，也是极度的狂喜。

自然，我无法与任何人谈论这些事情。我不知道能和谁交流这些事情，也许只有我的母亲了吧。她的思路似乎和我的有些许相似。但我很快注意到，她并不能胜任我的交谈对象。她对我的态度主要是仰慕，这对我而言是不够的。我便只好把这些事情放在心里了。总的说来，这是我最喜欢的模式了。我独自玩耍、做白日梦或者漫步林中，活在一个只属于我的秘密世界里。

在我眼中，我的母亲是一名十分称职的母亲。她浑身洋溢着母性的温暖，做得一手好菜，对人十分友好和亲热。她矮胖身材，擅于倾听。她也喜欢讲话，说起话来可以称得上滔滔不绝。她明显有一种文艺天赋，同时兼有品位和深度。但是，这种品质未能得到合适的发扬，而是一直隐藏在一个和蔼、肥胖、极为好客且富有幽默感的老妇人的外表之下。她持有人应该持有的全部传统观念，然而，她的无意识人格有时会突然显现。这一人格出人意料地强大——她是一个严肃、威风的人物，拥有无懈可击的权威性，而且行事果决。我确定她拥有两种人格，一个善良无害、富有人性，另一个则神秘诡谲。第二种人格偶尔显现，但每次都出人意料、令人恐惧。她说话的方式好像是在自言自语，但是说话的内容却针对我，并往往击中我的要害，令我目瞪口呆。

记忆中第一次发生这种事情时我大概6岁。那时候，我们的一个邻居十分富有。他家有三个孩子，最大的一个是男孩，与我年纪相仿，另外两个则都是女孩。这一家人来自城市，给小孩穿衣打扮的方式令我觉得荒唐可笑，特别是在礼拜天时——漆皮的皮鞋、白色荷叶边装饰和小小的白手套。甚至在平日里，这几个小孩也洗得干干净净、头发一丝不乱。他们举止阔气而彬彬有礼，并急于与衣衫褴褛、鞋子破烂、双手肮脏的泼辣、粗鲁的男孩们划清界限。我的母亲没完没了地将我与他们进行比较并训诫我："你看看人家，多好的孩子啊，多么有教养、讲礼貌啊，再看看你，真是小笨蛋一个。"这种训诫羞辱了我，使我想要痛殴那个男孩一顿——我真的这样干了。他的母亲气急败坏，冲到我家就我的暴力行为大闹了一场。我的母亲被吓坏了，声泪俱下地教育了我，时间之长、感情之激烈是我此前不曾见过或听过的，我却始终没有犯错的感觉。相反，我颇有些沾沾自喜，因为在我看来，我在某种程度上调和了跟村子格格不入的陌生人的关系。母亲的激动令我慑服，于是我怀着负罪感缩到了我家的一台旧的小型立式钢琴的后面，在我的桌子上玩起了积木。屋子里安静了好一阵子。我的母亲坐在窗边她专属的椅子上打着毛线。随后，我听见她低声地自言自语起来，从我听到的只言片语中，我知道她依然在思考这件事，只不过视角是截然不同的。突然，她大声说道："他们实在不应该养出这么一窝狗崽子！"我立刻反应过来，她指的是那几个"着人衣冠的狗崽子"。我母亲最喜欢的兄弟是一名猎人，他养了些狗，说话总是三句不离狗的繁殖、杂种狗、纯种狗和狗崽子之类的。我发觉她也认为这几个讨人厌的孩子是低劣的狗崽子，也就是说，我不必按照表面意思来理解她对我的责骂了，这让我松了一口气。但是，即使我只有6岁，我也明白此时我必须保持冷静，不能露出内心的扬扬得意："您看，您的想法跟我的一样！"她一定会生气地反驳道："你这个熊孩子，你怎么能这样揣度你母亲的心意呢！"从这里，我得出了一个结论：我一定在更早之前经历过类似性质的事情，只不过我现在记不起来罢了。

我讲这件事是为了铺垫另一件事，在我对宗教的怀疑与日俱增的时候，另一件事也反映了我母亲的双重本性。有一天，大家在餐桌上说起某些赞美诗音调的沉闷。有人说或许可以修订赞美诗。这时，我母亲喃喃低语道："噢，您爱的就是我爱的，您的可诅咒的喜乐。"[1]就像从前一样，我装作没有听见，并尽量克制以免高兴得叫出声来，然而，我还是感觉胜利了。

我母亲的两种人格有着天壤之别。因此，我虽然还是个孩子，却时常做一些与她有关的焦虑的梦。在白天，她是一位慈祥的母亲，但在夜晚，她便变得神秘而诡谲了。到了晚上，她会像一名先知，同时化身为一种特异的动物，类似于生活在熊穴里的女祭司，古老而冷酷，像真理与自然一样无情。在这样的时刻，她便代表了我所说的"自然精神"。[2]

我也拥有这种古老的天性，不过在我身上，它联结着一种看穿人与事物的本质的天赋——这并不总是令人愉快的。在我不想追根究底的时候，我也会让自己被骗到蒂珀雷里去[3]，然而我心里却总是十分清楚事实的真相是怎样的。在这方面，我就像一条狗——狗可以被戏耍，但最终能够嗅出藏匿的东西。这种"洞察力"是基于本能的，或者基于对他人的"神秘参与"。仿佛有一双"幕后的眼睛"，用一种非个人的感知

---

[1]　"可诅咒的"（verwünschte）为"令人渴望的"（erwünscht）的口误。——原注

[2]　"自然精神"意指"绝对坦率、不掺杂感情的精神"（视象的阐释研讨会，苏黎世，私人出版，1940年，V，p.iv）。"这种精神来自自然之源，而不是书中的观点。它像天然泉水一样从地下涌出，与之俱来的是自然所特有的智慧。"——原注

[3]　被骗到蒂珀雷里去（deceived from here to Tipperary）是英语谚语，源于一战时期的英国军歌《慢慢长路到蒂珀雷里》（It's a Long Way to Tipperary），意思是被骗得很惨或被欺骗了很长时间。——译者注

方式在审视一切。

我在很久之后才发现了这一天赋，在遇到了一些十分古怪的事情之后。比如说，有一次我详述了一个陌生人的生活逸事。这件事发生在我妻子的一位朋友的婚礼上，我原本对新娘的家族一无所知。在婚宴上，我的对面坐着一位留着帅气的大络腮胡子的中年绅士，别人介绍说他是一位律师。我与他热烈地讨论起了犯罪心理学。为了回答他提出的一个具体问题，我编造了一个故事来辅助说明，这个故事涉及各种各样的细节。讲着讲着，我注意到这个人脸上浮现出了异样的神情，接着整个桌子旁的人都安静了下来。我感到十分尴尬，也便止住不说了。谢天谢地，此时已经到饭后甜点的环节了，我很快便起身走进了饭店的休息厅里。我在休息厅的角落里坐了下来，点燃一支雪茄，细细地回想适才的情景。此时，一名刚刚跟我同一桌吃饭的客人走了过来，以责备的语气问道："您怎会做出如此糟糕的言行失检之事呢？""言行失检？""对啊，您讲的那个故事。""但这个故事是我编造的啊！"

我惊奇而恐惧地发现，我讲的正是坐在我对面的那个人的故事，准确得毫厘不差。我还发现，这个时候我已经完全忘却了这个故事的内容——直到现在，我也未能把它回忆出来。在《自我审视》（Selbstschau）里，佐克[1]描述了一件类似的事：有一次，在一个小旅馆里，他竟揭发了一个素不相识的年轻人，说他是个窃贼，因为他的内心之眼看到了这次偷窃的全过程。

在我的一生中，这样的事情屡次发生，我常常突然就知道了一件我本来没有可能知道的事情。这种事实的浮现就好像它是我本来就拥有的观点一样。这与在我母亲身上发生的事情是相似的。她并不知道自己在

---

[1] 亨利·佐克（Heinrich Zschokke, 1771—1848），瑞士作家，主要写作历史小说，研究瑞士及巴伐利亚历史。参见《过渡时期的文明》（《荣格文集》第十卷）。——原注

说什么，她的声音仿佛来自一位绝对的权威，说出了恰好与情境相符的事实。

我的母亲总是认为，我的心智成熟程度远远超越了我的年龄，于是她会像对待成年人那样跟我说话。显然，一切她不想告诉我父亲的事，她都会向我倾诉，她早就把我当成了密友，向我坦白了她的困扰。于是，在我大约11岁的时候，她告诉了我一件与我父亲有关的事，此事令我大吃一惊。我绞尽脑汁得出了一个结论，我必须就此事与我父亲的某位朋友进行商谈，我听说这个人是一个很有势力的人。我并没有事先告诉我的母亲，而是在一天下午放学后直接进了城，去了这个人的住所。女仆帮我开了门，告诉我此人外出了。我失望而沮丧地回了家。不过，正是出于上天的恩惠他才没有在家的。时隔不久，我的母亲又一次提及此事，但是这一次她描绘的却是完全不一样的故事，比之前的版本和缓多了，于是，我的整个计划也就不了了之了。我深有感触，心想："你居然傻到相信了这件事，而且差点儿因为这愚蠢的认真而闯下大祸。"之后，我决定一分为二地看待母亲的话。我对她的信任大打折扣，这也使得我无法将我内心深处的秘密告诉她。

然而，也有一些时候，我母亲的第二人格会呈现出来，这时她的话便真实得令我颤抖了。如果我的母亲能够保持这样的状态该多好，那样我就能有一个妙不可言的谈话对象了。

我父亲那边则是另一番情景。我是可以把我在宗教方面的困扰告诉他并征求他的意见的，但我却没有这样做，因为我觉得，我不用问就能知道他出于敬业精神而不得不给出某个答案。这一假设的正确性在不久之后便得到了验证。我的父亲一对一地对我进行了有关坚信礼的教育，这使我无聊得要死。一天，我胡乱翻着教义问答书，想看看除了多愁善感、晦涩难懂且枯燥无味的关于主耶稣的阐述，还有没有其他内容。我翻到了有关三位一体的片段。有一句话引起了我的兴趣——一体性同时又是三位性。这个命题的自相矛盾之处令我着迷。我热切地期盼着我的父亲讲到与之有关的内容。但是，进行到这部分时，我的父亲却说："我们现在讲到三位一体了，不过我也不明白它是什么，所以我们跳过这一部分好了。"我虽然敬佩父亲的诚实，但是同时也感到十分失望，我心想："三位一体的问题就摆在眼前，人们对此一无所知，也不会对此加以思考。在这种情况下，我又怎样谈论我的秘密呢？"

我徒劳地试探了几个我觉得还算善于思考的同学。我没有得到任何回应，相反，他们的无动于衷提醒我不要再这样做了。

尽管我觉得十分无聊，我还是尽了最大努力在不理解的情况下去相信——这种态度似乎与我父亲是一样的——让自己为圣餐仪式做好了准备，我把最后的一点儿希望寄托在圣餐仪式上。我以为圣餐仪式只是一种纪念性的聚餐，一种一年一度的仪式，以纪念在1860年前去世的主耶稣。但是，主耶稣留下了一些暗示性的话，比如"你们拿着吃，这是我的身体"。意思是说，当人们吃圣餐面包的时候，应该将其当作他的身体，因为面包起初就是他的肉体。类似地，人们饮用的葡萄酒起初也是他的血液。我一眼就看了出来，通过这种方式，人们是想要把主耶稣吸收进他们的身体里面。这在我看来十分荒谬且不着边际，然而我的父亲似乎对圣餐仪式评价极高，于是我便确定了，在这种行为的背后，一定隐藏着极大的秘密，而我通过圣餐仪式便能够参与到这一秘密之中。

照例，教会委员会的一名成员成了我的教父。他是一个慈祥而沉默寡言的老人，以修造车轮为生，我常常站在他的工坊里看他熟练地操作车床与锛子。现在他来到了我家，由于穿戴了双排扣长礼服和高帽子而显得郑重其事，他带我去了教堂，而我的父亲正在教堂里，穿着那身我已经很熟悉的法衣站在祭坛后面，诵读着礼拜仪式的祈祷词。祭坛上铺着洁白的桌布，桌上有几个大盘子，盛满了切成小片的面包。我认出这些面包是我们这儿的面包师做的，他烘焙的各式面包总是卖相不好又味道平平。酒是从一个大的锡镴酒壶中斟进锡镴酒杯里的。我的父亲吃了一片面包，又喝了一口酒——我知道这酒是从哪个酒铺买来的——随即把酒杯递给了一位老人。在场的所有人都显得拘谨而严肃，不过我觉得，他们对这个仪式一点儿都不感兴趣。我看着这一切，心中的疑惑仍在盘旋。我既看不出也猜不透这几位老人是否发生了不同寻常的变化。现场的气氛和在教堂举行的所有其他仪式——比如洗礼、葬礼之类——是一样的。我模糊地感到，此刻的仪式是按照传统的正确方式进行的。同时，我的父亲似乎只关心要按规则将仪式走一遍，甚至在哪些位置应该加重语气也是规则的一部分。他只字未提耶稣之死距今已有1860年这件事，然而这在其他所有的追思礼拜仪式上都是重中之重。我并没有看到悲伤，也没有看到喜悦，如果考虑到追思对象的无与伦比的重要性，那么从各个角度看，这场聚会都太过平淡了。它甚至比不上世俗的节庆。

很快就轮到我了。我吃掉了面包。它没什么味道，就像我预想中的那样。至于酒，我只抿了一口，味道寡淡，怪酸的，显然不是上等酒。接下来是最后的祈祷，然后人们便离开了，既不消沉，也不快活，只是一副"唔，就是这样"的神色。

我与父亲一起步行回家，强烈地意识到我戴了一顶崭新的黑色呢帽，穿的则是崭新的黑色礼服，它是一种近似于双排扣长大衣的过渡款式。这种加长型上衣的后摆处分开成为两小片尾翼，尾翼之间是一个开衩，此外衣服上还有一个可供我放手绢的口袋——这在我看来是成熟且男性化的装束。我感觉自己的社会地位上升了，而且已经被纳入了男性社会里。也是在那一天，礼拜天的晚餐空前丰盛。我一整天都穿着我的新衣服走来走去。但是在其他方面我感到空虚，我不知道这种感觉意味着什么。

在接下来的日子里，我渐渐明白过来，其实什么都不曾发生。我已经接受了最高级的宗教启蒙，本希望能发生点儿什么——我不知道会是什么——结果却什么都没有发生。我知道，上帝能够对我做出巨大的启示，电光石火一般或者带着超自然的光明。可是上帝丝毫不曾在圣餐仪式上显灵——至少没有向我显灵。当然，仪式上是谈到过上帝的，但这些谈论的背后并没有更深层的意义。我没有在其他人身上看到巨大的绝望、无法控制的兴奋或源源不断的恩典等构成上帝本质的东西。我亦没有捕捉到"共同参与、结合并与……成为一体"的丝毫迹象。与谁成为一体呢？与耶稣？可是他不过是一个死了1860年的人罢了。为什么人们要与耶稣成为一体呢？耶稣也被称为"上帝之子"——因此，他是半神，就像希腊神话里的英雄一样——那么，普通人又如何能够与他成为一体呢？这被称为"基督教"，但是，它与我体验到的上帝毫无关系。但是另一方面，很清楚，耶稣确实和上帝有关，他起先一直在教导人们上帝是慈爱的天父，后来却在客西马尼（Gethsemane）被出卖时以及被钉在十字架上时深感绝望。那时，他一定也看到了上帝的可怕。这些我都可以理解，但是，何故又要用寡淡的面包和酸涩的葡萄酒来进行这种烦人的追思礼拜呢？我慢慢地觉察到，这场圣餐仪式对我来说是一种毁灭性的体验。它被证明是虚伪的，甚至，它还被证明是彻底的失败。我知道，我再也不能参与类似的仪式了。"天啊，这根本就与宗教无关，"我心想，"仪式上并没有上帝，我本来就不该去教堂那种地方，那里没有生命，有的只是死亡。"

我深深地为我的父亲感到遗憾。突然之间，我知道了他的职业和生活是多么悲哀。他斗争的对象是死亡，但是他不能够承认死亡的存在。

他与我之间出现了一条鸿沟，这条鸿沟之宽广是我无法逾越的。从前，我慈爱而慷慨的父亲在很多事情上让我做主，从不曾强迫我服从他，所以现在我也不能让他陷入绝望与渎神之罪中，虽然它们都是体验神圣的天恩所必需的。只有上帝能够做这种事。而我没有这个权力，否则便是很不人道的。上帝并不是人类，我想，这便是他的伟大之处，他不需要考虑人道或者不人道。上帝仁慈，但也残忍——兼具两者——因此他也是十分危险的，每一个人都本能地想避开这种危险。人们片面地依赖着上帝的爱与仁慈，同时，人们因为恐惧而被诱惑者与毁灭者损害。耶稣也注意到了这一切，并因此教导说："不要让我们陷入诱惑。"

仅就我的感受来说，我与教会、人类世界的联结从此破灭了。我认为，我已经遭遇了这辈子最大的挫败。我的宗教观瓦解了，它本是我与整个宇宙唯一的有意义的联结；我不再能够依从这种普遍的信仰，而是卷入了某种无法用语言表达的、只属于我的秘密之中，我无法与任何人分享它。这很可怕，而且——最糟糕的是——下流，而且荒唐，是魔鬼在愚弄我。

我陷入了深思——一个人该怎样看待上帝？我并没有发明那个关于上帝及大教堂的想法，更不用提我三岁时做的那个梦了。是一个比我的意志更强大的意志将此二者强加于我的。是大自然的错吗？但是自然正是造物主的意志啊。让魔鬼来背这个黑锅也好不到哪儿去，因为魔鬼也是上帝的造物。只有上帝是一种实在——是烧灭一切的火和难以言表的天恩。

圣餐仪式的失败对我造成了什么影响呢？只有我一个人失败了吗？我认认真真地为圣餐仪式做了准备，期待着能够体验到天恩与顿悟，然而什么都没有发生。上帝并没有出现。因为上帝，我发现自己已与教会脱节了，也与我的父亲或者其他任何人的信仰脱节了。只要他们依然都信仰基督教，我便一直是个局外人。这一认识令我感伤，这种感伤一直伴随着我，直到我进入大学。

我开始探索我父亲的图书室，它的规模相当有限——但在那段时间，只有它给我留下了印象——我想找出能够告诉我关于上帝的已有知识的书。最初，我只找到了一些内容传统的书，但它们不是我想要的——我想要看的是能够独立思考的作家的书。后来，我翻出了比德曼（Biedermann）的《基督教教义》（*Christliche Dogmatik*），其出版于1869年。这本书很显然是一个独立思考的人写出来的，里面有作者的个人观点。我从比德曼的书里得知，宗教是"一种精神行为，表现在一个人能够与上帝建立独立的关系"。我并不赞同这种说法，因为我理解的宗教是上帝单方面对我做了一些事情。上帝决定了这件事，我只能屈服，因为他比我强大。我的"宗教"不认为人与上帝之间能建立关系，人何以与其知之甚少的上帝建立关系呢？我必须更多地了解上帝，以便与他建立关系。比德曼的书里有一章叫作"上帝的本质"，里面说，上帝的形象是这样的："在经过与人类的自我类比之后得到的一种人格——独一无二，彻底超越了尘世，并涵盖了整个宇宙。"

根据我对《圣经》的认识，这一定义似乎是妥帖的。上帝具有人格，他就是整个宇宙的自我，好比我就是我的精神和身体的自我。但是接下来，我遇到了一个巨大的障碍。说到底，人格即意味着性格。然而，性格是一种非此即彼的东西，也就是说，它具有某种特定的属性。那么，如果上帝是一切，他又怎么会有明确的性格呢？反过来说，如果上帝具有某一种性格，而他又是某一个世界的自我，那么这个世界只能是一个主观的、有限的世界。抛开这些问题，上帝会具有怎样的性格或人格呢？这是一切的基础，人们必须先知道这个问题的答案，才可能与上帝建立关系。

当我依照我的自我来想象上帝的形象时，我感受到了一股强烈的阻力。在我看来，这种想象哪怕不是渎神，也狂妄至极。我从未在任何层面了解我的自我。首先，我知道我的自我具有两个互相矛盾的部分——第一人格和第二人格。其次，就任何一个人格而言，我的自我都是极为有限的，受制于自我欺骗、失误、情绪、感情、冲动与原罪。我的自我受到的挫败远多于获得的胜利，它幼稚、爱慕虚荣、自私自利、目中无人、贪婪、缺爱、偏倚、敏感、懒惰且不负责。使我大失所望的是，它丝毫不具备那些令我羡慕或妒忌的人身上的各种美德与才华。我们怎么能把这样的自我当作模板，去想象上帝的本质呢？

我急切地查找上帝的其他特征，结果发现它们已经全都被列了出来，以我所熟悉的坚信礼上的训导词的方式。我发现，根据信条第一百七十二条，上帝的超凡本质最直接的表达有：一是否定性，即人们是看不见他以及其他论据的；二是肯定性，即他居住在天堂里以及其他论据。这真是灾难性的，我的脑袋里立马浮现出了那幅渎神的视象，那幅被上帝直接或间接地（通过魔鬼）强加给我的视象。

根据信条第一百八十三条，对道德世界而言，上帝的超凡本质表现为他的"正义"，这不只是"公正"，而且是一种"上帝的神圣存在的表达"。我本以为，这一段会提到给我带来了很多麻烦的上帝的阴暗面——上帝的恶意，他危险的震怒，在用全知全能创造了万物之后又对他的造物做出不可理解的行为。而他分明是全知全能的，他了解造物的缺陷，但却喜欢考验甚至误导造物并以此为乐，虽然他早已知道这一切将会造成的后果。归根结底，上帝的性格是怎样的呢？如果一个人如此行事，我们会怎样描述他的人格呢？我不敢去想这个问题的答案。随后，我又读到，尽管上帝"本身已是充足的，不需要任何除了自己以外的事物"，他依然"为了满足自己"而创造了这个世界，并且"他用仁慈充满了自然的世界，用爱充满了道德的世界"。

　　一开始，我不太明白"满足"一词的复杂含义。因事满足，还是因人满足？显然，他因为这个世界而满足，因为他看了看自己的作品，认为它是好的。但是，恰恰是这一点让我永远无法理解。当然，这个世界无限美好，但是同时它也无限糟糕。在乡下的一个村庄里，人口很少，生活平平淡淡，对"生老病死"的体验变得更加深刻、更加淋漓尽致。虽然我未满16岁，我已看过很多人与动物的生命的真相了，我还在教堂和学校里听说了很多世上的苦难和堕落。上帝顶多只能为天堂感到"满足"，但是他也处心积虑地将恶毒的大蛇，即魔鬼放置其中，使天堂的荣耀不得长久。他会因此而感到满足吗？我敢肯定的是，比德曼表达的并不是这个意思，他只是不动脑筋地喋喋不休——这本是宗教教条的特征——甚至没有觉察到他写的全是废话。正像我看到的一样，尽管上帝可能并未从人与动物那并不罪有应得的灾难中得到建立在他人痛苦之上的满足，但是，假设上帝故意创造了这样一个充满矛盾的世界，使一种造物以另一种为食，使造物为死而生，其实也是说得通的。自然法则的"无比和谐"在我看来更像是以暴力制服混乱，在"永恒的"天空上，布满了星星和预设的运行轨道，但它们看起来更像是一群随机的物体的堆积，毫无秩序，也没有意义。没有人能够真正看见他们所谈论的星座。星座只是一些随意的图形罢了。

　　至于上帝用仁慈充满了自然的世界的说法，我既不能认同，也不能严肃地质疑。有很多观点都是不能细究而只能相信的，这显然也是其中之一。实际上，如果上帝是至善的，为什么他创造的世界如此不完美、如此堕落、如此悲惨？"显然他是受了魔鬼的影响，被魔鬼带入了混乱中"，我想，魔鬼也是上帝创造的啊。我只得开始阅读关于魔鬼的书。因为魔鬼似乎极为重要。我再次翻开了比德曼关于基督教教义的书，在里面寻找这个让人抓狂的问题的答案。苦难、不完美和邪恶到底是为了什么呢？我没能找到答案。

这使我对这本书彻底失望了。这本关于教义的厚重巨著只是些不着边际的胡话罢了。更糟糕的是，它是一个骗局，或者是不常见的愚蠢，它的唯一目的只是掩盖真理罢了。我的幻想破灭了，这甚至使我愤愤不平，并再一次对我的父亲感到同情，他已经沦为这种歪理邪说的牺牲品了。

不过，一定也有一些人，他们在某个地方、某个时候也像我一样在寻觅真理，进行理性的思考，不想自欺欺人地拒绝这个世界的悲惨现实。大约就在这段时间，我的母亲，或者不如说她的第二人格，突然毫无先兆地说："你必须抽时间读一读歌德的《浮士德》。"家里正好有歌德作品的便携本，我从中找到了《浮士德》。它像一种神奇的香膏一样注入了我的灵魂。"终于，"我心想，"有一个人严肃地对待魔鬼，甚至还与魔鬼——这位有能力阻挠上帝计划的敌人——结下了血之契约，为了使世界变得更加完美。"我为浮士德的行为感到痛惜，因为在我看来，他不应该那么极端，那么容易被骗。他应该更聪明一些、更道德一点儿才对。他是有多么幼稚，才会轻率地赌上了自己的灵魂！浮士德显然是一个偶尔满嘴跑火车的人。我有这样一种印象，这部喜剧的重头戏和中心思想都在靡非斯特（Mephistopheles）这边。倘若浮士德的灵魂真的下了地狱，我也不会为他难过。因为他罪有应得。我并不喜欢结尾处"魔鬼受骗"的情节，因为靡非斯特绝对不是一个愚蠢的魔鬼，所以最后他被冒傻气的小天使耍弄显然是不合逻辑的。我认为，靡非斯特的受骗另有一番不同的含义——他没能得到他曾被许诺过的权利，因为浮士德，一个相对而言没有什么个性的家伙，把他的骗局一直进行到了死后。不可否认，浮士德的幼稚之处显露了出来，但是我觉得，他配不上那伟大的神秘启蒙。我更希望他尝一尝炼狱之火的滋味。就我看来，真正的问题在于靡非斯特，他的整个形象使我印象无比深刻，我也模糊地觉得，靡非斯特还与某种神秘本源有关。[1]不管怎么说，靡非斯特与结尾处的伟大的启蒙，带给我一种美妙而神秘的处于意识世界边缘的体验。

终于我证实了，存在或曾经存在过这样的人，能够正视邪恶及其遍布世界的力量，以及——这一点更为重要——邪恶在人们脱离黑暗与痛苦时所起的神秘作用。就这一方面而言，歌德在我心中是一位先知。不过，我不能原谅他只用了一个简单的诡计、一个小小的把戏就结束了靡非斯特的戏份。我认为这有些太像神学，太轻率和不负责任了，歌德竟然也堕落到使用狡猾的手段来使邪恶变为无害，我为此深表遗憾。

在阅读这部诗剧的过程中，我发现浮士德可以称得上是某种哲学家，尽管他拒哲学于门外，他显然还是从中学到了某种接受真理的能力。到此时为止，我其实对哲学是一无所知的，于是这使我萌生了一个新的希望。我想，也许会有一些哲学家思索过这些问题，他们可能会带给我一些启发。

由于我父亲的图书室里没有哲学著作——哲学家是会思考的可疑分子。因此我只好读起了聊胜于无的克鲁格[2]的《哲学科学通用词典》（*General Dictionary of the Philosophical Sciences*），我读的是第二版，出版于1832年。我直接翻到了关于上帝的条目。使我不满意的是，一打头，它便对"上帝"（God）一词做出了词源性解释，称其"不可争辩地"源自"善"（good），意指"至高的存在"（ens summum）或"至

---

[1] 《浮士德》第二部分，菲利普·韦恩译，哈芒斯沃斯，英国，企鹅图书公司，1959年，第76页。——原注

[2] 克鲁格（Wilhelm Traugott Krug, 1770—1842），德国哲学家。——译者注

善的存在"（perfectissimum）。接下来，它提到，上帝的存在是无法证明的，上帝这一观念的固有性也是无法证明的。然而，上帝这一观念如果不是先验性地存在于现实中的话，那么一定是先验性地存在于人们心中。不论它先验性地存在于哪里，我们的"智力水平"在"有能力生成如此崇高的观念之前"，一定"已经发展到某种程度了"。

这种解释使我极度震惊。我心想，这些"哲学家"到底出了什么毛病？显然，他们对上帝的认识都是道听途说的。就这方面而言，神学家是截然不同的，至少，神学家确信上帝是存在的，尽管他们关于上帝的说法并不一致。辞典编纂家克鲁格在表达过程中加入了太多的个人见解，因此很容易看出他想要声称他完全相信上帝是存在的。那么，他为什么不直接这么说呢？他为什么要假装——装得就像他真的相信是我们"生成"了上帝观念，而且在这之前我们必须达到一定的发展水平呢？就我所知，就连那些赤裸着身体奔走在原始森林里的野蛮人也具有这样的观念。而且，他们肯定不是"哲学家"，不是那种会坐下来"生成上帝观念"的人。我就从来没有生成关于上帝的任何观念。当然，上帝是不能被证明的，这就好比一只衣蛾吃到了产自澳大利亚的羊毛，可是它怎样才能向别的衣蛾证明澳大利亚的存在呢？上帝的存在与否不依赖于我们的证明。我是如何得到了上帝一定存在的观念的呢？我听说过关于上帝的很多事情，但是我一件都不相信。这些事情都不能够说服我。所以我的观念并不来自这些事情。实际上，它根本就不是一个观念，也就是说，它不是经过思考后得出的。它不是先通过想象产生，再通过思考加以确认，最后才相信的某样事物。举例来说，我一向怀疑关于主耶稣的一切事情，从来也没有相信过这些事，尽管我对这些事的印象远比对上帝的印象更深刻，上帝通常只是作为背景被一笔带过。为什么我会认为上帝是必然存在的呢？为什么这帮哲学家假惺惺地称上帝是一种观念，一种主观的假定，人们是否能生成这种观念完全是随机的呢？上帝的存在是明摆着的事实，明显得就像一块砸在人们脑袋上的砖头。

突然，我明白过来，上帝——至少对我来说——是一种最确定、最直接的体验。毕竟那个关于大教堂的可怕场景不是我捏造出来的。恰恰相反，这是一个强加给我的体验，带着极大的恶意迫使我去思考它，而后，又使我感到了无法言表的天恩。我根本无力控制这一切。我得出了这样的结论，这帮哲学家一定是有病，他们竟然认定上帝是一种有讨论余地的假设。而且，这帮哲学家对上帝的阴暗行为未加评论，亦未做任何解释，这也令我极不满意。在我看来，这些尤其值得哲学这一学科的研究者去注意和思考，因为它们构成了一个我认为神学家很难回答的问题。最令我失望的是，我发现，哲学家显然不曾听说过这个问题。

因此，我转向了另一个我感兴趣的主题，即关于魔鬼的词条。我读到，如果我们认为魔鬼最初就是邪恶的，那么我们便明显陷入了自相矛盾之中，也就是说，我们便陷入了二元论之中。因此，我们最好假设魔鬼最初被创造出来时本是良善的，只是过于骄傲才堕落了。然而，正如这一条目的作者所指出的——我很高兴看到这一点被指明了——这种假说为了解释邪恶，也预设了一种邪恶，即骄傲。作者继续讲道，至于其他造物，其邪恶起源是"无法解释和无法说明的"——这在我看来便是，作者像神学家一样，不想对此加以思考。于是，关于魔鬼及其起源的条目，也没有给我带来任何启发。

上面的一番言论是在好几年的时间里，我的一系列思想观念的发展变化的总结，中间有好几次长时间的中断。这一切仅仅在我的第二人格之内发生，并且非常私密。我偷偷地在我父亲的图书室中进行钻研，并没有征求他的许可。在中断的时期，我的第一人格公开地读着格斯塔克（Gerstacker）的小说，以及一些英国经典小说的德语译本。我也开始阅读德国的文学作品，主要是一些经典作品，学校里经常对这些浅显的经典作品做画蛇添足的解说，不过这并没有使我失去兴趣。我阅读广泛且漫无目的，戏剧、诗歌、历史，后来又加上了自然科学。读书不但有趣，而且是一种有效且有益的分心物，使我得以从第二人格让我渐渐变得抑郁的先入之见中解脱出来。在宗教问题的领域中，我处处碰壁，偶尔碰到一两扇门，门后的一切也往往令我感到失望。而其他人似乎完全不在意这些事情。在一些我坚信的问题上，我感到非常孤独。我比以往更想与人交流，可是我找不到一个共同的话题。相反，我在别人身上觉察到了隔阂、不信任和恐惧，我只好将话咽回肚里去。这种情形也使我抑郁。我不知怎么办才好。怎么会没有人有过与我相似的体验呢？我有一肚子问题。教科书里怎么会对此只字不提呢？难道只有我一人有这种体验吗？我从没有怀疑过自己可能是疯了，因为在我看来，上帝的光明面与阴暗面都是可以被理解的事实，尽管这个事实非常沉重。

　　我觉得自己常常受到排挤，别人把我当成一种威胁，这意味着孤立，而令我更不愉快的，是我屡次被不公正地当成了替罪羊。此外，在学校里发生的一件事增添了我的孤独感。我的德文课成绩一向平平，因为我对这门课的内容一点儿都不感兴趣，尤其是德语语法和句法。我既有惰性，这门课又着实无聊。作文题目在我看来常常浅薄或愚蠢，所以我写的作文不是东拉西扯，就是故作深沉。我的成绩总是处于中游，而这恰恰很适合我，因为我有不想引人注意的倾向。总的说来，我中意出身贫穷的同学，因为他们和我一样家庭背景并不显赫，我还喜欢不是很聪明的那些同学，尽管我也常常因他们的愚蠢无知而恼怒。我之所以有这样的偏好，是因为这些同学身上有某种我非常需要的特点——由于他们单纯，他们觉察不到我身上有什么异常之处。我的"异常"逐渐赋予了我一种令人不愉快的、相当恐怖的感觉。我一定拥有某种冷淡的气质，我没有意识到这一点，这却使我的老师和同学与我疏远了。

在这些先入之见中，下面一件事正如晴天霹雳一般。老师给我们布置了一个作文题目，我恰好对之很感兴趣。所以，我劲头十足地写了起来，写出了我认为工整而成功的一篇作文。我本指望它能够得一个相当高的分数——不用是最高的，因为那将使我引起别人的注意，我只是想要得一个第二高的分数。

我们的老师每次都会按照优劣顺序点评我们的作文。他点评的第一篇作文是全班成绩最好的那个男生写的。这很正常。接下来，他又点评了其他同学的作文，我苦苦等待着他念到我的名字，可是始终没有等到。"这不可能，"我心想，"我的那篇作文不可能比这些破文章还差。这是怎么回事？"莫非我就是不适合与人竞争吗——而这便意味着被孤立，这是最糟糕的一种引人注意的方式。

在点评完所有文章之后，老师停顿了片刻。然后他说："我手里还有一篇作文，荣格的作文。这是迄今为止我看过的最好的一篇作文，我应该把它排在第一个。但不幸的是，这篇文章是抄袭的。你是从哪儿抄的？说实话！"

我猛地站了起来，我吓坏了，同时也十分震怒，我吼道："我没抄！我费了很大功夫才写了这篇好作文。"但是老师也对我吼道："你说谎！你绝对写不出这样的作文，没有人会相信的。好了——你是从哪儿抄的？"

我徒劳地宣誓我是清白的。老师坚持着他的成见。他还威胁我说："我告诉你，等我查出你是从哪儿抄的，你就等着被学校开除吧。"他转身离开了。同学们则向我投来了鄙视的目光，我恐惧地意识到，他们的潜台词是："啊哈，原来是这样。"我的辩词亦石沉大海。

我感到自己从此被打上了烙印，一切能够让我摆脱与众不同的路全都被封死了。我伤心欲绝，感觉自己备受侮辱，发誓一定要报复这个老师，倘若我真有机会的话，我一定会做出无法无天的举动。可是，我究竟怎样才能证实这篇文章并不是我抄来的呢？

我翻来覆去地想着这件事，好几天都在我脑中挥之不去，而且我再次得出结论：我对此是无能为力的，昏了头的愚蠢的命运捉弄了我，使我成了骗子和作弊者。我终于明白了很多此前不理解的事——为什么有一次我父亲问及我在学校的表现时，有一个老师说："噢，他是一个中等生，但是他非常勤奋。"我被认为是相对愚蠢和浅薄的，这并没有真正惹恼我。但是，他们居然认为我会作弊，由此彻底否定了我的道德，这使我感到愤怒。

我的悲伤与狂怒差点儿失去了控制。不过随后有什么事发生了，这是我以前便体验过几次的——我的内心一下子安静下来，仿佛一扇隔音门将喧闹的人群挡在了门外。突然一阵冷静而好奇的情绪降临到我的身上，我于是自问道："这一切是怎么回事呢？是的，你被激怒了。当然，这个老师是白痴，他不了解你的本性——他并不像你自己一样了解你。因此，他起码也跟你一样不值得信赖。你不信赖自己，也不信赖别人，这就是为什么你偏爱那些天真、单纯、一眼就能看穿的人。一个人之所以被激怒，是因为他不能理解他遇上的事情。"

这些想法不带有情绪或偏见，它们与我的第二人格的观念之相似使我震惊了，尽管我不愿意想起那些禁忌的思想，但是这些观念留给我的印象实在是太强烈了。尽管那时我仍然看不出我的第一人格与第二人格之间的差异，尽管我仍然认为第二人格的世界是属于我个人的世界，但是在心底深处，我也隐隐感到有某种除我之外的事物的参与。这仿佛是伟大的宇宙、无尽的空间吐出的一缕气息触到了我，又仿佛是看不见的灵魂进入了一个房间——这个灵魂属于一个死去很久的人，但是它永远不灭地存在着，并将一直存在下去。这类灵魂最终往往会带着一层内在的神性的光芒。

当然，那时候的我是不可能用这些语句来表达自己的，我的意识状态尚没有达到这一水平，而现在我亦不想把后来的意识添加到当时的故事中。我只是想要表达我当时的感受，并借助我现在已有的知识，照亮那个昏暗的世界。

在上述事件发生几个月之后，我的同学给我起了一个外号——"亚伯拉罕祖宗"（Father Abraham）[1]。我的第一人格无法理解为什么我得到了这个外号，认为它蠢得可笑。然而在心底某处，我却觉得这个外号正中要害。任何指向这一处的暗示对我来说都是痛苦的，我读的书越多，对城市生活越熟悉，我便越来越强烈地觉察到，我正在得知的事情，比如现实，遵循另一种秩序，不同于我在乡村成长过程中形成的世界观。在我成长的乡村，有着河流和树林，人们和动物住在一个小村庄里，沐浴在阳光中，头顶上有风吹着云朵飘过，夜晚被黑暗笼罩，不知会发生何事。它不仅仅是一个能在地图上找到的地方，而是"上帝的世界"，由上帝一手安排，充满了神秘的意义。但很明显，人们并不懂得这一点，甚至连动物也不知为何失去了感知它的能力。这种现象随处可见，例如，在奶牛悲伤、茫然的神情里，在马逆来顺受的眼神里，在忠心的狗对人类的极度依赖里，甚至在将房屋与粮仓作为居所与狩猎场的猫的自信的步伐里。人类与动物类似，也一样缺乏意识。他们低头看地上、仰头看树上，就是为了寻找可以使用的东西，或者是有其他什么目的。人类像动物一样成群结伴、互相争斗，忽视了他们居住在同一个宇宙中，都处于上帝的世界里，在一种一切都生存着但同时亦都已经死去

---

[1] 亚伯拉罕是《圣经》中的一位先知，被上帝选中并给予祝福。——译者注

的永恒里。

因为动物与我们如此相像，也像我们一样无知，我喜爱一切恒温动物，它们的灵魂接近我们，而且我想，我们对它们有一种本能的理解力。我们体验过相伴的喜与悲、爱与恨、饥与渴、恐惧与信任——这一切都是生命的基本属性。与此不同的则是语言、敏锐的意识以及科学。尽管我也像大众一样尊敬科学，我还是看出科学会使人类疏远并背离上帝的世界，这便导致了人类的堕落，而动物是不会有这种堕落的。动物是可爱的、忠诚的，也是恒久而值得信赖的。对于人类，我却比以往更不信任。

我不认为昆虫是一种严格意义上的动物，我还认为冷血脊椎动物是通向昆虫这种低等动物的一个过渡阶段。属于这一等级的造物是供人观察与收集的物体，只是奇珍罢了，是异己的、不属于人类之列的。它们不具有人格的表现形式，更接近植物但远离人类。

在地球上，"上帝的世界"最初的表现形式是植物界，作为一种最直接的联系方式。这就好像一个人在审视造物主的行为，而造物主兀自创造着玩具与装饰品，浑然不觉自己正在被观察。另一方面，人类与各种严格意义上的动物，均是独立的上帝的碎片。这就是为什么人类与严格意义上的动物能够自主移动，并选择自己居所。而植物则被固定在某一个地方，不论这地方是好是坏。植物所表现的不仅是美，还是上帝的世界的思想，它们本身没有意愿，也没有偏向。特别是树林，它是神秘的，我觉得它直接体现了生命的不可思议的含义。所以，当我身处树林之中时，我便感觉亲近了上帝的世界，了解了其深刻的意义和令人敬畏的作品。

我对哥特式大教堂的逐渐了解强化了上述印象。但是在哥特式大教堂里，宇宙的无穷、有意义和没意义的混沌、客观意图与力学法则，均被石头包裹起来了。这一切包含且本身就是存在的无尽神秘,是精神的具象体现。我曾隐隐感觉到我与石头之间的亲密联结,就是我与石头都具有的神圣本性,死物与活物都具有这种神圣本性。

正如我已说过的,在那个时期,我的能力尚不足以形象地描述自己的感觉与直觉,因为它们都发生在第二人格之内,我那主动的具有领悟力的自我一直处于被动状态,被卷进了经历过数个世纪的那位"老人"的领域。在体验这位老人及其影响力时,我奇怪地未进行任何思考。当这位老人出现时,我的第一人格会淡薄到几乎不存在的程度,而当我的自我变得接近第一人格并处于主宰地位时,这位老人——即使我还没有完全将他抛在脑后——便显得像一个遥远而不真实的梦了。

在16岁至19岁之间,环绕着我的迷雾渐渐消散了,头脑的抑郁状态也得到了改善。我的第一人格变得越来越清晰。上学与城市生活占据了我的全部时间,我的知识越来越丰富,逐渐渗透并抑制了直觉中那个充满预兆的世界。我开始系统地对我靠意识拟定的问题进行探索。我阅读了一本哲学史简论,通过这本书概括性地了解了哲学领域中已经被思考过的问题。令我满意的是,我的很多直觉都在历史上有对应物。最重要的是,我迷上了毕达哥拉斯(Pythagoras)、赫拉克利特(Heraclitus)、恩培多克勒(Empedocles)及柏拉图的思想,尽管其使用的苏格拉底式辩论法十分冗长。他们的思想十分美妙但纯属空谈,像画廊里的画作,稍微有点儿距离感。只有在梅斯特·埃克哈特(Meister Eckhart)的著作中,我才找到了生命的气息——这并非说我能理解他。经院学者使我觉得冰冷,而圣·托马斯那种亚里士多德式的理智主义在我看来比荒漠更了无生气。我想:"他们全都想要通过逻辑技巧生硬地得到某种他们本没有权限得到,也并非真正懂得的东西。他们想要证明一种信仰,但实际上信仰是基于体验的。"他们在我眼中就像那种听说有大象存在但从未亲眼见过的人，却竭力想通过论证来证明。基于逻辑的考量，这样的动物一定是存在的，它们的构成也一定和实际上的一样。很容易看出，18世纪的批判哲学为何没有引起我的兴趣。在19世纪的哲学家之中，黑格尔由于其语言的傲慢与拗口使我对他敬而远之，我对他完全不能信任。他在我眼中就是一个囿于自己词句中并傲慢地在其中夸夸其谈的人。

不过，我的搜索所得的最大收获是叔本华。叔本华是第一个谈到世上痛苦的人，这些痛苦显而易见就在我们周围。此外还有混乱、受难、邪恶——而其他人似乎都没有注意到这些事情，总是试图将它们融入包容一切的和谐里，让它们变成可理解的。终于出现了一个哲学家，他有胆量看到宇宙的基础并非一切都是向善的。这位哲学家既不讲造物主的全善全智的远见卓识，也不讲宇宙的和谐，而是率直地指出，在人类历史的悲剧进程与自然的残酷中，潜伏着一个根本性的缺陷——创造世界的意志是盲目的。我早期对病死的鱼、患疥癣的狐狸、冻僵或饿死的鸟儿的观察，还有藏在鲜花盛开的草坪之下的无情悲剧——蚂蚁将蚯蚓折磨致死、昆虫将同类撕成碎片等，都能证实这一点。此外，我与人类打交道的经历也教我不能相信人性本善且正派。可以说，我很清楚自己只是正在逐渐地与动物区分开来罢了。

我毫无保留地赞同叔本华对世界所做的阴暗的描述，但是我并不赞同他为这一问题提出的解决方法。我敢肯定，叔本华所使用的"意志"一词，实际上指的是上帝，是造物主，也就等于说，上帝是盲目的。我从经验中得知，上帝并不会因为对他的亵渎而动怒，相反，他甚至很可能会鼓励这样做，因为上帝想要唤醒的不仅是人类光明而积极的一面，还有人类阴暗与邪恶的一面。因此，叔本华的观点并不使我感到苦恼。我认为这个结论是有根据的。但是，叔本华的另外一个理论却使我大失所望，他说只需用理智使盲目的意志看到其本身的形象，即可使其发生转变。可是，既然意志是盲目的，它又怎么能看见自己的形象呢？即使它能看见，它看见的也只是它愿意看见的，那么，它又怎么会被说服从而做出改变呢？此外，这里的理智又是什么呢？理智是人类灵魂的一种功能，它不是镜子，而是镜子的一块无穷小的碎片，就像被孩子举在手里对着太阳的镜子碎片，然而这个孩子却希望它能够亮花太阳公公的眼。使我不解的是，叔本华怎么会对这样一个牵强的解释感到满意呢。

这件事促使我更详尽地研究起叔本华来，随后，他与康德的关系逐渐引起了我的关注。于是我便开始阅读哲学家康德的著作，特别是《纯粹理性批判》，它使我陷入了深思。我的辛苦有了回报，因为我发现了——起码我是这样以为的——叔本华哲学体系的根本缺陷。叔本华的致命错误，是将一个形而上学的论断当作现实存在，还赋予了其一个单一的实体，认为其是自在之物（Ding an sich），并具有特定的特征。我是从康德的知识论中得知这一点的，知识论带给我的启迪甚至比叔本华的"悲观"世界观带来的更多。

我在哲学上不断取得进步的时期，从17岁开始，一直延续至我到医学院学习。这段时间使我对世界、对人生的态度都产生了革命性的改变。在此之前，我一直都胆小羞怯、猜忌多疑、苍白瘦弱，健康状况时好时坏。然而在此之后，我却在这些方面都产生了极大的欲求。我知道了自己想要什么，并开始追求它。我也明显变得更平易近人，更喜欢与人交往了。我发现，贫困并不是什么障碍，也远不是苦难的主要原因。有钱人家的孩子并不比穷人家衣衫破烂的孩子拥有更多优势。幸福与不幸有着更深刻的原因，并不取决于一个人口袋里有多少钱。我交到了比以前更多也更好的朋友。我脚下的土地日益坚实，我甚至还鼓起勇气公开说出了自己的观点。不过我旋即发现，我说的观点其实是个误解，这令我颇为后悔。因为我不但受到了白眼或嘲讽，还受到了带有敌意的驳斥。更令我诧异和狼狈的是，我发觉有的人把我当成了吹牛大王和装腔作势的骗子。我以前被指责为骗子的场景再度出现了，虽然这一次的形式要更温和一些。这一次还是和一个作文题目有关，它引起了我的兴趣。我极为认真地写了作文，呕心沥血地润色修饰。结果却被全盘否定。"荣格的作文，"那老师说道，"的确写得文采飞扬，但是有些潦草和不用心，很容易就可以看出来，荣格并没有真正下功夫在这上面。荣格，我告诉你，就凭这种不认真的态度，在生活里是行不通的。生活需要认真和尽责，需要勤奋用功。你看D的作文。他虽然没有你的文采，但他起码是诚实、认真并下了功夫的。这才是在生活中取得成功的法子。"

这一次我受的伤害不如第一次那样严重，因为不管老师嘴上怎么说，他毕竟对我的作文印象很深，并且没有指责我是抄袭的。我反驳了他的指责，但是他却又以这样的评论反驳道："《诗的艺术》（*Ars Poetica*）指出，最优秀的诗歌抹去了创作时的刻意。但是我不相信你的作文也是这样的，因为它显然是一挥而就的，并没有花什么力气。"我明白了，其实我的作文是颇有些见解的，只是这位老师懒得讨论它。

这件事给我带来了些许痛苦，而来自我的同学们的怀疑则更为重要一些，因为他们威胁我说要让我像从前那样孤独和消沉。我绞尽脑汁，竭力想弄清楚我做的哪件事会让他们如此诋毁我。经过了一番仔细的询问，我发现他们之所以讨厌我，是因为我经常对自己没有可能懂得的事情加以评论或暗示。比如说，我装得好像很懂康德与叔本华的哲学，还有古生物学，而在学校里我们尚未开始学习这些。这些惊人的发现让我明白，这些要紧的话题皆与日常生活没有关系，它们像我最隐蔽的秘密一样，属于"上帝的世界"，我最好不要与别人谈起它们。

从此以后，我开始留意不要在我的同学面前提到这些难懂的事，也不再在我认识的成年人面前提起这些事了，因为我知道不论我与谁谈起这些事，都难免会被当作一个吹牛大王和骗子。最令我痛苦的，是我在试图整合自己的内在分裂时——我的世界分裂成了两个——遇到的挫折。有些事一而再，再而三地发生，迫使我脱离了普通的日常生活，进入了无边无际的"上帝的世界"。

　　有的人可能会觉得"上帝的世界"这一表达方式听上去有些伤感。但是在我看来它丝毫不具有感伤的属性。一切超越人类的事物都属于"上帝的世界"——耀眼的光芒、深渊的黑暗、无穷时空的冷峻漠然、无理的随机世界的离奇诡谲。"上帝"对我来说即是万事万物——他具有一切特征，除了"给人以启迪"。

　　随着我年龄的增长，我的父母或其他人越来越频繁地问起我想成为什么样的人。我并没有什么明确的想法。我的兴趣使我左右为难。一方面，我觉得科学十分有吸引力，因为科学真理建立在事实的基础上；另一方面，我也觉得和比较宗教学有关的一切都很迷人。在科学方面，我主要沉浸于动物学、古生物学和地理学之中；在人文科学方面，我则被古希腊、古罗马、古埃及和史前考古吸引。当然，我在当时并未认识到，我选择的学科如此多样化，其实正对应着我内心的两种人格。科学吸引我的地方在于具体的事实及其有历史可循的背景，而比较宗教学吸引我的地方则是与精神相关的问题，其中也牵扯到了哲学。在科学上，我忽略了意义这一因素；而在宗教学上，我忽视了经验主义的因素。在很大程度上，科学满足了我的第一人格的需要，而人文历史研究则为我的第二人格提供了有益的教导。

　　由于同时被两个极端牵扯，我在很长一段时间内无法决定选择哪一端。我留意到我的舅舅，他身为我母亲家族的一家之主，以及巴塞尔圣·奥尔本教堂的牧师，正在温和地将我推向神学的一方。他的几个儿子都是研究神学的。有一次，他正与一个儿子讨论一个宗教问题，我正好也在场，我全神贯注的神情没有逃过他的眼睛。我想知道有没有一些神学家，会深入地研究那些与宇宙有关的高深得令人目眩的问题，并因此拥有比我的父亲更丰富的知识。然而他们的对话并不曾让我感到他们有多关心真实的体验，更不用说我曾经历的那些体验了。他们只谈到了《圣经》中的教条观点，所有这些观点均令我感到相当不愉快，因为《圣经》中有太多令人难以相信的奇迹了。

我在高级中学读书期间，每个星期四都可以去这位舅舅家中吃午饭。我感念于他，不只是午饭的缘故，还因为这给了我一个独一无二的机会，使我能够在餐桌上听到成年人的、机智而理智的谈话。发现这类谈话的存在对我来说已属不可思议的经历了，因为在我家里，我从未听到任何人讨论学术上的问题。有几次，我确实想过和父亲严肃地谈一谈，但总是被他不耐烦地急忙回避了，这令我十分不解。直到几年之后，我才慢慢明白过来，我可怜的父亲是不敢进行思考的，因为他已经被内心的疑问折腾得心力交瘁了。他在逃避他自己，坚守着盲目的信仰。他亦无法将这信仰当作恩赐来领受，他想要"通过斗争来赢得它"，通过痛苦的努力来换取恩赐的降临。

我的舅舅与我的表兄弟们可以心平气和地讨论基督教教父的教义与教条，以及现代神学家的各种观点。他们似乎安全地持有一种不言自明的世界秩序，在这种秩序之下，尼采的名字从不曾被提起，雅各布·伯克哈特[1]也只受到了不情愿的称赞。伯克哈特是个"自由派"，"思想自由得有些过头了"。我由此总结出，在这种永恒的秩序中，伯克哈特

---

[1] 雅各布·伯克哈特（Jacob Burckhardt, 1818—1897），瑞士杰出的文化历史学家，著有《意大利文艺复兴的文化》。——译者注

有些站歪了。我心里明白，我的舅舅一直都深知我对神学是多么生疏，我也因为无法不使他失望而深感遗憾。我从来都不敢把我的问题告诉他，因为我太清楚这将会招致多大的灾难。我也没有什么要为自己辩护的。此消彼长，我的第一人格很快占据了主导地位，而我的科学知识，尽管依然贫乏，却完全地被当时的科学唯物主义浸透了。我的科学知识痛苦地被历史依据和康德的《纯粹理性批判》约束，我的周围显然并没有人懂得《纯粹理性批判》。尽管我的神学家舅舅和表兄弟们对康德颇为赞赏，但他们只会用康德的理论去批判那些反对的声音，绝不会运用到自己一方的观点上。对此，我无话可说。

如此种种，我越来越觉得和舅舅一家一同用餐是件让人不适的事。由于常常心怀内疚，这些星期四渐渐变成了我的倒霉日。在这个社会安定、精神安逸的世界里，我越来越不自在，尽管我也饥渴地期待着偶尔出现的激发心智的涓涓细流。我自觉不诚实与可耻。我向自己承认说："没错，你是个骗子，你说谎欺骗了那些对你怀有好意的人。他们就生活在一个有着确定的社会文化的世界里，不曾尝过贫穷的滋味，他们的宗教同时也是他们所受雇的职业，他们也完全不曾料到，上帝本人会把一个人拖出秩序井然的精神世界，迫使他说出亵渎的话——而这一切都不是他们的错。而你无法向他们解释这一切。所以，你必须背上这个黑锅，然后学着忍受它。"不幸的是，那个时候我完全不能胜任这一任务。

随着这种道德冲突的增强，第二人格对我来说日益变得可疑和可憎了，我不能够继续自欺欺人地否认他的存在。我竭力想消除第二人格，然而这也同样未能成功。当我在学校时，或与朋友在一起时，我可以忘记他，在我学习科学时，他也会消失不见。但是，一旦我落了单，在家里或者在乡间的时候，叔本华和康德便又猛地出现了，同时出现的还有宏伟壮观的"上帝的世界"。我的科学知识便成了它的一个部分，使整幅图景充满了生动的色彩与人物。这个时候，我的第一人格和他在选择职业上的困难都烟消云散了，一切都成了19世纪90年代的小小插曲。然而，当我从18世纪的漫游返回现实时，我总觉得有种痕迹留在了我身上。我——或者说我的第一人格——生活在此时此地，早晚都得对自己想要选择的职业有一个明确的想法。

我的父亲严肃地找我谈了好几次。他说，我有学习自己喜欢的东西的自由，不过倘若我愿意听他的建议，就不应该选择神学。"选择你喜欢的职业，但不要做神学家。"他如此强调道。从此以后，我们之间达成了一种默契，我可以说或做一些事情，他再也不对我指手画脚。我能不去教堂就不去，也没再参加过圣餐仪式，他从没有为了这些责备过我。随着我渐渐脱离教堂，我的日子也变得好过了。唯一令我想念的是教堂里的管风琴和唱诗班的音乐，我当然不会想念"宗教团体"。"宗教团体"一词在我看来毫无意义，那些惯常去教堂的人甚至还不如"世俗"的人有团体荣誉感。后者可能品德没有多么高尚，但是换个角度来看，他们其实是更好的人，他们拥有自然的情绪，更友善也更开朗，更热心也更真诚。

我可以向我的父亲保证，我一点儿都不想成为神学研究者。不过，我仍然在科学与人文学科之间摇摆不定。这两者都强烈地吸引着我。我渐渐意识到，我的第二人格是无处可依的。当第二人格浮现时，我便被提升了，不再处于当下的时空；此时，我感觉自己仿佛是宇宙的千万只眼睛中的一只，但我又动弹不得，就好像嵌在大地上的一块石子。我的第一人格对抗着这种被动，他想拔地而起，有一番作为，但是眼下他却身陷无解的矛盾之中。显然，我能做的只有静观其变。当别人问我想成为什么的时候，我便会习惯性地回答"语言学者"，实际上是在暗指亚述与埃及考古学。然而实际上，我仍在业余时间里继续研读科学和哲学，尤其是节假日的时候，我与母亲还有妹妹一同待在家里。曾经那些跑到母亲跟前抱怨"太无聊了，我不知道该做什么好"的日子一去不复返。假期已经成了一年里最美好的时光，我可以独自一人做自己高兴做的事。此外，至少在暑假的时候，我的父亲是不在家中的，因为他往往会去萨克森（Sachseln）度假。

仅有一次，我也去外地度假了。那是在我14岁的时候，根据家庭医生的医嘱，我被送往恩特勒布赫（Entlebuch）进行治疗，家人希望能够改善我时好时坏的胃口和不稳定的健康状况。这是我第一次独自与陌生的成年人交往。我借住在一位天主教神父的家里。对我来说，这是一场恐怖但引人入胜的冒险。我很少能看见这位神父，他的管家虽然算不上是一个使人害怕的人，但略有些粗暴。我没有遇到一丁点儿对我有威胁的事。监护我的是一位上了年纪的乡村医生，他经营着一家旅社式疗养院，为各种康复期的病人提供服务。那里的病人可谓五花八门——有农户、基层官员、商人，还有一些来自巴塞尔的很有学问的人，其中有一位化学家，他的学问已经达到了登峰造极的地步——他取得了博士学位。我父亲也是一位哲学博士，但他只是语言学的博士罢了。这位化学家则使我耳目一新——他是一位科学家，或许还是懂得石头秘密的人之一。他当时尚年轻，还教我玩槌球游戏，但是在我面前却一点儿都没有流露出知识极为渊博的样子。而我则由于太羞涩、不善言辞和无知而什么都没敢问他。我尊敬他，他是我这辈子亲眼见到的第一个已经开始了解自然秘密的人——至少是其中一部分秘密。他和我同一桌吃饭，吃的是和我一样的饭菜，间或与我交谈几句。我觉得自己似乎进入了成年人那令人崇敬的世界。我还被准许参加为寄宿者安排的短途旅行，这也印证了我地位的提升。在某一次短途旅行中，我们参观了一个酿酒厂，他们还邀请我们品评了他们的产品。就像诗里说的：

> 然而麻烦即将到来，
> 因为此饮实为蜜酒。[1]

我发觉这些各式各样的小玻璃杯让我飘飘欲仙，进入一个我不曾料到的全新的意识状态，很有启发性。内部和外部的界限消失了，"我"和"别人"的界限消失了，第一人格和第二人格也都消失了，谨慎和胆怯都无影无踪了，天和地，宇宙和其中的一切爬行、飞翔、循环、上升或下落的一切，都融合成了一体。我羞耻地、光荣地、得意扬扬地醉了。我仿佛沉入了一片极乐至福的海洋，却又因海浪汹涌，只觉得街道在起伏，房屋和树木在摇摆，于是我只好全神贯注、四肢并用地紧贴一切坚实的物体以保持平衡。"真是不可思议啊，"我心想，"美中不足是喝得稍微多了那么一点儿。"这一经历让我吃了些苦头，但是不管怎么说，它是一个新发现，蕴含着美与意义，只是我的愚蠢无知糟蹋了它。

我的疗养期即将结束，父亲前来接我了，我们一起去了卢塞恩，在那里——幸福来了！——我们登上了大轮船。我以前从未见过像轮船这样的东西。蒸汽发动机的运转我怎么都看不够，转眼间，便有人告诉我们维茨瑙（Vitznau）到了。这个村庄里有一座高耸入云的大山，我的父亲这时便向我解释说，这是瑞吉峰（Rigi），有一条齿轨登山列车一直通到山顶。我们来到了一个小车站，那里停靠着一个世上第一古怪的

---

[1] 威廉·布希（Wilhelm Busch）的《约卜西之歌》。——原注

火车头，其锅炉以一个奇怪的角度竖立着。父亲将一张车票塞到我的手里，说道："你可以一个人乘车去山顶上。我就在这儿等你，因为两个人都上去就太贵了。注意安全，别半道上摔下来。"

我高兴得说不出话了。我站在这座宏伟的大山脚下，觉得它比我见过的任何一座山都要高，很像是我在遥远的童年时代见过的被夕阳染得通红的山脉。如今，我真的已经差不多是大人啦。为此次出行，我给自己买了一根竹杖和一顶英式轻便鸭舌帽——这真是最适合环游世界者的装备了。而且现在，我即将登上这座宏伟的山了！我恍然搞不清楚谁更高大——是我还是山。这辆奇妙的登山列车高鸣一声，晃晃荡荡地载着我上升到了令人晕眩的高度，亘古不变的深渊与一望无际的美景展现在我的眼前，最终，我站在了空气稀薄的山顶上，放眼望向无法想象的辽阔空间。"对的，"我想道，"就是这里，这是我的世界、真实的世界、我的秘密，这里没有老师、没有学校、没有无解的难题，一个人可以只是存在着，什么都不需要问。"我小心翼翼地走在山路上，周围都是悬崖峭壁。一切都十分庄严，而且我觉得，只要一个人登上了这里，就必须变得谦恭而沉默，因为他已身处上帝的世界之中了。这里是上帝世界的有形存在。这便是我父亲曾经送给我的最好也最珍贵的礼物。

这一情景留给我的印象实在是太深刻了，以至此后发生在这个"上帝的世界"里的一切，我都完全不记得了。在这次旅行中，我的第一人格进入了全盛期，此后他的这个形象一直伴随着我。我还是能够看到一个自己，他已经长大并且独立了，头戴一顶挺括的黑帽子，手扶一根贵重的手杖，坐在卢塞恩湖畔的一个富丽堂皇的宫殿式大饭店的露台上，或者在维茨瑙美丽的花园里，坐在一张小巧的、覆盖着白色桌布的饭桌边，头顶是在阳光下闪闪发亮的条纹遮阳篷，一边喝着晨间咖啡，一边吃着羊角面包，面包上涂满了金色的黄油和各式各样的果酱，想着能够打发这个漫长夏日的出行计划。喝完咖啡以后，我便会镇定地、习以为常地迈着从容不迫的步伐踱到汽船上，随即，汽船便载着我驶向戈特哈德（Gotthard），来到了一片崇山峻岭的脚下，山顶处冰雪熠熠生辉。

几十年里，每当我因工作过度而感到疲惫，想要休息片刻的时候，这一景象便会浮现出来。在现实生活中，我屡屡期望能够亲眼见到这种壮丽景象，但却从未得偿所愿。

这便是我的第一次有所感悟的旅行，在一年或两年后，我又迎来了第二次这样的旅行。我的父亲在萨克森度假期间允许我前去看望他。他告诉我一个令人钦佩的消息，他与当地的天主教神父成了朋友。这在我看来是一种异常大胆的行为，我不禁暗暗钦佩我父亲的勇气。在萨克森期间，我参观了弗鲁利（Flüeli）的修道院与克劳斯修士（Brother Klaus）的圣物，克劳斯修士此时已经是一位真福者了。我不清楚天主教徒是如何得知他已经升天并位列真福的。或许他还在四处游荡，亲口告诉人们他的近况。这位当地的守护神给我留下了十分深刻的印象，我不只能够想象得出这种将全身心都奉献给上帝的生活，甚至还能够理解它。但是与此同时，我的心里却不禁打了个寒战，想起了一个无解的问题——他的妻子和孩子如何能够承受一个圣人来做他们的丈夫和父亲呢？难道不恰恰是由于我的父亲有缺点与不足，我才格外爱他的吗？"对啊，"我想道，"谁能与圣人一同生活呢？"显然，克劳斯修士也明白这是不可能的，于是他才当了修士。尽管如此，他所在的小修道院离他的家并不远。我想，这个主意倒是不错，让家人住在家里，而我则住在相隔不远的小屋里，屋里摆着一堆书和一张写字台，再生上一捧明火，可以用来烤栗子，也可以在上面架一个三脚锅煲汤。作为一个神圣的修士，有了属于我自己的小教堂，我便不再需要去教堂了。

我从小修道院漫步向山顶而去，一路上陷入沉思之中，正当我转身要下山时，我的左手边突然出现了一个身材纤细的年轻姑娘。她穿着当地人的服装，有一张美丽的脸庞，用她友善的蓝眼睛向我致意。仿佛是世界上最自然的事情，我们并肩向山下走去。她和我年纪相仿。因为我并不认识除了我表姐妹之外的女孩，我感觉十分紧张，也不晓得该跟她说些什么。于是我支支吾吾地开始解释，我来此地是为了度假，我在巴塞尔的高级中学上学，以后想进大学学习。说着说着，一种命中注定的奇怪感情袭上了心头。"她正好在这一刻出现了，"我心想，"而且她万分自然地与我同行，仿佛我俩是天生一对似的。"我从眼角扫了她一眼，瞥见她的表情混杂着害羞与钦佩，这使我略微窘迫，但不知怎的有点儿感动。我思忖着，这是命中注定的吗？或者我与她的相遇只是偶然？一个农家女孩——有这等巧事吗？她是个天主教徒，也许她的神父正好是我父亲刚刚结交的那位朋友？她连我姓甚名谁都不知道。我当然不能与她谈叔本华或者谈意志之否定，难道不是吗？可是，她看上去绝对没有一丝威胁。也许她的神父并不是一名隐藏在一袭黑袍之下的耶稣会会士，不过我也不能告诉她我的父亲是新教的牧师。这可能会吓坏她，或者冒犯她。至于谈哲学、谈魔鬼——尽管歌德把魔鬼描绘得十分愚蠢，但是魔鬼也仍然比浮士德重要多了——也都是完全不可能的。她尚居住在淳朴无知的净土之上，而我已经一头扎进了现实之中，扎进了造物的壮美与残酷之中。她若是听说了这些，又怎么受得了呢？我们之间矗立着一堵牢不可破的墙。我和她没有也不可能有任何关系。

我把悲伤留给了自己，将话题转移到一些不痛不痒的事上。比如，她是否要去萨克森，天气是多么宜人，风景又是多么美丽，等等。

从表面看来，这次偶遇并没有任何意义。但是在我的内心它却有很重的分量，它不仅让我在之后的几天里心猿意马，更是永远地占据了我记忆中一个神圣的角落。那时候，我还处在一种很幼稚的状态，认为生活就是一系列独立的、各不相关的经历。毕竟，谁会觉得克劳斯修士与这位美丽的姑娘之间有什么必然联系呢？

在这个时期，我的生活充满了相互冲突的思想。首先，叔本华与基督教是无法协调一致的；再者，我的第一人格想要从第二人格带来的压力与忧郁中解脱出来。并不是说我的第二人格是忧郁的，而是当我的第一人格想起第二人格的时候会感到忧愁。正是在各种对立思想彼此冲撞的时候，我人生中第一个系统性的幻想诞生了。它是一点点地显现的，它最初的起源——我记得是这样的——是一个令我激动不已的体验。

有一天，呼啸的西北风把莱茵河吹得白浪滔天。我去上学，正好路过河边。突然，我看到北方驶来了一艘船，张着巨大的主帆，在暴风雨来临之前沿莱茵河逆流而上。这又给我带来了某种全新的经历——莱茵河上的帆船！我的想象插上了翅膀。如果不只是一条惊涛骇浪的河，如果整个阿尔萨斯地区变成一个大湖，那便可以看到各种帆船和巨轮了。这样一来，巴塞尔就会变成一个港口，那简直就像住在海边一样美妙。然后，一切都会有所不同，我们也会在另一个时空过上另一种日子了。可能那里没有高级中学，我不再需要走很长的路去学校，我可以像我希望的那样长大以及安排我的生活。在湖的中心矗立着一座石山，通过狭窄的地峡与大陆相连，地峡又被一条宽阔的运河切断，一架木桥横跨运河两岸，一端通向石山上的一扇大门，大门两侧是一对高塔，门内则是建在围岩上的一个小型的中世纪城镇。其中有一座固若金汤的城堡，包括一个主塔和一个瞭望塔。它是我的住所。城堡内部没有巧夺天工的门厅，也没有什么雕梁画栋。房间布置得很简单，木板镶嵌，而且面积不大。其中有一间不同寻常且很有吸引力的图书室，你可以在那里找到世上所有值得一读的书。还有一间收藏着各种各样武器的房间，堡垒之上还架着重型加农炮。除此之外，城堡还坐拥一支由50名披甲武士组成的卫戍部队。这个小镇有居民数百人，由镇长和元老组成的镇政会管辖。我自己则是治安法官、仲裁人和顾问，只是偶尔在开会时出现在公众面前。在朝向陆地的那一边是小镇的港口，我有一艘双桅纵帆船停在港内，船上装配有几门小型加农炮。

这整个布局的关键及存在的意义在于城堡主塔中的秘密，这是一个只有我知道的秘密。这一想法像闪电一般击中了我。在塔内，从最顶部的雉堞到最底部的拱顶地下室，贯穿着一根好像是铜柱又好像是手臂般粗的沉甸甸的电缆的东西，其顶端分成了无数细小的分枝，就像树冠——或者更恰当地说——像树根一样，主根及无数细小的支根倒过来伸向了天空。整个根系从空气中吸收着某种不可思议的东西，将它们收集起来并通过铜柱导入地下室。在地下室里，亦有一件我不曾想象的仪器，它是某种实验仪器，我用它将铜色树根从空气中吸取的神秘物质炼成金子。这着实是一种炼金术所寻求的大自然的奥妙，我对它的本质毫不了解，也不指望能了解一二。我也不曾对这一转化过程的本质进行脑补。它仅仅是狡猾而相当紧张地回避了实验仪器里究竟发生了什么的问题。似乎有这样一种禁忌——人们不应该对之加以深究，也不能过问从空气中萃取出的是什么物质。正如歌德对母亲们的描述："甚至连提及她们，也会使勇士软弱。"

当然，"精神"对我来说是一种不能用语言来描述的东西，但是在心底里，我认为它与纯净的空气在本质上是一致的。这些根所吸收并通过铜柱输送的是一种精神本质，它们在地下室里被加工成了精巧的金币，于是其变成了有形可见的。这当然并不是魔术把戏，而是大自然崇高并极其重要的秘密，我不知道我是怎样知道这个秘密的，我还要掩盖它们，不让镇政会的元老们发现它们，甚至在某种意义上，我还要阻止自己去了解它们。

我上下学要走的那条又长又无趣的路，如今也令人欢欣地缩短了。几乎一出学校大门，不消几步就能进入城堡了，城堡中正发生着某些社会结构的变化，镇政会正在召开，对作恶者进行判决，对争端做出仲裁，加农炮也开炮了。纵帆船的甲板十分干净，船帆高扬，船只借力于轻风小心地驶出了港口，然后，它绕过一块岩石，转舵向西北方向驶去。转眼间，我便来到了家门口，这一段路仿佛只走了几分钟似的。我结束了这段幻想，就好像一辆马车轻快地将我送到了家门口，我便从车上走下来一样。这种令人甚为愉快的消遣持续了好几个月，直到我开始厌烦它。这时，我又觉得这种幻想愚蠢而可笑。我不再做这个白日梦了，而是开始以石块为砖、以泥巴为灰浆堆砌城堡，建起了精巧的加强型炮台——惠宁根堡垒在当时还完好无损，我便将它当成了我的参照物。我研究了所有现存的沃邦（Vauban）的防御计划，很快便熟悉了各种各样的防御技术。除了沃邦，我还研究了现代的各种防御方法，并凭借我有限的材料来建造不同类型的防御模型。大概有两年，这件事占据了我的闲暇时光。在这个时期，我对自然科学和具体事物的知识稳步增加，这是以牺牲第二人格的发展为代价的。

我对现实中的事物知道得尚少，我想，此时我便没有资格对它们加以思考。谁都可以异想天开，但是拥有真正的知识却是另一回事。我的父母允许我订阅一份科学期刊，我着实为之痴迷。我搜集了能在我们侏罗山脉（Jura mountains）找到的化石，一切可取得的矿物，各种昆虫，还有猛犸象和人的骨头——猛犸象的骨头是在莱茵兰平原（Rhineland plain）的采砾坑里找到的，而人骨则是从靠近惠宁根的一处建于1811年的乱葬岗找到的。我对植物也颇感兴趣，不过不是在科学层面。我并不理解我被植物吸引的原因，但是我有一种强烈的情感，认为植物不应该被拔出土壤而枯死。植物是有生命的存在，只有当它们生长并开花时才具有意义——这是上帝的想法，隐含着秘密的意义。人们应当敬畏植物，用哲学家的好奇态度来对待它们。生物学家对植物的描述虽然有趣，但那并没有触及植物的本质。然而，我并不能解释清楚这本质的东西究竟是什么。比如说，植物与基督教有什么关系，又与上帝意志之否定有什么关系呢？我没有能力想通这些问题。植物的外表颇有几分天真无邪的神圣情态，是不可亵玩的。通过对照可以看出，昆虫是变性的植物——它们像是长出了腿的花和果实在到处乱爬，或像是长了翅膀的花瓣在四处乱飞，终日忙于啃食各种植物。由于这种无法无天的行为，它们便受到了被集体杀灭的惩罚，六月甲壳虫与各种毛毛虫便成了人们讨伐的主要目标。我的"对一切造物的同情"仅严格局限于温血动物。冷血脊椎动物之中唯一的特例是青蛙和蛤蟆，因为它们与人类有某些相似的地方。

第三章 大学时代

李孟潮

　　荣格首先回忆了自己高考前的内心冲突。他的第一选择其实是考古学，但是因为家里没钱放弃了，随后临时选择了理科。关于专业选择冲突，他做了一个梦，可命名为"挖掘古墓梦"。

　　这个梦的个人无意识意义在于：第一，它提供了被压抑的愿望满足，让荣格有机会去做考古学家正在做的事情，其实等到家境宽裕的晚年，他还是做了心灵考古、知识考古的工作；第二，这个梦淡化了"独眼肉柱梦"中死亡恐惧和吞噬焦虑，黑洞变成了古墓，独眼肉柱变成了动物骨头。淡化的关键因素就在于"学习"，所以说荣格存在积极、正性的学习情结。这个梦也帮助荣格下定决心做一个专业知识分子，偏向理科。从文化无意识的角度来看，这个梦象征着对古代文化的追求，即复古主义。从集体无意识的角度来看，这象征着荣格期望和史前时期的动物进行无意识交流。当然这个梦的文化无意识和集体无意识隐藏得比较深。

　　但下一个梦"放射虫目动物梦"就有集体无意识色彩了。放射虫目动物是寒武纪时期的生物。放射虫的形态和独眼肉柱类似，同样是圆形硕大的，但是放射虫会发射出类似粒子突变时的光芒，这种五彩光经常被人们用来指向超越、统一、和谐。因此，放射虫在这里象征生命的本源和早期，可能是自性原型的象征。梦中也出现了多种圆形，圆形一般是自性圆满的象征。在个人无意识层面，它延续上个梦的主题——考古学家的兴趣，但转移到了古代留存至今的生物，这提示少年荣格应该学习生物学相关的学科。所以，荣格选择了医学。他选择医学还有一个无意识原因，就是认同自己的祖先，这也让其第二人格的梦想得以实现，就是曾经认同过的巴塞尔古代神医。这种事业选择有利于弥合第一人格和第二人格的分裂。

本章还记录了帮助弥合分裂的另一个梦——"小小意识灯火梦"。这个梦的主要意义是，荣格的自我已经非常强大，可以保护他的"弱小和脆弱"的"意识灯火"，他不再是"独眼肉柱梦"中的恐惧小孩。与此同时，他还把"伟大父亲"这个原型意象投射给了歌德，以弥补现实生活中父亲功能的缺失。

荣格记录下这段时间的父子冲突，以及对于父亲的共情理解。比如，父亲死前做了兄弟会演讲，让他领悟到父亲原来丧失了和"永恒少年"的联结。父亲的死亡又引发了一个梦，名为"死亡父亲回家梦"。这个梦呈现了父子竞争的正性俄狄浦斯情结，而且受到了母亲的强化。正性俄狄浦斯情结的出现要有以下条件：一是母子相爱；二是夫妻相爱，儿子被排斥在外；三是儿子从小被爱，所以敢和父亲竞争；四是儿子也爱着父亲，不愿意破坏父母的恋爱关系。在荣格的家庭中这些条件并没有完全出现，所以一直到青年成人期，他的俄狄浦斯情结才发展出正性成分。

本章还记录了荣格这位精神病学神医的求学生涯。他在大学期间勤奋学习的同时还倒卖古董赚钱。1900年，他从医学院毕业，决定远离故乡，定居苏黎世。这是荣格生命中第三次移居，从农村到城市，再到国际化大都市，他从农业社会来到金融资本主义社会。今天的一线城市中想必有不少人也经历过荣格这样的三级跳，所以读他的书特别有共鸣，值得注意的是，类似的移居经历特别容易诱发自卑情结和名利情结。

第三章
大学时代

　　尽管我对科学的兴趣越来越浓厚，我仍时不时地回顾一下我喜爱的哲学书籍。我该选择哪一种职业的问题已经迫在眉睫。我热切地盼望着中学时代结束。因为那样我便可以去大学里学习了——我当然要学自然科学。这样一来，我便能掌握一些实际的知识了。但是一旦我对自己做出了这一许诺，我心中的怀疑也就接踵而来了。我不是更喜欢历史和哲学吗？还有，我不是对有关古埃及和古巴比伦的一切都很感兴趣，希望能当一名考古学家吗？但是，我并没有足够的钱去巴塞尔以外的地方学习，而巴塞尔并没有教授考古学的老师。于是这种愿望便很快熄灭了。在很长一段时间里我都下不了决心，于是我便一再地拖延做决定的期限。我的父亲十分焦急，有一次他说："这个孩子对一切能想象得到的事物都感兴趣，但是他不知道自己想要什么。"我认为他这话说得太对了。随着注册日期的临近，我们必须得决定去哪个院系报到了，我临时选择了科学，但我的同学们却对我的选择颇感疑惑，不知道我究竟会选择科学还是人文学科。

　　这一表面看来颇为突然的决定，其实也有它的依据。几个星期前，就在我的第一人格和第二人格争夺做决定的权力时，我做了两个梦。在第一个梦里，我在一片沿莱茵河河岸延伸的树林里，树林阴森森的。我爬上了小山坡，来到一座古坟前动手挖掘起来。出乎我意料的是，过了一会儿，我竟挖出了一些史前动物的骨头。我欣喜若狂，并在那一刻懂得了：我一定得认识大自然，了解我们生活的这个世界和我们周围的万事万物。

接着，我又做了第二个梦。这一次，我身处一片树林之中，其间河流纵横，我看见在最幽暗的地方有一个圆形水塘，被浓密的灌木丛围绕着。有一种一半身子浸在水里的最诡异、最神奇的造物，它是一只球状的动物，浑身闪烁着乳白色的光芒，它由无数个微小的细胞，或者说由无数个形如触手的器官构成。它是一只巨大的放射虫目的动物，直径大约三英尺。如此壮美的生物竟躺在这样一个鲜有人迹、不为人知的地方，置身于如此清澈的深流之中，我觉得这实在是妙不可言。它使我燃起了强烈的求知欲，当我从梦中醒来后心还怦怦直跳。这两个梦以排山倒海之势将我推向了科学一边，打消了我所有的疑虑。

我心里也清楚，在我生活的这个时代和环境里，一个人必须得有一个谋生的手段。想要做到这一点，我就必须得选择一个职业，而我的同学们都被这一答案洗脑了，以至他们从来不想别的，这也令我印象深刻。我觉得自己在某种程度上有些古怪。为什么我就不能下定决心，全心全意地去做一件确定的事呢？甚至连我那死记硬背的同辈D君，他曾被我的德语老师树立为勤奋而自觉的楷模，都已经早早地决定要学习神学了。我明白，我必须安下心来把这回事想明白。比如说，如果我选择学动物学，那么我将来就只能做中学教师，或至多在动物园里当个雇员。学动物学是没有前途的，即使一个人并没有什么远大志向——当然了，我会更乐意在动物园里工作，而不愿意当一个中学教师。

在这种进退两难的情况下，我突然灵机一动——我可以学医啊。奇怪的是，我此前从未有过这样的念头，尽管我的爷爷曾是一名医生——我听过太多关于他的故事了。说句心里话，正是因为我的爷爷曾是一名医生，我对这个职业其实颇有抵触。我的座右铭便是——"唯独不要跟风"。但是，如今我却告诉自己，学医至少要以多种科学学科作为基础。从这一意义上说，我便可以做我想做的事了。况且，医学的范围很广，以后总是有机会去专攻某一项的。我坚定地选择了科学，于是唯一的问题变成了——该如何实现呢？我必须自己挣出吃穿用度所需的钱，可是，既然我没有钱，我便无法去国外上大学并获得能够使我从事科学职业的训练了。我顶多能成为一个科学的业余爱好者。而且既然我的人格使得我的大部分同学或管事的人（也就是老师们）都不喜欢我，我也就不指望能找到一个愿意赞助我的追求的人。因此，当我最终决定选择医学时，我并不觉得愉快，而是觉得通过这样一个折中的选择开始我的生活并不是什么好事。不管怎么说，在做出了这个不可逆转的决定之后，我如释重负似的松了一口气。

令人头痛的问题来了——去哪儿弄这笔钱呢？我的父亲只能提供一部分。他替我向巴塞尔大学申请了助学金，令人羞耻的是，这项申请居然被批准了。我之所以觉得丢脸，主要原因并不是这一举动向全世界宣告了我家的贫困，而是我一向私下里相信，所有上层人士，即说话能算数的人，都对我没什么好感。我从来不指望从他们那里得到任何好处。我显然是由于我父亲的名声而得到了照顾，他是一个朴实的好人。然而，我觉得自己和他完全不同。实际上，我对自己有两种迥异的认知。在我的第一人格眼中，我是个难以相处、资质一般却又心气很高的年轻人，不受管教，经常做出可疑的举动，时而天真热情，时而幼稚沮丧，归根结底是一个遁世者和反启蒙主义者。另一方面，我的第二人格把我的第一人格当作一个费力不讨好的道德任务或一门不管怎样都必须完成的课程，并认为其犯有种种过错，比如一阵一阵的懒惰、泄气、忧郁，以及对别人所不齿的观念或事物抱有不恰当的热情、轻信一厢情愿的友谊、目光短浅、抱有偏见、愚蠢（尤其是数学！）、对别人缺乏了解、在哲学问题上举棋不定且糊里糊涂，此外既不是一个虔诚的基督徒又没有其他归属。第二人格没有任何确定的性格特征，他是一个已经过去的人生，包含着生与死，以及一切的一切。他是人生的全景。尽管他对自己有着清醒冷酷的认识，但并不能通过第一人格这一浓暗媒介将自己表现出来，哪怕他渴望能这样做。当第二人格处于支配地位时，便将第一人格掩盖并彻底抹去了，反过来也是如此，处于支配地位的第一人格也将第二人格化为了内心一个阴暗的角落。第二人格感到，他能想到的每一种表达自己的方式，都只如被掷出了世界边缘的一块石头，无声地跌进了无尽的黑暗里。不过在他自己（第二人格）身上，光明是主宰，恰如皇家宫殿里美轮美奂的大厅，其高大的窗户全部开向阳光明媚的景致。意义和历史连续性便由此显现，与第一人格充满毫无关联的偶然事件的生活形成了鲜明对比。第一人格并未真正地接触过环境；而第二人格觉得自己暗暗地与《浮士德》中描绘的中世纪相契合，与一种过去的遗存一致——这一遗存显然使歌德内心深处激动不已。因此，对歌德来说，第二人格也是一种真实——这令我深感安慰。我于是震惊地认识到，对我来说，《浮士德》比我深爱的圣约翰《福音书》更加意义深刻。在《浮士德》中有某些直接触动了我感情的东西。圣约翰讲的基督，在我看来则显得古怪，而其他人的福音书里讲的救世主则更加古怪。然而浮士德却是我第二人格的生动的等同物，而且我相信，浮士德还是歌德向他所在的时代做出的回应。这种洞见不但使我觉得宽慰，它还给予了我一种更强的内在安全感，一种对人类共同体的归属感。我不再是孤立的了，也不再是一个奇怪的人、一个大自然开的残忍玩笑。伟大的歌德便是我的教父和我最信赖的权威。

这个时候，我又做了一个梦，这个梦既让我恐惧，也令我鼓舞。梦中正值午夜，我身处某个不知名的地方，顶着强劲的大风缓慢而痛苦地前行。浓雾笼罩着一切。我用双手捧着一盏小灯，它似乎随时都有熄灭的危险。一切都取决于我是否能够保住这颗火苗。突然间，我感觉有什么东西正从背后靠近我。我回头张望，看见一个硕大无比的黑色影子紧跟在我身后。但是在这个时候，尽管我十分恐惧，却也清醒地知道，虽然有各种各样的危险，但我必须保护我的小灯在这个狂风之夜不熄灭。我醒来之后立即便意识到，这个影子其实是"布罗肯山的幽灵"，即在我捧着的小灯的照耀之下，投射到迷离烟雾之中的我自己的影子。我还知道，这盏小灯其实就是我的意识——我仅有的光明。我自己的理解力是我拥有的唯一珍宝，也是我最大的财富。比起黑暗的威力，虽然这盏小灯十分渺小脆弱，但它仍有一丝光明，我仅有的光明。

这个梦给我带来了巨大的启示。如此我才明白了，第一人格是提灯者，第二人格则是跟在第一人格身后的一个影子。我的任务便是守护这盏灯，而且不能回头去看那个已然圆满的生命，那显然是一个被不同种类的光照耀的禁忌领域。我必须逆着暴风雨前进，这暴风雨要将我卷入一个无比黑暗的世界中。在那里，人们只能了解事物的表面，而不能触及其他的部分。在第一人格的角色里，我必须前进——我得学习、挣钱，还得承担责任，我还要面对纠结、困惑、犯错、服从、挫败。阻挡我前进的暴风雨便是时间，它不停地流逝，也从不肯放过我们。时间散发出一股巨大的吸引力，贪婪地把一切活着的造物吞噬下去。我们若想暂时躲过它，便只能奋力前行。过去无比真实，并且存在于当下，如果一个人无法就过去的失败给出一个满意的回答，就会被过去控制。

我的世界观再一次转向了全新的方向：我清醒地认识到，我所走的路无法回头，通向外部世界，通往有限且黑暗的三维世界。在我看来，亚当一定也是在这种状态下离开天堂的，伊甸园对他来说已成了身后的阴影，光明则出现在那个让他满头大汗耕耘的沙石地上。

我问自己："这样的一个梦是怎么来的呢？"在当时，我理所当然地认为这样的梦是上帝亲自送来的。然而后来，我接受了大量的认识论观点，于是对此产生了怀疑。比如也可以这样解释，我的洞见是在很长一段时间里渐渐成熟，然后才突然以梦的形式破壳而出的。这可以是事情的真实过程。但是这种解释也只是一种表面上的解释罢了。真正的问题在于，为什么我的洞见会逐渐成熟，它又为什么会进入意识之中。在意识层面，我并不曾做什么事来促成这样的演变，相反，我的意愿恰好是背道而驰的。因此，在这个事件背后，一定有什么东西在推动着它，是某种至少比我更加智慧的高等智力生物。一个如此卓绝的观点——在意识之光的照耀下，内心的明亮领域便表现为一个巨大的阴影——绝非是我凭借一己之力能够想到的东西。然而在刹那之间，我明白了许多之前我无法解释的事情——尤其是，从前每逢我暗指任何有关内心领域的事情时，在别人脸上掠过的尴尬冷漠的神情。

我必须丢弃第二人格，这一点再清楚不过了。但是不论在什么情况下，我都不能否认他，认为他是无效的。这无异于自我毁损，甚至还会让我再也无从解释这些梦的起源。因为在我心中，第二人格无疑与梦的创造有关，而且我自然地相信第二人格必然拥有更高的智力。但是，我感到自己日渐与第一人格同一了，不过这种状态反而证明了第一人格仅是更加全能的第二人格的一部分，也正因如此，我觉得自己不再能与第二人格同一了。第二人格的确是一个阴影，一个精魂，能够独力对抗黑暗世界。这是我在做此梦之前根本不知道的事情，即使是在做梦之后——我仍能清楚地记得——我也只是朦胧地意识到了，尽管我在情感上毫无疑问是知道的。

不管怎么说，我和我的第二人格之间产生了隔阂，最终"我"被分派给了第一人格，与第二人格分离的程度便如与第一人格接近的程度相仿，因此，第二人格便可以说获得了一个自主人格。但是我并未把这和任何一种确定的特质联系起来，比如亡魂可能拥有的某种特质，尽管乡下出身的我并不认为亡魂之类的事情有多奇怪。在乡下，人们会依照情境的不同来选择性地相信——有时认为亡魂存在，有时认为亡魂不存在。第二人格的唯一一个确定的特征是其历史性，即在时间上的延续性，或更确切地说，他是无始无终的。当然，我当时并没有明确地意识到这一切，对他的空间特征也没有任何概念。他是我第一人格的存在背景中的一种要素，虽然不曾被明确地定义，但却是实实在在存在的。

周围环境中那些无法解释的事物对孩子的影响，远甚于大人所说的话。孩子往往无意识地对这类事物进行适应，而这也相应地会在孩子身上激发出补偿性的特征。我在很小的时候生发出的特定"宗教"观念，便是一种自发性的产物，它只能被理解成我对家庭环境与时代精神所做出的反应。至于后来那种使我父亲低头屈服的宗教质疑，是经过了长期的酝酿才产生的。如果一个人的世界或任何一个世界要发生这样的剧变，都会显示出预兆，这一预兆存在的时间越长，我父亲有意识的头脑便越是要抵抗它的力量。父亲的预感令他坐立不安，这一点都不奇怪，而这种坐立不安稍后便感染了我。

我从来都不认为这些影响来自我的母亲，因为她似乎根植于一片看不见的深厚土壤之中，不过我又觉得，这并不比她对基督教的信仰更根深蒂固。在我看来，那片土壤似乎与动物、树、山、草地和流水有某种联系，这一切都与她表面上对基督教的信仰和她对这一信仰的习惯性的维护形成了最奇特的对比。这一背景恰好迎合了我自己的态度，因而并没有使我觉得不安；相反，它给了我一种安全感，并使我相信这是一块坚实的土地，能够供我立足。我从未觉得这个立足点带有"异教徒式"的意味。在这个时期，我的家庭传统与我的无意识创造出的奇怪补偿物之间的冲突已初现端倪，在这一冲突之中，我母亲的第二人格为我提供了最强有力的支持。

回首望去，我看到了童年时已在很大程度预示的将要发生的事，并为我适应父亲在宗教信仰上的瓦解和今天我们看到的这个世界所展示的令人震惊的启示铺平了道路——这个启示并不是在短时间内形成的，而是很早以前便出现了端倪。尽管我们人类拥有属于自己的个体生活，但是在很大程度上，我们亦是一个存在了千百年的集体精神的代表者、牺牲者和促进者。我们当然可能认为我们一生都在按照自己的意愿行事，并且可能永远不会发现，在很大程度上，我们只不过是世界这个舞台上的龙套罢了。尽管我们不知道，但是仍有一些因素或多或少地影响着我们的生活，如果这些因素是无意识的，那么它们对我们的影响便会更甚。因此，在我们的生命之中，至少有一部分是存在了千百年的——而这个部分，我称为"第二人格"来供自己使用。第二人格并不是那种已被西方世界的宗教证实的个体的好奇心。西方宗教特意将自己加在这个内在的人身上，并在两千年里急切地试图将它对个性的预设塞进我们的意识中："无须向外寻找，真理就住在人们的内心。"

1892年至1894年期间，我与父亲之间进行过若干次相当激烈的讨论。他曾在哥廷根（Göttingen）学习过东方语言，还写了关于《雅歌》（Song of Songs）阿拉伯文版的学位论文。随着结业考试结束，他那些荣耀的日子也一去不复返了。后来，他便将自己的语言才华抛诸脑后。

作为一个乡村牧师，他陷入了一种多愁善感的理想主义里，不断回忆大学的黄金时代，并继续吸着大学时代的长柄烟斗，他还发现婚姻并不如想象中那么美满。他做了很多很多善事——实在是太多了——然而结果却总不尽如人意。我的父母都竭力去过一种虔诚的生活，但是两人生气反目的情形却屡屡出现。这些困难虽然都在情理之中，却渐渐摧毁了我父亲的信仰。

那段时间，他一天比一天更加不满和易怒，这种状况使我非常关心。我的母亲努力避免任何可能刺激到他的事情，拒绝和他争吵。尽管我也认为这是最聪明的办法，但我却往往控制不住自己的脾气。在他大发脾气的时候，我尚能忍让，但是在他看起来心平气顺的时候，我偶尔会寻一个话题和他交谈，希望能了解他内心的想法，以及他对自己的认识。我看得很清楚，有某些特别的事情正在折磨着他，我怀疑这与他的信仰有关。他无意中给出了一些暗示，我更加确认了他是因为宗教方面的疑惑才倍感痛苦。在我看来，这种痛苦是免不了的，只要他没有经历过那些必要的体验。从我设法进行的讨论中，我发现实际上该类事情并不曾发生过，因为不论我提出什么问题，他都会用一样陈旧而死气沉沉的神学内容来进行回答，或者只是一耸肩膀拒绝回答，这种行为激起了我的逆反情绪。我想不通为什么他不燃起斗志把握这些机会，而是最终向他的境况做出妥协。我看得出来，我提出的批判性问题让他悲伤，尽管如此，我无论如何也想进行一场建设性的谈话。在我看来，他居然没有过有关上帝的亲身体验——这是最明显的一层体验了——实在是令人难以置信。以我对认识论的了解，足以认识到这类知识其实是无法证明的，但是我亦同样清楚，这也实在无须证明，就好像夕阳是美的或夜晚是恐怖的一样。我曾尝试着——无疑是笨拙的——向他传达这些显而易见的真理，满怀希望地想帮助他承受这无法抵挡的命运。他必须得和什么人争吵，于是他便与他的亲人或他自己争吵了起来。为什么他不与上帝——这位全知全能的造物主——争吵呢？毕竟上帝才应该为世上的苦难负责。上帝一定会降给他一个奇妙的、无限深刻的梦，同时附上一个答案，而尽管我并没有请求上帝，他却依然给了我这样一个决定我命运的梦。我并不知道这一切为何发生，它们就这样发生了。是的，上帝甚至让我瞥见了他的面目。这是一个重大的秘密，我不敢也无法把它告诉我的父亲。若是我的父亲能够理解有关上帝的直接体验，我本来也是有可能把这件事告诉他的。但就我与他的谈话而言，我从来就没有触及这类事情，甚至都不能触碰与这一问题有关的话题，因为我进行谈话的方式非常理性，毫无感性，我会想尽一切办法来避免涉及情绪。这种方法每次都像是一块斗牛用的红布，会招来暴躁的反馈，这着实令我一头雾水。我无法理解，为什么一场完美的理性辩论竟会引起如此情绪化的抵抗。

这些讨论徒劳无功，不仅触怒了父亲，也使我恼火，最终我们不再讨论，而是分别独自承受着自己的那份自卑情绪。神学使得父亲与我疏远起来。尽管我并未因此感到孤独，但我却再一次遭受了重大挫败。我隐约预感到，父亲正在屈从于他的命运，无法逃脱。他单枪匹马，没有朋友可以交谈。至少就我所知，我家的熟人里面，根本找不出一个我能信任的人出面力挽狂澜。有一次，我听见父亲在祈祷。他在绝望之中挣扎，想要保护自己的信仰。我感到震动，旋即义愤填膺，因为我看得出来他是多么不可救药地陷在教会和神学思维中不能自拔。这一切斩断了他与上帝之间的一切直接联系，但是随后却过河拆桥，抛弃了他。此时此刻，我终于明白那个早期体验的深刻意义了——上帝本人已经否定了神学，也否定了建立在神学之上的教会。另一方面，上帝也已经宽恕了神学，就像他曾宽恕的其他的一切。假设人类应该为这种局面负责，我认为实在荒谬。说到底，人类究竟算什么呢？"他们生来又哑又瞎，恰如刍狗，"我这样想，"就像上帝所创造的一切事物一样，只拥有一点儿微弱的光，永远都不能照亮黑暗，他们只能摸索前行。"我同样确信的是，我见过的神学家之中，没有一个曾亲眼看见过"能够消解黑暗的光明"，倘若他们亲眼见过这种光明，就再也不可能去教授"神学性质的宗教"了，我认为这种宗教有其固有的缺陷，因为它存在的唯一意义似乎只在于让人们在无望中信仰。我的父亲正是奋不顾身这样做的，结果却碰了壁。他面对精神病学家荒唐的唯物主义时，甚至也无法保护自己不受影响。这种唯物主义，虽然在意义上与神学相反，却同样要求人们坚信其理论。我比此前任何时候都更加确信，二者均缺乏认识论的批判和经验。

我父亲显然有这样一种印象，认为精神病学家在大脑中发现了某种物质，证明了本该存放心智的地方有的却只是物质，并没有什么"精神的"存在。他后来劝诫我，如果我选择学医，就应该以上天的名义起誓，绝对不能成为一个唯物主义者，这件事也佐证了父亲的观点。对我来说，这一劝诫便意味着我应该什么也不相信，因为我深知，唯物主义者对他们的定义的相信，与神学者对神学理论的信仰是一样的；我亦深知，我可怜的父亲只是才出狼窝，又入虎穴。我发现，父亲的这种受人盛赞的信仰曾恶毒地捉弄过他，而且不只是他，我认识的大部分受过教育而又严肃的人都受过这种捉弄。在我看来，信仰最大的罪过就在于它对体验的排斥。神学家又从何得知，上帝会在有意安排某事之后，又"允许"了别的事物存在呢？精神病学家又如何知道，物质也能拥有人类心智的种种特性呢？我没有可能遇上屈服于唯物主义的危险，但是我的父亲却很可能以身犯险。显然，有人对父亲提及了有关"暗示"的事情，因为我发现他正在阅读由伯恩海姆著写、弗洛伊德翻译的有关暗示的书[1]。这是一个崭新的开端，意义非凡，因为此前除了阅读小说和偶尔翻阅游记，我从未见过他读别的书。一切"更聪明"和有趣的书，都属禁忌之列。然而，阅读精神病学方面的书并没有使他的心情愉快起来。他的抑郁情绪越来越多，也越来越严重了，他的疑病症也是如此。有好几年的时间，父亲一直在抱怨各种各样的肠胃不适，但是他的医生却始终没能查出他到底得了什么病。后来，父亲又开始抱怨感觉"腹部生了结石"。在很长一段时间里，我们并未把他的抱怨当回事，然而后来他的医生却开始怀疑起来。这大约是在1895年的夏末。

早在1895年春，我就在巴塞尔大学读书了。我一生中唯一的一段倍感无聊的时光——我的高中时代——终于结束了，而通向象牙塔与学术自由的黄金大门已向我敞开了。现在，我终于可以聆听有关大自然的真理了，或者至少也是关于最重要的几个方面的真理。我将会学习一切值得知道的人类解剖学与生理学知识，也将掌握关于各种疾病的知识。除了这一切，我还被批准加入我父亲以前所属的一个兄弟会。我入学一年级的时候，父亲曾与我一同参加了兄弟会的远足活动，地点在马克伽芬（Markgrafen）乡下的一个种植葡萄的庄园。父亲还发表了一场天马行空的演说，令我欣慰的是，他大学时代的那种快乐精神又再次出现了。电光石火间，我意识到，父亲的生活在他毕业以后便停滞不前了，一首校园歌曲的段落回响在我耳边：

> 他们低垂着眼帘
> 齐步走回市侩的国度，
> 天地啊，神明哪，

---

[1] 《暗示及其治疗作用》（*Die Suggestion und ihre Heilwirkung*）（莱比锡与维也纳，1888年版）。——原注

怠的物是人非，今非昔比！

　　这些话深深触动了我的灵魂。很久之前，我父亲还在念大学一年级的时候，也曾是一个充满热情的学生，正如现在的我。世界也曾展现在他面前，正如现在的世界对我一样，无穷无尽的知识宝库曾向他敞开过大门，而这扇门现在正向我敞开着。为什么这一切会在他面前枯萎凋零，变成了辛酸与苦涩呢？我找不到答案，或者说我可以找到一万个答案。那个夏夜，借酒意而发表的演说是父亲的最后一次机会，使他能够不是在回忆之中，而是切身按照他本来的样子度过一段时光。此后不久，他的健康状况便开始恶化。到了1895年秋末，他已卧床不起，1896年年初便与世长辞。

　　一天上完课后，我回了趟家，向母亲询问他的病情。"唉，还是老样子。他非常虚弱。"母亲答道。他低声向她说了些什么，她又把他的话重复给我，同时给我使了个眼色，提示我他已经神志不太清醒了："他想知道你有没有通过审核考试。"我明白我必须说谎。"通过了，考得不错。"他如释重负地长舒一口气，接着便闭上了眼睛。过了一会儿，我又过去看了看他。他一个人躺在那里，母亲正在隔壁房间收拾着什么。他的喉咙不停地响，我由此知道他正在痛苦地死去。我站在他的床边，看得入了迷。我从未见过一个人死去。突然之间，他停止了喘息。我一直在等待着他的下一次呼吸。可是再也没有下一次呼吸了。然后我想起了我的母亲，便去另一个房间找她，而她正坐在窗边打毛线。"他已在弥留之际了。"我说。母亲跟随我来到床边，发现他已经死了。她仿佛十分惊奇，说："这一切发生得多快啊。"

　　随后的几天被愁云与悲痛笼罩，但是我对这些都没有多少印象。有一次，我的母亲用她的"第二人格"对我，或者说对着周围的空气说道："他及时地为你死了。"这句话的意思似乎是说："你们俩并不理解彼此，而且，他可能已经变成你的绊脚石了。"这种观点在我看来，正是我母亲的第二人格会说的话。

"为你"一词给了我致命一击，我感到往昔的日子中有一部分已经一去不复返了。不过与此同时，一部分男子汉气概与自由精神在我身上苏醒过来。在我父亲去世后，我便搬进了他的房间，取代了他一家之主的地位。比如说，我每个星期都要把生活费交给我的母亲，因为她不懂得如何节省开支，也不会理财。

我父亲去世后的第六个星期，他出现在了我的梦里。突然之间，他站在我面前，说他度假结束，就快回来了。他的身体状况大大好转，现在正在回家的路上。我以为他会因为我搬进了他的房间而发脾气。可他居然一点儿都没有生气！虽然如此，我仍觉得脸红，因为我竟想象他已经死了。两天之后，这个梦再次出现了。我的父亲已经康复，正在回家的路上，于是我又一次责备自己怎么会以为他死了。后来我一直在寻思："我梦见父亲回到家中，他看上去是那么真实，这到底意味着什么呢？"梦中的体验令我难以释怀，而这也使我第一次思考有关死后的生活的事情。

在我父亲去世之后，我如何继续学业便成了一个难题。我母亲的一些亲戚认为，我应该在商行里谋个小职员的工作，这样才能尽快挣钱养家。母亲最小的弟弟则提出要为她提供资助，因为她的收入并不足以维持基本生活。我父亲那边的一个叔叔则愿意资助我。我大学毕业的时候，只欠了这位叔叔三千法郎。其余费用，是我靠做助教和帮助一位年老的姑妈转卖她收集的一点儿古董挣来的。我以高价把那些古董一件一件卖了出去，从中获得了相当可观的提成。

我永远都忘不了这段穷困的日子。贫穷让人懂得珍惜点滴的快乐。

我还记得有一回，有人送了我一盒雪茄当礼物。这对我来说是很奢侈的。这盒雪茄我足足享用了一整年，因为我只在礼拜天时才允许自己抽上一支。

我很享受美妙的大学时光。大学里的一切都生机勃勃而富有理智，而且我总会在那里结交到许多朋友。在几次兄弟会的聚会上，我就神学和心理学问题做过几次讲演。我们还进行过多次热烈的讨论，也包括非医学方面的话题。我们谈论过叔本华和康德，详细地研究过西塞罗的风格细节，还对神学和哲学很感兴趣。

在大学期间，我还在宗教方面受到了很大的启发。有一次回家时，我有幸与一位神学家进行了一次交谈，这位神学家曾经是我父亲的教区牧师。他不但以胃口非凡著称——这一优点也是我望尘莫及的——而且还非常博学。从他那里，我学到了许多有关教父与教义历史的知识。他还给我简要介绍了有关新教神学（Protestant theology）的一些新观点。里敕尔的神学在当时十分流行。这种理论中的历史相对论使我感到气愤，特别是那个铁路列车的比喻。[1]兄弟会里那些与我进行过多次讨论的神学生，对这种基督的一生如何产生历史影响的理论，似乎都颇为满意。但这种看法在我看来不仅愚蠢，而且还陈旧腐朽。这种理论还把基督放在了舞台的中央，认为他是上帝与人类这出戏中的唯一主角，我对此种倾向亦不敢苟同。在我看来，这绝对违背了基督本人的观点，即圣灵会在他死后取代他在人世间的地位。

我认为，圣灵是不可被理解的上帝的一个化身。圣灵的行事方式不

---

[1] 阿尔布雷赫特·里敕尔（Albrecht Ritschl，1822—1889）把基督的降临比作铁路列车的调轨。发动机从后面提供推动力，这一动力作用于整列火车，于是最前面的车厢便开始移动。基督的推动力也是同样的方式一个世纪一个世纪传下来的。——原注，安妮拉·亚菲

仅庄严，而且还带有奇异甚至可疑的性质，这种性质正是耶和华行事的特点，而我则天真地认为耶和华便等同于基督教中的上帝意象，因为我在坚信礼上就是这样接受教育的（这时我尚未认识到，严格说来，魔鬼的概念也是与基督教同时产生的）。在我看来，主耶稣无疑是一个凡人，因此也是一个会犯错的人，他顶多是圣灵的一个传声筒罢了。这种甚为不正统的看法，其实与神学上的观点相去甚远，自然会令人觉得无法理解。别人的不理解导致的失望感令我逐渐产生了一种自暴自弃的麻木，这也使我更加确信，在宗教问题上，只有体验才是重要的。

在大学一年级期间，我发觉尽管科学为我打开了通向知识的大门，但是它能提供的真知灼见不仅少得可怜，而且大部分都具有同样的性质。通过阅读哲学著作，我得知乃是心灵（psyche）的存在造成了这种状况。没有心灵便不会有知识，也不会有洞见。但是从不曾有人探讨过心灵。谁都认为心灵的存在是理所当然的，甚至在有人提及它时——比如卡鲁斯（C. G. Carus）就这样做过——也并没有给出关于心灵的真正的见解，而只是进行了哲学式的思索，这种思索可能是相当轻描淡写的。这类奇怪的言论着实令我感到莫名其妙。

第二学期快要结束的时候，我又有了新的发现，这一发现稍后导致了严重的后果。在某个同学的父亲的藏书室里，我无意中发现了一本有关唯灵论现象的小书，其出版于19世纪70年代。这本书主要讲述了唯灵论的起源，其作者是一名神学家。我早先的疑惑一扫而光，因为我一眼就看出，书中描述的现象大体上与我从小到大在乡下反复听到的那些故事如出一辙。毫无疑问，书中的素材是真实可信的。不过，关于这些故事是否真的在物理世界中发生过，我却没有在书中找到令人满意的答案。即便如此，可以肯定的是，不论在哪个时代、在世界上的哪个角落，同样的故事都在反复地被讲述着。这背后定有原因，但是这个原因不可能是由于同样的宗教观念在世界各地盛行，因为事实显然不是这样。恰恰相反，这一现象一定与人类心灵的客观行为有所关联。但是，关于这个核心问题——心灵的客观本质——除了哲学家的论述，我再也找不到其他的资料了。

尽管唯灵论者的观点让我觉得古怪且可疑，却是我所见到的第一批关于客观心灵现象的记录。诸如佐尔纳（Zoellner）、克鲁克斯（Crookes）等人的名字给我留下了深刻的印象，随后，我几乎读遍了当时我能找到的全部关于唯灵论的书籍。自然，我也跟我的朋友们谈起过这些事情，我十分吃惊地发现，他们之中既有嘲笑或表示不信我的，也有急了眼想与我争辩一番的。让我感到惊讶的是：一方面，他们竟会如此坚定地断言，譬如鬼魂转动桌子之类的事情是不可能发生的，都是骗人的；另一方面，他们的争辩很明显充满焦虑，不过我自己也不敢肯定这些事情绝对真实可靠，不过归根结底，为何就不应该存在呢？我们如何得知一样事物"绝不可能"存在呢？而且，最重要的是，这种焦虑又意味着什么呢？就我自己而言，我觉得这种可能性十分有趣、引人深思。它们扩展了我的生活的维度，也使世界更有深度、背景更加丰富。举例来说，梦与鬼魂之间可能有关吗？康德的《一个视灵者的梦》（*Dreams of a Spirit Seer*）的出版真如及时雨一般，旋即我又发现了卡尔·杜普雷（Karl Duprel），其从哲学和心理学两方面对这些观点进行了评价。我还翻阅了埃申迈耶[1]、帕萨旺[2]、贾斯汀努斯·科纳[3]和

---

[1] 埃申迈耶（Adam Karl August von Eschenmayer, 1768—1852），德国哲学家及医生。——译者注

[2] 希尔费·帕萨旺（Theophil Passavant, 1787—1864），瑞士神学家。——译者注

[3] 贾斯汀努斯·科纳（Justinus Andreas Christian Kerner, 1786—1862），德国诗人、执业医师、医学作家。——译者注

格雷斯[1]的著作，并阅读了斯威登堡[2]的整整七卷著作。

　　只有我母亲的第二人格对我的研究热情表示了彻头彻尾的支持，而我认识的其他人都十分不以为然。在此之前，我面对的只不过是传统观念的砖墙，但是现在，人们的偏见和对不同寻常的可能性的彻底否认筑成了一面铜墙铁壁。我还发现，甚至连我最亲密的朋友也是如此。在他们眼中，这一切比我对神学的投入还要糟糕。我感觉自己已经纵身跃向了世界的边缘。我对此处抱有炽烈的兴趣，但别人却觉得它无聊、空洞甚至令人惧怕。

　　有什么可惧怕的呢？我实在不知道如何解释这种惧怕。不管怎样，认为有的事件可能会超越空间、时间和因果关系的有限范畴，并没有任何荒谬或惊世骇俗之处。众所周知，动物能够预知风暴或地震的来临。有一些梦能够预示某个人大限将至，也有在死亡的一刹那停了的钟，在危急时刻碎裂的玻璃。在儿时我生活的那个世界里，这一切都被人们当成是理所当然的。可是现在，我却似乎是唯一一个曾听说过这类事情的人。我无比严肃地扪心自问，我究竟跌进了一个怎样的世界？显然，城里的这个世界对乡下的那个世界一无所知，乡下的世界是有着山川草木、飞禽走兽和"上帝的思想"（植物与结晶体）的现实世界。我发现这种解释令我感到宽慰。不管怎么说，它保护了我的自尊心，至少我认识到，尽管城里的世界是一个知识的宝库，但在精神方面却是十分有限的。这一见解其实颇为危险，因为它诱使我变得自命不凡、吹毛求疵并且盛气凌人，这当然使我显得相当令人讨厌。最终，这一切再次导致了

---

[1] 圭多·格雷斯（Guido Görres, 1805—1852），德国天主教历史家、出版家及诗人。——译者注

[2] 伊曼纽·斯威登堡（Emanuel Swedenborg, 1688—1772），瑞典科学家、神秘主义者、哲学家和神学家。——译者注

昔日的疑惑、自卑和忧郁——而我已经下定决心要不惜一切代价跳出这个怪圈。我不愿意再站在世界的边缘，被别人嘲讽地称为怪人。

当我学完最初级的导论课程后，我成了解剖学的低级助教，在随后的一个学期里，课程负责人安排我负责组织课程的讲授——当然，我对此非常满意。我自己主要对生物进化理论和比较解剖学感兴趣，也对新活力论（neo-vitalistic）学说了如指掌。最使我着迷的当数最广义的形态学观点。形态学是与生理学恰好相反的学科。生理学使我非常反感，因为它需要进行活体解剖，而活体解剖的目的仅仅是进行示范。我一直都无法抛下这种感觉，温血动物并不仅仅是有大脑的动物，而是一种与人类十分类似的造物。因此，我尽可能地把解剖课减少了。我意识到，总是有人必须使用动物进行实验，但若让我来演示如何进行这种实验，我无论如何还是觉得恐怖、野蛮，而且并无必要。只要根据描述，我的想象力足以让我明白整个解剖过程。我对动物的热爱，并非来自叔本华哲学中的佛教点缀，而是有着更深刻的起源，即一种对头脑的原始态度——认为在无意识的层面上，人与动物是同一的。当然，在那个时候我并未明确认识到这个重要的心理事实。我对生理学的反感是如此强烈，以至我的考试成绩很差。所幸我勉强通过了。

接下来的一个学期我一直忙于临床实习，我忙得几乎没有时间涉猎其他领域的书籍。只有到了星期天，我才能够研读康德。我也勤勉地阅读了爱德华·冯·哈特曼[1]的著作。尼采也在我的阅读计划之列，然而我却犹豫是否要阅读尼采的著作，因为我觉得自己还没有做好准备。在当时，尼采正受到人们的热议，但大多数评价都是负面的，且来自那些颇具学识的哲学学生。由此便可推知，尼采一定也激起了上层人士的敌

---

[1] 卡尔·罗伯特·爱德华·冯·哈特曼（Karl Robert Eduard von Hartmann，1842—1906），德国哲学家。——译者注

意。当然，其中一位至高无上的权威是雅各布·伯克哈特，他对尼采的各种批判性评论随处可见。更有甚者，我们学校里还有一些人与尼采本人有点儿私交，他们到处散布关于尼采的各种未经修饰的花边新闻。这些人中有一大部分连尼采的著作都未曾读过，因而只好抓住他外在的小怪癖大作文章，比如，他爱摆绅士的架子、弹钢琴的手法、夸张的文笔——这些怪癖使当时巴塞尔的上层人士觉得十分碍眼。当然，并不是这些事情使我推迟阅读尼采的著作——正好相反，它们其实起到了激励我阅读的作用。我之所以迟迟不读尼采，是因为我隐隐地担忧自己和他相像，至少就那个将他与他的生活环境隔离开的"秘密"而言，我们有相似之处。或许——谁也说不准——尼采也曾有过一些内心体验与洞见，他决定去谈论它们，但最终发现没有人能够理解他。显而易见，尼采是——或至少也被认为是——一个怪人、大自然中的怪物。我是无论如何不愿意成为这样的人的。我担心读过尼采的书之后，我将不得不承认我也是一个这样的怪人。当然，尼采是一位教授，他著作等身，并因此而获得了至高的荣誉。然而，他和我一样都是牧师的儿子。不同的是，他出生在德国那片伟大的土地上，疆域绵延到海边，而我却只不过是个瑞士人，出身于位于边境上的一个小村子的贫寒牧师家庭。尼采讲一口优雅的高地德语，同时懂得拉丁文和希腊文，可能还会讲法语、意大利语及西班牙语，而我唯一运用自如的语言却只有瓦吉斯-巴塞尔（Waggis-Basel）方言。他已经拥有了一切荣耀，根本就不会在意被别人当成怪人，但是我可不敢让别人发觉我与他有几分相似。

　　尽管有种种忧虑，我还是在好奇心的驱使下翻开了尼采的著作。《不合时宜的沉思》（*Thoughts Out of Season*）是我捧起的第一卷书。我为书中的热情而心醉神迷，很快又读了《查拉图斯特拉如是说》（*Thus Spake Zarathustra*）。就像歌德的《浮士德》一样，这本书也给我带来了一次重要的体验。查拉图斯特拉便是尼采的浮士德，是他的第二人格，而我的第二人格现在便也等同于查拉图斯特拉了——尽管这有把鼹鼠丘比作勃朗峰之嫌。而查拉图斯特拉——这一点是毋庸置疑的——他的精神是病态的。我的第二人格也是病态的吗？这种可能性吓坏了我，以至我在很长一段时间里一直拒绝承认这一点，但是这个想法不合时宜地一再冒出来，令我冷汗涔涔，于是最后我不得不开始反省。尼采是到了生命的后期才发现了他的第二人格，这时他已人到中年，而我却自童年时代起便发现了自己的第二人格。尼采曾天真随意地谈及阿尔希顿（arrheton）这样一个不可言喻之物，仿佛它的存在很是妥当一样。但是我很快就注意到，这一举动会引起麻烦。尼采才智过人，这使得他在很年轻的时候便当上教授并来到了巴塞尔，无须顾虑前路如何。他这么聪明，本该及时注意到有些事情不太对头。我觉得，他有一个病态的误解——他不惧又不疑地将自己的第二人格展现了出来，但这个世界对这类事情既不了解更不理解。他被一个幼稚的愿望推动着，想找到能够分享他的狂喜，以及理解他的"重新制定一切价值观"思想的人。然而，他能找到的只有受过教育的庸人——可悲而又可笑的是，他本人也是一个这样的庸人。与其他人一样，当尼采刚刚一头栽进那不可言喻的神秘之中、想要对着愚昧麻木的人群大唱神秘的赞歌时，他是无法理解他自己的。这也就是为什么他采用了浮华的辞藻、堆砌的隐喻、赞美诗式的狂喜风格——牺牲了灵魂，换回了一堆彼此无关的事实——全都是想要夺人眼球却徒劳无功罢了。结果——尼采宣称自己是走钢丝的人——他便落入了一个远比他想象中更深的深渊。他在这世上没有了回头路，就像是一个疯魔的人，只能被最小心谨慎地对待。在我的朋友和熟人里面，据我所知只有两人公开地宣称自己是尼采的追随者。此二人都是同性恋者，他们中的一个以自杀告终，另一个则像个郁郁不得志的天才，过得十分潦倒。我的其他朋友则对查拉图斯特拉现象无动于衷，就好像对其吸引力免疫一样。

浮士德为我敞开了一扇门，而查拉图斯特拉则砰地关上了一扇门，而且这扇门此后很久都未曾再打开过。我觉得自己就像一个老农夫，发现自己的两头奶牛都显然被施了法术，被套在了同一个笼头中。"这是怎么回事？"老农夫的小儿子如是问。"孩子，这种事是不能拿出来说的。"老农夫如是答。

我意识到，除非跟人们谈论他们知道的事，否则便是白费口舌。普通人并不愿意与朋友谈一些他们不知道的事，认为这是对别人的一种侮辱。人们只能体谅作家、记者或诗人做出这种粗鲁的行为。我逐渐明白过来，一个新观点或仅仅是一个旧观点的不同寻常一面，只能通过事实来传达。事实是有迹可循的，不会被人们无视，每个人都迟早要碰上它们，并意识到它们是什么。我还发现，我之所以说话，是因为我缺乏更好的表达方式，而我应该向人们提供事实，然而我手上完全没有事实。我手上没有任何实实在在的东西。我发现自己比以往任何时候都依赖于经验主义。我开始批评哲学家满嘴空话，并没有经验作为依托，而等到需要拿事实说话的时候，他们便全都闭上了嘴巴。在这个方面，他们简直和浅薄的神学家没有两样。我感觉到，在某个时刻我已穿过了一个遍地宝石的山谷，但是我无法使任何人相信——如果深究一番的话，那么连我自己都无法相信——我从山谷中拾来的物件真的是宝石，而不仅仅是些石子。

这时已是1898年，我已经开始更认真地思考要不要选择医生作为职业了。我很快得出结论，我必须专攻某一科。这似乎就是选择外科还是选择内科的问题了。我更倾向于选择外科，因为我接受过专门的解剖学训练，而且我还很喜欢病理学，如果我拥有足够的资金来源的话，我绝对就会选择外科作为我的职业了。一直以来，我为了上学而债台高筑，这使我痛苦不堪。我明白，期末考试一结束，我就得尽快开始挣钱养活自己。我设想过到某一家州立医院当一名助理，因为比起诊所来，我更有希望在那种地方谋得一个带薪职位。况且，想要谋得诊所的职位，在很大程度上取决于诊所负责人是否支持你或是否与你有私人利益关系。由于我的名声有问题，与别人又很难合得来——这种滋味我尝过太多了——我并不敢奢望能遇上这等好事，因此，只要能在某个地方医院找一个工作，虽然前景平平，我就已经心满意足了。剩下的便有赖于我的勤奋、能力和申请情况了。

然而，在暑假里却发生了一件命中注定的、对我影响深远的事。有一天，我正坐在我的房间里钻研教材。我母亲则在隔壁房间打着毛线，房门半开着。那个房间是我们的餐厅，里面摆着一张胡桃木的圆餐桌。这张餐桌本是我祖母的嫁妆，到此时已经用了快70年了。我的母亲坐在窗边，离餐桌约有1码[1]的距离。我的妹妹上学去了，我家的女佣在厨房里。突然间，一个类似于手枪射击的声音炸响了。我马上跳起来冲进了传出爆炸声的房间。只见我的母亲目瞪口呆地坐在她的扶手椅上，原本在手里的毛线团掉在了地上。她结结巴巴地说："这，这是怎么回事？这声响离我特别近！"她边说边打量着餐桌。顺着她的目光，我看到了刚才发生的事情。桌面上从边缘到中心裂了一道很长的缝，而且并未经过任何接合点，坚实的木料笔直地裂开了。我简直惊呆了。怎么会发生这种事呢？一张由坚实的胡桃木制成的桌子，已经风干70年了——我们这儿的气候以湿度较高著称，在一个潮湿的夏日里，它怎么就裂了呢？如果是一个寒冷干燥的冬日，而且它又在一个火炉旁边，发生这种

---

[1] 1码≈0.91米。——编者注

事倒还可以理解。到底是什么原因造成了桌子炸裂呢？"古怪的事当然是有的。"我心想。我的母亲一脸阴郁地点了点头。"是啊，是啊，"她用第二人格的声音说道，"这一定意味着什么。"这话出乎我的意料，使我印象极深，可是我却不知道该说些什么才好，不禁埋怨起自己来。

大约两个星期之后，一天傍晚六点，我回到家中，发现全家人——我的母亲、14岁的妹妹以及女佣——都处于一种十分激动的状态。大约在一个小时以前，她们再次听到了震耳欲聋的炸裂声。这一次的响声并不是由那张已裂了缝的餐桌造成的，而是来自餐具柜的方向，而餐具柜是一件制造于19世纪初的厚重家具。她们已经将餐具柜仔细检查了一遍，但却没有找到裂缝的痕迹。我马上着手检查了餐具柜及其周围的物品，但也同样毫无收获。随后，我又检查了餐具柜的内部。那里面放着面包篮，里面有一块面包，在面包篮旁边则摆着切面包的刀。这把刀的主要部分崩成了几个碎片，刀把则躺在四方形面包篮的一个角落里，而刀刃的碎片则在其余的三个角落里。这把刀不久前刚被使用过，是在四点钟喝下午茶的时候，然后便被收了起来，之后也没有人再打开过餐具柜。

第二天，我拿着这把碎了的刀去找镇里的一位最好的刀具工匠。他用放大镜仔细检查了裂痕，然后便摇了摇头。"这把刀完全没有什么毛病，"他说道，"钢材一点儿问题都没有。一定是有人故意将它弄碎的。这是完全可行的，比如说，可以把刀刃插进抽屉缝里，然后拆掉一片；也可以从高处将它扔到石头上。但是好的钢材是不可能炸裂的。一定是有人在跟您恶作剧吧。"我小心地收藏刀刃的碎片，一直保存到今天。

当突如其来的炸响发生时，我的母亲和我的妹妹都正好在同一个房间里，被吓了一大跳。我母亲的第二人格意味深长地看着我，我竟无言以对。我完全摸不着头脑，无法解释刚才发生的事情，于是我不得不承认我为此事深感震撼，这一切实在是烦死人了。餐桌裂了、刀子碎了，这些事是为什么，是怎样发生的呢？若说它们都只是巧合，实在是说不过去的。就好比说仅仅是由于偶然——其他一切可能的原因都被自动排除了——莱茵河倒流了一次，这在我看来是绝无可能的。那么，这到底是怎么回事呢？

几个星期以后，有几个一直在搞桌仙转（table-turning）降神会的亲戚写信来了，还有一位灵媒，是一名年仅15岁半的姑娘。这几个亲戚一直想让我见见这位灵媒，据说她能使人进入梦游状态并能招魂。我一听到这个消息，立即想起了我家房子里发生的怪事，于是我便猜想，它们可能与这位灵媒有着某种联系。于是，我便开始参加亲戚们在每周六晚上定期进行的降神会。我们所寻求的结果来自墙和桌子发出的信号与叩击声。不依赖于灵媒，桌子的自动移动便是令人起疑的，而我很快便发现，这一试验所依赖的限制性条件往往会产生妨碍效果。很显然叩击声是自动发生的，所以我便接受了这一点，随后我便把注意力转向了其他信号的内容。我在博士学位论文里列举出了这些观察的结果。这种试验持续了大约两年，我们所有人对此事都感到相当厌烦了。我还目睹了灵媒使用把戏来制造异象，这使得我退出了这一系列试验——我对此甚觉遗憾，毕竟我从这个例子中懂得了第二人格是怎样形成、怎样进入一个孩子的意识中并最终将第一人格整合进来。那位灵媒拥有的便是一个早熟的人格，后来她得了肺结核，死时只有26岁。在她24岁的时候，我又见了她一面，再一次印证了她的人格既独立又成熟的印象。她去世以后，我听她的家人说，在生命的最后几个月里，她的个性一点点崩解了，最后她回到了一个两岁孩童的状态，并以这种状态进入了长眠。

不管怎么说，这是一次重要的体验，它扫除了我此前的哲学思维，使我得以从心理学的视角看问题。我已经发现了关于人类心灵的客观事实。然而这一经验的本质又是不能言说的。我认识的人里面没有一个能够听我讲整个故事的来龙去脉。我只得再次把这个尚未解决的问题搁置起来。直到两年后，我的专题论文才得以问世。[1]

在医学诊所里，弗里德里希·冯·穆勒取代了老伊玛曼的位置。我在穆勒身上意外发现了一个对我很有吸引力的灵魂。我第一次看见一个有大智慧的人是如何理解问题的，还看到了他是如何提出问题的——提出问题本身就解决了一半的问题。而在穆勒一方，他似乎也在我身上找到了什么，因为在我实习快要结束的时候，他提议我可以当他的助手，与他一起去慕尼黑，因为他已接受了那里的一个职位。这一邀请差点儿使我决心选择内科了。我正要这样做时发生了一件事，这使得我清除了关于未来事业之选择的所有犹豫。

尽管我以前上过精神病学的课，也干过临床的活儿，但当时那位讲授精神病学的老师却并不太启发人意，再加上我回想起了精神病院的经历对我父亲造成的影响，这一切着实无法使我对精神病学有什么好感。因此，我在准备审核考试的时候，最后才复习到精神病学的教材，我并未指望能从书中学到什么。我还记得翻开克拉夫特-埃宾（Krafft-Ebing）编著的教科书[2]时，我心里想的是："好的，我们来看看一名精神病学家到底有什么话要说吧。"课程与临床示范给我留下的印象微乎其微。在医院里看到的病例，我一个都不记得了，只记得我当

---

[1] 《论所谓神秘现象的心理学和病理学：一个精神病学研究》（*Zur Psychologie und Pathologie sogenannter occulter Phänomene: eine psychiatrische Studie*），1902年；英译标题*On the Psychology and Pathology of So-Called Occult Phenomena*，载《精神病学研究》。——原注

[2] 《精神病学教科书》（*Lehrbuch der Psychiatire*），第四版，1890年。——原注

时觉得又无聊又厌烦。

我从序言开始阅读，想要看看精神病学家是如何概述这门学科的，或者又是怎样合理地解释现存的一切的。为了解释我这种趾高气扬的态度，我必须清楚地说明，当时的医学界一般是非常看不起精神病学的。没有人真正了解精神病学，也没有把人当作一个整体来研究、将个体的病例变量纳入整体考量的心理学。在精神病院里，院长和病人都被关在一起，整个机构孤立于城郊，失去了与外界的联系，就像过去关麻风病人的传染病院一样。没有人愿意朝那个方向看上一眼。精神病院的医生们知道的并不比门外汉多多少，因此他们的感受也和门外汉一样。精神疾病是一种无药可医的致命疾病，这种看法也给精神病学蒙上了一层阴影。当时，精神病医生也被人们视作怪人，我很快便亲身感受到了这一点。

一翻开序言，首先映入眼帘的便是："大概是由于这门学科的特殊性及其未完善之发展状况，精神病学教科书也被打上了或大或小的主观印记。"我又读了几行，发现作者称精神疾病为"人格之病"。我的心突然怦怦跳了起来。我不得不站起身来，深深地吸了一口气。我兴奋不已，因为有一个启示一闪而过，我一下子明白了精神病学才是我唯一的目标。只有精神病学才能使我的两种兴趣得以汇聚到一起，形成一条河流并冲刷出一道专属的河床。精神病学是一个依赖经验的领域，同时包含了生物学事实和精神事实，这正是我一直追寻却苦寻不得的。我终于找到了一个天地，使得自然与精神的碰撞变成了现实。

克拉夫特-埃宾说精神病学教科书具有"主观性"，这使我尤为欣赏。这样看的话，我想，这本教科书也在某种程度上属于作者的主观告解。作者带着他特有的偏见，带着他作为一个人的完整性，站在他经验的客观性背后，用他自己的整个人格对这一"人格之病"做出回应。在临床实习时，我从未听老师讲过类似的事情。尽管克拉夫特-埃宾的教科书与其他教科书并没有本质上的区别，但是这几点暗示却令精神病学有了脱胎换骨的可能性，使我不由自主地被它吸引住了。

我做出了决定。当我知会那位内科老师我的意愿时，我在他脸上读出了惊异和失望的情绪。我的旧伤疤——觉得自己是个格格不入、与人疏离的人——再次被揭开了。不过这回我明白这是为什么了。没有人，甚至连我本人，能想象得到我竟会对这晦涩的旁门左道感兴趣。我的朋友们皆目瞪口呆、议论纷纷，认为我一定是傻了，竟然放弃了内科医学这个明智的职业方向和唾手可得、令人羡慕的机会，转而喜欢上了精神病学这种胡说八道的东西。

我知道，我又一次显而易见地让自己走上了一座独木桥，别人不能够也不愿意追随我。但是我也知道，我已经下定了决心——没有什么人或事能够让我偏离我的目的地——这是命中注定的。这一切就像两条河流汇聚成了一股洪涛，挟裹着我不可阻挡地向着远方的目标奔腾着。一种得以将"两重性格整合在一起"的自信感觉，像一股有魔力的巨浪一样载着我，使我顺利地通过了考试并且名列前茅。很典型的是，在一帆风顺的奇迹之中往往潜藏着绊脚石，这使得我在最拿手的科目上栽了跟头，也就是病理解剖学。我犯了一个低级错误，在一个本该只涂有上皮细胞和各种细胞碎片的载玻片上，我却只看见了藏在一个角落里面的几只霉菌。在其他科目的考试中，我甚至押中了我可能遇到的考题。也多亏了这个，我顺利地通过了好几处危险的暗礁。但是我也遭到了报应，在我最有把握的科目上，我却莫名其妙地被耍了。若不是因为这个，在这次考试中我本来可以独占鳌头的。

结果，另外一名候选人取得了和我一样的分数。他是个独来独往的人，我不太了解他有着怎样的个性，但他看起来十分平庸。除了学术话题，我无法跟他谈论其他事情。对任何事情他都报之谜一样的微笑，这不禁使我联想起了埃伊那岛（Aegina）的希腊雕像。他有一种高人一等的神气，然而在这种外表之下，他却总是局促不安，在任何环境中都显得格格不入。这是否算得上是愚蠢呢？我始终也没能弄明白他是怎样的人。关于他，唯一确定的是他给我留下的印象是一个带着偏执狂式野心的人，这使得他除了纯粹的事实，对任何事情都不感兴趣。几年之后，他得了精神分裂症。我讲这件事，是想将此作为事件平行性（parallelism of events）[1]的典型例子。我的第一本书是关于早发性痴呆（精神分裂症）心理学的，在这本书里，我的人格及其偏差或"人格等式"（personal equation）对这一"人格之病"做出了回应。我向来认为，在广义上，精神病学是一种病态的心灵与假定"正常"的医生的心灵之间的对话。病人的人格与治疗师的人格之间达成了一种妥协，二者在本质上具有同等的主观性。我是想说明，妄想和幻觉并不是精神疾病所特有的症状，它们还具有更深刻的内涵。

最后一门考试结束后的晚上，我犒劳自己——平生头一遭——去了我渴望已久的戏院奢侈了一番。那个时候，我的经济状况尚不允许我如此挥霍。不过，我卖古董挣来的钱尚有结余，能够供我看一场歌剧，甚至还能够去慕尼黑和斯图加特（Stuttgart）旅游一趟。

比才[2]的音乐令人陶醉和折服，给人的感觉就像是在一望无际的大海上随着波浪起伏。第二天，当火车载着我穿过国境，去往一个更广阔的世界的时候，《卡门》的旋律依然萦绕在我耳旁。在慕尼黑，我第一

---

[1] 这里指的是"认识的人成为精神分裂症患者"与"荣格对精神分裂症的兴趣和研究"这两个事件之间的呼应。——译者注

[2] 乔治·比才（Georges Bizet，1838—1875），法国作曲家，著名作品有歌剧《卡门》、戏剧配乐《阿莱城的姑娘》等。——译者注

次亲眼见到了真正的古典艺术，这种艺术和比才的音乐交融在一起，使我如沐春风，浑身洋溢着幸福的感觉，虽然我不太能够领会这背后的深意与意义。其实，那整个星期看起来是非常阴沉的，时值1900年12月1日至9日。

在斯图加特，我前去向我的姑妈赖默尔-荣格（Reimer-Jung）辞行，她的丈夫是一位精神病学家。这位姑妈是我祖父在第一段婚姻中，与弗吉尼亚·德·拉索尔（Virginia de Lassaulx）所生的女儿。她是一个迷人的老太太，蓝色的眼睛闪闪发亮，是个生性快活的人。我觉得，她沉浸在一个充满了天马行空的幻想和不着边际的回忆的世界中——那是正在消亡、无法挽回的往事的最后一丝气息。这次拜访之后，我彻底挥别了对童年的怀旧之情。

1900年12月10日，我开始在苏黎世的伯戈尔茨利精神病院（Burghölzli Mental Hospital）担任一名助理医师。我很高兴能去苏黎世工作，因为经过几年时间，巴塞尔对我来说已经变得沉闷而乏味了。在巴塞尔人眼中，除了巴塞尔，其他城镇似乎都是不存在的——只有巴塞尔才是"开化的"。比尔斯河（River Birs）以北都是蛮荒之地。我的朋友都不理解我为什么要离开，认为我过不了多长时间就会后悔。然而，我从来没有考虑过回去，因为在巴塞尔，我自始至终都贴着牧师保罗·荣格之子、教授卡尔·古斯塔夫·荣格之孙的标签。我便是一个知识分子，属于特定的社会阶层。我抗拒这一切，我不想也不能让自己被定性。虽然我觉得巴塞尔的知识界有一种让人仰慕的国际化氛围，但是传统的重担让我难以承受。然而在苏黎世，一切都不同了。苏黎世与世界的联结不在于学术，而在于商业。因此，苏黎世的气氛是自由的，而我一直都看重这一点。在这里，人们不会通过你祖上几代人的背景来评价你，这里有着浓厚的文化背景。我至今都对巴塞尔持有一种怀旧的偏爱，不过我知道它早就不是曾经的样子了。我还记得那些旧时光，巴霍芬（Bachofen）与伯克哈特走过的街道，坐落在大教堂后面的牧师礼拜堂，还有莱茵河上那一半由木头筑成的老桥。

我的母亲很舍不得我离开巴塞尔。但是我明白，我无法抹去她的这种痛苦，而她也勇敢地承担了这份痛苦。她和我的妹妹一起生活，我的妹妹体弱多病，在很多方面都与我不同。她似乎生来就过着一种老处女的日子，一辈子没有结婚。不过，她发展出了一种可圈可点的个性，我很仰慕她的态度。她不得不经受一个被认为是无害的手术，可最后没有撑下来。后来，我发现她已经安排好了一切后事，细致入微、井井有条，这令我印象深刻。说到底，她对我而言一直都很陌生，尽管我十分尊敬她。我比较情绪化，而她总是很沉稳，尽管她的内心深处也是多愁善感的。我能够想象出她在女隐士院度日的情形，应该就像我祖父唯一的妹妹一样。

在伯戈尔茨利工作以后，我的生活变成了一个完整的现实——一切的意图、意识、职责和责任都融为一体。这就像一个进入尘世的修道院的入口，我归降宣誓，从此只相信概率、均值、老生常谈、贫瘠的内涵，宣布放弃一切神奇和重要的事物，将一切超凡卓绝之物降为平庸。从此之后，只有毫无内容的外表，有头无尾的开端，毫无关联的意外，范围越来越窄的知识，被宣称只是小问题的失败，令人沮丧的狭隘远景和看不到头的无聊日常事务。一连6个月，我将自己囚禁在酷似修道院的四壁之内，想要适应精神病院里的生活及风气，而为了使自己熟悉精神病患者的思想与心理，我从头到尾把50卷的《精神病学概论》读了一遍。我想知道，人类的头脑在面对本身的毁灭时是如何做出反应的。因为在我看来，精神病学所清楚讲述的，是所谓的健康头脑在面对精神疾病之时所做出的生物学反应。我对同事们的兴趣不亚于我对病人的兴趣。在随后的几年中，我悄悄统计了我的瑞士同事的遗传背景，并从中学到了很多。我之所以这样做，一是为了让自己获得一些教益，二是为了理解精神病人的心理状态。

毋庸多言，我专心致志地工作，自愿闭门谢客，这使我与我的同事们很是疏远。他们当然不会知道，精神病学对我来说有多么奇妙，我又是多么迫切地想要参透它的玄机。在那个时候，我对心理治疗的兴趣尚未苏醒，我正对所谓正常状态的病理变异着迷，因为它们给了我一个深入研究一般意义上的心灵的机会，这是我渴望已久的。

这一切便是我开始精神病学研究时的情形——这些主观经历塑造了我的客观生活。我既不想，也没有能力超越我自己，去以一种真正客观的角度观察我自己的命运。我也可能会犯写自传的通病，不论是以幻想来补全事情的来龙去脉，还是写下一部为自己辩解的书。归根结底，人是一个事件，无法给自己下一个论断，不论是好是坏，都得留待他人做出评价。

第四章　在精神科的实践活动

李孟潮

荣格在本章不厌其烦地描述他当时治疗的一个又一个个案。

第一个个案可以被简称为"误杀孩子的妈妈"，此个案证明了弗洛伊德的假设——病人们往往有一个秘密，这个秘密往往是不道德的。压抑秘密往往会造成各种心理痛苦的症状。所以后世的心理咨询师，就把"保密忠诚"列为心理咨询界第一大戒律。

个案们花钱来倾吐隐私，当然不希望被咨询师评头论足。为了让来访者畅所欲言，心理咨询界形成了第二大戒律：价值中立。

上一章说过，秘密让人们产生亲密感。咨询师必须和个案保持"陌生人社会的亲密感"，一种城市自由公民的平等互利契约。否则双方变成朋友，甚至恋人，"言论彻底自由、价值彻底中立"的安全空间就会被彻底摧毁。因此，心理咨询界形成了第三大戒律："避免双重关系"。

这三大戒律红线，弗洛伊德、荣格他们那一辈人，全部都踩了一遍，他们惨痛的教训，让行业长老们痛定思痛，逐渐制定出这些戒律。所以读者们看到这一章中荣格所做的很多行为，不要以为都是对的。影视作品也是一样，大部分影视剧中的心理医生都违背了这三大戒律。不过如果他们恪守三大戒律红线，就没什么戏剧冲突了。

荣格报告的第二个个案——赋予荣格"巫师"称号的女人，这位患者证明了催眠疗效的基础在于理想客体投射。个案把荣格投射为自己理想的儿子，然后老太太把自己催眠好了。这一段中，荣格对催眠做出的差评未免有失公允。首先，所有疗法的基础，都在于人性的可以被暗示性，甚至可以说，人类社会的心理基础就是暗示和催眠。其次，催眠有很多种，不一定是所谓的"沉睡操控"，尤其是当代催眠，已经吸收了大量精神分析的内容。

荣格还介绍了多位精神分裂症患者，提出他们和自己及自己母亲一样，都存在人格分裂，具有第一人格和第二人格。的确如此，我本人在精神病院工作，为精神分裂症患者做心理治疗时，他们的描述也和荣格一模一样。有的病人甚至告诉我，她看着第二人格在那里发精神病感觉很搞笑，但是她的第一人格就是不想去制止第二人格。

荣格介绍心理治疗的一些原理，最终形成了荣格心理治疗的特色，叫作"移情炼金"模型。其特征是治疗师是一个"受伤的疗愈者"，与个案投入地进行身心互动，大约是"四阶段十个步骤"的过程，完成双方一轮又一轮的自性化过程。

心理疾病就像流感，其实是一种传染病。心理医生就像传染科医生，过去被传染过，现在也很容易被传染，未来也始终处于被传染的风险中。所以心理医生的职业操守，就是一要避免自己反传染给病人，二要在相互传染后及时疗愈。否则，心理医生就不是"受伤的疗愈者"，而变成了"带伤的不疗愈者"。

第四章
在精神科的实践活动

　　在伯戈尔茨利见习的几年里，我的研究兴趣和研究方向被这样一个迫切需要解决的难题左右："精神疾病背后究竟有怎样的机制呢？"那时，不仅我不晓得，我的同事们也不关心这种问题。精神病学老师们从不留意病患的由衷之言，只重视疾病的诊断、症状的描述和数据的搜集。从稍后逐渐盛行的临床观点来看，患者的人格、个性都是无关紧要的。因此，医生一遇到病患，便会对其进行一连串老套的常规诊断，记下症状细节，再不假思索地给患者贴上一枚诊断结果标签——多数情况下，事情至此就算大功告成了。至于精神病患者的心理状态则压根儿不在考虑范围之内。

　　在这种背景下，弗洛伊德的有关癔症和梦的心理学基础研究便让我感觉如同遇到了贵人。他的观点为我指明了一种深入研究和理解个案的方法。虽然弗洛伊德是一位神经病学家，但他却把心理学引入了精神病学。

　　我仍然清楚地记得那时候令我极感兴趣的一个案例。医院收住了一位患有"忧郁症"（Melancholia）的妇女，并按照常规护理程序对她进行了检查：既往病史、各种化验、体格检查等。她被诊断为精神分裂症，当时的术语叫作"早发性痴呆"，并且，预后不良。

这位女患者刚好就在我们科室。起先，我并不敢质疑这一诊断结果。毕竟那时我尚年轻，又是个初学者，本不应该贸然提出不同的见解。但是，这个病例实在是太奇怪了。我能够感觉到，她所患的并不是精神分裂症，而只是一般的抑郁症，这促使我使用自己的疗法。碰巧，我正致力于诊断性的联想研究，便借机给这位女患者做了一次联想测验。此外，我还同她讨论了她的梦。用这些方法，我成功地揭示了她的既往病史中未曾澄清的经历。这些从无意识中直接获得的信息，讲述了一个忧伤凄凉的故事。

这位女患者在结婚前曾认识一位男士，他是一位富有的工厂主家的少爷，在当地颇受姑娘们青睐。由于她颇有几分姿色，便自信有很大机会可以俘获他的心。可是那位少爷看起来并不怎么喜欢她，她只好另嫁他人。

一晃五年过去了，一位老朋友登门造访，与她谈起往事。他告诉她："你结婚的事情，真够你那位（工厂主家的少爷）受的。"她的抑郁症由此萌生，几周之后便招来了祸患。她先后给她四岁的女儿和两岁的儿子洗澡。由于她居住的乡下河水并不很卫生，所以喝的虽然是泉水，但洗澡和洗衣服用的都是肮脏的河水。给女儿洗澡时，她看见女儿在吮吸洗澡海绵却没有加以制止。她甚至给儿子也喝了一杯脏水。当然，她这样做完全是无意识的，或者只有一半意识，因为当时她的头脑已被早期抑郁症的阴影覆盖了。

不久之后，她的抑郁症潜伏期结束，她的女儿染上伤寒症夭折了。女儿可是她的掌上明珠。儿子倒没被感染。这个时候，她的抑郁症便进入了急性发作期，继而被送进了医院。

通过联想测验，我发现她其实是一个谋杀犯，还了解了很多她的秘密的细节。真相立刻大白，这正是她患抑郁症的原因。这本质上是一种心因性错乱，而不是一种精神分裂症。

那么，关于治疗，我们能做些什么呢？到这时为止，该患者一直被注射麻醉剂来对付失眠，同时还被监视以防止她自杀。不过，除这些之外就没有任何举措了。她的身体状况亦颇为良好。

我碰上了这样的问题：我应不应该开诚布公地与她谈呢？我该捅破这个脓疮吗？我面对的是前所未有的道德责任的冲突，我要回答一个难解的道德问题，而且只能独自去解决它。要是去问我的同事们，他们很可能会警告我说："看在上帝的分上，这种事情千万不要跟她讲。这会让她的病每况愈下。"但是我想，效果很可能会正好相反。一般而言，心理学几乎没有明确的规则。一个问题可以有多种答案，这取决于我们是否把无意识因素纳诸考虑。我很清楚我在这件事中要承担的个人风险：如果病患的病情恶化了，我也会陷入窘境！

虽然如此，我还是决定采用这种孤注一掷的疗法。我把在联想测验中发现的一切皆倾囊相告。可想而知，这么做会让我多么为难。直截了当地去指控一个人的杀人罪行可真非同小可，对那位必须听取和接受这个指控的人来说也是一场灾难。但结果却是，两周之后她就可以出院了，并且再也没有复发入院过。

我对同事们绝口不提这个病例也有着其他的原因。我担心他们会议论纷纷，或惹起法律方面的事端。当然，他们并没有对这位患者不利的证据，但这样的非议很可能会给她带来极坏的影响。命运已给了她足够的折磨了！在我看来，她应该回到生活中，用一生去赎罪，这样才更有意义。她出院时，是背负着沉重的思想负担离开的。她不得不背负这个负担。失去孩子已经让她够恐惧了，她的救赎在她得了抑郁症、被监禁在医院里时已经悄然开始。

在精神病学中，很多情况下，病患是带着一个没有说出的、无人知晓的故事前来就诊的。在我看来，只有在调查过病患完整的个人经历之后，治疗才算真正开始。那些不为人知的故事是病患的秘密，是把他撞得粉身碎骨的巨石。若能知道病患的秘密，我就摸到了治疗的线索。医生的任务是探究如何找到线索。只考察有意识的素材往往是不够的。有时，可以用联想测验来打开局面：分析梦，或与病患长期保持颇具人文关怀的交流也可以。治疗的对象永远是整个的人，绝不仅是症状。我们必须提问质疑病人的整体人格。

1905年，我在苏黎世大学担任精神病学讲师，同年，我也成了精神科门诊的主任医师。我在主任医师的职位上干了四年之久。到了1909年，我因着实无暇他顾而不得不辞去此职。在这四年间，我的私人诊所规模日益扩大，所以医院的职责便兼顾不过来了。不过，我仍担任教职至1913年。我讲授心理病理学，捎带也会讲一些弗洛伊德的精神分析的基本原则，以及原始心理学。我教授的就是以上科目。头几个学期，我主要是讲催眠，也会讲到让内和弗劳内伊[1]的理论。后来，弗洛伊德的精神分析理论逐渐变成我讲授的主要内容。

在催眠课上，我会给学生展示如何催眠一些病患，再对其个人经历寻根究底。有一个病例我至今记忆犹新。

一天，一位明显有着强烈宗教倾向的中年妇女前来就诊。她58岁，拄着双拐，由女仆陪同。17年来，她因左腿麻痹而吃尽苦头。我让她坐进一把舒服的椅子里，请她讲述她的经历。她开口便讲个不停，又讲这一切是多么糟糕——把漫长的病史讲得万分详尽。我只好打断她，说："好——我们没有时间了，现在我来为您催眠。"

---

[1] 皮埃尔·让内（Pierre Janet，1859—1947），法国心理学家、精神病学家。西奥多·弗劳内伊（Théodore Flournoy，1854—1920），瑞士宗教心理学家。——译者注

我的话音未落，她已闭上双眼，陷入了彻底的恍惚状态之中。根本无须催眠！我吃了一惊，但并没有打断她。她继续滔滔不绝地讲着，还讲到了最引人注目的梦——那些梦境表现了对无意识相当深刻的体验，只是数年后我才明白了这一点。当时我想当然地认为她是进入了某种谵妄状态。这种情景让我越来越觉得窘迫。现场有20个学生，我本来打算给他们示范如何催眠。

这样过了半个小时，我又一次想唤醒她，她却不肯醒来。我感到惊慌失措，忽然想到，可能是我无意间发现她潜伏着的精神病了。我花了整整十分钟才把她弄醒。我始终没有让学生们看出我心里的紧张。这位妇女醒来后，看起来一副头晕眼花、大惑不解的样子。我对她说："我是医生，这里一切正常。"此时，她忽然大叫："我痊愈了！"她弃掉双拐，能够行走自如了。我窘得面红耳赤，但仍向学生们说："如今你们看到催眠是多么神通广大了吧！"实际上，我压根儿不晓得刚刚发生了什么。

这次经历是促使我放弃催眠的原因之一。我不明白究竟发生了什么，那个妇女却真的被治愈了，并兴高采烈地走了。我请她随时通知我她的情况，因为我估计最迟24个小时她就会旧病复发。但是，她的病再也没有复发过，尽管我满心狐疑，也只好接受了她已经痊愈的事实。

第二年夏季学期的第一节课上，她又出现了。这一次，她申诉的是背部的剧痛。而且还说，背痛是最近才开始的。自然而然地，我问自己，这是否会与我恢复上课有某种关联呢——也许她在报纸上看见了我的课程通告。我向她询问背痛开始的具体时间和缘由。她既不能回忆起曾发生过什么事，也做不出任何解释。终于，在我的引导下，她提到了她的疼痛正好发生于某天她在报纸上看到课程通告的时刻。这虽然证实了我的猜想，可我仍想不通那奇迹般的治愈是怎样发生的。我又一次对她施以催眠——她再次自动陷入了恍惚状态——醒来后她的背部就不痛了。

这一次，我在课后把她留住，以便更多地了解她的生活。结果发现，她有一个智能低下的儿子，正好在我所在的科室里住院治疗。我对此毫不知情，因为她用的是第二任丈夫的姓，而那个低能儿子是她与前夫所生。她只有这一个儿子，自然希望他能是一个才华出众、事业有成的人，所以他尚年幼就得了精神疾病，这对她来说是一个巨大的打击。那时，我是位年轻的医生，刚好符合她期望中儿子的形象。她热切渴望能做杰出人物的母亲，于是就相中了我。她视我为她的儿子，到处宣扬我奇迹般地治好了她的病。

我在当地获得了"巫师"的绰号，实际上这是她的功劳。我有了第一批私家病患，也受惠于她的四处宣传。我的心理治疗实践竟始自一位把我当作其精神病儿子替身的母亲！自然，我向她详细解释了整件事的来龙去脉。她很好地接受了整个事实，她的病从此再未复发过。

这是我第一次真正的治疗经历——不妨说，这是我所做的第一次分析。我至今清楚地记得与这位老太太的谈话。她真是个聪明人。她还为我认真地对待她和关心他们母子命运的举动感激不已。我的治疗的确对她有帮助。

刚开始时，我在私人诊所里还采用催眠疗法，但很快便弃之不用了，因为使用催眠疗法像摸黑行路一般。你永远也不知道病情的改善或治愈能维持多久，在这种不确定之中工作，我总觉得良心不安。我也不喜欢独自断定患者应该怎么做。我更为关心的是从患者本人那里获知他天生的倾向将把他引向何处。为了达到这个目的，我必须仔细分析梦和无意识的其他表现。

1904—1905年，我在精神病诊所建立了一个实验室，专攻实验心理病理学的研究。我收了几个学生，并带他们一起研究心理反应（也就是联想）。老弗兰茨·里克林[1]是我的合作者。路德维格·宾斯旺格[2]当时正在写他的博士论文，主题是与心理皮肤电效应[3]相关的联想测验，而我则在写《论对事实的心理学诊断》[4]一文。与我们合作的还有几个美国人，如弗雷德里克·彼特森[5]、查尔斯·里克舍[6]等。他们的论文发表在美国的期刊上。正是这些有关联想的研究，使我在稍后的1909年接到美国克拉克大学的邀请，让我去办讲座介绍我的工作。与之同时，弗洛伊德也单独获得了邀请。我们二人均被授予了"荣誉法学博士"的学位。

联想测验和心理皮肤电的实验，是我得以在美国声名大噪的主要原因。很快，有很多美国的患者便前来求医。我仍然清楚地记得第一批病患中的一例。那是一位美国同事给我介绍的病患。他的诊断书上写着"酒精成瘾性神经症"，预后则是"不治"。那位同事估计我的治疗不会起什么作用，为了谨慎起见，他同时也建议该病患去见柏林的某位精神病专家。这位病患前来就诊，我与他略略交谈了一番，便发现他患的

[1] 弗兰茨·里克林（Franz Riklin, 1878—1938），瑞士精神病医生。——译者注
[2] 路德维格·宾斯旺格（Ludwig Binswanger, 1881—1966），瑞士精神病学家，存在主义心理学领域的先驱，出身于精神病学世家。——译者注
[3] 心理皮肤电效应（Pshogalvanic Effect），现称皮肤电反应（Galvanic Skin Response, GSR），指由精神兴奋导致汗腺活动加剧，使皮肤上的电阻短暂而明显地降低的现象。——原注
[4] 此文发表于德国期刊《国际神经病学与精神病学杂志》，1905年，第28期，第813—815页。——原注
[5] 弗雷德里克·彼特森（Frederick Peterson, 1859—1938），美国神经病学家、诗人。彼特森是美国精神分析的先锋，最早在1909年发表过题为《弗洛伊德和荣格的自由联想理论》（*Freud and Jung's theories of Free Association*）的论文。——译者注
[6] 查尔斯·里克舍（Charles Ricksher, 1879—1943），美国心理学家，是1911年创立的纽约精神分析学会的创始人之一，这是美国最早的精神分析机构。——译者注

只是一般性的神经症，但他对患病的精神缘由却一头雾水。我让他做了联想测验，结果表明，他正遭受强大的恋母情结的影响。他出身于豪门望族，有个温柔可爱的妻子，生活得无忧无虑——这一切只是表面上看来如此，他嗜酒成性一定有更深层的原因。酗酒是为了麻痹自己，忘掉难以忍受的处境而采取的绝望尝试。但这些都是徒劳罢了。

他的母亲拥有一家很大的公司，这位天资聪颖的儿子在公司里任领导职位。他真的早就应该摆脱母亲的压迫和束缚了，但他却鼓不起勇气辞去优越的工作。于是他只好一直受制于母亲，全因她在公司里留给他一席之地。每当他与母亲在一起或在工作中不得不服从她的安排时，就会借酒浇愁。他心中的一个角落并不想离开这个温暖、舒适的安乐窝，便无视自己的本能，甘愿被财富和舒适引诱。

经过短暂的治疗后，他戒了酒，并觉得自己已经痊愈。我对他说："我不能保证，当您回到原来的环境中以后不会故态重萌。"他不以为然，神采奕奕地回到了美国家中。

一回到母亲的势力范围内，他就又喝开了。随即，他的母亲在瑞典时，特来与我商讨治疗办法。他的母亲是个精明强悍的女人，也是个地道的"权力控"。我清楚地看到了他与之抗争的对象，并意识到他没有力量去对抗。他的体格亦十分纤弱，根本不是他母亲的对手。因此，我决定背着他给他母亲开一张医疗证明，大意是说酗酒已使他不能胜任他的工作了，并建议将他解雇。我的建议被采纳了——这自然让他怒不可遏。

在这件事上，我的所作所为确实不符合常规医者应遵从的伦理规范。不过我确信，为了患者的利益，这样做是必然的。

那他后来怎么样了呢？离开了母亲以后，他自己的个性才得以发展，最终做出了一番辉煌成就——正是因为我给他下了一剂猛药。他的妻子因此很感谢我，因为他不但戒了酒，还单打独斗闯出了一片天。

尽管如此，有好几年我都对这位患者感到内疚，因为我背着他开了那张诊断证明，虽然我确定只有这样才能解救他。而且事实正是如此，他一被释放马上就痊愈了。

行医期间，我总是被人类心灵对无意识所犯罪行的回应方法深深触动。毕竟，那位年轻妇女最初并未意识到自己亲手杀害了自己的孩子。然而她却变得仿佛在表达强烈的犯罪意识似的。

另一个相似的病例亦令我终生难忘。一位夫人来到我的诊所，她拒绝透露姓名，说名字不要紧，因为她只需要咨询一次。很明显，她是上流社会的一员。她还说自己曾当过医生。她向我进行了一番自白：大约二十年前，她因为嫉妒而杀了人。她毒死了自己最好的朋友，只因她想嫁给这位好友的丈夫。她原本以为，只要谋杀不被揭穿，她就不会有任何麻烦。她想嫁给好友的丈夫，最简单的办法是除掉好友。而道德对她来说则无关痛痒。

结果呢？她真的嫁给了那个男人，但他不久便过世了，死时还很年轻。接下来的几年里，怪事接二连三地发生了。他们的女儿一长大成人，便想方设法摆脱她，年纪轻轻便结了婚，搬到她见不着的地方去了，与她越来越疏远，最后完全失去了联系。

这位夫人是位狂热的骑马爱好者，拥有几匹她爱之如命的乘用马。有一天，她在骑马时发现，马儿显得焦躁不安，甚至连她最心爱的那匹马也受惊将她摔下马。最后，她不得不放弃了骑马。从那以后，她和她的狗形影不离起来。她养了一只极其漂亮的猎狼犬，她很依赖它。但不巧，这只狗突然瘫痪了。这已经达到了她忍耐的极限，她觉得自己已经精疲力竭。她急需告解，于是便找到了我。她杀了人，然而更严重的是她毁了自己。犯下如此罪行的人等于扼杀了自己的灵魂。凶手已经给自己判了刑。如果一个人犯罪后被捕，他会受到法律的处罚。若是一个人偷偷地犯了罪，就算没有道德意识，而且一直未被别人发现，惩罚也会不期而至，正如这个病例表现出的那样，惩罚终究会出现。有时，连动物和植物都好像"知道"些什么。

由于杀了人，这位夫人陷入了一种无法忍受的孤独中。她甚至对待动物也很冷漠。为了摆脱孤独，她与我分享了她的心事。她不得不找一个清白的人来分享这个秘密。她想找到一个不带偏见地接受她的告解的人，因为这样一来，她便好像再次与人性建立了联系。而且，这个人应该是医生，而非职业的忏悔牧师。她总是对听她告解的牧师心存怀疑，因为那只是一种仪式，牧师不会把事情单纯地看成事实，而是会对其进行道德判断。她已感觉到了人和动物对她的厌恶，已经受够了这种无声的判决，不能再经受更多的谴责了。

我始终不知道她究竟是谁，也无从考证她的故事的真实性。我也曾问自己，她会有怎样的结局呢？一次咨询绝不会是她心路历程的终点。也许她会以自杀告终。我想象不出她该如何在彻骨的孤独中生存下去。

临床诊断的重要性在于其能为医生指明方向，但它却对患者毫无帮助。患者的故事才是关键之处。只有故事能够展现人文背景和世间疾苦，也只有这样做，医生的治疗才能起效。有一个案例[1]可以有力地证明这一点。

那是女病房里一位上了年纪的患者。她75岁高龄，已有40年卧床不起。她在医院待了差不多50年，能记得她入院时情景的人都已不在了。只有一位在医院工作了35年的护士长，还对这位患者的事情略知一二。这位老太太不会说话，只能吃流质或半流质的食物。她用手指取食，即

---

[1] 参见《精神疾病的心理机制》，《荣格文集》第三卷，第171—172页。——原注

先让食物滴在手指上，再送进口中。有时，她喝一杯牛奶就要用两个钟头。不吃东西时，她便古怪而有节奏地挥舞手臂。我不知道这动作有什么含义。精神疾病所造成的灾难性的破坏令我刻骨铭心，却又无法赋予其合理的解释。临床课程常用她的例子来讲解早发性痴呆中的精神紧张症，但这于我毫无用处，因为这丝毫无助于我理解那些古怪手势的根源和意义。

我对此病例的诸般感受，即代表了这一时期我对精神病学的看法。在做医师助理时，我就感到自己丝毫不能理解学界所宣扬的精神病学。每每与主任医师或同事们在一起，我便如坐针毡，因为他们总是一副胸有成竹的样子，而我却茫然地在黑暗里摸索。我认为精神病学的主要任务应该是了解患者头脑里正在发生的事情，而都这时候了我仍对这些一无所知。我对自己所从事的职业当真毫无头绪！

一天夜里，我正在查房巡视，看到那老太太仍然神秘地比画着，我再次想："这到底是为什么呢？"随后，我向我们的老护士长询问该患者是否一向如此。"是的，"她答道，"不过我的前辈跟我说过，她过去曾做过鞋子。"我便再次查阅了她那发黄的病历，上面果真有一段记录，大意是她习惯做出鞋匠的动作。过去的鞋匠用膝盖夹住鞋子，在皮革上做出穿针引线的动作，正是这样的（时至今日，乡下的鞋匠仍会这样做）。不久，这位病患去世了，她的兄长前来参加葬礼。我问他道："您妹妹是为何疯掉的？"他告诉我，她本与一个鞋匠相爱，但鞋匠却不知怎的不愿意娶她，当他最终抛弃她时，她便"不好了"。鞋匠似的动作表明她把自己当作他的心上人，这种认同至死方休。我最初关于早发性痴呆的心理根源的一点儿模糊印象，便源自这个案例。自此之后，我开始全力研究精神病中那些有意义的错综关联。

另一位患者的经历则为我揭示了精神病的心理背景，尤其是"不经意识的"妄想。由这个病例，我才第一次理解精神分裂症患者的语言，虽然那迄今还被看作是没有意义的。这位病患名叫芭贝特，我在别处发表过她的故事[1]。1908年，我还在苏黎世的市政厅做过有关她的讲座。

芭贝特来自苏黎世的旧城区，那里的街巷狭窄而肮脏，她就在那样一种贫寒、卑微的环境中出生并长大成人。她的姐姐当了妓女，父亲则是个酒鬼。她在39岁时死于以狂妄自大为特征的妄想型早发性痴呆症。当我见到她时，她已住了20年的院，当过数百名医学生的教学实例。他们在她身上看到了精神崩溃的不可思议的过程。她成了一个经典病例。芭贝特的精神彻底混乱了，总是说些没有意义的疯话。我竭尽全力想听清她难解话语的内容。比如说，她会说："我就是罗蕾莱。"[2]她之所以会这么说，是由于听到医生们每回试图理解她的病况时，总是吟诵道："我不知道为了什么。"[3]或者她会哀哀低诉："我是苏格拉底的跟班。"我发现，她可能是想表达："我像苏格拉底一样受到了不公正的指控"。或者，突然荒唐地高喊："我是独一无二的双份多重工艺""我是玉米面底座上的葡萄干糕点""我是日耳曼尼亚和赫尔维希亚专用的粗制黄油""我和那不勒斯要给全世界供应面条"，这些均表明了她的自我评价的膨胀，即一种对自卑感的代偿。

芭贝特及类似的病例先入为主地使我相信，迄今仍被我们当作精神错乱的症状，其实并没有看起来那么严重。我不止一次地看到，即使是这类病患，其内心深处也存有一个堪称正常的人格。打个比方，它正站

---

[1] 参见《精神疾病的心理机制》中的《早发性痴呆心理学》及《精神病的内容》，《荣格文集》第三卷。——原注

[2] 莱茵河里的女神，用她们的销魂的歌声引诱水手们迷乱而投入水中。——译者注

[3] 取自海涅著名诗歌《罗蕾莱》的首句，"我不知为了什么，我会这般悲伤"。——原注

在一边冷眼旁观。间或，这一人格同样会——通常是以话语和梦的方式——做出非常明智的评述和异议。甚至在确有器质性病变时，它也能再次进入前景，使病患看起来几乎和正常人一样。

我曾医治过的一位患精神分裂症的老太太，从她身上可以非常清楚地看到角落里隐藏着的"正常"人格。这样的病例无法被治愈，只能去关怀。毕竟，每个医生都会遇到没指望治愈的病患，所能做的只是提高他们的生存质量而已。她听到来自她身体各个角落传来的声音，其中胸腔正中的那个声音是"上帝之音"。

"我们必须信赖那个声音。"我对她说，话一出口便被自己的勇气吓了一跳。不过那个声音通常会说出很有道理的言论，可以帮助我很好地应对这位患者。有一次，该声音说："让他测试一下你对《圣经》的了解程度！"她有一本陈旧、破烂、被翻阅过无数次的《圣经》，我每次随访都必须指定其中一个章节让她阅读。下一次随访时又得测试她的阅读进度。就这样大约有7年，每两周一次。开始时，我感觉扮演这样一个角色非常奇怪，但不久便意识到了《圣经》选读的意义。通过这种方式，她保持了敏捷的注意力，因此能够不在分裂的梦境中越陷越深。结果，这样做了大约6年以后，本来充斥在她的整个身体的声音全部退回到了身体左侧，身体右侧的声音完全消失了。而且声音的强度并没有在左侧身体中加倍，而是跟之前大致相同。所以，大约可以下结论说，这位患者被治愈了——起码是在康复的过程中了。这是一次意料之外的成功，我根本没有想到这种记忆练习能产生治疗作用。

通过治疗病患，我发现妄想和幻觉亦含有一丝意义。精神病症状的背后，有着病患的人格特质、生活经历、希望与欲望。不能理解妄想和幻觉的含义其实是我们的过错。由此，我明白精神病中匿藏着人格的综合心理特点，而即便是在这种问题上，我们也遇到了古老的人类冲突。

尽管患者看起来呆滞又冷漠，或彻底是个弱智，但他们头脑中发生的事比看起来的更多，其中有意义的内容亦比我们以为的更多。从本质上说，精神疾病中并无崭新和未知的内容，相反，那只是我们自己本性的深层罢了。

精神病学竟用了这么长的时间研究精神病的内容，我一向对此倍感惊讶。没有人关心幻想的含义，也没有人想问为何这个病患产生了这种幻想，而那个病患却产生了截然不同的幻想，或者，幻想究竟预示了什么。比如说，一位病患幻想自己正为耶稣会会士所迫害，另一位病患认为犹太人想要毒死他，第三位则确信自己正在被警察追捕。那时候的医生对诸如此类的问题完全没有兴趣。他们仅仅把这些幻想一概而论，赋予一个统一的名称，诸如"受害妄想"之类。我当时的调查研究如今几乎被人们遗忘了，这也令我觉得非常惊奇。早在20世纪初，我已开始用心理疗法来治疗精神分裂症。故而这一方法并不是刚刚才被发现的。然而，确实经过了很长时间，人们才开始把心理学引入精神病学研究中去。

还在诊所工作时，我不得不小心谨慎地对待精神分裂症患者们，否则就会被批评为心不在焉。精神分裂症被看作不治之症。若是有人在精神分裂症患者身上取得了治疗进展，大家就会说该病例并非真正的精神分裂症。

1908年弗洛伊德来苏黎世找我，我跟他讲了芭贝特的案例。他听了说："你要知道，荣格，你在这位病患身上的发现当然很有趣。可是，你到底如何忍受与这个奇丑无比的女人日复一日相处？"我当时一定冲他翻了个大白眼，因为我从来没有这样想过。在某种程度上，我觉得芭贝特是个令人愉快的老家伙，因为她有着那样美好的幻象，还会说很有趣的话。而且，不论何时，甚至在她精神错乱的时候，人性的光辉仍然能够透过胡言乱语的乌云显现出来。单纯从治疗的角度看，芭贝特并未完全被治愈，毕竟她已病了那么久。但我在其他病例中发现，像这样的注意力集中治疗，若能融入病患的人格当中，是能产生长期疗效的。

就表面而言，我们只看到精神疾病患者的悲惨毁灭，却很少看到心灵在不为我们所知的那一面也经营着一份生活。外表往往具有欺骗性，正像我在一个患有紧张症的年轻病患的案例中发现的那样。她18岁，出身于一个颇有教养的家庭。15岁时，她被哥哥诱奸，后又遭同学猥亵。自16岁起，她便走入了与世隔绝之境。她对别人隐藏自己，直到最后，她仅剩的感情联络对象是别人家的一只凶恶看门犬，她试图驯服它。她变得越来越古怪，17岁时便被送进了精神病院，在里面待了一年半。她有幻听的症状，还拒绝进食，并完全不再开口说话。我初见她时，她正处于一种典型的紧张症状态之中。

我用几个星期才慢慢地说服她开口说话。她克服了重重阻力，告诉我她曾经住在月球上。看样子，月球上有人居住，最初她在那里见到的都是男人。这些男人马上带她去了月球地下的一个住处，他们的小孩和妻子都住在那儿。因为在月球的高山上住着一只吸血蝙蝠，专劫持妇女儿童并痛下杀手，故使月球居民遭受了极大威胁。这就是为什么占月球人口一半的妇女都只能住在月球的地下。

我的病患下定决心要为月球居民做贡献，便策划捕杀吸血蝙蝠。经过周密的准备，她专门建造了一座塔，在塔的天台上等候着吸血蝙蝠的到来。等了好些天，她终于看到这个怪物远远地飞来，拍动翅膀的样子颇像一只巨大的黑鸟。她带了祭祀用的长匕首，把它藏在长袍下面，等待着吸血蝙蝠抵达。冷不防，它已站在了她面前。它长着好几双翅膀，遮盖了它的脸和整个身体，因此她除了它的羽毛什么也看不见。这令她惊奇不已，恐惧完全被好奇心压倒了，很想知道它究竟是怎样一副模样。她慢慢地走过去，手仍按在匕首上。突然间，它的翅膀张开了，一个天神般美丽的男子出现在她眼前。他用带铁钩的羽翼圈住她，她便无法再使用匕首了。而且，她被他的容貌迷得神魂颠倒，根本不能展开攻击。他把她从平台上举起来，携着她飞走了。

经过这番陈述，她又能够不受拘束地说话了，这时她的阻抗便开始浮现。大意是，我阻止了她重返月球，从此她再也不能脱离地球了。她说，这个世界不美好，可是月球却美极了，那里的生活也富有意义。不久，她的紧张症复发了，于是我送她去了一所疗养院。她一度精神错乱得非常严重。

大约过了两个月，她出院了，我又开始跟她谈话。渐渐地，她明白了生活在地球上是不可逃避的事实。她竭力反抗这一结论，并拒绝其带来的后果，结果被强行送回了疗养院。有一次，我去病房探视她时对她说："这一切不会对你有任何好处，你不可能再回月球去了！"她默认了这一点，尽管表面上无动于衷。这一回，她很快就出院了，并且从此安于天命。

有一阵子，她在一所疗养院当护士。那里有个助理医师对她动手动脚。她掏出左轮手枪就朝他开了一枪。幸好，这个助理医师只受了点儿轻伤。但这事表明不论走到哪儿，她都随身携带左轮手枪。她曾经一度带过一把装了子弹的枪。最后一次来我这儿就诊时，也就是治疗结束之时，她把那支枪交给了我。我吃惊地问她准备用枪干什么，她答道："若是您令我失望，我就开枪！"

枪击事件引发的风波平息之后，她回到了家乡，结婚生子，定居在东部地区，还从两次世界大战中幸存下来，始终不曾旧病复发。

通过解读她的种种幻想，我们能发现些什么呢？由于在少女时期遭遇了乱伦，她在世俗的生活里倍感羞耻，却在幻想的王国里变得十分高尚。她置身于虚幻的王国，因为传统上，乱伦是只有皇室和神族才拥有的特权。结果，她与世界完全地隔绝了，那是一种精神病的状态。她变得"遗世独立"，好像不再与人类有所联结。她纵身扑进了广袤的宇宙，进入了外太空，在那儿遭遇了长着翅膀的恶魔。正如这类疾病惯常发展的那样，治疗期间，她便把恶魔的形象投射到了我的身上。所以在无意识中，我受到了死亡的威胁，就像任何一个劝说她回归正常人类生活的人一样。她能把她的故事讲给我听，便在某种意义上背叛了恶魔，而与凡人建立了联系。如此，她才得以重归生活，甚至还结了婚。

从这之后，我开始以一种不同的眼光看待精神疾病患者所承受的痛苦。因为，我更深刻地理解了他们内在体验的丰富多彩和重要性。

人们常常询问我所使用的心理治疗或精神分析方法。可我无法明确无误地回答。对于不同的病例，疗法不尽相同。如果一位医生告诉我，他严格遵守着这样或那样的疗法，我会质疑他的治疗效果。有文献报道过，有些患者的阻抗之强，简直就像医生正试图强加给他一些治疗一样，然而治愈本该自然而然地从患者本身萌生才对。心理治疗和精神分析本就是因人而异的。我尽可能个性化地对待每一位病患，因为，问题的解决办法往往是独特的。即使是普遍原则，也只能有所保留地应用。一个心理真理只有在其逆命题也同样成立的时候才能被认为是有效的。对我来说完全不适用的方法，对其他人来说却可能正好合适。

自然，一个医生必须熟悉所谓的"方法"。但他也必须谨防落入特定的、例行的陈规之中。总的来说，我们必须小心提防任何理论假设。它们今天可能是正确的，明天就可能被其他假设取代。我在进行分析时，根本不会使用这些理论假设。我非常注意不要被体系化。在我看来，处理每一个个案，都得去理解该个体，方能行得通。对每一位病患，我们都要使用不同的谈话方式。在一次分析中，我可能用到了阿德勒[1]式的治疗风格，而在另一次分析中，我可能又采用了弗洛伊德式的治疗风格。

至关重要的一点是，我会持人与人之间平等的态度来面对病患。分析是一种需要双方均参与其中的对话。分析师和病患面对面地坐着，四目相对，医生固然有话要说，但病患一方也一样有话要说。

既然心理治疗的本质不是方法的应用，那么只学习精神病学是远远不够的。我本人也是在工作了很长一段时间之后，才真正具备了进行心理治疗的资质。早在1909年我就已认识到，如果不理解其中的象征，便无从着手治疗潜在的精神病。从那个时候起，我开始学习神学。

若遇到受过教育、头脑聪明的病患，精神病医生只具备专业知识还不足够，他需要有广博的知识。除了全部的理论假设，他还必须了解引发病患症状的真正原因是什么。否则，就会激起不必要的阻抗。毕竟，重要的是病患有没有把自身当成一个独立的人，而不是某个理论是否得到了证实。要实现这一目标，不具备全局观点是不行的，医生应当了解这一点。所以，仅经过医学训练是不够的，人类心灵的范围无限宽广，绝非医生狭小的诊疗室能容下。

心灵无疑要比躯体更复杂、更难以接近。打个比方，它就像世界的另一半，只有被我们意识到才会显现出来。故心灵不单是个人问题，而且是世界的问题，精神病学家要与整个世界打交道。

如今，我们看到了威胁着我们每一个人的前所未有的危险，它并非来自自然，而是来自人类，来自个人与集体的心灵。这一危险，来自人类心灵的扭曲。一切都取决于我们的心灵是否在正常地运作。若是某些人此刻失去了理智，没准一颗氢弹就突然被引爆了。

---

[1] 阿尔弗雷德·阿德勒（Alfred Adler，1870—1937），奥地利精神病学家，个体心理学体系的建立者，是弗洛伊德"星期三心理学会"的早期成员。——译者注

然而，心理治疗师要做的不光是了解病患，他亦当了解自己，这是同等重要的。因此，一个"必要条件"便是分析师自身的分析，即所谓的训练性分析。可以说，病患的治疗始自医生。只有当医生懂得了如何解决自己和自己的问题，才有可能教病患也做到这一点。在训练性分析中，医生必须学着去了解自己的心灵，认真地对待它。如果医生尚做不到这一点，病患便无从学起。病患会失去一部分心灵，正像医生因疏于学习而丢失了一部分心灵一样。因此，训练性分析若只包括一系列概念的学习是不够的。接受分析的医生必须认识到，分析与他本人息息相关，训练性分析融合在现实生活中，不是一种靠死记硬背就能学会的方法。在训练性分析中未能认识到这一点的学生，将会因后来的失败付出惨重代价。

虽然有一种治疗方法是"小型心理疗法[1]"，但任何完整的分析都需要医患双方整个人格的参与。医生若不投身其中，许多病例便无法被治愈。当事处险要关头，医生是选择入戏，还是仍藏在权威的伪装之后，会让结果迥然不同。当生活出现重大危机之时，在问出生存还是毁灭这一问题的决定性时刻，提建议这种小把戏是没有用的。彼时彼刻，医生的整个身心都受到了挑战。

治疗师必须时刻监视自己和自己回应病患的方式。因为我们不仅仅依靠意识来做出回应。我们必须时时自省：我们的无意识对当下情境的体验是怎样的呢？因此，我们也必须观察我们的梦，密切关注并研究自

---

[1] 小型心理疗法（minor psychotherapy）在文献中鲜有提及，根据少数文献的推断，它应指的是当时在欧洲，特别是苏联流传的一种治疗理念，认为心理治疗可以作为其他药物治疗形式的附属部分进行。在德语文献中，小型心理疗法（kleine Psychotherapie）被理解为一种由心身科医生也可进行、时长不少于20分钟的治疗形式，相较于常规心理治疗（通常45分钟一节）显得简短。这与荣格所倡导的深度投入的动力学治疗截然相反。——译者注

己，就像我们对待病患一样谨慎仔细。否则，整个治疗就会偏离正途。我将举一个简单的例子来说明这一点。

我曾有一位病患，她是一位非常聪明的女士，却因为种种原因令我生疑。刚开始时，分析进行得很顺利，但过了些许时间，我逐渐感觉自己无法理解她的梦的确切含义了，而且，我发觉我们的谈话变得越来越浅薄。于是我决定与她谈一谈我的感受，因为她也一定注意到有什么不大对劲。在我准备与她谈话的前夜，我做了一个梦。

夕阳中，我沿一条捷径步行穿越山谷。我的右手边是陡峭的山坡。山顶矗立着一座城堡，最高处有个塔楼，塔楼里有个女人，正坐在扶栏上。为了能看清她，我只好把头使劲儿向后仰着。梦醒时，我颈部后侧还在抽筋。实际上，在梦里我就认出了那个女人，正是我的这位病患。

我瞬间领悟了这个梦的含义。如果在梦中，我是以如此方式仰望着这位病患，那么现实中我可能是俯视她的。说到底，梦是对意识性态度的补偿。我把这个梦和梦的解释都告诉了她。情况马上发生了改变，治疗再一次有了进展。

作为医生，我常常问自己，病患究竟给我带来了怎样的信息？病患对我来说又意味着什么？如果他们对我来说无关痛痒，我便没有了切入点。只有当医生本人也受到影响的时候，他的治疗才会有效。"受伤的医生才是治愈者。"反之，若医生穿戴着一种刀枪不入的人格盔甲，他的治疗则不会有效果。我认真严肃地对待我的病患。也许我会遇到和他们一样的问题。病患经常恰好是专治医生伤心事的一剂良药。因为，医生会遇到同样的困境——或者说，医生会遇到别无二致的困境。

每一位治疗师都应接受第三者的检查，以使自己保持对其他观点的开放态度。即使是教皇，他也有一位告解神父呢。我总是建议分析师："找一位告解神父，或者一位告解修女吧！"女性拥有扮演这个角色的特殊天赋。她们往往直觉敏锐、眼光犀利，能看出男人暗地里的心思，间或还能看穿他们的阿尼玛施展的诡计。她们能够看见男人所无视的方面。也正是因此，没有女人会相信自己的丈夫是个超人！

一个人如果得了神经症，就该接受分析治疗，这很好理解，但感觉自己一切正常的人则没有这样做的冲动。然而，我可以向你们保证，我经历的一些所谓的"正常"实在令人瞠目结舌。有一次，我碰上了一位完全"正常"的学生。他是一位医生，带着我的一位老同事写的高度评价的推荐信来找我。他曾是那位老同事的助手，后来便接管了他的业务。彼时，他拥有常规的工作，取得了不大不小的成就，家里有一位平凡的妻子和几个健全的孩子，住在一个平常小镇上的一幢普通的小房子里，他收入平平，大概饮食也得当。他想做分析师。我对他说："你知道分析师是什么吗？那意味着你先要学着去了解自己。你自己就是医疗器械。如果你都不健全，又怎能把病患治好呢？如果你连自己都说服不了，又怎么去说服病患呢？你自己必须是货真价实的。如果你不是，那老天都帮不了你！这样，你只会把病患引向歧途。所以，你自己应当首先接受分析。""好的，"他说，但旋即又说，"可我没有任何问题要对您说。"这对我来说便该是某种征兆了。我说："好吧，那么我们来看一看你的梦吧。""我不做梦。"他说。"你很快就会做一些梦的。"我回答道。其他任何人大约在当晚就会做梦，但他却无法回忆起任何梦。像这样过了两周左右，我开始为这件事而忧心忡忡。

最后，他终于做了一个令人印象深刻的梦。我将要详述这个梦，因为它表明了精神病学实践中了解梦的重要性。在梦中，他正乘火车去旅行。火车会在某城市的车站逗留两小时。他没去过这个城市，想到处看看，便向市中心走去。在那里，他看到一座中世纪的建筑，大约是市政厅，并走了进去。他沿着长廊缓步徐行，忽然几个美观气派的房间展现在他眼前，房间四壁悬挂着古老的油画和美丽的挂毯，到处都摆着名贵的古董。忽然，他发现天色渐渐变暗了，太阳也落山了。他心想，我一定得回到火车站去。然而就在这时，他发现自己迷路了，怎么也找不到出口。他开始感到惊慌，同时发觉自己在这座建筑里还一个人都没看见过。他变得不安起来，加快了脚步，希望能碰见什么人，但还是一个人也没有看到。这时，他走到了一扇大门前面，便松了口气，心想：这就是出口了。他打开门，发现自己又撞进了一个巨大无比的房间。这个房间非常大，又黑漆漆的，让他看不到边。惊慌失措之下，他开始狂奔，横穿又大又空荡的房间，一心希望能在另一边找到出口。这时，他看到房间正中央的地板上有一团白色的东西。他走近一看，原来是个两岁左右的小孩。小孩坐在一个夜壶上，浑身上下涂着粪便。这时候，他大叫一声，便醒了过来，醒时仍然惊魂未定。

我知道了我所需知道的一切——这是一个潜在的精神病患者！不得不承认，当我设法引他走出这个梦时，我惊出了一身汗。我只好轻描淡写地把这个梦解释给他听，并粉饰所有危险的细节。

这个梦真正的意思大致是这样：他踏上的旅行便是此次苏黎世之行。但是他只会在那里短暂停留。房间中央的小孩正是两岁时候的他自己。在那么小的小孩身上，如此无教养的举动虽有点儿不寻常，但仍是可能的。小孩们也许会对自己彩色的、有古怪气味的粪便兴趣盎然。一个在城市里长大且可能受到了严格管教的孩子，很容易因这样的过失而感到内疚。

但是做梦者，即那位医生，早已不是孩子了，他是成年人。因此，梦里房间中央的意象，是一个不祥的象征。当他跟我讲这个梦时，我意识到他的正常其实是一种补偿。在这个紧要关头，我拉住了他，此时他潜伏的精神病正到了千钧一发、即将破土而出的时刻，这必须被阻止。

最后，他的另一个梦让我成功地找到了一个合意的借口，结束了这次训练性分析。我们二人欣然给此事画上了句号。我并没有告诉他我的诊断结果，不过他大概也意识到自己正处于致命恐慌的边缘，因为他又梦到被一个危险的疯子紧追不舍。随后，他立即返回家中，从此再也不敢唤起无意识了。他刻意标榜的正常实则体现了一种未能得到发展、在面对无意识时一击即溃的人格。这类潜在精神病患者是心理治疗师们所讨厌的对象，因为他们往往很难识别。

接下来，我们便要谈到非专业人员进行分析的问题了。我是赞同由非医学背景的人来研究并施行心理治疗的，但在处理潜在精神病患者时，这存在犯下可怕错误的风险。因此，我虽赞成非专业人员做分析师，但这也需要在专业医师的指导下进行。只要非专业性的分析师觉得有一丝不确定，便应当去咨询他的指导者。即使是专业的精神病医生，辨认并治疗一例潜伏的精神分裂症也很困难，对非专业人员来说，更是难上加难。我多次发现，许多施行心理治疗多年并亲自接受过分析的非专业人员是非常精明能干的。此外，施行心理治疗的医生数量本就不够多。从事这种工作，需要接受长期而全面的训练，亦需要广博的文化知识，这是极少有人能做到的。

医患关系，特别是当病患一方发生了移情，或医生与病患多少产生了无意识的认同时，可以引起超心理学现象。我常常碰上这种事。特别令人印象深刻的一个病例，是我曾治愈过的一位心因性抑郁症患者。他回到家乡并结了婚，我对他妻子的印象并不好。第一眼看到她，就有一种不舒服的感觉。那位病患很感激我。不过很明显，因为对他的影响，我成了他妻子的眼中钉。这种事常常发生，有些女人并不真心爱自己的丈夫，却心存嫉妒，要破坏丈夫与他人的友谊。她们希望丈夫完全属于自己，因为她们自己面对丈夫时没有归属感。所有嫉妒之情的本质，皆是爱的缺乏。

妻子的态度成了这位病患无法承受的重担。结婚一年后，由于这种压力，他又陷入了新一轮的抑郁之中。我早就料到会有这一天，特地嘱咐他一旦觉得精神不振，可以马上与我联系。而他却没有这样做，部分原因可以归咎于他的妻子，她常常因他的情绪波动而奚落他。于是，他没有再联系过我。

那段时间，我在B市办了一场讲座。午夜时分，我才回到旅馆中。在讲座结束后，我和几位朋友坐着聊了会儿天才去就寝，但是我久久无法入睡。大约凌晨两点，我——才刚刚睡着——又突然惊醒了，感到似乎有人闯进了我的房间，我甚至模糊地记得门是仓促间被推开的。我立即打开灯，但屋里并没有人。可能是有人走错了吧，我想，又朝走廊望了一眼，那里也异常安静。"怪了，"我心想，"确实有人来过房间里啊！"然后我便试着回忆究竟发生了什么，突然想起，我是被一阵钝痛弄醒的，仿佛有什么东西击中了我的前额，然后又敲了我的后脑勺。第二天，我接到了一个电报，说我的那位病患自杀了。他是开枪自杀的。稍后我又获悉，那颗子弹穿过他的前额，最终嵌入了颅骨后侧。

这个体验是真正的共时性现象，在与原型情境——这一例中是死亡——有关时，这种现象时常可见。通过无意识中时间和空间的相对性，我很可能已感知到了现实中正在别处发生的事情。集体无意识（collective unconscious）是所有人所共有的，它是古人所说的"万物有情"的基础。在此例中，是无意识预先得知了那位病患的状况。其实，那天我整个晚上都莫名地觉得紧张不安，和平日的心境截然不同。

我从不试图改变病患，也从不对之加以强迫。我认为病患应该形成自己看待问题的视角，这才是最重要的。经我治疗后，异教徒还是异教徒，基督徒还是基督徒，犹太教徒也仍是犹太教徒，一切都仍遵从命运的安排。

我清楚地记得一个犹太姑娘的案例，她曾丢弃了她的信仰。整件事始于我的一个梦，梦里一个我不认识的年轻姑娘成了我的病患。她向我大致介绍了她的病情，而她一边讲着，我一边就想："我一点儿都无法理解她。我也不知道这到底是什么情况。"但是我突然冒出一个想法，即困扰她的一定是一种不寻常的恋父情结。以上就是梦的内容。

第二天，我的预约簿上写了四点整将有一次咨询。来者是一位年轻的姑娘。她是犹太人，是富有的银行家之女，面容姣好，打扮入时，智商很高。她已接受过一次分析，可是那位医生却移情于她，最终请求她不要再去就诊了，因为如果她再去，他的婚姻就保不住了。

这位姑娘患焦虑症性神经症已有多年，碰上这种情况自然使她的病情加重了。我从既往病史入手，但没发现有什么特别的。她适应能力很强，是个西方化了的犹太人，简直开明到骨子里。最初，我并不知道她的问题所在。突然，我想起了那个梦，于是便想："天哪，那么，她正是我梦里的那位姑娘。"但是，由于我在她身上丝毫没有看出恋父情结的痕迹，便按照我处理这种情况的习惯，询问有关她祖父的情况。她闭目沉思了片刻，我立刻感到这正是问题的关键。于是，我请她跟我讲讲她的祖父，进而得知她祖父是犹太某个教派的一位拉比[1]。"您是说'哈希德教派'吗？"我问。她说是。我继续问道："他既然是拉比，那他是否曾经当过圣徒呢？""对，"她回答道，"据说他是一位圣徒，还开了天眼。不过这些都是胡说八道，压根儿没这回事！"

我把这些信息与既往病史相结合，便明白了她的神经症的发展过程。我向她解释说："现在，我要告诉你事情的真相了，这对你来说可

---

[1] Rabbi，意译即"老师"，指接受过正规犹太教育，担任犹太人社团或犹太教教会精神领袖，或传授犹太教教义的学者。——译者注

能不好接受。你的祖父是圣徒，你的父亲却变成了犹太教的叛教者。他出卖了秘密，背弃了上帝。而你却因为敬畏上帝而害怕，才得了神经症。"这一席话如晴天霹雳一般，深深地震撼了她。

当晚，我又做了一个梦。我正在家里举行招待会，定睛一看，这位姑娘也在场呢。她来到我面前，问："您有雨伞吗？雨实在下得太大了。"我真的找到一把雨伞，摸索着打开了它，准备把伞递给她。然而这时发生了什么呢？我竟跪下来，把伞呈给她，仿佛她是个天神似的。

我把这个梦告诉了她，之后不到一周，她的神经症便消失无踪了。[1]这个梦向我展现了她并非一个肤浅的小姑娘，在这样的外表之下，她的内心深处潜藏着圣人的品质。她没有神话观念，因此她天性中最本质的特征便无从表达。她全部有意识的活动皆指向了调情、穿衣打扮和性，毕竟除此之外她一无所知。她只晓得应该理智，过一种漫无目的的平淡生活。然而事实上，她是上帝之子，她的命运是实现上帝的秘密意志。我必须唤醒她心中的神话和宗教意识，因为她属于少不了精神活动的那一类人。由此，她的生活有了意义，神经症也烟消云散了。

在这个病例中，我没有应用任何"方法"，而只是去体会内在引导力量的存在。我向她解释了这一切，就实现了治愈。在这里，方法并不重要，重要的是"对上帝的敬畏"。

人们面对人生问题时，给出了不恰当或错误的回答，却安于现状，从而变得精神失常的情况屡见不鲜。他们追求地位、婚姻、名声、表面的成功或是金钱，即使能够如愿以偿，也仍旧不幸福，还总是神经兮兮的。这类人就是井底之蛙了。他们的生活乏善可陈、漫无目的。但如果他们能够发展出更为宽广的人格，通常神经症就会消失。因此，发展的

---

[1] 这一病例与荣格经手的大部分病例不同，她的治疗时间很短。——原注，安妮拉·亚菲

观点对我来说是举足轻重的。

　　我的病患的主体部分不是信徒，而是失去了信仰的人。找我诊治之人，大多是迷途之羊。即便在我们生活的这个时代里，信徒仍有机会在教堂里体验"象征性的生活"。我们只需要想一想弥撒、洗礼、效法基督以及许多其他的宗教仪式就明白了。但是，若想实践和体验这些象征，前提是信徒一方需要全身心投入，如今的人们着实缺乏这种精神。在神经症患者当中，这种精神便更加罕见。遇到此类病例，我们必须观察病患的无意识是否能够自发产生象征，以补偿欠缺之处。但另一方面，病患在梦中或视象中看到了各种象征之后，是否能够理解其中含义并亲自承担结果，仍是个问题。

　　例如，我在《集体无意识的原型》[1]里写过一位神学家的案例。该神学家曾反复做过一个梦。梦中自己站在一个山坡上，俯瞰覆盖着茂密树林的美丽山谷。在梦中，他知道这片树林中间有一个湖，而且还觉得总是有什么东西阻止他去那里。然而这一次，他想要实现他的计划。他走近湖畔，气氛渐渐变得诡谲，忽然，一阵微风掠过水面，湖水泛起了神秘的涟漪。他惊骇得大叫，于是就醒了过来。

　　最初，这个梦显得有些令人费解。不过，作为神学家，做梦者应该记得，一个"池塘"，被一阵突如其来的风吹皱了水面，并成为生病的人沐浴的地方——正是毕士大池（the pool of Bethesda）。一位天使降临凡间，触碰了水面，于是池水便有了治愈的力量。那阵微风即是圣灵，其可以随意而吹[2]，这使做梦者感到惊恐。其暗指一个看不见的存在，一位元神，它独立生活在天地间，其存在本身便令人类战栗。这位做梦

---

[1]　《集体无意识的原型》，《荣格文集》第九卷上册，第17—18页。——原注

[2]　原文出自《约翰福音》3：8。"风随着意思吹，你听见风的响声，却不晓得从哪里来，往哪里去。凡从圣灵生的，也是如此。"——译者注

者勉为其难地接受了毕士大池这一联想。他对此本没有奢望，因为这种事只会在《圣经》里出现，或顶多是星期天早晨布道的题目罢了，与心理状态毫无关系。让他时不时地提及圣灵，真是不在话下——可是，这不应该是一种能够体验到的现象！

我知道，做梦者应当克服他的害怕，或者说应该去超越他的恐惧。不过如果病患不愿走已在面前铺展开来的道路，或者不愿承担后果，我是从不揠苗助长的。我亦不赞同流于表面的假设，病患只是受到了普通阻抗的限制。阻抗——特别是当它们很顽固的时候——是值得注意的，因为这时它们往往是不可小觑的警示。治疗之方法，或许是一剂毒药，不是人人都能化解得了，又或许是一次手术，如果使用不当，便会危及生命。

每逢触及内心最深处的体验，触碰到人格的核心时，很多人都会屈服于恐惧而逃之夭夭。这位神学家遇到的正是这种情况。显而易见，相较于其他人，神学家们面临的情况会困难得多。一方面，他们离宗教信仰更近；但另一方面，他们也更多地受到教派和教规的束缚。体验内心带来的风险，精神的探险，是大多数人不论如何都难以接受的。这类体验可能具有心灵的真实性，对人们来说更像诅咒一般。倘若这类体验具有的是超自然的或起码是"历史性的"基础，就会易于被人们接受。但若是心灵的基础呢？当面对这个问题时，病患往往表现出未加思考但根深蒂固的对心灵的轻蔑。

在现代心理治疗中，医生或心理治疗师常常被要求对病患及其情绪"亦步亦趋"。我不认为这样做永远是正确的。有时，医生一方的积极干预也必不可少。

曾经有一位贵族夫人到我这里就诊，此人有掌掴她的雇员——包括医生在内——的习惯。她患的是强迫性神经症，曾在一所疗养院里接受治疗。自然，她很快就给了那里的主任医生一记响亮的耳光。毕竟在她眼中，他不过就是个高级男仆。难道不是她给他发工资吗？这位医生转送她到了另外一家医院，但在那边，她又故技重演。由于这位夫人并不是真的精神失常，只是明显需要更加温柔谨慎的治疗，那位倒霉的医生便把她送到了我这里。

她长得高大威严、仪表堂堂，足足有六英尺高——我敢说，她要是扇起人来，保准力大无比！她来到我这儿，我们的谈话过程很愉快。终于到了一个时刻，我不得不对她说了些不中听的话。她怒气冲天，马上站了起来，威胁要打我一耳光。我也跳了起来，对她说："很好，您是女士。您先打——女士优先！然后我再还手！"我可是打算来真的。可她跌坐回椅子里，在我面前一下子泄了气。"从没有人对我说过这种话！"她抗议道。从那一刻起，我的治疗便迈向了成功的方向。

这位病患需要的是男子气十足的回应。在此例中，倘若"亦步亦趋"，就大错特错了，甚至比无所作为还要糟糕。她患强迫性精神病，正是因为她无法用道德约束自己。因此这种人必须受到其他形式的约束——与之呼应，强迫症状就出现了。

数年前，我曾统计过我的治疗结果。我想不起具体的数字了。但保守估计，1/3的病患治愈了，1/3大大改善，还有1/3则没有实质效果。而这些没有改善的病例才是最难评价的，因为好些东西，病患在多年后才有所认识、得以理解，而只有那时，治疗才能发挥作用。常有以前的病患写信给我说："我曾到您那里看病，但直到10年之后，我才明白这一切究竟是怎么回事。"

曾有几位病患弃我而去。我让病患去别处求诊的情况则少之又少。但即使是转诊离开的病患之中，仍有一些人后来写信告诉我，我的诊治是起到了积极作用的。这也是为什么判断治疗的成功与否一向如此之难。

显然，医生在行医的时候，也会遇到对自己有重大影响的人。他遇到的这些人，不论好坏，永远都不会激发公众的兴趣，然而他们却——或者正因如此——具有不凡的品性，他们可能拥有经历空前顺畅或灾难的命运。有时，他们具有非凡的才华，足以激发他人为他们奉献一生。但这些才华却可能根植于寻常的、无益的心理状态之中，以至我们无法区分这类事情是天赋所致，还是由于发展的不完善所致。屡屡如是，心灵的花朵在如此贫瘠的土地上极少绽放，而且我们本来也没有想过要在旷野般的社会里发现心灵之花。为了心理治疗能够起效，建立亲密的关系是必要的，亲密到医生无法对病患所遭遇的人间疾苦视而不见。说到底，这种关系存在于不断比较和相互理解之中，也存在于两种对立心理现实的辩证对话之中。倘若为了某些原因，双方的感想不再相互碰撞，那么心理治疗程序就不会奏效，病情也不会有任何进展。只有当医患双方都把彼此当成课题，才能找到解决方法。

我们这个时代，相当一部分所谓的神经症患者，要是放在其他年代，本不会得神经症——处于一种内心分裂的状态。如果在他们生活的时代和环境里，人人仍然通过神话联结着祖先的世界，并因此也连通着亲身体验到的，而不是从表面看到的本性，他们本可以免受这种内心分裂之苦。我所指的是那些无法承受神话的失落的人，以及那些既无法进入全然外在的、能以科学完全解释的世界，又不满足于玩那些实则和智慧无关的智力性文字游戏的人。

如今，那些心灵一分为二的受害者，只是相对而言的神经症患者。当自我与无意识之间的鸿沟缩小时，他们表面的症状便跟着消失了。亲身感受过这种二分性的医生，能够更好地理解无意识的心理进程，他们并不像一般的心理学家，总是自鸣得意。如果医生不能从自身体验中了解原型所带来的神圣感，便无法在行医遇上相应情形时，回避原型的消极作用。如果医生只持理智的观点，而没有从经验得来的依据，他便趋向于高估或低估原型的作用。凶险的失控正是从此萌生的，失控的第一步正是企图通过理智来掌控一切。这其实是为了达到某些隐秘目的，比如保护医患双方与原型的效应乃至真实的体验隔开一段安全的距离，并且选择了一个保险的、人造的、缺乏洞见的世界，用所谓的明确概念掩盖了生命的真相，而摒弃了心理真实。体验变得有名无实，单薄的名称取而代之，鸠占鹊巢。人们不再对概念负责，这与所谓的观念性同符合契——它使人们不再受体验的困扰。精神不是概念所能囊括的，而是存在于行动和事实中。花言巧语办不了事。然而，这徒劳的行事作风却屡禁不止。

因此，依我的经验，除了习惯性说谎者，最疑难也最不领情的病患就是所谓的知识分子。他们的城府极深，练出了一种"带隔间的心理状态"。理智只要不屈服于感情的控制，是能够解决一切问题的——但感情若是无从表达，仍会使知识分子们受到神经症的折磨。

我邂逅的病患和他们的精神现象，向我展现了无穷无尽的意象长河，我学到了很多很多——不仅是知识，最重要的是对我自身本性的洞察。此外，从错误和失败之中，我学到的也不少。我的病患大部分是女性，她们往往格外尽职尽责、通情达理，极其聪慧地投入治疗工作中。从根本上说，正是因为她们，我才有可能在治疗方面开辟出种种新途径。

我的一些病患变成了我真心实意的弟子，并将我的思想传遍世界。我与他们的友谊数十年来从未中断过。

我的病患使我如此贴近人生的现实，并不知不觉地从他们身上学到了重要的东西。遇到形形色色、心理水平各异的人，对我来说有无与伦比的重要性，更甚于与知名人士交会。我一生中遇到过的最好的、最有意义的谈话对象皆是那些默默无闻的人。

第五章　西格蒙德·弗洛伊德

李孟潮

　　25岁时，荣格就已经读完弗洛伊德的《释梦》。据说《释梦》的第一版只卖了800本，而这800个读者中就有荣格。但是读第一遍时他没有读懂，直到后来他做了联想测验，验证了弗洛伊德理论。他曾经彷徨过，自己究竟要不要提弗洛伊德。经过一番思想斗争后，荣格最后选择诚实面对自己的内心，为弗洛伊德的理论战斗。他写了不少为弗洛伊德辩论的论文，汇集而成其文集的第四卷，这让他丧失了主流学术圈的地位。所以我们看到，荣格认识弗洛伊德的初心，是认识一位被忽视、被误解、被鄙视的老师，同时这位老师又是真理的发现者。

　　32岁时，荣格去了维也纳。第一次见到弗洛伊德时，两个人谈了13个小时。

　　很多人以为荣格和弗洛伊德一开始就亲如一家人，实际上荣格很多时候都不赞成弗洛伊德的性欲观、文明观和宗教观。

　　荣格认为弗洛伊德已经把性欲变成他的神秘主义、宗教信仰。弗洛伊德的权威性因以下几件事在荣格心中逐渐下降：1）弗洛伊德居然遇到打击就会癔症性昏厥；2）弗洛伊德把荣格指定为继承人；3）1909年他们一起释梦时，弗洛伊德拒绝讨论自己的私生活；4）弗洛伊德对有些梦的象征语言的理解无法说服荣格。

　　荣格和弗洛伊德的关系大起大落。如果按照年代顺序来阅读两人的著作，不难发现，两人其实都在暗中吸收对方的观点。比较他们俩的联系和差别这项工作肯定不是一张表格、一篇论文可以完成的,至少需要一本书,甚至很多本书。

早在1999年我国出版的"跨世纪丛书"中,就有一本《从弗洛伊德到荣格:无意识心理学的比较研究》。近年来又有一本新译作《发现无意识:弗洛伊德与荣格》。荣格20卷英文文集的第四卷《弗洛伊德与精神分析》,是荣格自己写的有关弗洛伊德理论的论文,其中包括多篇比较他自己和弗洛伊德的文章,这一卷已经有中文译本。

荣格和弗洛伊德的爱恨情仇,有一本专门的传记,中文版名为《弗洛伊德与荣格:从亲密到陌路》。可以看到,其实荣格自己也对这段关系的破裂负有责任,比如他自己在通信中要求弗洛伊德把他当作儿子来对待。和弗洛伊德决裂后,荣格的中年危机大爆发,走到了几乎精神崩溃的边缘,最后强大的他把中年危机变成了中年转机。下一章将会详细论述。

第五章
西格蒙德·弗洛伊德[1]

我通过成为一名精神病医生，踏上了探索智识发展的旅程。我开始不带任何成见地观察精神病患者，客观中立而仅从外部去看，并因而发现了一些令人惊奇的本性的心理过程。这些过程被草率地视为"病态的"，并已接受过充分的评价，我不带任何一丝主观理解地把这些事情记录下来并加以分类。随着时间的推移，我的兴趣日益集中在那些我感觉可以理解的案例上，即妄想症、躁郁症和心因性失常。自我的精神病学职业生涯伊始，布洛伊尔、弗洛伊德和皮埃尔·让内的著作，便给了我丰富的启发与激励。其中最重要的，是我发现了弗洛伊德的析梦和释梦的技术，为理解精神分裂症的表达形式提供了珍贵的线索。早在1900年，我已读过弗洛伊德的《释梦》[2]。那时候，我

---

[1] 荣格写过许多关于弗洛伊德的文章，本章应被视为一个补充。其中最重要的已收入《弗洛伊德与精神分析》（《荣格文集》第四卷）中。还有《人类、艺术与文学精神》（《荣格文集》第十五卷）中的《历史背景中的弗洛伊德》（1934年）和《纪念西格蒙德·弗洛伊德》（1939年）。——原注

[2] 在为弗洛伊德写的讣文（1939年）中，荣格称这一作品是"划时代的"，"或许是有史以来最大胆的尝试，其以经验为坚实根基，意欲求解潜意识心灵之谜。在我们这些当时还很年轻的精神病学家心中，这本书是……启蒙之光，而对年纪较大的同事来说，它却是个笑柄"。——原注

读完这本书，便把它置于一旁，因为我尚不能完全理解它。25岁的我经历得还太少，欣赏不了弗洛伊德的理论。后来，我的经历渐渐丰富。1903年，我重拾《释梦》，才发现它与我的想法真是同符合契。我最感兴趣的一点，是把从神经症心理学中产生的压抑防御机制（repression mechanism）的概念应用到梦上。这于我而言意义重大，因为我在进行词语联想测验时频繁遇到压抑（repression）——病人在回应某些特定激发词时，要么不能说出联想词，要么反应时间格外长。后来我发现，每当激发词触及心理创伤或冲突时，便会发生上述压抑。大多数情况下，病人对此是无意识的。若被问及产生压抑的原因，病人回答的方式总是奇怪而不自然。读过弗洛伊德的《释梦》后，我便明白了此处是防御机制在起作用，我所观察到的事实与弗洛伊德的理论一致。借此，我印证了弗洛伊德的论点。

若涉及压抑的内容，情况便不同了。这正是我不认同弗洛伊德的地方。他认为产生压抑的原因是性创伤。然而，通过实践，我熟悉许多神经症病例，性欲在其中仅起次要作用，而其他因素起主要作用。如社会适应的问题、生活中的悲惨境遇所带来的压抑感、关于声誉的考虑等。后来，我向弗洛伊德报告了这些病例。不过，他并不同意除性欲以外的因素也会是压抑的根源。我非常不赞同这一点。

起初，我很难在生活中给弗洛伊德安排一个适当的位置，也不知用怎样的态度对待他才是正确的。待渐渐熟悉他的作品之时，我正在进行职业生涯规划，并即将完成一篇能使我在学校得到晋升的论文。当时，弗洛伊德在学术界明显是个不受欢迎的人，科学界的人若与他沾上关系，是有损声名的。"大腕儿"们顶多私下提到他，而在学术会议上，人们只在走廊里讨论他，在台上却避而不谈。因此，当我发现联想测验与弗洛伊德的理论相吻合时，我一点儿也不高兴。

有一次，我正在实验室里反思这些问题，一个邪恶的声音告诉我，我完全可以在发表我的实验结果和结论时不提及弗洛伊德。毕竟我是在得到实验结果之后很久才理解了他著作的含义。但这时，我又听到了另一个声音："你若这么做了，装作不知道弗洛伊德，便是学术造假。你不能把学术生涯建立在谎言之上。"于是，问题迎刃而解。自此以后，我便公开成了弗洛伊德的追随者，为他而战斗。

在慕尼黑的一次会议上，一位报告人在论及强迫性神经官能症时有意避开了弗洛伊德的名字，那是我第一次为弗洛伊德辩护。1906年，我就这一事件为《慕尼黑医学周报》撰文[1]，介绍弗洛伊德的神经症理论，其对强迫性神经官能症的了解做出了很大贡献。这篇文章发表后，有两位德国教授写信警告我，要是我仍站在弗洛伊德一边、继续为他辩护，我的学术生涯便岌岌可危了。我回信道："若弗洛伊德所言确是真理，我就会支持他。如果所谓学术生涯要建立在限制研究、掩蔽真理的基础上，我将弃之如敝屣。"在那之后，我依然为弗洛伊德和他的思想辩护。然而，基于我自己的研究结果，我仍然不能接受一切神经症皆源自性压抑或性创伤的观点。有些案例的确如此，但另一些案例却不是这样。不论如何，弗洛伊德在调查研究方面独辟蹊径，那时他所招致的震耳欲聋的反对声在我看来着实荒谬。[2]

赞同我在《早发性痴呆心理学》中表达的观点的人不多。实际上，我的同事都对我冷嘲热讽。但是凭借这本书，我才认识了弗洛伊德。他邀请我去探访他，1907年3月，我们在维也纳第一次会面。我们在下午

---

[1] 《荣格文集》第四卷《弗洛伊德与精神分析》中的《弗洛伊德的癔症理论：对阿沙芬堡的回应》。——原注

[2] 1906年，荣格将《诊断性联想研究》（见《荣格文集》第二卷，《实验研究》）寄给弗洛伊德，两人即开始通信，一直到1913年。1907年，荣格给弗洛伊德寄去了《早发性痴呆心理学》一书（见《荣格文集》第三卷，《精神疾病的心理机制》）。——原注

一点钟碰头，随即一口气谈了13个小时。弗洛伊德是我遇到的第一个真正重要的人，在我当时见过的人中，没有人能与他比肩。他的态度脚踏实地、一丝不苟。我觉得他非常聪明、睿智、卓尔不群。不过，他给我的第一印象有些复杂，我无法用文字描绘他。

他讲的性理论让我印象深刻。但是，他的话未能消除我的犹豫和疑惑。有好几次我试着提出我的保留性意见，但每次他都将之归结于我缺乏经验。弗洛伊德是对的。在那时，我尚未拥有足够的经验来支持我的反驳。显而易见，不管是从个人还是哲学的角度出发，性理论对他来说都是至关重要的。我对此印象至深，然而我无法确定，如此强调性的作用，在多大程度上受到了他的主观偏见的影响，又在多大程度上是基于确凿的经验。

弗洛伊德对待精神的态度尤其令我大为不解。只要一个人或一件艺术作品显露出精神性（指智识层面的，而非超自然意义上的），他便质疑它，并迂回地证明它是受到了压抑的性欲的影响。不能直接解释为性欲的事物，他称为"心理性欲"（psychosexuality）。我抗议道，按这种逻辑推论，这种假设将导向文化崩塌的判决。这样一来，文化只不过是一场闹剧，成了受压抑的性欲的病态成果。"是的，"他赞同道，"事实如此，而这是命运的诅咒，我们无力与之抗衡。"我无论如何也不同意这一点，也不想就此罢休，但我尚没有能力与他争个对错。

第一次会面时，还有些别的东西让我觉得意味深长。在我们的友谊结束后，我才想出并理解其中意义。毋庸置疑，弗洛伊德无法自拔地陷入他的性理论中去了。当他谈到它时，他的声调变得急促，几近热切，他平时对待事物的批判性和怀疑态度都消失得无影无踪。他的脸上浮现出一种奇怪的、深受感动的表情，我茫然不知其中原因。我有一种强烈的直觉，性理论对他来说是神圣的。三年后（1910年），我们在维也纳进行的另一次谈话证实了这一点。

我仍能清晰地回忆起弗洛伊德对我说的话，弗洛伊德对我说："亲爱的荣格，答应我，永远不要抛弃性理论。这是最本质的东西。你知道的，我们必须使它成为教条，建起不可动摇的堡垒。"他的语气中饱含着感情，口吻如同一位父亲在叮嘱他的孩子："我亲爱的孩子，答应我一件事，今后每个礼拜日你都到教堂去。"我有些吃惊地问："建起堡垒——来抵御什么呢？"他回答道："抵御淤泥里的暗流。"说到这里，他略一迟疑，又补充道——"来自神秘主义的"。最开始，使我感到震惊的是"堡垒"和"教条"这两个词。因为教条，换句话说，是一种不可辩驳的信仰的声明，其设立的目的永远是一劳永逸地镇压疑虑。这便与科学评判一刀两断了，其只受到个人冲动的驱使。

这就是直插我们友谊之心脏的利剑。我知道自己无论如何也不会接受这样的态度。弗洛伊德所说的"神秘主义"背后的含义，实际上与哲学、宗教，包括正在兴起的当代科学超心理学（parapsychology）对心灵的理解如出一辙。对我来说，性理论正像神秘学，换言之，其只是一种未被证明的假设，像其他千千万万的推测性观点一样。在我眼中，作为科学真理的假设，只能在一个时期内存在，但不能被当作信条而永久保留。

尽管我当时对此不甚明了，却在弗洛伊德身上观察到了无意识里宗教因素的爆发。显然，他希望我帮他建立起一道屏障，抵御这些面目狰狞的无意识内容。

这次谈话留给我的印象令我更加困惑不解。那时，我仍不认为性欲是一个珍贵的、濒危的，人们必须对之忠诚的概念。性欲对于弗洛伊德的意义明显多于其他人。对他来说，性欲是如宗教般需要被恪守的东西。面对如此根深蒂固的信念，旁人通常只好三缄其口了。在我几次支支吾吾、欲言又止之后，谈话很快便结束了。

我感到既困惑又窘迫。我感到我瞥见了一个新的、各种新思想蜂拥而至的未知王国。有一件事很清楚：以往一直极为重视无宗教性的弗洛伊德，如今却创立了一种教条。更确切地说，他遗弃了一个忌邪之神（a jealous God），代之以另一个夺目的意象，即性欲。与原先的意象相比，性欲亦不乏坚持、严苛、专横、威胁和道德暧昧的特征。正像精神上的强大寄托被赋予"神圣"或"恶魔"的属性一样，"性的力比多"取代了隐藏之神（deus absconditus）[1]的角色。显然，这种转换对弗洛伊德的好处，在于使他既能够赋予神秘的新原则一种无懈可击的科学性，又得以从一切宗教禁锢中脱离出来。然而实际上，这种神秘性，即理性上无法比较的两个对立物——耶和华和性欲——的心理本质仍是相同的。改变了的只是名称而已。当然，随之改变的还有如下观点：丢失的上帝不再在天上，而应到凡界去寻找了。但是，追根究底，就某种强大的寄托而言，一会儿叫这个名字，一会儿又换一个名字，这有什么差别呢？倘若心理不存在，存在的只有有形的物体，便会一物克一物，取而代之。但事实上，至少在心理体验中绝不会缺少紧迫、焦虑、强迫等。问题仍亟待解决：我们如何才能克服或逃离焦虑、愧疚、罪恶感、冲动、无意识和本能？如果我们无法从光明、理想的一面出发来达成这个目标，或许从黑暗、生物的一面去解答这个问题，我们的胜算才更大一些。

电光石火一般，这些念头在我的脑海里一闪而过。很久之后，当我回想弗洛伊德的性格时，它们的意义方显露出来。在我眼中，他有一个

---

[1] 隐藏之神是《旧约》的一个概念，神以某种方式向人类隐藏自己，无法被人类所认识，指神的智慧深不可测，人类无法得知，神与其创造物人类之间有无限差异。——编者注

特点最为显著：痛苦。我们第一次见面时，这个特点便展现在我眼前，使我震惊，但我却一直无法加以解释，直到我将其与他对待性欲的态度联系起来时才恍然大悟。尽管对弗洛伊德来说性欲无疑是一种神秘之物，他所用的术语和理论却似乎把它单纯看作一种生物学功能。只有在谈及它时他所表现出的情绪性，才揭示了他心中激荡着的更深刻的元素。根本上，他想告诉人们的是——至少在我眼中如此——看本质的话，性欲既包括精神性也具有本身的意义。然而，他所使用的具象化的术语太过狭隘，无从表达这层含义。他给我的印象是，他其实在做有悖于自身目标和自我本身的工作，毕竟再没有比自己与自己仇深似海更让人痛苦了。用他自己的话来说，他感到自己正被"淤泥里的暗流"威胁——他曾比任何人都更想一探这暗流的深浅。

弗洛伊德从不反躬自问，为什么他会不由自主、一刻不停地谈论性，又为什么这种观点让他如此着迷。他从未意识到，他那"千篇一律的阐释"表达了对自身的逃避，或在逃避他身上或许可以成为神秘性的一面。只要他拒绝承认这一面的存在，他就绝不可能与自己和解。他对无意识内容的自相矛盾和模棱两可视若无睹，也不晓得无意识中浮现的一切都有其顶端和底部、内部和外部。当我们只谈论外部时——正像弗洛伊德所做的——我们只考虑到了整体的一半，结果无意识便起到了与之互补的作用。

对于弗洛伊德的这种片面性，我们是无计可施的。也许他自己的某些内在体验会使他大开眼界。不过到时候，他的理智可能会把这样的体验都归于"纯粹是性欲"或"心理性欲"上去。他始终被困于他所能认识到的片面，也因此，我把他看成一个悲剧人物，因为他是一个伟人，亦是一个被自身恶魔限制的人。

在维也纳的第二次谈话之后，我还了解了阿尔弗雷德·阿德勒的权力假说，那是我之前很少注意的。阿德勒像很多儿子一样，继承了其"父亲"的身教而非言传。突然间，厄洛斯[1]和权力的问题像沉重的铅块一样压在了我的心头。弗洛伊德亲口告诉我，他从未读过尼采。然而此刻，我却把弗洛伊德的心理学看作智识历史上的一次巧妙进步，是对尼采奉若神明的权力原则的补充。这个问题显然不能被描述为"弗洛伊德vs.阿德勒"，而应是"弗洛伊德vs.尼采"。因此，我想，这不只是心理病理学领域内的一场争辩了。我渐渐领悟到，厄洛斯和权力驱动力在某种意义上就像龃龉的同父兄弟，或是某个单一的具有激发性的精神力量的两种产物。其在经验上呈现为两种截然相反的形式，像正负电荷一样。厄洛斯就像是动作的承受方，权力驱动力则像施与方，反过来也可以。二者相互依存、密不可分。没有了彼此，单个的内驱力又何以立足呢？一方面，人们屈从于内驱力；但另一方面，人们又企图驾驭它。弗洛伊德的观点体现了个体是如何屈从于内驱力的，而阿德勒的观点则体现了个体如何利用内驱力，来把自己的意志强加于客体之上。尼采由于跳不出自己命运的掌心，不得不给自己创造了一个"超人"的形象。而弗洛伊德，据我推断，他本人一定深受厄洛斯的力量影响，以至他实际上想要把它拔高成一种教条——比青铜还要耐久——就像宗教的守护神那样。众所周知，"查拉图斯特拉"是一位宣福音者，而弗洛伊德亦在此企图击败教会，并神化某个理论。可以肯定的是，弗洛伊德这样做时并不自知；相反，他怀疑我想做先知。在做出了悲剧的论断的同时，他也否决了它。这是人们面对神秘之物时的惯常做法，而且理应如此，因为一方面它们是真实的，另一方面又不是。神秘体验既崇高又

---

[1] 厄洛斯（Eros），希腊神话中的爱神。在弗洛伊德学派术语中厄洛斯为力比多（libido）。在荣格学派术语中，厄洛斯和逻各斯（logos，理性）相对。荣格认为，前者代表对人际关系和整合的力量，后者则代表理智和区分事物的能力。——译者注

卑贱。倘若弗洛伊德对性欲的神秘性的心理真实——既是上帝也是魔鬼——有一丝考虑，他便不会被生物学概念的范畴禁锢了。同样，尼采若是能坚守住人类生存之根基，也就不会因他的过度理性而被世人不容了。

每当心灵受到神秘体验的冲击而动荡不安，人便会处于命悬一线的境地。一旦到了这种境地，有的人会陷入绝对肯定之中，有的人则陷入绝对否定之中。东方人将无净（Nirdvandva）（摆脱二元对立的自由）作为改善这一问题的方法。这一点我铭记在心。心灵的钟摆往返于理智与非理智之间，而不是正确与谬误之间。神秘之物的危险之处在于它会引诱人们走向极端，将适度真理看作绝对真理，也使无关紧要的错误等同于致命错误。万物皆流——昨天的真理成了今天的谎言，而昨天的错误推理却可能变成明天的惊人发现。在心理学问题上更是如此，就算被告知的是真理，我们仍知之甚少。除非微小的、短暂的意识注意到了，否则一切都并不存在，而这代表了什么，我们尚未能理解。

通过与弗洛伊德的谈话，我发现他害怕自己对性的洞见所带来的神秘之光会因"淤泥里的暗流"而熄灭。此处便引出了一个神话中的情境：光明与黑暗的斗争。这证明了性理论的神秘性，也解释了弗洛伊德为何依赖于他那带有宗教般防御性质的教条。我在那之后的著作《力比多的转化和象征》[1]中，论述了英雄为自由而进行的斗争，弗洛伊德对此表现出的好奇促使我进一步去研究这一原型主题及其神话背景。

一方面是性的阐释，另一方面是教条的权力驱动力。多年后，这二

---

[1] 出版于1912年，英文版题为《无意识的心理学》（1917年）。修订版收录在《转化的象征》（1952年）中；英文版题为《转化的象征》（《荣格文集》第五卷，1956年）。——原注

者引我开始考虑类型学（typology）的问题。心灵的两极性和动力学皆是值得研究的。我亦开始研究"神秘主义淤泥里的暗流"，也就是说，我试图厘清作为当代心理学根基的意识和无意识的历史假设，这个研究持续了几十年之久。

我很想知道弗洛伊德对预知未来和超心理学的一般看法。1909年我到维也纳拜访他时，曾问起他对这些事情持何看法。出于唯物主义偏见，他把这一类的问题都斥为无稽之谈，而且还以非常浅薄的实证主义为由，这让我好不容易才把已到嘴边的尖锐反驳咽了回去。直到好几年之后，他才认识到超心理学的严肃性，承认了"神秘"现象的真实性。

在弗洛伊德说这些话的时候，我有一种异样的感觉。我的膈肌好像一块铁板，被烧得赤红——灼热地跳动着。说时迟那时快，我们身边的书柜突然发出一声巨大的爆裂声，我们二人都被吓了一跳，马上站了起来，担心它会倒下来砸在我们身上。我对弗洛伊德说："看吧，这就是一例所谓的催化性外化现象。"

"得了吧，"他大声说，"那是胡说八道。"

"那不是胡说八道，"我答道，"您错了，教授先生。为了证明我的说法，我在此预言，片刻后还会有一声这样的巨响！"果不其然，我的话音刚落，书柜便发出了一声同样的爆裂声。

直到今天，我仍不明白我怎会如此肯定。我只是确信无疑地知道，这声音会再度响起。弗洛伊德目瞪口呆地望着我。我不知道他心里是怎么想的，也不知道他的神情意味着什么。不管怎样，这件事令他开始对我心存疑虑，而我则感到自己做出了违抗他的事情。在那之后，我再也没有跟他提过此事。

1909 年是对我们的关系有决定性意义的一年。我应邀到美国麻省伍斯特市的克拉克大学开设联想测验的讲座。弗洛伊德也独立接到了邀请，我们便决定一同前往。我们在不来梅会合，费伦齐[1]也在这里与我们会合。在不来梅，弗洛伊德昏厥发作，成为日后经常被人们谈论的事件。这件事间接因我对"泥炭沼尸体"的兴趣而造成。我得知，在德国北部的某些地区，曾发现过传说中的沼泽尸体。那是史前人类的尸体，他们或是淹死在沼泽里，或是被埋在了那里。泡着这些尸体的沼泽水含有腐殖酸，能够腐蚀骨骼，同时把皮肤鞣成棕色，使皮肤和头发保存得十分完好。其本质是一种自然干尸化的过程，在此期间尸体会由于泥炭的重量而被压得扁平。在德国的荷尔斯泰因（Holstein）、丹麦和瑞典，泥炭采挖者有时会挖出这样的遗骸。

我读过关于泥炭沼尸体的资料，在不来梅时，我便想起了它们，但是头脑昏昏然，把它们和当地地下室的木乃伊搞混了。我的兴致勃勃使弗洛伊德有些烦躁。"你为什么这么关心这些尸体呢？"他这样问了我好几次。他对整件事表现出不同寻常的恼怒，在某一次他又为此事生气时，我们正一起进餐，他突然就晕了过去。过后他对我说，他确信我如此喋喋不休地谈论尸体，其实是希望他死掉。这个说法让我大吃一惊。令我震惊的是他的幻象的强度——竟是这么鲜明，足以让他晕倒。

无独有偶，弗洛伊德在一个类似的场合下又在我面前晕倒了。那是在1912年的慕尼黑精神分析大会期间。有人提起了阿蒙诺菲斯四世（Amenophis Ⅳ，即阿肯那顿）[2]。大意是由于阿蒙诺菲斯四世对他的父亲持一种否定态度，才凿毁了他父亲的石碑上写有名字的部分，而他创立一神论宗教的伟大行为背后，潜藏的是恋父情结。这种看法激怒了

---

[1] 桑多尔·费伦齐（Sándor Ferenczi，1873—1933），匈牙利心理学家，精神分析学派的重要理论家，与弗洛伊德交往甚密。——译者注

[2] 埃及第十八王朝的法老，于公元前1353年到公元前1336年在位，在位期间进行宗教改革，引入对太阳神阿顿（Aten）的一神论崇拜，并将自己定位为阿顿神与人们之间的联系中介。——编者注

我，我便试图和他争辩，阿蒙诺菲斯四世是个既富有创造性又极度虔诚的人，他的所作所为并不能用他反对父亲的个人情感来解释。我还说，恰恰相反，他一直怀着崇敬之心纪念他的父亲，而他的破坏热情只针对阿蒙（Amon）神的名字，他在所有地方都废除了这个名字，所以他才凿去了他父亲阿蒙霍特普三世（Amon-hotep）石碑上的"阿蒙"两个字。而且，其他法老也会用自己的名字取代纪念碑或雕像上的真实祖先或神话始祖的名字。因为他们觉得，既然自己也是同一个神的化身，就有权利这样做。我还指出，他们既没有开启新历，也没有创立新的宗教。

就在这个时候，弗洛伊德滑出了椅子，晕了过去。大家手足无措地围住了他。我扶起他来，搀他走进了隔壁的房间，让他躺在沙发上。在我搀起他的时候，他已半醒过来，我永远忘不了他看我的眼神。他虚弱地望着我，好像把我当成了他的父亲。暂不提造成他晕倒的其他原因——毕竟当时的气氛剑拔弩张——两次晕倒的共同原因皆是弒父的幻想。

那时，弗洛伊德常常拐弯抹角，暗示他把我当作他的继承人。这些暗示令我左右为难，因为我知道，我绝无可能正确地，即遵照他的本意，来维护他的观点。况且，我还未能完善我的批评，不能使他刮目相看，而我对他是如此尊敬，也不想逼得他最终和我的观点针锋相对。我丝毫没有被赋予重任的念头迷惑，这对我来说真的太过沉重，我难以担当团体领袖的重任。第一，这种事情不符合我的天性；第二，我不想牺牲思想的独立性；第三，这样的荣耀会使我偏离我真正的目标，我很不喜欢这样。我在乎的是探索真理，而不是个人的威望。

1909年，从不来梅到美国的旅程用了7个星期。我们每天都聚在一起，对彼此的梦进行分析。那期间我做了许多重要的梦，但弗洛伊德不能理解其中含义。我并没有因此而对他产生什么看法，因为确实有时就连最好的分析师也无法解开梦的谜题。人无完人，我绝不会因此想要停止我们对梦的分析。其实，这些分析对我来说很重要，而且我们的关系也是难能可贵的。我把弗洛伊德看作一位年长的、更成熟也更有历练的人，我便以后辈晚生自居。然而，后来发生的一些事，却最终给整个关系带来了沉重的打击。

弗洛伊德做了一个梦——这个梦所包含的问题我认为不适合在此公开。我使出浑身解数来解这个梦，还补充说，要是他能给我提供更多他的私生活的细节，我还可以给出更多的解释。弗洛伊德听了这句话，探询似的看了我一眼——那眼神真是疑心重重。然后他说："我可不能用我的权威来冒险！"从那一刻起，他的权威已荡然无存了。这句话烙入了我的记忆，也成了我们关系终结的前兆。弗洛伊德已把个人的权威凌驾于真理之上了。

正如我提过的，对于我当时做的一些梦，弗洛伊德只能够进行不完全的解释，甚至根本做不出解释。那些梦含有集体性的内容，充斥着大量象征性素材。其中一个梦对我来说尤其重要，因为是它第一次把我引向了"集体无意识"的概念，还因此作为引子引出了我的那本《力比多的转化和象征》[1]。

那个梦是这样的：我在一座不认识的房子里，房子有两层高。它是"我家的房子"。我发现自己身处二楼，那里是一个讲究的客厅，陈设着洛可可风格的精美旧家具。墙上挂着一些珍贵的古画。我奇怪这竟是我的家，不过心想："这倒不错。"然后，我突然想起，我还不知道底楼是什么样子呢。于是我走下楼梯，来到了一楼。这里的一切东西更为

---

[1] 《无意识的心理学》。修订版收录在《转化的象征》（《荣格文集》第五卷）中。——原注

古老，我意识到，房子的这一部分很可能建于15世纪或16世纪。室内陈设皆是中世纪的风格，地上铺着红砖。房子到处都相当阴暗。我从一个房间走到另一个房间，心里想道："那我可得探究一下这整座房子。"我来到一扇厚重的门前，用力推开它。在门后边，我发现了通向地下室的石砌楼梯。我便走下去，来到了一个有着美丽拱顶的、看起来极其古老的房间里。环望四壁，我发现在普通的石块之间砌有一层层的砖块，用于黏合的罗马砂浆里满是砖块碎片。我一看便知，这些墙壁可以上溯到罗马时代。于是，我感到兴趣盎然，更加仔细地观察起地板来。地板由石板铺就，我在一块石板上发现了一个拉环。拉动这个环，石板应声而起，下面又是一道逼仄的石砌楼梯，通往更深处。我再度顺着石级走了下去，进入了一个在岩石中凿出的低矮洞穴。地上覆盖着厚厚一层灰尘，灰尘中散布着零星的骨骼和陶瓷碎片，就像是某种原始文明的遗物。我还发现了两个人类的头骨，显然年代久远，几乎一触即碎。这时，我从梦中醒来。

这个梦里，最让弗洛伊德感兴趣的是那两个头骨。他一而再，再而三地提到它们，坚持要我想出与此有关的一个愿望。我是怎么看这两个头骨？它们是谁的头骨？当然，我非常清楚他的用意所在：这个梦里隐藏着隐秘的死亡愿望（death-wish）。"可是，他究竟想让我说些什么呢？"我不禁暗自忖度。我对谁有死亡愿望呢？我对这类阐释感到非常抵触。我亦隐隐约约地知道这个梦的真实含义到底是什么。但我那时并不相信自己的判断，而想听听弗洛伊德的看法。我想从他那里学些东西。所以，我顺着他的意思做出了妥协，说道："我的妻子和妻妹"——毕竟，被暗暗地希望死去的人得与我关系亲密才行啊！

当时我新婚不久，十分清楚地知道，我心里根本没有这样的愿望。但是，我知道如果把自己分析这个梦的看法告诉弗洛伊德，便一定会遭到他的不理解和强烈的抗拒。我不认为与他争吵是适宜的举动，而且我也担心会因为坚持自己的观点而失去与他的友谊。再者，我很想知道他会从我的回答里得出什么结论，还有，我想知道当我用符合他的理论的话来蒙蔽他时，他的反应又会是怎样的。于是我便向他撒了谎。

我很清楚，我的举动并非无可指摘，但这是权宜之计！要让他洞悉我的精神世界是不可能的。我们的精神世界之间有着不可逾越的鸿沟。事实上，弗洛伊德听了我的回答似乎松了一口气。从这件事上，我看出来他对处理某些类型的梦束手无策，只到他的教条中寻求庇护。我意识到，我应该依靠自己来找出这个梦的真正意义。

一目了然，房子所表现的是心灵的一种意象，也就是说，代表了我当下的意识状态，以及迄今为止的无意识附加物。讲究的客厅代表着意识。尽管它样式陈旧，却有着有人居住的气息。

第一层楼代表的是无意识的第一个层次。我向下走得越深，景象便越是陌生和阴暗。在洞穴中，我发现的是原始文明的遗骸，那是我体内的原始人的世界——这个世界几乎不曾被意识抵达或启发。人类的原始心灵与动物的心灵生活很是接近，正如史前时期的洞穴一样，在被人类占有之前，常常是野兽的栖居之所。

在这期间我已有所察觉，弗洛伊德和我对待理性的态度是截然不同的。我成长于19世纪末巴塞尔浓厚历史的氛围中，又拜古代哲学家的作品所赐，学到了一些心理学史的知识。每当我考虑梦和无意识的内容时，我总是免不了要做一下历史比较；大学时代，我也一直在使用克鲁格的那本老哲学辞典。我对18世纪到19世纪初的作家特别熟悉。他们所构筑的世界，便是我梦中顶楼客厅的氛围的源头。与此形成对比，我印象中弗洛伊德的知识史则来自毕希纳[1]、莫尔司各特[2]、杜波依斯–雷蒙德[3]和达尔文[4]。

这个梦告诉我，除上述情形外，意识还有更广泛的范畴：长久无人居住的中世纪风格的底楼，罗马式的地下室，还有最深处的史前洞穴——通通暗示着意识所经过的时代和阶段。

这个梦出现的前几天，有些问题萦绕在我心头。例如：弗洛伊德心理学建立在什么前提之上？它属于人类思维的哪一个层次？其中唯我独尊的人格主义与一般的历史性假设有着怎样的关系？我的梦把答案告诉了我。它明确指出心灵的根基是文化史——环环相扣的意识。我的梦专门勾勒了一幅人类心灵的结构图表，它假定心灵背后存在着某种总体的、非个人化的天性。这个梦让我茅塞顿开——它是一个起着向导作用的意象，而随后它将逐渐得到证实，并令我自始至终无从置喙。这就是我最初的一点儿模糊的想法，有一个先验的集体存在于个体心灵的背后。一开始，我把集体看成初期的机能模式遗留下来的印迹。后来，随着经验的积累，亦有更加可靠的知识作为支撑，我才发现所谓集体其实是本能的表现形式，即原型。

我实在无法苟同弗洛伊德把梦当作"假象"的观点，他认为梦的含义隐没在假象背后——这种含义虽已被无意识知晓，但可谓是恶意地不让它进入意识中。我却觉得，梦是天性的一个部分，并不含有欺骗的目

---

[1] 毕希纳（Friedrich Karl Christian Ludwig Büchner，1824—1899），德国哲学家、生理学家和医生。——译者注

[2] 莫尔司各特（Jacob Moleschott，1822—1893），荷兰生理学家、作家和营养学家。——译者注

[3] 杜波依斯–雷蒙德（Emil du Bois-Reymond，1818—1896），德国医生、生理学家，神经动作电位的发现者，电生理实验之父。——译者注

[4] 达尔文（Charles Robert Darwin，1809—1882），英国皇家学会会员，博物学家，进化论的提出者。——译者注

的，而是全心全意地去表达某种含义，就像植物全心全意地生长，动物全心全意地寻找食物一样。这些生命形态，同样也不曾想要蒙蔽我们的双眼，而我们偶尔会自欺欺人，只是因为自己的目光太过短浅。同样，如果我们听错了，那是因为我们听力不佳——而不是我们的耳朵有意欺骗我们。在与弗洛伊德见面以前，我早已认定无意识及为其代言的梦都是自然过程，它们没有任何武断的、尤其是欺诈的属性。我觉得没有理由去假设，意识的花招把戏能够推广到无意识这种自然过程上。正相反，日常经验告诉我，无意识是以相当强烈的抵抗，反抗着有意识思维的种种恶习的。

关于房子的梦激发了我的求知欲：它重新唤起了我昔日对考古学的兴趣。返回苏黎世后，我重拾一本有关巴比伦出土文物的书，还读了很多神话著作。在阅读的过程中，我无意中发现了弗里德里希·克鲁泽[1]的《古老民族的象征与神话》[2]——真让我大开眼界！我疯狂地沉浸在阅读中，如痴如醉地读完了堆积如山的神话资料，然后又读了诺斯替教派[3]的著作，看得云里雾里。我发现自己处于困惑不解的状态中，很像我在医院里试图理解精神病患者的心理状态时的那种体验。我仿佛置身于一所假想的精神病院里，开始诊治和分析克鲁泽作品中的马人、山林水泽的仙女、诸男神和女神，好像他们是我的病人一样。我忙得不亦乐乎，不禁发现古代神话和原始人心理之间有着紧密的联系，这使我投入

---

[1] 弗里德里希·克鲁泽（Georg Friedrich Creuzer，1771—1858），德国语言学家、考古学家。——译者注

[2] 《古老民族的象征与神话》，莱比锡与达姆施塔特，1810—1823年。——原注

[3] 诺斯替教派（Gnosticism），罗马帝国时期地中海东部沿岸的许多神秘主义教派的统称。起源于公元1世纪，盛于2—3世纪，亡于6世纪。其教义认为物质和肉体都是罪恶的，只有领悟神秘的"诺斯"（希腊文gnosis，即"灵知"）才能使灵魂得救。——译者注

原始人心理的深入研究中去了。

在做这些研究的同时，我无意中读到了一位我完全不认识的美国姑娘——米勒小姐的幻想。这一素材由我所敬重的、慈父般的朋友西奥多·弗劳内伊发表在《心理学档案》（日内瓦）上。这些幻想的神话特征当场便深深地打动了我。它们像催化剂那样，作用于我心中日积月累却仍杂乱无章的思想。渐渐地，从这些幻象和我已有的神话知识之中，《力比多的转化和象征》一书成形了。

在我写那本书的时候，我做的一些梦，预示着我和弗洛伊德即将分道扬镳。其中最重要的一个梦取景自瑞士和奥地利交界处的一个山区。梦中时近黄昏，我看见一位穿着奥地利帝国海关官员制服的老人。他从我身边走过，有点儿驼背，完全没有注意到我。他的表情乖僻，心事重重，不胜烦恼。梦中也出现了其他人，其中一人告诉我，这位老人并不是真的存在，而是去世多年的一位海关官员的灵魂。"他是那种至今仍不能够真正死去的人。"以上是我的梦的第一部分。

我开始分析这个梦。关于"海关"，我立刻想到了"审查机构"这个词。对于"交界"，我一方面想到的是意识与无意识的边界，另一方面则想到弗洛伊德的观点与我的观点之间的界限。边境十分严格的海关检查，在我看来是对分析的影射。在边境，我们会开箱检查有无违禁品。在检查的过程中，无意识的图谋不轨便被揭发出来了。至于那位年老的海关官员，他显然没能从他的工作中得到快乐和满足感，所以他才用一种尖酸刻薄的眼光看待世界。我无可避免地在他身上看到了弗洛伊德的影子。

到这时为止，弗洛伊德在我眼中已经不那么权威了。不过我仍把他看作一位长者，我在他身上投射了父亲的形象，即使是做这个梦时，这种投射仍不曾有一点儿消退。只要产生了这样的投射，我们便不再客观了，我们便会陷入矛盾的状态之中。我们一面依赖，一面又抗拒。在这个梦出现之时，我对弗洛伊德的评价依然很高，但与此同时，我也在批判他。这种矛盾的态度是一种迹象，说明我对当下局势无知无觉，更不用说做出什么决断了。这是投射所共有的特点。这个梦促使我认识到了弄清当下局势的必要性。

在弗洛伊德个性的影响下，我已全然抛弃了自己的判断，把自己的批判束之高阁。这是我与他合作的前提。我告诉自己："弗洛伊德远比你更加博学，更加练达，所以目前，你必须乖乖听他的话，向他学习。"然后，出人意料地，我竟在梦中把他变成了性格乖僻的奥地利帝国海关官员，一位已死海关稽查员仍在游荡的灵魂。难道这就是弗洛伊德暗示过的，我抱有针对他的死亡愿望吗？但我并不认为自己心中任何一个角落会通常抱有这种愿望，因为我是不惜一切代价希望与弗洛伊德合作的，坦诚地说，从个人利益角度来说，我希望能够分享他丰富的经验。他的友谊对我而言意义重大。我没有任何理由希望他死去。或者，这个梦也可能是对我意识里的赞扬和钦佩的一种补偿、矫正或一剂解毒药。所以，它建议我应对弗洛伊德持一种更具批判性的态度。这让我深感震惊，尽管梦的最后一句话似乎在暗示弗洛伊德可能会名垂后世。

这个梦并没有终止于海关官员相关的情节，片刻后我还做了第二段更为不同寻常的梦。我梦见我在一个意大利城市里，时值正午，大约12点到下午1点。酷日当头，炙烤着狭窄的街道。这个城市依山而建，使我想到了巴塞尔一个独特的地区，科尔伯格（Kohlenberg）。波西格塔尔（Birsigtal）山谷横穿整个城市，通向山谷的狭小街道有一部分铺了台阶。梦里，有一段台阶向下通往巴弗塞广场（Barfüsserplatz）。这个城市是巴塞尔，同时也是一个意大利城市，有点儿像贝加莫（Bergamo）。时值夏日，烈阳当空，万物暴晒于强光之下。人群川流不息，向我涌来。我知道店铺快要打烊了，人们正走在回家吃饭的路上。在人流之中，有一位全副武装的骑士。他正迎着我拾级而上。他头戴一种名叫轻钢盔的头盔，眼部有窥缝，身穿金属环套扣而成的锁子甲。锁子甲上罩有一件白色长袍，长袍的前后都织着很大的红色十字。

我此时的感受可想而知：在一个现代城市里，正值中午的下班高峰期，一名十字军战士向我走来。尤其让我觉得蹊跷的是，路过的诸多行人中似乎没有人注意到他。没有人回头或盯着他看。就好像他是个隐身人，除我之外谁也看不见他。我问自己，这个幽灵意味着什么，随后仿佛有一个声音回答我，实际却没有人在讲话："不错，这个幽灵是这里的常客。这位骑士总是在12点到下午1点间经过此处，迄今已有很长时间了（我想，该有好几个世纪了），大家都对此习以为常。"

骑士和海关官员是两个对比鲜明的人物。海关官员是面目模糊的，是个"至今仍不能够真正死去"的人——一个正在消散的魂魄。然而，骑士却生气勃勃，十分真切。梦的第二部分显得神圣无比，而两国交界处的场景却平淡无奇，其本身并不让人印象深刻。我到后来反思时才忽有所感。

做完这两个梦之后一段时间，我反复揣摩骑士这个神秘的人物。然而，直到很晚，在我对这个梦苦思冥想了许久之后，我才略知其中意义。甚至在梦里，我就已经知道这名骑士来自12世纪。这正是炼金术开始萌芽的时期，也是寻找圣杯[1]的时期。15岁时，我第一次读到这些故事，便认为圣杯的故事十分重要。我模模糊糊地感到，这些故事的背后仍藏着一个巨大的秘密。因此，这个梦能够呈现出与寻找圣杯的圣殿山骑士团及其使命有关的场景，对我来说很是自然——因为从最深层的意

---

[1] 圣杯（Holy Grail），相传是耶稣在最后的晚餐时使用的餐具，罗马教廷为了寻找失踪的约柜和圣杯而派出十字军东征。——译者注

义上来说，这是我自己的一番天地，与弗洛伊德的世界几乎毫不相关。我一直在用整个身心探索某种未知的东西，它们或许可以赋予平庸的生活以意义。

喜欢探索的头脑付出了一切努力，但在心灵深处除了尽人皆知和"人之常情"的局限性，似乎什么都没有发现，这令我大为失望。我在乡下长大，邻里皆是农民，我从他们粗俗幽默的智慧和民间传说不受拘束的想象力中，看到了我在学校里学不到的东西。乱伦和性错乱对我来说并不是值得注意的新鲜事，也无须任何特别说明。它们与犯罪行为一起构成了阴暗面，向我毫发毕现地展示了人类存在的丑恶和无意义，败坏了生活的滋味。蔬菜在粪肥的浇灌下欣欣向荣，我对之习以为常。说实话，我在这些知识中并未得到有益的深刻见解。"很多事都仅仅是因为城里人对自然和人类的肮脏一无所知。"我想，心中十分厌倦这些丑陋的事物。

对自然全无所知的人当然会患上神经症，因为他们不能适应现实。他们太过天真，好像无知小儿，因而有必要将生活的实情告诉他们，比方说——向他们指明他们与其他所有人类别无二致。并不是说这样的启迪便可以治愈神经症；他们只有从平庸的淤泥中爬上岸来，才有可能恢复健康。但是，他们很喜欢在早先被压抑的内容中徘徊不前。毕竟理论教人们只关注被压抑的内容、除了应摒弃幼稚这一理性的或"合理的"禁令外再无其他，倘若分析无法让人们认识到不同的、更好的事物，他们又怎能跳出淤泥呢？这恰恰是他们力所不及的，因为他们尚未找到立足之地，怎么能要求他们做到这一点呢？我们不能简单地抛弃一种生活形态，除非可以用另一种生活形态取而代之。至于完全合理的生活方法，正如经验所示，是不可能实现的，尤其是当一个人天生就像神经症患者一样不理智的时候。

我终于明白了为何弗洛伊德的个体心理学（personal psychology）如此强烈地吸引着我。我迫切想要知道他的"合理的解决方案"（reasonable solution）的真相，而且准备不惜一切代价地获得这个答案。彼时彼刻，我感到自己正在接近真相。早在我们出行美国之时，我已发现弗洛伊德本人也患有神经症，不仅确诊无疑，症状还十分棘手。诚然，他曾教导过我，每个人或多或少都是有神经症的，我们必须学会容忍。但我不曾想过要满足于此，我甚至想知道一个人怎样才能避免患神经症。如果连导师都对付不了自己的神经症，那么显然弗洛伊德和他的门生都不会知道精神分析的理论与实践究竟有什么意义。于是，当弗洛伊德宣布，他想让理论与方法同一化，并把它们变成某种教条时，我便再也不能同他合作了。除了退出，我别无选择。

当我那本关于力比多的书写到"牺牲"[1]一章的尾声时，我已预见到此书的出版将以我与弗洛伊德友谊的终结为代价。因为我计划在这章中论述我个人对乱伦的看法，对力比多的概念进行关键性的改革，还写了许多我与弗洛伊德的龃龉。我认为，只有在极罕见的案例中，乱伦才是个人精神障碍的表现。而一般而言，乱伦有着极具宗教性的一面，因此，乱伦的主题在几乎所有的宇宙起源论和不计其数的神话中扮演着重要角色。但弗洛伊德却只抓住其字面意思，未能将乱伦作为一种象征，去把握它在精神层面的重要性。我深知他绝对不会接受我就这个主题发表的任何观点。

我与妻子谈及此事，告诉她我的担心。她试图宽慰我，因为她觉得弗洛伊德宽宏大量，不会提出反对意见，尽管他可能并不接受我的观点。我自己却深觉他不会善罢甘休。一连两个月，我无法提笔，为此矛

---

[1]　牺牲（The Sacrifice）是《力比多的转化和象征》一书的最后一章。——译者注

盾痛苦不已。我应该保留自己的想法，还是要冒着失去一段至关重要的友谊的风险？最终，我决定继续写下去——而它的确使我和弗洛伊德的友谊毁于一旦。

与弗洛伊德决裂之后，我全部的朋友和熟人一个个离我而去。我的书被说成是一派胡言，我成了一个神秘主义者，至此，事情便无法挽回了。只有里克林与梅达[1]追随着我。不过我早料到自己会被孤立，并不曾对那些所谓的朋友的反应抱有幻想。我事先已经充分考虑到了这一点。我早知道一切都岌岌可危，但我必须就自己的信念表态。我意识到，"牺牲"一章也意味着我个人做出的牺牲。由于洞悉了这一切，我才能够再度提笔，尽管我知道我的观点将不被世人理解。

回顾过去，我可以说，我是唯一对弗洛伊德最感兴趣的两个问题——"原始遗迹"问题和性欲问题——进行深入探索的人。人们常常会误以为我忽略了性欲的价值。其实不然，性欲在我的心理学研究中亦有着重要地位，它是心灵完整性的一个基本的——尽管不是唯一的——表现。但是，我主要关心的是研究性欲的精神层面和神秘含义，而不是它的个人意义和生物学功能，并由此解释弗洛伊德醉心其中却没能领会的内容。关于这一主题的思考收入了《移情心理学》[2]和《神秘合体》[3]中。性欲是地下精神（chthonic spirit）的体现，具有至高的重要性。这种精神就是"上帝的另一面"，即上帝意象的阴暗面。自从我开始钻研炼金术这一领域，有关地下精神的问题便困扰着我。从根本上说，这一兴趣是由早期与弗洛伊德的谈话所唤起的，那时，我为他沉迷

---

[1] 梅达（Alphonse Maeder，1882—1971），瑞士医生，专攻精神病学和心理治疗。——译者注

[2] 《心理治疗实践》中的一章，《荣格文集》第十六卷。——原注

[3] 《荣格文集》第十四卷。——原注

于性欲现象而感到困惑不解。

弗洛伊德的最大成就当数他认真地对待神经症患者，探究他们独特的个体心理。他有胆量让个案的资料自陈事实，这使他得以深入探究病人的真实心理。打个比方，他用病人的眼睛看世界，因而他对精神疾病的了解，比以往任何时候都更深刻。在这方面，他没有偏见，勇气十足，并成功地改变了众人的成见。他像《旧约》里面的先知，颠覆了虚假的神祇，掀开了掩盖欺骗与伪善的面纱，无情地揭露出当代人们心灵的腐化堕落。面对这样一份事业所带来的不得人心，他毫不动摇。他施与我们文明的推动力，源自他发现了一条通向无意识的途径。通过判断梦是有关无意识过程的最重要的信息源，他帮人类找回了一种似乎早已彻底遗失了的工具。他在经验上证明了无意识心灵的存在，而此前无意识心灵一直仅仅是一种哲学上的假定，尤其是在卡鲁斯[1]和哈德曼[2]的哲学中。

可以说，尽管现代人已经与无意识概念面面相觑了半个多世纪，当代文化意识仍未把无意识的概念及其所意味的一切纳入一般的哲学中。精神生活具有两极性，这是最基本的洞见，使人们消化吸收这一观点在今后仍然任重道远。

---

[1] 卡鲁斯（Carl Gustav Carus，1789—1869），德国生理学家和画家。——译者注

[2] 哈德曼（Karl Robert Eduard von Hartmann，1842—1906），德国哲学家。——译者注

第六章　与无意识的面质

李孟潮

这一章主要记录了荣格在和弗洛伊德决裂后经历的心理历程，是对荣格的自性化至关重要的一个阶段。读者们在看完这一章后难免会产生以下疑惑：荣格怎么和弗洛伊德闹翻了就会出现幻觉？我们可以先回答此类问题。

问题1：荣格为何会出现幻觉？显然，大部分人和朋友或者老师闹翻后不会出现幻觉。

答：导致荣格出现幻觉的因素，一是他和他母亲一样，可能天生就携带了容易出现幻觉的基因。二是在童年和少年时期的多重创伤刺激下，他的主管幻觉的基因可能被激活了，从而出现各种幻觉和梦境，这些幻觉和梦境往往是有疗愈作用的。三是荣格中年期再次受到巨大创伤和压力。和弗洛伊德的友情使荣格首先失去了在精神医学界大好青年的前途，接着婚外恋、医患恋又使他正派医生、青年教授、好丈夫、好爸爸的名声蒙上了阴影，而他牺牲这么大换来的友情和爱情，居然在一年内就再度失去。

问题2：幻觉一般如何治疗？

答：对幻觉的治疗，包括药物治疗、透颅磁刺激、认知行为治疗、注意力训练、接纳与承诺疗法、竞争性记忆训练等，可以参考两本书——《幻觉：治疗和应对手册》和《重性精神疾病的认知行为治疗》。

问题3：荣格的记录和分析起到了怎样的作用？为何及如何发挥作用？

答：如今，我们称荣格的记录和分析为"疗愈日记"，它几乎是所有心理治疗流派都会使用的家庭作业和练习。这本自传乃至荣格的大部分学术著作的核心理念，就来自他的两本疗愈日记——《红书》和《黑书》。在这两本书中，我们看到，他使用了艺术治疗（包括绘画和诗歌）、自我分析等技术。其治疗原理就是在导读中阐述的自性化过程。

在本章，荣格记录了《红书》和《黑书》中出现的一些人物形象，最主要的是他的灵性上师——腓利门。要想理解这些人物，仅看这本自传未免有些雾里看花，读者们可以在《红书》中看到，腓利门等神仙鬼怪的出现隐没，似《西游记》一般曲折。《红书》的中文版在编辑的努力下，甚至在内容呈现上超过了原版的编排，我个人也为《红书》做过35次演讲课的导读。荣格还描述了《红书》中《向死者的七次布道》的写作过程。这篇文章对荣格及其重要，因为它是整个荣格心理学的核心思想，见本书附录。

荣格在和弗洛伊德决裂后，开始发展自己的治疗风格并开始思考现代人如何发展自己的"神话"。多年之后，这个困惑在坎贝尔的《千面英雄》等系列著作中，得到了部分解答。

第六章
与无意识的面质

在与弗洛伊德分道扬镳之后，有一段时间，我心中颇为忐忑不安。说是茫然不知何去何从也毫不为过。我感觉仿佛整个人都浮在空中，因为我尚未找到自己的根基。当务之急，是发展一种对待病人的新态度。我决定暂时不把任何理论前提强加给他们，而是等待并观察他们会自愿说些什么。我的目标是顺其自然。结果，病人便自发地向我报告他们的梦和幻想，而我则只需要问："那么您能想到什么有关的事吗？"或者，"您具体指的是什么，这种想法是从哪儿来的，而您对此还有什么想法？"分析似乎跟着他们的步调，从病人的回答和联想中出来了。我摒弃了所有的理论观点，只是协助病人自己去理解梦中意象，不运用任何规则和理论。

我很快便意识到，用这种方法对待梦，并将之作为分析的基础是正确的，因为这正是梦的意图。我们必须从梦的事实出发。当然，这一方法所导致的结果多种多样，对分类标准的需求变得日益迫切——几乎可以说，需要某种初始的定位。

大约这个时候，我经历了一段头脑异常清晰的时期，回顾了我此前走过的路。我心想："现在你已掌握了打开神话大门的钥匙，还可以随时打开无意识心灵的所有大门。"但是这时,有个声音在我耳畔轻语:"为什么要把全部的门都打开呢?"旋即产生了一个问题:我究竟取得了什么成绩?我解释了过去人们的神话,我写出了一本关于英雄和人们曾生活在其中的神话的书。但是今天,人们是生活在什么样的神话里呢?答案或许是,在基督教的神话里。"你也身在其间吗?"我问自己。老实说,答案是否定的。对我来说,那并不是我生活的依托。"那么,我们不再有神话了吗?""是的,显然我们不再有神话了。""但这样的话,你的神话——你生活在其中的神话——又是什么呢?"此时,我与自己的谈话开始变得令人不安,我便不再去想。我钻进了一条死胡同。

随后,在1912年的圣诞节前后,我做了一个梦。梦里,我发现自己身处一座华美的意大利凉廊里。凉廊由廊柱支撑,地面铺着大理石,还有大理石栏杆。我正坐在一把文艺复兴时期的金色扶手椅上,我的面前是一张美丽无双的桌子。桌子用绿色的石头制成,像是翡翠。我坐在那儿,向远处眺望,因为凉廊高筑于城堡的塔楼之上。我的孩子们也围桌而坐。

忽然,一只白色的鸟落了下来,是一只小海鸥或者鸽子。它优雅地停在桌面上休息,我示意孩子们坐着别动,免得吓跑这只美丽的白色小鸟。一眨眼的工夫,这只鸽子变成了一个小女孩,年纪大约八岁,长着满头金发。她和孩子们一起跑开了,在城堡的廊柱之间嬉戏起来。

我陷入了沉思之中,琢磨我刚才经历的是什么事。那个小女孩回来了,温柔地用双臂搂住了我的脖子。然后她突然消失了。此时鸽子再度出现,用人的声音向我缓缓说道:"只有夜幕刚刚降临的几个小时里,我才能化为人形,因为那个时候雄鸽子正忙着埋葬那十二位死者。"然后她便飞走了,消失无踪,我醒了过来。

这个梦令我极感兴趣。一只雄鸽子和十二位死者有什么关系呢？由那张翡翠桌子，我联想到了翡翠板[1]的故事，想起了炼金术传说中三倍伟大的赫尔墨斯[2]的翡翠板。传说他死后留下了一张石板，上面用希腊文刻着炼金术智慧基本宗旨。

我还想到了十二门徒，一年中的十二个月，黄道十二宫，等等。但我参不破这个谜题。最后我只好放弃了这种努力。我只能肯定这个梦表现了无意识的一种不寻常的活动。但是我却找不到一种技术能让我触及内心过程的核心，所以我什么都不能做，只好等待，继续我的生活，密切注意着我的幻想。

有一个幻象不断地重复着：当下有某种东西死去了，而它又活着。比如说，尸体放进了焚化炉，但随后却发现人还活着。这些幻象重复到了顶点后，又融入了另一个梦。

我在一个貌似阿尔勒（Arles）附近的阿利斯堪普斯（Alyscamps）地区。那里有一条源自墨洛温王朝时代[3]的石棺巷道。在梦中，我从城里出来，看见眼前有一条类似的巷道，沿街有一长列坟墓。这些坟墓的基座上铺有石板，死者就躺在石板上。这使我想起了古老教堂里的穹形墓穴，身披盔甲的骑士们伸手伸脚地躺在里面。我梦里的死者就这样躺着，穿着古代的服饰，双手合十，区别在于他们不是用石头凿成的，而是用某种古怪的工艺木乃伊化了。我一动不动地站在第一个坟前，看着死者，一个18世纪30年代的人。我颇感兴趣地观察着他的着装，这时他

---

[1] 翡翠板（Tabula Smaragdina），上面记载着炼金术的全部奥秘。——译者注

[2] 三倍伟大的赫尔墨斯（Hermes Trismegistos），翡翠板的主人，《秘义集成》（*Corpus Hermeticum*）的作者。三倍伟大是指他通晓炼金术、占星术、神通术三种智慧。——译者注

[3] 墨洛温王朝（Merovingian），5—8世纪之间的一个法兰克王朝，其领地包括高卢大部分地区，也就是现今的法国。——译者注

却突然动了一下，苏醒过来。他松开了双手，这只是我在看他的缘故。我感到十分不快，于是便继续向前走，来到了另一具尸体的旁边。他也属于18世纪。同样的事再度发生了：当我看着他时，他醒了过来，动了动他的手。我沿着整排尸体继续走，直到12世纪，也就是说，我来到了一名穿着锁子甲的十字军战士的尸体面前，他也双手合十地躺在那里。他的形体就像是木头雕刻的一样。我看了他好久，心想他确实是死了的。但是突然间，我看到他左手的一只手指开始轻轻地动起来。

诚然，我最初亦持弗洛伊德的观点，认为旧日经历的遗迹存在于无意识中。[1] 但是这样的梦，和我对无意识的真实体验却告诉我，这些内容的形式并不呆板或过时，而是活生生地存在着。我的工作已证实了这一假设，并在之后数年发展出了原型理论。

然而，这些梦未能助我克服没有方向的感觉。相反，我仿佛生活在持续的内在压力之下。这种感觉时而变得强烈，让我怀疑自己是否得了某种精神疾病。因此，我两次细数了自己人生中的所有细节，尤其注意童年的记忆。因为我觉得，可能是我过去经历的一些事情，我原本没有看到的，成了我精神障碍的诱因。但这种回顾除了再一次证明自己的无知外没有任何结果。于是，我对自己说："既然我一无所知，那我就干脆从心所欲吧。"这样，我便有意识地使自己服从于无意识的冲动。

第一件浮上心头的事是一段童年记忆，大约是我10岁或11岁的时候。那时，我有一阵子喜欢玩积木。我清楚地记得我是如何用积木搭小房子和城堡，又用瓶子构成门的两侧和拱顶的。稍后，我还用过普通的石头，并用泥巴做黏合物。这样的东西让我着迷了很长一段时间。令我惊异的是，这一记忆同时伴有强烈的情感。"啊哈，"我自言自语道，

---

[1] 弗洛伊德曾提过"古代遗迹"。——原注

"这些东西仍然具有生命力呢。那个小男孩仍在我左右，过着我所缺乏的富于创造力的生活。不过，我该怎样才能通向这种创造力呢？"作为一个成年人，我似乎不可能缩短当下和11岁之间的距离。然而，如果我想与那个时期重建联系，那我只好回归那个时期，再一次拾起童年的生活，以及童年那幼稚的游戏。这一刻是我命运的转折点，不过我经历了不断的抵抗，怀着一种屈从感，才做出了最后的让步。因为意识到除了玩幼稚的游戏我别无选择，实在是一种痛苦而羞耻的体验。

不管怎样，我开始搜集一些合适的石头，有的是从湖边捡来的，有的则是从水中拾上来的。然后，我开始建造别墅、城堡、一整个村庄。这中间仍缺少一座教堂，于是我做了一个方形的建筑物，顶部是一个六角形的鼓形座，覆盖有圆顶。教堂还需要有祭坛，但我却不想去建它。

就在我思忖如何才能完成这项任务的时候，有一天，我像往常一样沿着湖边散步，并在岸边的沙砾中捡石头。突然，我瞥见了一块红色的石头，呈四棱锥形，高约一英寸半。它是一块石头碎片，被湖水冲刷打磨成了这番模样——纯属是偶然的产物。我立刻明白过来：这就是祭坛！我把它放在石头建筑物圆顶的正下方，在我这样做时，我想起了我童年梦中地下室里的阴茎。这种联想使我感到心满意足。

只要天气允许，我每天午饭后都会继续进行我的建筑游戏。一吃完午饭，我便开始玩，一直到有病人来访。要是傍晚时门诊工作结束得早，我亦会回去继续建筑工作。在这一活动的过程中，我的思想变得澄明，能够抓住那些模模糊糊地出现在我脑海中的幻象了。

我自然会思考我的行为有何意义，我问自己："现在，说实在的，你在做什么呢？你建起一座小镇，做这件事的方式就像在举行仪式一般！"我对此不置可否，但内心坚信，我正走在探索我自己的神话的路上。建筑游戏只是一个开始。它引发了一连串的幻想，都被我稍后仔细地记录了下来。

这类事情很合我的品性，在我晚年的任何时期，每逢我遇到毫无进展的情况，我便会画一幅画，或去雕刻石头。每一次这样的体验都被证明是对紧随其后的想法和工作的"进入仪式"（rite d'entree）。今年[1]和去年我写的全部文章，如《未发现的自性》《飞碟：现代神话》《心理学的良知观》，都源自我妻子去世[2]后我的石刻作品。她生命的终结、死亡和使我认识到的激烈痛苦让我身心分离。我费了很大力气才重新站了起来，而与石头的接触则对我大有裨益。

1913年秋季临近的时候，我感到我体内的压力似乎正在外移，好像有什么东西悬而未决。社会氛围在我看来也确实比从前阴郁。仿佛这种压抑感不再是排他地源自心灵状态，而是来自具体的现实。这种感觉越来越真切。

10月，我独自一人在旅途中，突然一种强烈的令人无法忍受的视象扑面而来：我看见一场大洪水淹没了北海和阿尔卑斯山之间整个北部和低洼地。当洪水冲到瑞士时，我看到群山越长越高，保护着我们的国家。我意识到，一场恐怖的灾难就要降临。我看见滔天的黄色巨浪，文明的碎片在水面上随波逐流，淹死的尸体不计其数。然后，整个海洋变成了血色。这个视象持续了大约一小时。我对此困惑不解，觉得很是恶心，同时又为自己的脆弱感到惭愧。

两个星期安然无恙地过去了。然后，在同样的情形下，这一视象再度出现，甚至比之前更加逼真，并且血海显得尤为突出。我内心的声音说："好好看着吧，这是完全真实的，很快就会发生了，对此你不必怀疑。"那年冬天，有人问我对不久的将来的世界政治形势有何看法。我

---

[1] 1957年。——原注

[2] 1955年11月27日。——原注

答道："我不曾考虑过这个问题，但我看见了血流成河的幻景。"

我问自己，这些视象是否表明一场革命即将爆发，但我真的无法想象会有这种事。于是，我便得出了结论，这只与我本人有关，并确定自己有得精神病的征兆。我压根儿没有想到过战争。

紧接着，在1914年的春夏之交，我一连三次做了同样的梦，梦里时值仲暑，来自北极的寒潮来袭，大地冻结成冰。我看见整个洛林（Lorraine）及其运河都结了冰，整个地区都被人类遗弃了。严寒杀死了一切绿色植物。这个梦是在1914年的四五月做的，最后一次做梦则发生在6月。

这个梦第三次出现的时候，令人畏惧的严寒又一次从天而降。然而，这个梦有一个颇为出人意料的结尾。梦里出现了一棵只长叶子却不结果实的树（我想，它就是我的生命之树），树上的叶子由于严寒的作用，化作了甘甜的葡萄，饱含着治愈的汁水。我摘下葡萄，把它们分给一大群昂首等待的人。

1914年7月底，英国医学协会邀请我在阿伯丁（Aberdeen）的会议上做题为《无意识在心理病理学中的重要性》的学术报告。我做好了要出事的准备，因为这些视象和梦境都是灾难性的。就在当时那种精神状态下，伴着摆脱不掉的恐惧感，我觉得这是命运，他们竟让我在这个关头去报告无意识的重要性！

8月1日，世界大战爆发了。现在我的任务明确了：我得尝试理解已经发生的事情，以及在何种程度上，我个人的体验与人类总体的体验具有一致性。因此，我首要的任务便是探测我自己心灵的深度。首先，我写下了在我做建筑游戏期间出现的幻象。这一工作比其他工作更重要。

一连串幻象接踵而至，我尽量保持冷静，并尽力寻找理解这些奇怪幻觉的方法。我无助地站在一个陌生的世界面前，一切都显得艰涩难懂。我生活在一种持续紧张的状态下，常感觉好像有巨大的石堆正向着我坍塌下来。暴风雨下个不停。我忍耐这些暴风雨全凭蛮力。有人曾被暴风雨击倒——尼采、荷尔德林，还有许多其他人。但我身上却有着恶魔般的力量，让我从一开始便坚信，我必须发现自己从这些幻象中体验的意义。当我承受着无意识的冲击之时，我毫不动摇地相信，我正臣服于一种更高的意志，而这种感觉一直支撑着我，直到我完成这个任务。

我常感焦虑，不得不做瑜伽练习来控制自己的情绪。但是，既然我的目的是想要知道我心中的动静，我就仅练习瑜伽直到自己足够平静，能够继续进行无意识的工作。一旦我感觉自己平静了下来，我便会放开对情感的束缚，允许各种意象和内心的声音重新开始说话。与此相反，印度人练习瑜伽是为了完全消灭大量的心灵内容和意象。

只要我把各种情绪变成意象——找到了隐藏在情绪之中的意象后——我便会心平气和，再次放下心来。倘若让这些意象继续藏在情绪背后，我可能已经被它们撕碎了。我本有机会成功地将它们扔在一旁，但如果那样的话，我便会不可阻挡地陷入神经症之中，最终被它们彻底毁灭。我从实验结果中得知，从治疗的角度来看，找到情绪背后的特定意象是极其有益的。

我尽可能详尽地记下幻象，认真地分析它们产生时的心灵状态。但我只能用笨拙的语言来写。最初，我常常以"夸张的语言"，按照我的观察来还原它们，因为这样较为符合原型的风格。原型的语言具有高度的修辞性，甚至很是夸张。这种风格使我局促不安，它刺激着我的神经，就像有人在用指甲刮石灰墙，或有人在粗粝的石板上磨刀一样。既然我不知道正在发生的是什么事，除了用无意识选中的风格把什么都写下来，我别无选择。有时候，我仿佛是用耳朵听到了它，有时候又用口感受到了它，好像我的舌头正在遣词造句，偶尔，我听到自己的低语。在意识的阈值以下，一切都涌动着生命力。

从一开始，我便把我自愿与无意识对质设想为一种科学实验，而我则是这一实验的施行者，并对结果怀有极大的兴趣。现在，我同样可以说，这是一次在我身上进行的实验。对我来说，一个最大的困难是对付我的消极情感。我那时正主动地让自己服从于我并不真正认同的情感，而我所写下的幻象，常常让我觉得毫无意义，我对它们很是抵触。因为如果我们不明白其意义，这样的幻象便是崇高与荒诞的邪气的混合物。我好不容易承受了这些，但是我还是受到了命运的挑战。我做出了非凡的努力，最终得以逃出迷宫。

为了抓住那些"隐秘地"活跃在我心中的幻觉，我知道自己必须潜入其中。对此，我不但极为抵触，还感到明显的恐惧。因为我担心失去对自己的控制，被幻想俘虏——作为一个精神病医生，我对其中的意味再清楚不过了。然而，犹豫了很久之后，我发现并没有其他办法。我必须承担风险，也必须设法获取力量来驾驭它们。我意识到，如果我不这样做，就得冒着被它们控制的危险了。我做出这种尝试的一个有力的动机是，对于我自己都不敢做的事，我不能对我的病人有所期望。帮助者应当站在病患身边的借口是不合理的，因为我很清楚，这个所谓的帮助者——我自己——是无法帮助病患的，除非我能从自己直接的经验中理解病患幻觉中的素材，而且目前，我所知道的一切只不过是价值可疑的理论偏见而已。正是这一观念——我不但为了自己，而且还为了病患的利益而承担起一个危险的责任——帮我渡过几个关键期。

1913年降临节期间——准确地说，是12月12日——我决心迈出决定性的一步。我又一次坐在桌前，细想我的恐惧。然后，我让自己放松。刹那间，我脚下的地面仿佛裂开了，我掉进了黑暗的深渊。我压抑不住心中的恐慌。突然，在不太深的位置，我的脚落在了一堆软绵绵、黏糊糊的东西上。虽然四周一片漆黑，我还是大松一口气。片刻之后，我的眼睛逐渐适应了黑暗，这很像是深沉的暮色。我面前是一个黑魆魆的洞穴的入口，一个侏儒站在那里，皮肤坚韧如皮革，好像他被做成了木乃伊一样。我从他身边挤进了狭窄的入口，在没膝深的冰水中跋涉前行，来到了洞穴的另一头，我看到一块突出的岩石，上面有一枚闪闪发光的红宝石。我抓住这块岩石把它抬了起来，发现下面是个洞。起初，我什么也看不清，过了一会儿我才看出洞里是流动的水。一具尸体随着水流漂过来，这是一个金发的年轻人，头上有一个伤口。随后漂来了一只硕大无比的黑色圣甲虫[1]，然后是一轮红彤彤的初升的太阳，从水的深处冉冉升起。阳光令我头晕目眩，便想把石头放回去，堵住这个洞，但这时，一股液体涌了出来。是血。浓稠的血水喷涌而出，让我直想吐。血水持续喷涌，时间之长让我几乎无法忍受。最后，它终于停止了，而这一视象也到此而止。

我为这一视象深感震撼。我当然明白，这是一个英雄和太阳的神话，一出死亡与新生的戏码，那只埃及圣甲虫则象征着再生。在最后，紧接着的本应是新一天的黎明，可是令人无法忍受的血液喷涌却取而代之——在我看来，这是一种完全不正常的现象。然后我回想起了同年秋天我经历过的洪水的视象，于是便放弃了进一步理解这个梦的尝试。

6天后（1913年12月18日），我做了下面这个梦。我同一个陌生的、棕色皮肤的野蛮人同在一个人迹罕至、多岩石的山中。此时黎明未

---

[1] 黑色圣甲虫（black scarab）即蜣螂，在古埃及，圣甲虫被称为khepri，是诞生的意思。因为圣甲虫通过自己的努力，从无到有，推出了粪球。就如同太阳从地平线上升起一样，从无到有，诞生了另外一个世界。圣甲虫象征着整个宇宙的诞生，因而受到人们的尊崇，被称作圣甲虫。——译者注

至，但东方已泛起了鱼肚白，群星渐隐。这时，我听到了西格弗里德[1]的号角声在群山中回荡，我知道我们必须杀死他。我们装备有来复枪，埋伏在岩石后面的一条狭窄的小径上等着他。

西格弗里德出现在高高的山巅之间，沐浴在朝阳的第一缕金光里。他驾着一辆用死人骨头制成的二轮战车，飞速驶下陡峭的山坡。在他转弯的时候，我们开枪向他射击，他被击中后应声倒下，死去了。

由于摧毁了如此伟大美妙的事物，我心中充满了憎恶和懊悔，加上害怕这一谋杀会被发现，我于是转身就跑。但是突然间倾盆大雨从天而降，我知道这将冲洗干净死者的一切痕迹。我已不再有被发现的危险。生活会继续，但是无法承受的罪恶感却挥之不去。

梦醒之后，我在心里反复地琢磨这个梦，却不能理解它的意图。于是，我便试着再次入睡，但我心里的一个声音却说道："你必须理解这个梦，而且必须立刻去做！"内心的催促越来越紧，最后，可怕的一刻来了，这声音说："如果你不理解这个梦，你就得开枪自杀！"我床头柜的抽屉里就有一把上了膛的左轮手枪，我被吓坏了。于是我再次开始沉思，突然就明白了这个梦的意思。"啊呀，这不正是世界正上演的问题吗？"我想，西格弗里德代表的是德国人所希望实现的目标，能如英雄般地把自己的意志强加于人，并不受外界限制。"有志者，事竟成！"我也曾有同样的愿望。但是现在，那却是不可能的了。这个梦表明，这种通过英雄西格弗里德所呈现的态度不再适合我了。所以，在梦中他被杀死了。

在此之后，我感到一种压倒性的怜悯之情，就像我本人被射死了一样：这一迹象表明，我暗中把自己等同为西格弗里德了，还掺杂着一个

---

[1] 西格弗里德（Siegfried），中世纪中古高地德语史诗《尼伯龙根之歌》中的英雄，理查德·瓦格纳著名歌剧《西格弗里德》《诸神的黄昏》中的主角。——译者注

人被迫牺牲其理想和意识态度时所感到的那种悲伤。这种认同和我的英雄理想主义必须被抛弃，因为在自我意志之外还有更高的存在，一个人必须为之折腰。

这些想法满足了当下的需要，我便再次睡去了。

陪着我的那个身材矮小、棕色皮肤的野蛮人主动参与了杀人，他其实是原始阴影的化身。那场雨表明，意识和无意识之间的紧张关系已得到了化解。尽管当时我不能够理解梦的意义，只知道这几点线索，然而我身上却释放出了新的力量，帮助我继续进行无意识实验，向结论迈进。

为了能够把握幻觉，我常常想象急剧的坠落，甚至还有几次，我试图落到最底部去。比如说，第一次我到达了约一千英尺的深度；第二次，我却发现自己身处无尽深渊的边缘。就像去月球旅行，或是跌入空无一物的空间。最初出现的意象是一个火山口，我觉得自己身处阴曹地府，周遭气氛都是阴间的。在一处岩石陡坡附近，我看见了两个人，一个是一位白胡子老人，另一个则是一位美丽的年轻姑娘。我鼓起勇气走近他们，仿佛他们是真实存在的人一样，专心致志地倾听他们要对我说的话。那位老者解释说，他就是伊利亚[1]，这使我大吃一惊。而那位姑娘令我更加震惊，因为她竟自称是莎乐美[2]，她是个盲人。多么奇怪的一对搭档：莎乐美和伊利亚。但是，伊利亚向我保证，他和莎乐美永远都属于彼此，这让我完全惊骇了……他们有一条黑色大蛇，跟他们生活在一起，它看起来无疑非常喜欢我。我紧紧挨着伊利亚，因为他看起来是这三者中最通情达理的一个，并具有无上的智慧。对于莎乐美，我显然心

---

[1] 伊利亚（Elijah），《圣经》中的重要先知，生活在公元前9世纪。伊利亚意即"耶和华是神"。——译者注

[2] 莎乐美（Salome），《圣经》中的人物，借分封的希律王之手杀死了施洗约翰。——译者注

存怀疑。伊利亚与我进行了一番长谈，但是，我一句话也没有听懂。

很自然，我试图为我幻觉中出现的《圣经》人物找寻一种合理的解释，我提醒自己，我的父亲本是一个牧师。但这根本不能解释什么。那位老者意味着什么吗？莎乐美又意味着什么吗？他们为什么会在一起？直到多年以后，我知道了许多当时我所不知道的事情，老者与年轻姑娘之间的联系才变得非常自然了。

在此般梦的胡言乱语中，人们常常碰到有年轻姑娘相伴的老者，老夫少妻的例子可以在许多神话故事里找到。于是，根据诺斯替教派的传说，行邪术的西门[1]行走之处，皆会带着他在妓院里结识的一位年轻姑娘。那姑娘名叫海伦，被认为是特洛伊的海伦[2]的转世。克林索尔与昆德丽（Klingsor and Kundry）[3]、老子与舞女（Lao-tzu and the dancing girl）等都是这一类的故事。

我提到过，我的幻觉里除了伊利亚和莎乐美还有第三个形象：黑色的大蛇。在各种神话中，蛇往往是与英雄相匹配的。很多故事都提到了他们的亲密。例如，英雄有着蛇一般的眼睛，或者英雄死后变成了蛇仍受到人们的敬重，又或者蛇是他的母亲，等等。所以，在我的幻觉中，蛇的出现意味着这是一个英雄的神话。

莎乐美是一个阿尼玛的形象。她目盲是因为她看不到事物的意义。伊利亚是智慧而年老的先知形象，代表了智慧与知识，而莎乐美则代表了情欲。可以说，这两个形象是逻各斯和厄洛斯人格化的体现。但是这

---

[1] 行邪术的西门（Simon Magus），《圣经》中的一个人物，在撒玛利亚城中行邪术，并企图用钱向使徒收买降圣灵的权柄。——译者注

[2] 特洛伊的海伦（Trojan Helen），希腊古典美的化身，宙斯与勒达之女。她倾国倾城的美丽引发了特洛伊战争。——译者注

[3] 在圣杯故事中，克林索尔建立了一个花园，借此掌控许多美丽的花之少女。其中一位少女昆德丽受命引诱骑士，使之服从克林索尔。——编者注

样的定义就太过理性化了。让这两个形象保持当时如我所见的那样，反而更有意义——它们本来是事件和经历。

这一幻觉出现后不久，另一个形象又从无意识中出现了。他是从伊利亚的形象发展起来的。我称他为腓利门（Philemon）。腓利门是异教徒，他带来一种埃及与希腊混合的气氛，渲染以诺斯替教的色彩。他的形象最初出现在如下所述的梦中。

一片湛蓝的天空，好像大海一般，天上飘浮着的不是云彩，而是扁平的棕色土块。土块似乎正在裂开，在碎片之中可以看见蔚蓝的海水。海水便是蓝天。突然，右边出现了一个长着翅膀的生灵，横穿天空。我认出来这是一位老者，头上长着牛角。他手持一串四把钥匙，捏着其中一把，仿佛正要打开一把锁。他长着一双翠鸟的翅膀，有着翠鸟标志性的颜色。

我不明白这一梦中意象，便把它画了下来，以便让它印在我的脑海里。在我忙着画这幅画的那几天里，我竟在湖畔花园中发现了一只死去的翠鸟！我顿感晴天霹雳，因为在苏黎世这一带，翠鸟极为罕见，此后我再也没有在此地发现过死去的翠鸟。这只翠鸟刚死不久——最多两三天——而且身上也没有什么外伤。

腓利门和我幻觉中的其他形象使我有了一个深刻的洞见，心灵中存在着的一些事物，并非由我制造出来，而是自发出现，拥有它们自己的生命。腓利门代表了一种不属于我的力量。我幻想与他交谈，他所说的事情，是我未曾有意识地思考过的。我清楚地看到，说话的人是他而不是我。他说，我对待思想的态度好像是我自己创造了它们一样，但在他看来，思想就像森林里的动物，或像一个屋子里的人，或像天空中翱翔的鸟儿。他又补充道："如果你看到房间里有人，你不会认为这些人是你造就的，也不会认为你对他们负有责任。"他教给了我心灵的客观性，即心灵的真实性。在他的帮助下，我自身与我的思考对象之间划清了界限。他以一种客观的态度出现在我面前，这让我明白，我体内的某种东西，会说出我所不知道的或不打算说的事情，甚至说出反对我的话语。

从心理上说，腓利门代表了更卓越的洞察力。他对我来说是个神秘的形象。有时，他显得很真实，仿佛他是个有生命的人。我与他在花园里散步，他就像所谓的印度古鲁[1]。

每当一种新的人格化身出现的时候，我都觉得似乎是一次我个人的失败。它意味着："这又是一样你至今没有搞懂的事物！"一连串这样的化身没完没了，而我可能会迷失在无知的无底深渊之中。恐惧感爬上了我的心头，我感到自我的贬值——尽管我在世俗中取得的成就可能会打消我的疑虑。在我的黑暗时期[2]，我真心希望能有一个真实的、活着的古鲁，一个拥有出众的知识和能力的人，替我解决我想象中无意识的产物。这一任务由腓利门这一形象承担了下来，在这方面，我不管愿不愿意，都得承认他是我的精神引导者。而实际上，他传达给我许多有启发性的想法。

15年后，一位有很高修养的印度老者探访了我，他是甘地的朋友，我们谈到了印度的教育——特别是古鲁与其门徒的关系。我略带迟疑地问他能不能给我讲一讲他自己的古鲁是什么样的人，有着怎样的性格。对此他用一种实事求是的口气答道："啊，是的，他就是商羯罗查尔雅[3]。"

---

[1] 古鲁（guru），印度教的宗师或精神领袖。——译者注
[2] "除去我们头脑中可怕的黑暗吧"——《曙光同现》，托马斯·阿基纳斯的一篇有关炼金术的论文。——原注
[3] 商羯罗查尔雅（Shankaracharya，约788—820），印度中世纪最伟大的经院哲学家。——译者注

"您不会是指那位对《吠陀经》[1]进行评注的已经死了几个世纪的商羯罗查尔雅吧？"我问。

"对，我说的就是他。"他出乎我意料地答道。

"那您指的是一种精神？"我又问。

"当然是他的精神。"他肯定道。

这时候，我想到了腓利门。

"也有幽灵般的古鲁呢，"他补充道，"大多数人有活着的古鲁，但总是有人以精神为师。"

这一消息对我既有启发，又消除了我的疑虑。很显然，我并未脱离尘世，而只是体验到了那种他人经过相同努力也能获得的经验而已。

后来，伴随着另一个形象的出现，腓利门变得不那么独一无二了，我称另一个形象为"护卫灵"[2]。在古埃及，"国王的护卫灵"就是他尘世的形体，具象化的灵魂。在我的幻觉里，护卫灵从下方而来，在地球之外的某处，似乎来自一个深深的隧道。我画下了他的画像，描绘了他在尘世的样子，把他画成了一个以石头为座基而上部是青铜的半身像。画面的最顶端出现了一只翠鸟的羽翼，羽翼与护卫灵的头顶中间浮着一团圆的、发光的星云。护卫灵的表情有几分邪恶——可以说是恶魔靡非斯特式的表情。他一只手拿着一个形似有色浮屠或圣骨匣的东西，另一只手则执一支铁笔，正用它在圣骨匣上刻画着。他说："是我埋诸神于黄金和宝石。"

腓利门跛了一只脚，却是个有翼的精灵，护卫灵则代表了土之恶魔

---

[1] 《吠陀经》（*Vedas*），印度最古老的宗教文献和文学作品的总称。——译者注
[2] 古埃及人认为人都有两重灵魂，一个是护卫灵，代表着人的才能、能量和身份；另一个是灵魂，是有意识的灵魂，通常表现为鸟。——译者注

或铁之恶魔。腓利门是精神层面的，是"意义"。而另一方面，护卫灵是自然之魂，像希腊炼金术中的安索波瑞恩[1]一样——当时我仍对炼金术没什么了解。护卫灵使一切变得真实，但他也模糊了翠鸟的精神，"意义"或用美这一"永恒的倒影"将其取代。

通过对炼金术的研究，我及时地把这两个形象结合在了一起。

在我写下这些幻觉时，我再次自问道："我到底在干什么呢？这肯定与科学无关。那么，这算什么呢？"这时，我心里的一个声音说："这就是艺术。"我大吃一惊。我从来没有想过，我正在写的东西会与艺术有关。然后，我想："也许我的无意识塑造了一个人格，它不是我，但他坚持要现身来发表意见。"我很确定，这个声音来自一个女人。我听出这是一位女病患的声音，一个很有才华并曾热烈地移情于我的精神病患者。她已经内化为我心中的一个有生命的形象了。

显然，我做的事情不是科学。那么除了艺术，它还可能是什么呢？这仿佛是世上唯一的替代选择了。那是女人的头脑的运作方式。

我对这个声音强调说，我的幻觉与艺术无关，我感到内心有一种强烈的抵触感。然而没有声音再次传来，于是我继续写作。随后，第二次攻击开始了，同样的断言再度出现："那就是艺术。"这一次，我揪住她说："不，这不是艺术！相反，它是自然。"并准备好了跟她大吵一架。但是事不遂人愿，我想起"我内心的女人"并没有我所拥有的语言中枢。于是我便提议她用我的。她照办了，并发表了一通长篇大论。

---

[1] 安索波瑞恩（Anthroparion）是一种矮人。其曾出现在3世纪重要的炼金术士诺波利斯的佐西莫斯的视象中。包括安索波瑞恩的一群精灵，还包括地精、古典时代的铁精及供炼金术士驱遣的侏儒。作为水银之精，炼金术中的墨丘利也是一位安索波瑞恩。——原注，安妮拉·亚菲

一个女人竟从内心来干涉我，这一事实让我着迷。我的结论是，她一定是原始意义上的"灵魂"。我还开始思索：为什么要给这一灵魂赋予"阿尼玛"这个名字呢？为什么把这灵魂设想为女性？后来我才渐渐明白，内在的女性形象在男性的无意识中有一种典型的或原型性的作用，所以我称她为"阿尼玛"。女性无意识中对应的形象则被我称为"阿尼姆斯"。

　　最初，令我印象深刻的是阿尼玛的消极层面。我感到有些敬畏她。感觉就像房间里有一个无形的存在一样。后来，我冒出了一个新念头：在写下所有供分析的材料时，我实际上是在给阿尼玛写信，也就是说，她是我的一部分，却与我的意识部分持不同观点。我得到的评论来自一个非同寻常而出乎意料的人。我就像一位病人，在接受一个幽灵和一个女人的分析！每天晚上，我专心致志地写着，因为我觉得，如果我不写，阿尼玛便没有办法得知我的幻觉了。还有，通过把它们写出来，我便剥夺了她将它们歪曲成阴谋的机会。想倾诉某件事和真正的倾诉之间有着天壤之别。为了尽可能对自己保持诚实，我尽量诚实地写下了一切，遵循着一句古希腊箴言："舍汝所有，方能得到。"

　　我写着写着，常常会产生奇怪的联想，这会分散我的注意力。慢慢地，我才学会将我自己与这种干扰隔离开来。当一些扰乱心绪的庸人琐事涌上心头的时候，我便告诉自己："我的确曾在某些时刻这般思考或感受过，但是现在我却不必这样做了。我不需要永远承受我的陈腐和平庸，那是不必要的耻辱。"

　　关键在于将这些无意识内容人格化，以把自己和它们区分开来，并使它们与意识建立联系。这一方法可以剥夺它们的力量。把它们人格化并不太难，因为它们总是具有一定程度的自主性，有它们单独的身份。

它们的自主性是最令人感到不舒服的，让人难以适应，不过，正是无意识呈现自己的这种方式让我们得到了操纵它的最佳手段。

阿尼玛所说的话在我看来很狡猾。倘若我把无意识的这些幻觉当作艺术，那么它们除了视知觉便没有更多的可信性，如同看了一部电影。我还会觉得对它们不负道德责任。那时，阿尼玛可能会轻易地诱使我相信，我是一位不被世人理解的艺术家，而我那所谓的艺术本性则给了我忽视现实的权利。要是我听了她的话，她十有八九会在某一天对我说："你以为你在搞真正的艺术吗？根本就不是。"如此，这位无意识的代言人，阿尼玛，迂回地介入，能把一个男人彻底毁灭。归根结底，意识才是决定性的因素，它能够理解无意识的表现形式，并采取某种态度来对待它们。

然而，阿尼玛也有积极的一面。是她把无意识中的意象传递给了意识头脑，这也是我看重她的主要原因。几十年来，每当我受到情感烦扰，或有什么东西在无意识中积聚的时候，我便会向阿尼玛求助。我往往会问阿尼玛："你在做什么？你看到了什么？我很想知道。"经过一些反抗之后，她通常会产生一个意象。一旦意象出现，我的不安和苦恼便烟消云散了。这些情感的全部能量，都转化成对意象的兴趣和好奇。我和阿尼玛谈论她传达给我的这些意象，我必须尽最大的努力去理解它们，就像对待梦一样。

现在，我不需要再与阿尼玛这样交谈了，因为我不再有激烈的情感。但是，如果我仍有那样的情感，我还会用同样的方法来处理它们。如今我直接意识到了阿尼玛的想法，因为我已学会接收无意识的内容，以及理解它们。我已知道该如何对待内在的意象。我能够从我的梦里直接读出它们的含义，所以不再需要一个中介者来传达它们了。

我先把这些幻觉写在了《黑书》里，稍后，我又把它们转记在了

《红书》里，还给它们添上了插图[1]。其中包括了我的大部分曼荼罗（mandala）画作。在《红书》中，我尝试从审美的角度来雕琢我的幻觉，然而却不能完成。我发觉，我仍未找到合适的语言，只能把它们翻译为其他东西。因此我便及时放弃了这种唯美倾向，转而赞同一种严谨的理解过程。我知道，如此之多的幻觉需要脚下有坚实的土壤，而我必须首先完全返回现实中去。对我来说，现实即科学的领悟。我必须从无意识给予我的洞见中得出具体的结论——这一任务成了我终生的工作。

作为一名精神病医生的我，很讽刺地几乎在实验的每一步中，都遇到一样的精神材料，或是神经病的特质，或是疯子身上的症状。这是无意识意象的储备，它们让精神病患者毁灭性地神志不清了。然而它又是神话时代想象力的基石，其已从我们的理性时代中消失了。尽管这种想象力无处不在，却成了禁忌，为人们所惧怕，以至将自己托付给通向无意识深处的无常之路，也显得像一个危险的实验，或一种不靠谱的冒险。人们认为这是一条错误之路，前途未卜，充满争议。我想起了歌德的一句话："英勇撞开那人人甘愿匍匐而过的大门吧。"[2]《浮士德》的第二部也远不是一部文学作品。它是"金链"[3]中的一环，其从最初的哲学炼金术和诺斯替教一直延续到尼采的《查拉图斯特拉如是说》。这种想象力难得人心、模糊不清而又危险，却是探索世界另一极的一段航程。

---

[1] 《黑书》包括六本黑色皮质封面的小笔记本。《红书》则是一本红色皮质封面的对开笔记本，用颇为讲究的文学体裁和语言记载了同样的幻觉，用中世纪手稿常用的哥特式字体书写而成。——原注

[2] 见《浮士德》第一部。——原注

[3] 金链（Aurea Catena），在炼金术中，"金链"是指一系列伟大的智者，其中第一位便是联结了人间与天堂的赫尔墨斯。——原注

尤其是在我从事幻象分析的时候，我格外需要在"这个世界"里有一个支撑点，而我可以说，我的家庭和职业工作便是我的支撑点。在现实世界中拥有一份正常生活，以与奇异的内心世界抗衡，这对我来说极为重要。我的家人和我的职业是我随时可以回归的根基，确保我是一种实际的存在，是一个普通的人。无意识的内容本会让我失去理智。但是我的家庭，以及如下认识——我有一个瑞士某大学颁发的医学文凭，我必须帮助病患，我有妻子和5个孩子，我住在库斯纳赫特市西斯特拉斯街228号——这些现实向我提出了要求，并且再三向我证实，我真的存在，我不像尼采那样如同一张白纸，随精神之风而翻飞。尼采失去了他脚下的根基，因为他除了思想的内心世界一无所有——他的思想反而顺手控制了他，比他控制它更甚。他断了根，徘徊在大地之上，因此他屈从于夸张和虚幻。对我来说，这种虚幻是恐怖的精髓，毕竟我针对的是现世今生。无论我是如何全神贯注或漫不经心，我始终知道，我所体验的一切，归根结底是要为我的现实生活所用的。我决意要履行生活的义务，实现生活的意义。我的口号是："这里就是罗斯托，就在这里跳吧！"[1]

就这样，我的家庭和职业一向是一种愉快的现实，也是我拥有正常生活的保障。

时日流转，我内心转变的轮廓开始逐渐显现。1916年，我感觉到了要使某种东西具象化的迫切需求。在某种程度上，这一内心冲动迫使我起草表达那些或许是腓利门所说的话。这样就有了《向死者的七次布

---

[1] 原文是拉丁文，取自《伊索寓言》。寓言中，有一个自吹自擂的运动员，吹嘘他曾在罗斯托岛上的一次竞赛中跳出了惊人的距离。一位路人劝他不必找目击者来证实这一点，只需要再跳一次："这里就是罗斯托，就在这里跳吧！"马克思在《资本论》中也引用过这句名言。——译者注

道》[1]及其奇怪的语言风格。

这次布道是伴着不安开始的，但我不知道它意味着什么，也不知道"他们"想要我做什么。我周身笼罩着一种不祥的气氛。我有一种古怪的感觉，就像空气里充满了鬼魂的实体。然后我的房屋好像开始闹鬼了。我的大女儿看见一个白色的身影穿过了房间；我的二女儿（并非受到了姐姐的影响）却向我讲，夜里她的毯子有两次被无缘无故地扯掉了；同一天晚上，我9岁的儿子做了一个焦虑的梦。第二天一早，他就问他妈妈要蜡笔，平常从来不画画的他，这时却画了一幅有关他的梦的画。他把此画命名为"渔夫之画"。一条河从画的中央流过，手执钓竿的渔夫站在河畔，他钓到了一条鱼。渔夫的头上是一个烟囱，猎猎的火苗和浓烟从中喷出。河的彼岸，魔鬼正从天空中飞来。他正因自己的鱼被人偷走而诅咒着。不过，在渔夫的上方盘旋着的天使说："你不能动他一根毫毛，他只钓那些坏的鱼！"我儿子画这幅画的日子是一个星期六。

星期天下午5点钟左右，大门的门铃发疯似的响了起来。这是一个阳光明媚的夏日，两个女佣都在厨房里，从那里可以看到大门外的空旷广场。大家立刻起身去看谁在门外，但是却连个人影也没看到。我正坐在门铃旁边，不但听到了铃声，还看到门铃在振动，我们只好大眼瞪小眼。周遭的空气变得十分凝重，真是这样！我意识到有事要发生了，整个屋子仿佛进来了一大群人似的，被塞得满满的，挤满了鬼魂。它们一个挨一个，一直排到门口，空气厚重得让人无法呼吸。至于我自己，则是胆战心惊地问道："看在上帝的分上，这到底是怎么回事？"它们齐声喊道："我们自耶路撒冷归来，我们想要的在那儿未能如愿以偿。"这便

---

[1]　私人出版（未注明出版日期），采用假名，副标题为"向死者的七次布道"，作者为埃及亚历山大港的巴斯里德，此城市位于东西方交界之处。——原注

是《向死者的七次布道》的开头。

之后，其余的文字从我笔下顺畅地流出，经过了三个晚上，这篇东西便写成了。我一拿起笔来，所有聚集的鬼魂便立即烟消云散，房间安静了下来，空气也清爽了。闹鬼事件至此结束。

这段经历必须被当作其本身或其表面上的样子来看待。毫无疑问，它与我当时的情感状态有关，我那时倾向于接受超心理学的现象。它是一个无意识的集群，其怪僻的气氛被我视作原型的内在力量。"它来回游荡，飘浮在空气之中！"[1]逻辑思维自然会谎称自己对这件事拥有一些科学的、物理的认识，或者宁可把整件事情一笔勾销，称之违反了规则。但是，若不是这些法则时有被违反的情形，这个世界该是多么枯燥啊！

就在这一事件发生之前不久，我曾记下了一次灵魂出窍的幻觉。这是一个重大事件：灵魂，也就是阿尼玛，与无意识建立了关系。在某种意义上，这亦是与已逝的集体的一种关系，因为无意识连接着死者的神话国度，以及祖先的国度。因此，要是有人产生了灵魂消失的幻觉，便意味着灵魂潜入了无意识中，或遁入了死者的国度。在那里，它产生了一种神秘的活力，给祖先的痕迹，即集体性的内容赋予了可见的形式。它就像是灵媒，给死者一个现身的机会。因此，在我的灵魂消失后不久，"死去的"人们便现身了，结果就有了《向死者的七次布道》。这就是所谓的"丢了魂"的一个例子——这是原始人时常遇到的现象。

从那时候起，死者作为一种未被回答、未被解决和未获救赎的声音，变得越来越清晰。这是因为，我的命运要求我回应的这些问题和要求，既然并非来自外界，那便必然来我的内心世界。与死者的谈话形

---

[1]　见《浮士德》第二部。——原注

成了一种序言，引出了我不得不就无意识向世人传达的内容：关于无意识的普遍内容的规则范式与解释。

今天，当我再度回首，重新思考研究幻觉的那段时间在我身上发生的事，其情形如同一种信息势不可当地向我扑来。意象中的一些事物不但与我有关，也涉及许多其他人。正是在那时，我不再只属于自己了，我不再有权利这样想。从那以后，我的生命便属于大多数了。我关心并正在找寻的知识，仍不能在当时的科学里找到。我必须亲身承受那些原初的体验，此外，还要试着把我从体验中得出的结果播种在现实的土壤里，否则它们就是主观假设，毫无可信度。那也是我决定献身为心灵服务的时刻。我对心灵既爱又恨，但它是我最宝贵的财富。我将自己托付给它，这是我既能够承受自己的存在，也能让心灵的存在最为充实的唯一方法。

今天我可以说，我一直没有割断与我最初体验的联系。我所有的著作和一切创造性活动，都源于最初的幻觉和梦境，从1912年开始，迄今差不多50年了。我晚年所取得的一切成就均已包含于它们之中，尽管最初我只用到了情感与意象。

科学是我摆脱那一团混沌的唯一手段，不然的话，这些素材可能会像灌木丛一样困住我，把我当作丛林里的爬虫轻易扼死。我小心翼翼地试着弄懂每一个意象的含义，还有我心灵存货清单上的每一项，并按科学的方法将它们分类，尽可能地，在现实生活中理解它们。这正是我们通常所忽视的。我们允许意象出现，可能会为之感到惊异，然后就到此为止了。我们从不费心思去理解它们，更不用说从中得出什么伦理结论了。这样的戛然而止会引起无意识的消极作用。

若是在意象的理解上浅尝辄止，或对已有的知识感到自满就同样犯了严重的错误。对意象的洞察就必须成为一种伦理义务。若不这样做，我们便会沦为权力原则的牺牲品，而这会产生危险的后果，不仅害人还害己。无意识的意象将重责降于个人。不论是未能理解它们还是未能承担起伦理上的责任，都会让一个人失去完整性，让他的生活痛苦地分崩离析。

在沉浸于无意识意象中的那段时间，我决定辞掉大学的教职。我曾作为编外讲师在那里授课8年（自1905年始）。我关于无意识的体验和实验，将我的智力活动带入了平台期。写完《无意识的心理学》之后，我发现自己完全看不进去科学书籍了。这种情形持续了三年之久。我觉得自己再也跟不上学术界的步伐，也不能够谈论我正全神贯注在做的事情。无意识公开的素材已然让我哑口无言[1]。我既无法理解这些素材，也不能赋予它们形态。在大学授课时，我暴露于众目睽睽之下，感到为了把课程继续下去，我应当首先发现一个全新的、与众不同的方向。当我自己的学术状况都还是一团乱麻的时候，教育年少的学生岂不是要误人子弟。

于是，我面临一个选择，要么继续我的教学生涯——一条康庄大道；要么服从我的内在人格，即一种更高的理性的规则，带着我那奇特的任务勇往直前，去做与无意识的面质的实验。但是，在此事完成之前，我是不能公开露面的。

我谨慎地放弃了我的教学生涯。因为我感到某种伟大的事即将在我身上发生，而且我相信这种事情，我感到它更为重要亦更为永恒。我知道它将充满我的生活，而为了实现这一目标，我不惜承担一切风险。

---

[1] 在"休养生息"的阶段，荣格只写了一点儿东西：少量用英文写的论文，以及《分析心理学的两篇论文》（《荣格文集》第七卷）英译本第一版出版。1921年《心理类型》（《荣格文集》第六卷）的出版，标志着这一时期的结束。——原注

说到底，我能不能当教授又有什么关系呢？我当然为不得不放弃教职而烦恼。在很多方面，我很后悔自己没有局限于人们所普遍理解的材料上。我甚至有时会怒骂命运不公。不过这种情感总是转瞬即逝，不能算数。相反，如果我们留意内在人格的渴望与话语，苦恼便会烟消云散。这是我一次又一次地体验过的，不只是当我放弃教学生涯之时。其实，第一次体会到这种感觉时我还是一个孩子。青年时期，我的脾气暴躁，但是每次情绪冲上顶点，它便会突然回转，然后就是一阵广阔无边的沉静。这种时刻，我觉得自己离一切都很远，刹那前还令我激动的事情似乎已成为遥远的过去。

我决定辞职，并投入我和别人都不理解的事情之中，这样做的后果便是一种极端的孤独。我四处徘徊，满载着思想，但无人可诉说：他们只会误解我。我体会到了外部世界和作为意象之源的内部世界之间的鸿沟，它以最痛苦的方式呈现了出来。以我目前的理解能力，我尚看不到两个世界的相互作用。我只看到"内在"与"外在"之间不可调和的矛盾。

然而，我自始至终心知肚明，如果我能成功地证明——这需要尽最大的努力——精神体验的内容是实在的而不只是我个人的经验，亦是其他人共有的集体性经验，我方能与外部世界及世人建立联系。后来，我试图在我的科学作品中展示这一点，并竭尽全力向我的挚友们传达这种看待事物的新途径。我明白，如果不能成功，我便会在众人的声讨中陷入绝对孤立的境地。

第一次世界大战接近尾声之时，我才逐渐开始走出黑暗。此时有两件事起了决定性的作用。第一件事，是我与那个坚持要让我相信我的幻觉具有艺术价值的女人决裂了；第二件是最主要的事，我开始理解曼荼罗的图案了。这事发生在1918—1919年。1916年，我写完

《向死者的七次布道》以后便画了第一幅曼荼罗[1]。当时我当然不能理解它。

1918—1919年，我在瑞士代堡（Château d'Oex）担任英属地区内部战争的指挥官。在那里，我每天早上都要在笔记本上画一幅小的圆形图案，也就是曼荼罗，它看似在呼应我当时的内心状态。借助这些图画，我得以日复一日地观察我精神的变化。比如，有一天我收到了那位"审美家女士"的信，她在信中固执地坚持，我的无意识中产生的幻觉具有艺术价值，应被看成艺术。这封信令我不安。这封信毫不愚蠢，从而具有危险的说服力。毕竟，当代的艺术家追求从无意识中创造艺术。这一论点背后的功利主义与妄自尊大触动了我内心的疑虑，即我不确定自己的幻觉是否真的是自发以及自然的，而不是我恣意创造的。我从未摆脱过意识上的偏执和傲慢，更倾向于认为那些随时出现的出色灵感都应归功于个人的美德，而不太好的反应则只是出于偶然，甚至是源于异己的原因。由于我内心充满怒气与失衡，我第二天便自然地画出了一幅有所改变的曼荼罗：部分边缘裂开了，图案的对称性被打破。

我渐渐发现了什么才是真正的曼荼罗："形成，转化，不灭心灵的永恒游戏。"[2]而这正是自性（the self），是人格的完整性。当一切顺利时，它便是和谐的，但它不能容忍自我欺骗的行为。

我的曼荼罗是关于自性状态的密码，它们每天呈现在我面前时都是崭新的。从中我看到自性——我的整个身心——正活跃地工作着。诚然，一开始我只能模糊地理解它们。但它们对我来说很重要，我守护着它们，视若明珠。我明确地感到它们是某种核心的东西，并适时地从中

---

[1] 副本作为《原型与集体无意识》（《荣格文集》第九卷上册）的卷首插图。——原注
[2] 《浮士德》第二部。——原注

获取了关于自性的生动概念。我认为，自性是一个不可分的个体，它就是我，也是我的世界。曼荼罗所表现的正是这一个体，等价于心灵的微观本性。

我不知道这一时期我画了多少幅曼荼罗，实在是数不胜数。当我画它们的时候，我反复地问自己：这个过程将导致什么结果？它的目的何在？根据我的经验，我知道当下绝不可以擅自拟定一个看似可信的目的。事实已向我证明，我必须摒弃将自我视若千金的观念。毕竟，我对它的守护半途而废了。我本想继续对神话进行科学分析，继续我在《转化的象征》中开始的工作。这仍是我的目标——但我却不能再想它了！我被迫经历无意识的历程。我只好让自己随波逐流，根本不知道它将带我走向何处。然而，当我开始画曼荼罗的时候，我看到一切都通向了一个点，不论是我所走的路，还是我所采取的步骤——都通向了中央的一点。我越来越清晰地看到，曼荼罗就是这一中心点。它是一切道路的交会处。它通向了中心，通向了自性化（individuation）。

1918—1920年，我开始意识到，心灵发展的目标即是自性。不存在线性的进化，只有一个围绕着自性的螺旋。均匀的发展最多只存在于初始时期，往后，一切直指圆心。这一洞见让我心中踏实，逐渐找回了内心的平静。当我发现曼荼罗是自性的一种表达途径的时候，便知道我已到达了自己的极限。也许有人会知道得更多，但那不会是我。

若干年后（1927年），我通过一个梦印证了我对这一中心点和自性的看法。我用一幅曼荼罗描绘出梦的本质，将之命名为"永恒之窗"。这幅画收录在《金花的秘密》（ *The Secret of the Golden Flower* ）[1]中。

---

[1] 见《原型与集体无意识》（《荣格文集》第九卷上册）中《关于曼荼罗象征》一节的图6。——原注

一年后，我画了第二幅画，同样也是曼荼罗[1]，中央是一座金色城堡。画完时，我问自己："为什么如此具有中国气息？"我对其构图和配色印象深刻，觉得很有中国特色，尽管表面上没有中国元素，但它就是给我这样的印象。此后不久，一个奇怪的巧合发生了，我收到了一封来自卫礼贤的信，附有一篇关于道教炼丹术的论文手稿，名为《金花的秘密》，他请我就之写一篇评论。我如饥似渴地读完了它，这篇文章意想不到地确证了我关于曼荼罗和围绕中心的螺旋的想法。这便是第一件打破了我的与世隔绝的事。我感到了共鸣，我终于可以与某些人和事同舟共济了。

为了纪念这种巧合，这一"共时性事件"，我在这幅具有中国印象的画下面标注道："1928年，当我画下这幅形似一个戒备森严的金色城堡的画时，远居德国法兰克福的卫礼贤给我寄来一本中国的千年古卷，书中提及了金花，长生不老的根源。"

刚才提及的梦是这样的：我置身于一座被煤烟熏黑了的肮脏城市。那是一个冬天的夜晚，四周一片漆黑又冷雨潇潇。这个城市是英国的利物浦。我与一群——六七个——瑞士人一起走过了几条黑洞洞的街。我感觉好像我们刚走出港口，真正的城市实际上在高处，位于悬崖之上。我们爬了上去。那里让我想起了巴塞尔，巴塞尔的集市也是在下方，从那儿可以沿"死者之巷"向上走，会抵达上边的一片高地，通往圣彼得广场和圣彼得大教堂。我们到达这片高地后，发现有一个大广场，由昏暗的路灯照明，许多街道在这里会合。这个城市的各个街区呈辐射状排列在广场周边。广场的中央是一个圆形的水塘，水塘的中间有一座小岛。周围的一切由于雨、雾、烟和昏暗的灯光而显得模糊，唯独这座小

---

[1] 见《原型与集体无意识》（《荣格文集》第九卷上册）中《关于曼荼罗象征》一节的图36。——原注

岛被阳光照耀得光辉灿烂。岛上独长了一棵树，是一株木兰，树上花团锦簇，满是略带红色的花朵。这棵树既像是矗立在阳光中，又像是光亮的来源。我的同伴抱怨着糟糕的天气，显然没有看见这棵树。他们谈起了住在利物浦的另一个瑞士人，对他定居于此表示惊讶。我被这美不胜收的花树和阳光灿烂的小岛深深地迷住了，心里想道："他为什么在这里定居，我可是理解得很。"然后我便醒了过来。

对于梦中的一个细节我必须加以补充说明：这个城市各个单独的街区，本身亦是围绕着一个中心点呈辐射状排列。该点便是一个开放式的小广场，由一盏巨大的路灯照明，构成了那个水塘中心的小岛的复制品。我还知道，"另一个瑞士人"就住在某个这样的次级中心附近。

这个梦表现了我当时的心境。我仍清楚地记得梦中那件浅灰黄色的雨衣，在雨天的潮湿中闪着光。一切都非常令人不快，到处黑乎乎的，很是沉闷——一如我在那段时期的感受。但是我却有过一次美得超凡脱俗的视象，我凭借它才得以继续生活下去。利物浦（Liverpool）就是"生命之池"。"利物"（liver）一词，根据古老的观点，有"生命的基座"之意——它"使生命成为可能"。

这个梦带给我一种终结之感。在梦里，我看到目的已被揭示出来。我们无法超出这个中心。这个中心就是目的所在，一切都指向这个中心。通过这个梦，我明白了，自性就是方向与意义的原则与原型。这正是这个梦的治愈之处。对我来说，这一洞见便指向了通向中心即达成目标的途径。我的个人神话，也从中第一次冒出了萌芽。

做过这个梦之后，我停止了曼荼罗的绘制。这个梦描述了整个意识发展过程的顶峰。它呈现了我的处境的全貌，让我心满意足。我肯定地知道，我所做的是一项重要的事业，只不过我对之仍缺乏了解，而且我的同伴中也没有人能够了解它。这个梦所带来的清晰陈述，使我得以客观地看待那些充满了我整个身心的事物。

　　如果没有这一见解，我可能已经失去了方向，被迫放弃了我的事业。但在这个梦里，意义已被澄清。在我与弗洛伊德决裂的时候，我已知道自己纵身跳进了未知里。毕竟，除弗洛伊德外，我对什么都不甚了了，但我还是毅然踏入了黑暗之地。当这一切发生之时，竟然出现了这样的一个梦，让人感到它就像神赐的恩惠。

　　当时我所体验和写下的事情，我用了整整45年的时间将它们提炼成科学作品。年轻的时候，我的目标是要在我的学科领域内取得一些成就。但是后来，我偶然触到了这股熔岩流，它火焰的热量重塑了我的人生。那是促使我去开展研究的最初的东西，而我的工作多少成功地把这光芒闪烁的物质并入了当代世界的图景中去。

　　我从事内在意象研究的那些年，是我一生中最重要的时光——一切基本的东西都这样定型了。一切都是从那时开始的。素材从无意识中喷薄而出，立刻淹没了我，而后来的细节只不过是这些素材的补充和说明而已。这就是我一生的工作的原始物质[1]。

---

[1]　原始物质（Prima Materia），中古欧洲炼金术士认为所有物质具有相同的基本性质，能分解成相同的基本单位，即原始物质，也称为"世界之魂"（World Soul）。炼金术的主要目的就是将普通金属分解成原始物质，再重新排列组合以获得黄金。——译者注

第七章 著 述

李孟潮

第七章是本书的难点所在，其实只适合三类人阅读：第一类是国际分析心理学学会认证的荣格分析师，他们大多数是博士毕业后从业多年的心理治疗师；第二类是专门研究荣格的大学教授；第三类是天生聪慧的荣格学说骨灰级发烧友，比如荣格及其同事的病人、诺贝尔物理学奖得主泡利和诺贝尔文学奖得主黑塞等人。

因为这一章首先假设读者们已经读过荣格晚年的炼金术心理学著作，又假设读者们对基督教非常熟悉（如《圣经》中《约伯记》的内容），在这一章的最后两段，它还假设读者们能够读懂老年荣格的寂寞和孤独。

那么，荣格为什么要把这种高难度的内容放入他的自传呢？这是因为，他从自己的梦境和视觉意象中获得了心灵超越的秘方。荣格那时候必须对自己的超越体验保持沉默。在这种孤独中，他想要了解类似体验是否在历史上出现过，结果他真在炼金术中找到了类似情况。这也是这一章乃至附录赋予卫礼贤如此重要分量的原因。正是卫礼贤带来的中国道教炼金术文本《太乙金华宗旨》和《慧命经》，让荣格惊奇地发现，与他的自我疗愈过程类似的东西，居然被如此清晰地描述出来，而且变成了有计划、有步骤的观想修炼过程。

但对荣格而言，仍是精神分析发挥了更大的疗愈功能，主要体现在其对于梦境的研究和开发。

下面简要总结这一章提到的三个梦境。

第一个梦名为"困在17世纪"，表明荣格能够和传统文化炼金术建立联结，表明他建立了正性家国情结。

第二个梦名为"配楼乐队梦"。做这个梦的时候荣格已经77岁。这个梦大体的意思是：荣格渴望"灵魂伴侣感"出现在自己的婚姻以及父母的婚姻中。这也是家国情结的特点，它首先体现为我们希望父亲接近于伟大父亲原型，母亲接近于母亲原型，父母的性爱关系接近于化合原型，逐渐地期望父母能够在夫妻关系中修通阿尼玛和阿尼姆斯原型投射。这些原型投射多年后，人们在中年期形成了家国情结。有的人一辈子都无法超越这个情结。荣格在老年时仍然在修通这个情结。

第三个梦名为"父亲圣经梦"，这个梦的意义也非常深刻，除荣格自己的解析外，大概还有如下几点：其一，人在一个方面是超过上帝的，那就是自由；其二，上帝是有暗黑一面的，就像大卫王一样；其三，人性的忠诚和献祭才是最高的存在。

第七章
著　述

　　当我步入后半生之后，我开始面质无意识的征途。这是一项长期的工作，差不多过了20年，我才对我的幻觉有了一定程度的了解。

　　首先，我必须找到我的内在体验的历史样本。也就是说，我得问自己："历史上何时发生过同样的事情？"倘若找不到这样的证据，我就不可能证实我的想法是有根据的。在这样的情况下，接触到炼金术对我而言是决定性的，它给我提供了我当时缺少的历史基础。

　　分析心理学本质上是一门自然科学，但比起其他科学更易受到观察者个人偏好的影响。因此，心理医生若想排除判断上的误差，至少是最粗糙的那些，他便一定要最大限度地依附于历史与文学中类似的案例。从1918年到1926年，我认真研习了一些诺斯替主义[1]作家的作品，他们也曾正视过无意识的原初领域，探讨过它的内容，即那些明显被本

----

[1]　诺斯替教或诺斯替主义，来源于希腊语gnostikos，即知识。长期以来用于表示2、3世纪的教父们所批判的基督教异端。到了18—19世纪，诺斯替主义一词涵盖了更大的范围，被认为是希腊化晚期世俗文化向宗教文化转型过程中的一场大范围的宗教运动。诺斯替指宗教运动中不同团体的统一信念，这一信念有几个世纪在地中海沿岸地区非常流行，甚至延伸到中亚地区。19世纪以前，人们对诺斯替教的认识主要来自诸多基督教著作，目前发现的死海古卷也涉及诺斯替教。——译者注

能世界污染过的意象。至于他们如何理解这些意象就很难说了，因为相关的记录并不充足——而且，已有记录大都出自反对他们的教父之手。在我看来，他们不太可能就这些意象形成一种心理学概念。但是诺斯替教教徒们实在离我太远，我无法使我面前的问题与他们建立任何联系。就我所知，能将诺斯替与当代联系起来的传统似乎已被割断了。很长时间以来，想要找到联结诺斯替主义——或新柏拉图主义[1]——与当代社会的桥梁是不可能的。但是，当我对炼金术有所了解以后，我发现它就是联结诺斯替主义的历史纽带，而过去与现在之间其实是有连续性的。炼金术根植于中世纪的自然哲学之中，起着继往开来的作用，向前联结着过去的诺斯替主义，向后又通向了未来的关于无意识的现代心理学。

这一幕是由弗洛伊德揭开的，他同时还引入了传统诺斯替教派的性欲主题，以及极端的父权。诺斯替教派的耶和华与造物主的主题，在弗洛伊德的原初父亲形象和从中衍生出的阴暗超我的神话中再度出现。在弗洛伊德的神话里，父权变成了邪恶的事物，创造出了一个充斥着失望、幻觉和苦难的世界。但是，炼金术士专注于物质的奥秘，其中表现出来的唯物主义倾向迷惑了弗洛伊德的双眼，使他没能看到诺斯替教派的另一方面的本质：精神的原始意象。这意象作为另一个更高的神祇，送给人类一只双耳喷口杯（用于混合的容器），一个象征着精神转化的

---

[1] 新柏拉图主义，是3世纪由亚历山大城的普罗提诺发展出的哲学派别，流行于3—5世纪，该流派主要基于柏拉图的学说，但在许多地方进行了新的诠释，是古希腊文化末期最重要的哲学流派。其对基督教神学产生了重大影响，早期基督教时期（2—5世纪）的教父思想，由于是根据《圣经》和利用新柏拉图主义建立的，一般被称为"教父哲学"。普罗提诺的哲学思想属于诺斯替主义的大范畴，但新柏拉图主义与诺斯替派之间存在很多争论。——译者注

容器。[1]双耳喷口杯是阴性特质（feminine principle）的象征，在弗洛伊德的父权世界里没有容身之地。附带说一句，与他有同样偏见的人不在少数。在天主教思想中，圣母玛利亚与基督的新妇刚被接到神圣的闺房（新房）里，人们犹豫了好多个世纪，才部分接受这两个女性形象[2]。而在新教和犹太教领域，父权继续一如既往地占据主导地位。但是，另一方面，在哲学炼金术中，阴性特质与阳性特质平分秋色。

在找到炼金术之前，我做了一系列同样主题的梦。我的房子旁边增加了一部分，也就是辅楼或者配楼，看来很是眼生。我每次在梦里都很奇怪，为什么这间房子似乎一直都在那里，我却不知道它。终于在一个梦里，我走进这个配楼。我发现那里有一个极好的图书室，源于16—17世纪。包着猪皮封面的、又大又厚的开本书籍摆满了几面墙。其中有几本书装饰有风格古怪的铜版画，书中插图上画着我前所未见的奇异符号。当时我并不知道它们是什么，过了很久才认出它们是炼金术的符号。在梦里，我仅觉察到这些符号乃至整间图书室所展现的魅力。这些藏书包括了中世纪的初期刊本[3]和16世纪的出版物。

房屋旁边的未知配楼是我人格的一部分，是我自己的一个方面，它

---

[1] 在诺斯替教著作《坡以满德》（*Poimandres*，意为"Man-Shepherd"，人之牧者）之中，这只双耳喷口杯盛满"精神"，由造物主送至凡尘，为的是让那些追求更高意识的人从中受洗。它是某种精神更新和再生的容器，相当于炼金术中进行物质转化的鼎炉。在荣格心理学中，与此对等的是内在转化的过程，叫作自性化。——原注，安妮拉·亚菲

[2] 此处指比约十二世的教皇诏书《广赐恩宠的天主》（1950年），宣布圣母蒙召升天。这一新教义肯定，玛利亚作为新娘在天上的新房里与圣子结合，又作为索菲亚（智慧女神）与上帝结合。这样，阴性特质便非常趋近于男性的三位一体了。参见荣格的《心理学与宗教：西方和东方》（《荣格文集》第十一卷）中的《答约伯》一节。——原注，安妮拉·亚菲

[3] 15世纪中叶古登堡印刷术发明起至1501年1月1日前，欧洲所出版的刊物统称初期刊本。——译者注

代表着我尚未意识到的某种特质。那栋配楼，特别是图书室指涉的是炼金术——虽然当时我仍对其一无所知，但很快就开始对其加以研究。大约15年后，我收集的藏书已和梦中的图书室相差无几了。

预示着我将遇到炼金术的关键梦境出现在1926年前后：彼时我正在南蒂罗尔（South Tyrol），梦中正值交战之时。我身处意大利战场，乘着一个矮小农民的马拉货车从前线逃离。我们沐浴在枪林弹雨之中，情况十分危急，我们必须尽快赶路。[1]

我们必须跨过桥梁，再穿过隧道，隧道的拱顶已部分被炮弹炸毁。穿过隧道之后，我们眼前出现了一个阳光灿烂的地方，我认出这里是维罗纳（Verona）周边的一个地区。举目望去，这座城市正在明亮的阳光下熠熠生辉。我松了一口气，我们继续驱车前行，来到了郁郁葱葱、生机勃勃的伦巴第平原（Lombard Plain）。道路穿过了春意盎然的可爱乡村后，我们看到了广袤的稻田、油橄榄树和葡萄园。然后，在路的斜对面出现了一座宏伟的建筑，占地千顷，是庄园主的宅邸，建得就像意大利北部公爵的宫殿。这是一座典型的庄园主宅邸，有许多配楼和附属建筑。就像卢浮宫一样，道路穿过宽阔的前院，经过宫殿旁边。矮小的马车夫驾车带我穿过一道门，从此处透过远处的另一道门，我们再次望见了那片阳光灿烂的地方。我环顾四周：我的右边是这座宅邸的正面，左边则是长长的一排仆人的住处、马厩、谷仓和其他附属建筑物。

我们来到了庭院的中央，正对着宫殿的入口，这时，出乎意料的事情发生了：只听一声闷响，道路两端的大门都关上了。那农民跳下了

---

[1] 从天而降的炮弹，用心理学来阐释，是来自"另一边"的导弹。也就是说，它们是源自无意识，源自精神阴暗面的表象。梦的情节暗示着，若干年前在外部世界发生过的战争并未结束，而是转战到了心灵之中。显而易见，在外部世界中解决不了的问题，只能去往心灵之中寻找答案。——原注

车，嚷道："这下好了，我们被困在17世纪了。"我无奈地想："好吧，真被困住了！这该怎么办才好呢？我们大概要被关好几年吧。"接着一种安抚性的念头涌上了心头："再过几年，总有一天我会走出去的。"

做了这个梦之后，我翻阅了卷帙浩繁的世界史、宗教史和哲学史书籍，却没有找到任何有助于解释这个梦的资料。直到很久之后，我才发觉这个梦与炼金术有关，这门学科恰在17世纪到达了顶峰。可是很奇怪，我完全不记得赫伯特·西尔贝香是怎么写炼金术的了[1]。当时他的书已经出版，而我认为炼金术根本不入流，而且相当愚蠢，尽管我很欣赏西尔贝香的神秘而富有建设性的观点。我曾与他有书信往来，还告诉他我很欣赏他的工作。可是，他那悲剧性的死亡表明，西尔贝香对这个问题虽有发现，却未能有所顿悟[2]。他主要利用的是后期的资料，而我对之不甚了了。炼金术后期的文献充满奇思异想，结构复杂，含义模糊，只有当我们懂得了如何解释它们，才有可能辨认出其中宝藏。

1928年卫礼贤寄给我一本关于中国炼丹术的手稿，即《金花的秘密》，我读过之后，对炼金术的本质了解方始。我被一种欲望激励着，想要进一步熟悉炼金术的文本。于是我委托一位慕尼黑的书商，如果有炼金术方面的书籍落到他手里，就立刻通知我。不久之后，我收到了第一本书，《炼金术卷二》（1593年），这是一本包罗万象的拉丁文论文集，其中有几篇炼金术的"经典之作"。

这本书被我尘封了近两年。我偶尔翻阅书中的图画，每次都不禁感慨："天啊，真是胡说八道！这种东西叫人怎么理解！"但是它一直牵引着我的好奇心，我最终决心彻底进行一番研究。次年冬天，我开始了研究，马上便发现这本书着实引人入胜、激动人心。诚然，这些文本在

---

[1] 指《神秘主义及其象征的问题》，纽约，1917年；德文版，维也纳，1914年。——原注
[2] 西尔贝香死于自杀。——原注

我看来仍然不知所云，但不时会有一些对我颇有意义的段落出现，偶尔甚至能读到一些我能理解的句子。最后，我意识到，原来炼金术士是用象征来说话的——象征可是我的老相识了。"哎呀，这真是不可思议，"我心想，"我一定要破译这些象征。"到此为止，我是完全沉浸其中了，只要一有时间，我便认真钻研那些文本。一天晚上，我正在研究它们，突然回想起我被困于17世纪的那个梦。我终于领略了梦的含义。"原来如此！看来我必须得从基础开始学习炼金术了。"

我在炼金术思想进程的迷宫里摸索了许久才找到出路，因为没有一位阿里阿德涅会跑来塞给我一个线团[1]。在读到16世纪文本《哲学家的玫瑰园》时，我注意到有一些奇怪的表达方式和措辞反复出现，比如"分解与凝结""神秘鼎炉""青金石""原始物质""水银"等。我发现这些短语反复出现，具有特定的含义，但我无法准确把握这种含义。因此，我决定着手用交叉参照的方式编一本关键词辞典。日复一日，我积累起了几千个关键词和短语，做了好几册读书摘抄。我采用的是语言学的思路，就像试图破解一种未知的语言一样。这样一来，我便逐渐理解了炼金术的表达方式。这项任务，我投身其中有十余年。

没过多久，我便发觉分析心理学以某种令人惊奇的方式与炼金术相匹配。在某种意义上，炼金术士的体验就是我的体验，他们的世界就是我的世界。这当然是一个重要的发现：我竟无意中找到了无意识心理学的历史对应物。与炼金术进行比较的可能性，以及能够追溯到诺斯替主义的连续的金链，它们都给我的心理学带来了实质性的证据。在我细细

---

[1] 克里特岛国王米诺斯在战争中打败过雅典人。他要求雅典人每九年（亦传每年）奉祭七名少年和七名少女给怪物米诺陶洛斯。忒修斯来到克里特，要进入迷宫杀死怪物。在克里特，米诺斯的女儿阿里阿德涅爱上了忒修斯，她给了他一个线团，以便他在迷宫中标记退路。——译者注

品读这些古卷的过程中，一切都各归其所：幻觉中的意象，实践中搜集的经验性素材，还有我从中得出的结论。我开始明白，从历史的角度来看，这些心灵内容意味着什么。我早先通过研究神话来理解这些心灵内容的典型特征，如今这一理解进一步加深了。我所研究的核心问题是原始意象和原型的本质。我看得很清楚——没有历史就没有心理学，当然也就没有了无意识的心理学。意识的心理学固然可以满足于从个人生活中提取的素材，但是，只要我们想要解释一例神经症的个案，便需要一份比有意识的知识更加深入的既往病史。在治疗的过程中，每当需要做出不寻常的决定时，梦就会出现，欲解释这些梦，就需要超出个人记忆的知识。

我认为，对炼金术的研究标志着我与歌德产生了某种内在联系。歌德的秘密，在他受制于原型转化这一持续了千百年的过程。他把《浮士德》当作自己的主要著作或神圣的工作。他称它为"主线事业"，他的一生都在这部戏剧的框架之中进行。于是，他身上产生了一种有生气的、跳动的生之元素，一种超个人的过程，上演着原型世界的伟大梦境。

我也被同一个梦境攫取了，11岁的时候，我已经走上了一条不归路，即"主线事业"。我的一生只受到一种观念、一个目标驱使和维系：探索人格的奥秘。从这一中心点出发，一切都能得到解释，我毕生的工作都围绕着同一个主题。

我真正的科学研究始自1903年的联想测验。我把它当作我在自然科学领域之事业的首个科学成就。完成这篇《词语联想研究》之后，又写了两篇精神病学论文，前文已论述过其渊源：《早发性痴呆心理学》和《精神病的内容》。1912年，《力比多的转化和象征》一书出版，我与弗洛伊德的友谊就此告终。从那以后，我只好独自前进。

我的切入点，源自我对自己无意识中意象的痴迷。这一时期从1913年持续到1917年。之后，曾经不断涌现的幻觉渐少。直到它们平息下来，我才终于逃出幻觉的魔山，能够客观地看待整个体验，开始对之进行反思。我向自己提出的第一个问题是："人们是如何与无意识相处的？"《自我与无意识的关系》[1]一文便是对这个问题的回答。1916年，我在巴黎就这一题目做了演讲[2]。讲座内容在12年后方以德文出版，不过内容多有拓展。我在文中描述了许多无意识的典型内容，表明了有意识头脑所采取的态度，对它们的影响绝非无关痛痒。

　　与此同时，我还在酝酿着《心理类型》（*Psychological Types*）一书，其于1921年首次出版。这本书源自我的一种需求，我想要界定我的观点在哪些方面与弗洛伊德和阿德勒不同。在解决这个问题的过程中，我遇到了类型的问题。因为心理类型从一个人出生起，便决定并限制其判断力，所以，我在这本书中探讨了个人与世界、他人及事物的关系，还论及了意识的多个方面，即有意识头脑看待世界的各种态度，从而构成了一门关于意识的心理学，其视角大约可以称为临床的。我引用了大量的文学作品。其中施皮特勒的作品尤为重要，特别是《普罗米修斯与厄庇墨透斯》[3]。此外，我还讨论了席勒、尼采、古典时代及中世纪的思想史。我甚至冒昧地给施皮特勒寄了一本《心理类型》。他没有回信，但在不久之后的一次报告中，他明确地宣称，《普罗米修斯与厄庇墨透斯》根本没有"特殊含义"，就像唱了几句"春天到了，啦

---

[1]　收入《分析心理学的两篇论文》（《荣格文集》第七卷）。——原注

[2]　题为《无意识的结构》，收入1916年日内瓦版《心理学档案》中。见《荣格文集》第七卷，附录2。——原注

[3]　卡尔·施皮特勒（Carl Spitleler，1845—1924），瑞士作家，他的著名作品除《普罗米修斯与厄庇墨透斯》外，还包括史诗《奥林匹斯的春天》及心理分析长篇小说《心像》。1919年，他因《奥林匹斯的春天》获诺贝尔文学奖。——原注

啦啦啦"的小曲一样。

这本关于类型的书，主要表达了个体做出的每一个判断都受限于他的人格类型，个体的每一个观点亦是如此。为了补偿这种多样性，便提出了统一性的问题，我顺其自然地找到了中国的"道"的概念。前文已讲过我的内在发展与卫礼贤寄给我一本道教手稿的共时性事件。1929年，我和他合著了《金花的秘密》。直到我找到了思想和研究的中心点，也就是说触及了自性的时候，我才感觉终于回到了世间。我开始周游四方，做了很多讲座。诸多的论文和讲座是对多年来向内探索的一种补偿。它们亦回答了读者和病患向我提出的问题。[1]

自打《转化的象征》一书问世后，我开始深切关注力比多的理论。我把力比多假设为一种具有物理能量的心灵类似物，多少成了一个量化的概念，因而不能再被定义为定性术语。我的想法是要跳出当时流行的具体化的力比多理论——换言之，我不想再涉及饥饿、攻击和性之类的本能，而是把这些现象全部看作心灵能量的表达。

在物理学中，我们也会讲到能量及其多样化的表现方式，比如电、光、热等。在心理学中也是这样的。我们遇到的主要是能量问题，也就是说，要衡量其强度，比较其数量的多少。能量会伪装成不同面貌出现。若要把力比多比作能量，便可以采取一种综合而统一的观点。至于力比多的本质是什么这种定性问题——是性欲、权力欲、食欲或其他——就该退居次席了。我想为心理学找到一种逻辑严密的观点，就像物理科学中的能量理论一样。这就是我在《论心理能量》（*On Psychic Energy*，1928）中所探讨的内容。我把人类的动机看成能量过程的体现，类似于热能或光能等。现代物理学家不会认为一切形式的力都源于

---

[1] 这些文章散布于《荣格文集》第四、八、十、十六卷。——原注

某一种能量，比如说热能。所以，心理学家同样也要警惕，不能把一切本能都归入性欲概念之下。这是弗洛伊德最初的错误，后来他用"自我本能"（ego-instincts）的假说对其加以纠正。之后，他又提出了"超我"的概念，并赋予它一种至高无上的地位。

在《自我与无意识的关系》中，我只讲了我如何执着于无意识，并分析了这一执着的本质，却没有更多地提及无意识本身。当我研究自己的幻觉时，我觉得，无意识要么会改变，要么会引起改变。在我熟习了炼金术之后，我才认识到，无意识是一个过程，心灵的转化或发展，都建立在自性与无意识内容的关系之上。在个体之中，这种转化通过梦和幻觉体现出来。而在集体生活之中，这种转化主要存留于各种宗教系统和丰富多变的象征里。我学习了这些集体转化的过程，又了解了炼金术的象征性，由此便得到了我的心理学的中心概念：自性化的过程（The Process of Individuation）。

我的研究工作有一个重要的方面，它一上来就触及了世界观的问题，以及心理学与宗教的关系问题。我仔细思考了这些问题，写出了《心理学与宗教》（*Psychology and Religion*，1938），又从这篇文章中拓展出了《帕拉塞尔斯卡》（*Paracelsica*，1942）一书。书中第二篇文章"帕拉塞尔苏斯的精神现象"（Paracelsus as a Spiritual Phenomenon）在这一方面是重中之重。帕拉塞尔苏斯[1]的著作饱含着原创性想法，包括对炼金术士所提出的问题的清晰阐述，尽管叙述方式华而不实。通过帕拉塞尔苏斯，我最终得以探讨炼金术与宗教和心理学的本质联系——或者换句话说，炼金术的宗教哲学形式。这即构成了《心理学与炼金

---

[1]　帕拉塞尔苏斯（Paracelsus，1493—1541），瑞士医学家。帕拉塞尔苏斯是将炼金术运用于医药化学领域的始祖。他认为人体与宇宙或自然相互对应，具有自我治愈的功能。而他的终极目的是创造完整的生命。——译者注

术》（*Psychology and Alchemy*，1944）的内容。通过这本书，我终于为1913—1917年的个人体验找到了根基。我在那段时间里所经历的过程，正对应着该书中涉及的炼金术的转化过程。

　　自然而然，我始终在考虑无意识的象征与基督教以及其他宗教的关系。我不但为基督教的启示开启一扇门，还认为它对西方人具有重要作用。然而，人们需要用新的眼光来看待它，顺应当代精神的瞬息万变。若不这样做，它就脱离了时代，不能助益人类达成完整性。我在我的著作中竭力强调这一点。我还就三位一体的教条和弥撒的文本做出了心理学的阐释——此外，我还比较了帕诺波利斯的佐西莫斯[1]所描述的视象，他是一位3世纪的炼金术士，兼诺斯替派教徒。[2]我将分析心理学和基督教相联系的尝试，最终导向了基督是不是一个精神（心理）形象的问题。早在1944年，我已在《心理学与炼金术》中论述了基督这一形象和炼金术士的核心概念——青金石或称哲人石——之间的对应关系。

　　1939年，我组织了一个研讨会，讨论依纳爵·罗耀拉[3]的《精神修炼》。与此同时，我正为著写《心理学与炼金术》而进行着一些研究。一天夜里我醒了过来，看到床脚处出现了十字架上的基督意象，沐浴在明亮的月光之中。它并不是真实大小的，然而却十分真切，我甚至看出他的躯体是由略泛青色的金子塑成的。这一景象有着超凡脱俗的美，我为之深感震撼。像这样的视象我本司空见惯，我时常看到生动逼真的梦

[1] 帕诺波利斯的佐西莫斯（Zosimos of Panopolis），公元300年前后的反基督教作家。——译者注

[2] 两项研究均收入了《心理学与宗教：西方和东方》（《荣格文集》第十一卷）。——原注

[3] 依纳爵·罗耀拉（Ignatius Loyola，1491—1556），西班牙人，天主教耶稣会的创始人，也是天主教会圣人之一。他在罗马天主教内进行改革，以对抗由马丁·路德等人所领导的宗教改革。——译者注

的意象。

我那时正在构思一篇《基督的灵魂》，是由《精神修炼》而引申出的思考。这一幻觉的出现似乎在告诉我，我在思考时忽视了什么：基督与炼金术士的非凡之金及生命之缘有着相似性[1]。当我觉察到我的视象指向了炼金术的核心象征，并发现自己产生的基督视象本质上属于炼金术范畴的时候，便感到释然了。

青金代表了生命的特质，炼金术士不只在人身上看到这种特质，在无机的自然界中亦能看到。它体现了生命精神（life-spirit）、世界之魂（anima mundi）或全宇宙之子[2]，即给整个宇宙赋予了生机活力的人类。这一精神渗透了万事万物，包括无机物，甚至存在于金属和石头中。因此，我的视象是基督的意象与他的物质类似物（全宇宙之子）的统一。若非我被那青金强烈震慑，我大概不免会假设，是我的"基督教"观点中缺失了某种本质的东西——或者说，我那一贯的基督的意象仍有些不足，仍需要补充基督教发展史的知识。然而，对金属的强调却让我一目了然地看到炼金术中基督的概念，这乃是一种精神活跃而肉体已死的统一体。

我再次在《爱翁》[3]一书中探讨基督问题。在这本书里，我讨论的重点不是历史上类似的人，而是基督这一形象与心理学的关系。我没有把基督看作一个不受外部影响的形象。我更希望揭示出他所代表的宗教内容千百年来的发展过程。我亦关心占星术如何能够预言基督的到来，

---

[1] 更为严肃的炼金术士认为，他们工作的目的不是把贱金属变成黄金，而是要生产出"非凡之金"或"哲学之金"。换言之，他们关心的是精神价值和精神转化的问题。——原注
[2] 全宇宙之子（filius macrocosmi）指一种在所有生命和物质中都存在的万物精神或神性，其被看作基督在物质世界的对应物。——译者注
[3] 英文版同名，出版于1959年，《荣格文集》第九卷下册。——原注

当时的人们是以何种精神来理解基督的，而基督教文明延续了两千年，在这两千年中的基督又该如何被理解。这些是我在书里力图描述的，连同围绕着他积聚了千年的全部注脚。

在钻研这些问题的过程中又出现了一个新的问题，即耶稣本人是不是历史上真实存在的人物。这一问题意义深远，他所在的时代的集体智力——也可以说是群集而成的原型或人类（Anthropos）的原始意象——集于他一身，成了一个鲜为人知的犹太先知。有关人类的原始观念，一方面根植于犹太传说，另一方面则来自埃及荷鲁斯[1]的神话。其从基督纪元之初便为人们所深信，因为它是时代精神的一部分。这一概念的核心在于人类之子，即上帝的儿子，他站在了世界的统治者奥古斯都的对立面。这一观念与犹太人的弥赛亚[2]问题一脉相承，扩大为一个世界性的问题。

耶稣本是木匠之子，却广传福音，成了世人的救主，倘若把这一事实归为"纯粹的偶然"便大错特错了。他一定具有非凡的天赋，才能够如此完美地表达和呈现那个时代人们的普遍期许，纵然这期许是无意识的。没有人能胜任这一送信者的工作，唯有特定的耶稣能够做到。

在罗马帝国那无孔不入且极其强力的统治之下，以神圣的恺撒大帝为代表，其开创出的世界里，无数的个体甚至整个民族，都被剥夺了文化独立与精神自主。今天，个体和文化亦面临着同样的威胁，即淹没于大众之中的威胁。于是，各地涌现了希望基督再次出现的思潮，甚至谣传有些人看见了某些幻象。此皆表达了人们对获得救赎的期望。然而，

---

[1] 荷鲁斯（Horus），埃及太阳神。——译者注

[2] 弥赛亚（Messiah），意为上帝选中的人，指犹太人宿命性的信念，在民族之中，若干年后会出现一位先知，带领众人脱离困境。——译者注

这一次人们所采取的形式与过去毫无可比性，却只是"技术时代"的典型产物。这就是遍布全球的飞碟（不明飞行物）事件。[1]

我旨在最大限度地证明我的心理学与炼金术的相似之处——或炼金术类似于心理学的地方。在提出上述宗教问题的同时我也想知道，那些心理治疗中的特殊问题，在炼金术著作中是怎么描述的。临床上心理治疗的主要问题是移情（transference）。我和弗洛伊德都同意这一点。我可以确定，炼金术中有对应移情的内容——合体（coniunctio）的概念，希尔博赫[2]已指出过这一概念的重要性。我于《心理学与炼金术》一书中列举了这一对应的证据。两年之后，即1946年，我又在《移情心理学》[3]中进一步研究了这一问题，这些研究最终引出了《神秘合体》[4]。

像我就自身或科学方面关注的其他问题一样，合体的问题也有梦相伴而来，做出预言。在其中一个梦里，这一问题与基督问题一起，凝聚成了一个非凡的意象。

我又梦到我的房屋旁有一座我从未涉足的配楼。我决心要看一看它，便走了进去。我先来到一个双扇大门前面。推开门，便进入了一间装配成实验室模样的房间。窗前的桌子上有许多玻璃试管，还有动物学实验室所需的一切设备。这是我父亲的工作室。不过他现在不在这里。沿墙摆放的架子上，几百个瓶子琳琅满目，里面盛着我能想象到的每一种鱼。我大吃一惊：原来我父亲正从事鱼类研究！

---

[1] 参见《飞碟：现代神话》（纽约及伦敦，1959年），收入《过渡时期的文明》（《荣格文集》第十卷）。——原注

[2] 希尔博赫（Silberer，1882—1923），维也纳精神分析学家，与弗洛伊德、荣格等共事，代表作《论神秘主义及其象征》。——译者注

[3] 收入《心理治疗实践》（《荣格文集》第十六卷）。——原注

[4] 《荣格文集》第十四卷。——原注

我正站在屋里四下张望，发现窗帘总时不时地扬起来，仿佛大风正吹。突然，来自乡下的年轻人汉斯出现了。我叫他去窗帘后看一下，是不是有扇窗没关好。他应声去了，一去就是好长时间。他回来的时候，脸上一副受到惊吓的神情。他只说了一句："是的，那里有东西。它在那儿游荡！"

于是我亲自前去，发现一道门能通到我母亲的房间。房间里没有人，气氛颇为诡异。这个房间非常宽敞，从天花板上悬下来两排共10个箱子，离地两英尺。它们看起来貌似园亭，面积约6平方英尺，每一个都装有两张床。我的母亲去世已久，我知道这个房间是她回访做客时的居所，她摆上这些床就是给来访的鬼魂睡觉用的。这些鬼魂成双成对，结成了鬼亲，它们来到这里过夜，甚至白天也会来。

在我母亲的房间对面有一扇门。我把门打开，走进了一个大厅。它使我想起了一家大饭店的大堂。大厅置备有安乐椅和小桌子，由柱子支撑，装饰着豪华的幔帐。一个铜管乐队正在演出，声音响亮。我刚才在后面就听到了音乐声，不过不知道它是哪儿传来的。大厅里空无一人，只有铜管乐队大声吹奏舞曲和进行曲。

饭店大堂的铜管乐队意味着铺张的快乐和世俗。而在这吵吵闹闹的表面之后，谁也不会想到竟是阴间，在这同一个屋檐之下。梦中大厅的意象似乎是在嘲讽我温和世俗的欢愉。这只是表面罢了，表面之后隐藏着截然不同的东西，在铜管乐队的乐声嘹亮之中毫无痕迹：鱼类实验室和灵魂徘徊之亭阁。这两处都是可敬可畏的地方，笼罩着神秘的寂静。身处其中，我隐约感到这是夜的居所，而大厅则代表着白天的世界，浮华的世间。

这个梦里最重要的意象是"鬼魂接待室"和鱼类实验室。前者以某种荒诞的方式表现了合体，后者则暗示了我对基督的先入之见，即基督本人就是鱼[1]。二者都是我接连研究了十余年的主题。

值得注意的是，鱼类研究被认为是我父亲所为。在这个梦里，他成了基督圣灵的守护者，因为，依照古代的观点，这些鱼是被西门彼得的网捕捉的。同样引人注目的是，同一个梦中，我的母亲是死者鬼魂的守护人。于是，我的双亲便都担负了"灵魂的疗愈"的重责，这在真实生活里则是我的工作。仍有事情未完成，由我的双亲所承载，也就是说，它潜伏于无意识中，留待未来解决。我由此想起，我还没有解决"哲学的"炼金术的核心问题，即化合的问题，也没有回答那青金色的基督圣灵向我提出的问题。还有被我妻子当作毕生的任务——关于圣杯传说的主要工作，当时也尚未完成。[2]我回想起，在《爱翁》中写到耶稣鱼的象征时，我脑海里非常频繁地出现追寻圣杯和渔夫之王[3]的故事。若非我打定主意不去擅闯我妻子的领域，我毫无疑问会把圣杯的传说纳入我对炼金术的研究中。

我印象里的父亲深受安福塔斯[4]式的伤口的折磨，是一位伤口久治不愈的"渔夫之王"——这是一种基督式的苦难，而炼金术士正是为此

---

[1] 希腊文的鱼（ichthys）恰好由"耶稣、基督、神的、儿子、救主"（Iesous Christos Theou Yios Soter）这五个象征基督教信仰核心的词语首字母缩略组成。鱼是当时的犹太人常吃的食物，耶稣以一份五饼二鱼分给五千人。——译者注

[2] 1955年，荣格夫人去世，之后玛丽·路易斯·冯·弗朗兹博士接手圣杯的研究工作，并于1958年顺利完成。参见艾玛·荣格与弗兰茨合著的《圣杯传说》，安德里亚·戴克斯译，纽约及伦敦，1930年。——原注

[3] 渔夫之王（fisher king），亦称wounded king，受伤的王，是亚瑟王传奇中的圣杯持有者，总是因臀部或腿部受伤而不能移动。——译者注

[4] 安福塔斯（Amfortas），圣杯骑士之王，与后文的帕西法尔均为13世纪德国诗人艾申巴赫的史诗《帕西法尔》中的人物，《帕西法尔》1882年被德国作曲家瓦格纳改编为歌剧。安福塔斯有顽固的伤口不能愈合，必须等待"因同情而获得智慧的纯洁愚者"的出现。帕西法尔称，"此伤唯有伤你的圣矛才能医治"，并用圣矛轻触其伤口，伤口旋即愈合。——译者注

才寻找灵丹妙药的。我是"无言的"帕西法尔[1]，在整个童年时代目睹了这一疾痛，也像帕西法尔一样，有口难言。我心中只有一些模糊的概念。现实中，我父亲从未对兽形的基督象征有过兴趣。但实际上，直到逝世，他一直践行着基督所预示的苦难，不曾意识到这是效法基督（imitatio Christi）的后果。他认为自己的不幸是一种个人的、有药可医的痛苦，他不认为这是众基督徒皆要承受的苦。《新约·加拉太书》（2：20）讲："现在活着的，不再是我，乃是基督在我里面活着。"他从未理解这句话的完整意思，因为他每每想到宗教问题，便会因恐惧而战栗。他想要止步于信仰的满足，但这信仰却让他失望。智力的牺牲（sacrificium intellectus）往往会带来如此回馈。"这话不是人都能领受的，唯独赐给谁，谁才能领受。……因为有生来是阉人，也有被人阉的，并有为天国的缘故自阉的。这话谁能领受，就可以领受。"[《马太福音》（19：11）]盲目地接受不能解决问题，它顶多维持局面不变，让下一代付出惨重的代价。

诸神的兽形属性表明，诸神不只存在于神界，还延伸到了低于人类的领域。动物便是诸神的影子，就像是自然本身与神圣的意象产生联系。"基督之鱼"（pisciculi Christianorum）说明效法基督的那些人本身便也是鱼——这说明，无意识的灵魂需要对灵魂的帮助（cura animarum）。鱼类实验室，其实就是教会的"灵魂的疗愈"的意思。伤者自创其身，治愈者亦需自愈。在这个梦中，最显著的一点即是死去的人为其他死去的人做了一些事，在超出意识之外的世界里，也就是在无意识的领域中。

因此，在我生命中的这个阶段，我仍未意识到我的责任的本质，所

---

[1] 帕西法尔（Parsifal），亚瑟王的圆桌骑士之一，因寻找圣杯而闻名。——译者注

以不能就这个梦给出令人满意的解释。我只能感觉到它的价值。我仍需克服强大的内在阻力才能写出《答约伯》。

《答约伯》的内在根源已在《爱翁》中端倪初现。我在《爱翁》里讨论了基督教教义的心理学问题，而约伯则是基督的某种原型。二者的联系就是受苦受难的观念。基督是代上帝受难的仆人，约伯也是一样。对基督而言，世界上的罪恶是苦难之源，所以基督徒承受苦难，这是普遍的回应。这不可避免地导向了这样的问题：谁该为这些罪恶负责呢？归根结底，上帝创造世界，便也创造了世界上的罪恶，他为了承受人类的命运而化身为基督。

《爱翁》里多次提到了这一神圣意象的光明面与阴暗面。我列举了"上帝的愤怒"，敬畏上帝的戒律，以及"指引我们远离诱惑"的祷告。这一矛盾的上帝着重体现在《约伯书》[1]中。约伯希望，在某种意义上，上帝会站到他这边来反对上帝，我们可以从中看到上帝那悲剧的矛盾性缩影。这便是《答约伯》的主题。

一些外部力量也是促使我写这本书的原因。公众和病患的诸多疑问，让我觉得更加有必要澄清我的观点，关于现代人遇到的宗教问题。有好些年，我不愿意做这一工作，因为我充分地认识到，此行必将激起轩然大波。但是后来，我被这一问题紧追不舍，不能脱身，它如此迫切而棘手，我发现不得不做出一番回答了。我回答的方式就如同这问题出现的方式一般，是一种充满了情感的经验。我有意为此，避免给人留下我致力于传达某种永恒真理的印象。我的《答约伯》，仅仅是一种个人的声音，一个人希望且期盼引起公众的一些思考。我无心宣扬什么形而上学的真理。但是神学家们却这般指责我，因为神学思想家们太习惯于

---

[1] 《约伯书》，《旧约》里的一卷，以诗歌的形式讲述了约伯生活坎坷的故事，他因善于忍耐常被信徒当成榜样。——译者注

永恒的真理，所以不能理解其他的陈述方式。当一位物理学家说，原子的结构是如此这般，并徒手画出一张模型，他着实无意表达什么永恒的真理。但是神学家不理解自然科学，尤其是心理学的思维方式。分析心理学的素材即其主要事实，以陈述组成——不同地点，不同时间，频繁地以一贯的形式出现的陈述。

约伯的问题及其所有分支，也同样由一个梦所预示。梦的开头，是我前去看望我早已去世的父亲。他住在乡下——具体地点不得而知。我看见一座18世纪风格的房屋，非常大，几栋配楼也很大。我得知，这房子本是建于温泉之上的一间旅舍，似乎许多大人物、名人和皇亲国戚都曾下榻在此。而且，有些人已经死去，石棺就停放在房屋的地下室里。我父亲则是看守人，负责看管这一切。

我旋即发现，他不只是看守人，还是一位著名学者——他生前可不是这样的。我在书房找到了他，很奇怪，Y医生——与我年纪相仿——和他的儿子也在那里，两位都是精神病学家。不知道是不是我提了个问题，抑或我父亲自己想解释某个问题，他从书架上取下了一本对开大小的《圣经》，沉甸甸的，和我的图书室里那本《马里安圣经》差不多大。我父亲的这本《圣经》有着闪闪发亮的鱼皮封面。他翻到《旧约》的部分——我想他大约翻到了《摩西五经》——开始解释某些片段。他言辞流畅，学识渊博，我都有点儿跟不上了。我注意到，他的言语背后有丰富的知识，我隐约领悟了其中意义，但不能够恰当地给予评价，也不能理解。我看出Y医生根本一窍不通，他的儿子则在发笑。他们觉得我父亲正在大掉书袋，因为上了年纪才这样喋喋不休。不过我却很清楚，这绝非病态的激动，我父亲的话一点儿都不愚蠢。相反，他的论述十分睿智，博大精深，是我们太过愚蠢才听不懂他在说什么。他谈到了某些他深陷其中的极为重要的事情，因而他的语气急迫。深刻的见解在他的头脑中激荡。我们三个人却犹如白痴一般，他这样对牛弹琴，我真是又恼怒又惋惜。

这两位精神病学家代表了一种有限的医学视角，我作为医生，也受到了这种视角的影响。他们两个代表着我的阴影——父亲和儿子，两种身份的阴影。

然后，景象转变。我和父亲来到一所房子前面，面对着一间棚屋，里面堆放着木材。我们听到棚屋里传来嘈杂的重击声，好像有大块的木板被从高处扔下，或被翻来翻去。我推测，棚屋里至少有两个工人在工作，但我父亲却告诉我，这地方在闹鬼。显然，某种喧闹鬼制造出了这噪声。

我们走进了房子，房子的墙壁厚重。我们顺着逼仄的楼梯上了二楼。一幅奇怪的景象出现了：一间大厅，完全跟印度法塔赫布尔西格里（Fatehpur Sikri）的苏丹王阿克巴[1]的私人大厅（议会厅）一模一样。房间很高，呈圆形，沿墙是一道环形廊台，廊台上有四座桥连接着盆状的中心。而那盆坐落在高柱之上，是苏丹王的圆形座椅。参赞们和哲学家们坐在墙边的廊台上，苏丹王便在高处与他们讲话。大厅整体就像一个巨大的曼荼罗，是现实中的私人大厅的完美复制品。

梦里，我偶然瞥见大厅中央有一陡直的楼梯，通向墙上很高的一处——这与现实中不同。楼梯的尽头有一道窄门，我父亲对我说："现在，我要引你去往最高的所在。"他跪在地上，以额触地。我学着他的样子也跪了下来，心潮澎湃。不知怎的，我的额头碰不到地板——差不多间隔了一毫米。不过我至少模仿了他的大致动作。我一下子便知道了——也许是我父亲先前告诉过我——上方的窄门通往一间隐室，那里

---

[1]　苏丹王阿克巴（Sultan Akbar，1542—1605），印度莫卧儿帝国第三代皇帝，著名的政治家和宗教改革家。——译者注

住着乌利亚，他曾是大卫王的战士，大卫王为了得到乌利亚的妻子拔示巴，可耻地背叛了他，指派自己的战士在敌军阵前将他遗弃。

关于这个梦，我还要做几点解释性的说明。梦最初的场景，展现了无意识是怎样工作的，我把这一任务留给了"父亲"，即留给了无意识来承担。他明显地热衷于《圣经》——可能是《创世记》——并迫切地想向他人传达他的洞见。鱼皮封面标志着《圣经》是一种无意识内容，因为鱼是沉默的，也没有意识。我可怜的父亲也未能够传达他的洞见，因为有的听众不能理解，有的则恶毒而又愚蠢。

既然此举失败，我们便横过街道，到了"另一边"，恶作剧之鬼在那里忙忙碌碌。恶作剧之鬼现象通常发生在青春期之前的少年阶段。在这个阶段，我尚未成熟且不自知。印度风情代表着"另一边"。我曾到过印度，私人大厅的曼荼罗构型表现了一种与中心点有关的含义，确实让我印象深刻。这个中心点是阿克巴大帝的宝座，他统治着一整个次大陆，像大卫王一样，是"全世界的领主"。但是，在大卫王之上，存在着无辜而忠诚的乌利亚，曾被大卫王陷害并遗弃在敌军阵前。乌利亚是基督的一个原型，作为半神半人，他却被上帝抛弃了。"我的上帝，我的上帝，为什么离弃我？"更重要的是，大卫王还把乌利亚的妻子占为己有。后来，我才渐渐明白这个关于乌利亚的暗喻意味着什么：其一，对于《旧约》中上帝意象的两重性，我不得不公之于众，而这会损害我的名誉；其二，死神即将从我手中夺走我的妻子。

这些事情隐藏在无意识中，在未来等着我。我只能屈从于命运，真是应该以额触地，让我的谦恭驯顺达到极致。但是我却做不到，有什么东西阻止了我，将我拦在了一毫米之外。我心中有一个声音在说："一切完美，但不完全。"我身上有某种肆无忌惮的东西，不愿做一条沉默的鱼。自由的人身上若没有这种东西，《约伯书》就不会出现在基督诞生的几百年之前。人总归在精神上是有所保留的，即使面对着神谕。不然的话，人的自由从何而来？上帝威胁着这自由，若是这自由不能制约上帝，要它又有何用？

因此，乌利亚的居所高于阿克巴。像梦里说的那样，他甚至是"最高的所在"，这通常是用在上帝身上的表述，除非涉及拜占庭主义[1]。我不禁想起了佛祖及其与众神的关系。对虔诚的亚洲人来说，释迦牟尼是众中之尊，是觉行圆满。出于这种原因，小乘佛教一直被怀疑是无神论——这实在是冤枉。凭借诸神的力量，人类得以识破他的造物主。人类甚至有能力从本质方面消灭"造物"，这便是人对世界的知觉。如今，人类能用放射能消灭地球上的一切高等生物。佛教已经暗示了世界断灭论（world annihilation）：通过开悟，便可从因缘（Nadana）——不可避免地带来年老、疾病和死亡之痛苦的有生循环——之中得到解脱。生、老、病、死本是幻觉，于此便结束了。[2]叔本华对意志的否定所预示的问题，如今已迫在眉睫了。我的这个梦揭示了人类早已萌生出的一种思想和预兆：造物凭借一个小而关键的因素超越了造物主。

上文探讨了梦的世界，算作离题，下面我将再度回到我的著作这一主题上。在《爱翁》里，我遇到了环环相扣的问题，需要逐个攻破。我曾试图考证，基督的出现为何与一个新时代的开端巧合了，即双鱼时代[3]。太阳黄道在春分之时进入了双鱼宫，这一客观的天文现象与基督降生之间有着共时性。于是，基督就是"双鱼"（正如在他之前的汉谟

---

[1] 拜占庭主义，该主义认为在教会事务中，国家的权力高于教会。——译者注

[2] 佛教中的断灭论亦称断见，认为不必造作业因，人死亡之后就达到灭尽。而此句所形容的状态，其实更接近脱离六道轮回的涅槃。——译者注

[3] 公元前100年至公元2300年是"一神论、灵性和鱼的时代"。双鱼宫的两条鱼代表着灵性与物质的二元分化。——译者注

拉比是"白羊"[1]一样），作为新时代的统治者而出现。这使我想到了共时性的问题，写成《共时性：非因果性联系》[2]一文来探讨之。

《爱翁》中涉及的基督问题让我想到了人类（Anthropos）的现象——用心理学的术语来说即自性——是如何在个人经历中得以体现的。我尝试回答这一问题，写了《意识的根源》（1954年）[3]。在这本书中，我主要关心的是意识和无意识的相互作用，也探讨了意识如何从无意识中发展出来，以及更强势的人格，即人的内在，对每一个体的生活有着怎样的影响。

此番研究以《神秘合体》告终，在这本书里，我再次讨论了移情的问题，不过仍遵从了原来的意图，将炼金术的全部内容以心理学呈现，或作为精神分析的炼金术基础呈现。通过《神秘合体》，我终于赋予了我的心理学以现实性，还为之找到了历史根基。大功因此告成，我的心理学有了立足点，我便可以功成身退了。一旦找到了这一根基，就相当于抵达了科学理解和先验的极限，还触及了原型的本性，对此已不能给出更多的科学表述了。

我在此介绍了我的著作，当然这很是简略。我理应说得更多些，或干脆沉默。这是一篇即兴的创作，就像上文中提到的一切著作一样。它们都是某一阶段的产物。懂得我的著作的人可能会从本章中获得助益，其他人大概是被迫浏览了一遍我的思想。我的一生都浓缩在我的作品之中，即我的科学著作之中，二者融为一体。这些著作就是我内在发展的表达。投身无意识内容的研究，塑造了我个人，促成了我的转化。我的

---

[1] 白羊时代，公元前1900年至公元前100年是"战争、热情与白羊的时代"。以东亚、波斯、希腊和雅典为代表的帝国出现，并急速扩张。——译者注

[2] 见荣格与泡利合著的《自然与心灵的诠释》（1954年）及《心灵的结构与动力学》（《荣格文集》第八卷）。——原注

[3] 此书中的文章散见于《荣格文集》第八卷、第九卷上册和第十一卷。——原注

著作可以被看作我人生旅途的车站。

　　我的所有作品都是内心强加于我的任务，它们来自一种宿命般的强迫力。我写的内容来自我的内心向我提出的问题。那股精神感动了我，我允许它畅所欲言。我从未指望过我的作品会引起强烈的回响或激昂的共鸣。它们给这个时代提供了一种补偿，我不得不说出这些没有人愿意听的话。为此，特别是最开始的时候，我常常觉得孤寂无比。我知道我的话很讨人厌，我说意识世界应当有一个抗衡物，令当代的人们难以接受。今天，着实让我吃惊的是，我竟然获得了这么大的成功——远远超乎我的期盼。我觉得，一切我能做到的事情我都做了。毫无疑问，一个人一生的工作本可以做得更多，也可以做得更完美；但是，我已经将自己的能力发挥到极致了。

第八章 塔 楼

李孟潮

这一章的主题可以总结为"落地生根、叶落归根"。这是因为：

中年期的主题是整合永恒少年和智慧老人原型，永恒少年想要上天，渴望天空的自由；而智慧老人则是接地气，深入地府。对荣格这种移民来说，就是扎根于他度过一生的城市苏黎世，埋骨此处。

中年期的家国情结，体现为物理上具有稳固的房屋，心理上具有稳定的家国文化认同。这是为什么这一章从讨论塔楼的心理意义，逐渐发展到讨论和祖宗的联结，最后转折到文化的祖先——歌德。

现代人之所以如此需要扎根感是为了对抗"无根感"。为什么会有"无根感"呢？正如荣格所言，这是因为工业革命和资本主义破坏了文明传承，尤其是当时的欧洲人对传统文化采取了彻底否定的态度，造成了人类心灵的断裂感、空虚感。这就是传说中的"空心病"，这种现象其实早在荣格时代就被发现了。

为了治疗这种灵魂的空虚，荣格从小到大都在进行一种艺术治疗，他称之为"建筑游戏"。他建造所有建筑的目的，都是重建一个温暖、安全、自由的住宅。

塔楼被称为"立体的《红书》"，但是这一章的论述不是按照时间顺序来讨论塔楼的历史，以下事件按时间发展顺序进行了整理：

1923年的塔楼是最初的版本，这是荣格为了哀悼母亲而准备的，具有母性核心。1927年，修建塔楼配楼；1931年，塔楼具有了一个闭关空间，给家庭文化注入了灵性意义；1935年，荣格心中产生了要有一片围起来的地块的愿望。"我要有一个更大的空间，一个总是朝天空与大自然洞开着的空间。"这个空间，和儿童荣格内心的母爱空洞对应，但是这一次，荣格不再追求依靠声名、成就、女人、老师、同事来填满这个空洞，而是他找到的所有原型的起源之地——大地母亲和天空父亲。这样，天—地—人形成了三位一体的结构。

1939年，64岁的荣格又为塔楼添加了一个庭院和一个靠近湖边的凉亭。他说这二者构成了第四种成分，形成了四位一体的情形，四个不同的部分构成了这座建筑物，而且还是在12年的时间里建成的。12岁的时候他看到了"上帝大便"意象，1912年，他在"白鸽女孩梦"中梦到雄鸽子要埋葬12位死者。现在他通过12年的塔楼建筑疗法重获新生，至此其自性化的历程完成一轮循环。

1950年，他在塔楼制作石碑，雕刻有关孤儿、时间的炼金术诗句，表明整合老年的健康绝望感和被抛弃感。1955年丧妻后，80岁的荣格又给塔楼低矮处加盖了一层，他认为这代表了自己不能继续躺在母性之塔和精神之塔的背后，被加的这一层代表着荣格的自我人格。这一段再次展现出整合老人的心态，形成了成熟的时空生死观，可以拥抱死亡。1955年至1956年冬季，荣格雕刻父系家谱，绘出了家族图纹，完成了心理治疗中所说的"祖先疗愈"。

这一章扩充阅读，可以参考阿夫纳拉所著，乔菁、严和来翻译的《房子：当无意识在场》。

第八章
塔　楼

　　通过科学研究，我渐渐给我的幻觉和无意识内容找到了坚实的基础。但是，文字和纸张在我看来仍不够真实，我还需要有某样东西来增加真实感。我要为我内心最深处的想法和我所掌握的知识找到坚如磐石的象征。或者换句话说，我要以实实在在的方式来袒露我的信念。这就是"塔楼"的起源，也就是我在柏林根为自己建造的房屋。

　　最初便已确定，我的塔楼要临水而筑。我一直莫名地为苏黎世湖上游湖地区的优美景致所吸引，于是在1902年，我便在柏林根买了块土地。这块地坐落在圣梅恩拉德地区，是一所老教堂的地产，早先属于圣加仑修道院。

　　一开始，我并没有计划要盖一栋严格意义上的房屋，只不过想建造一个原始的单层居所罢了。它应该是一个圆形结构，中央有一个火炉，沿墙有长凳环绕。这是我心中或多或少设想过的一种非洲小屋，屋子正中央有几块石头围成一圈，火在中间燃烧着，全家人便围绕这个中心过日子。原始的小屋把一种整体观念——家庭完整性的观念具象化了，就连各种驯养的小动物也参与其中。不过，在修建小屋的最初阶段，我更改了这个计划，因为我觉得这太原始了。我想它应该是一栋两层的正规房屋，而不应只是一个低矮的趴在地上的小屋。于是，1923年，第一座圆形房屋建起来了，竣工之时，它已成为很合我胃口的塔楼式住宅。

这个塔楼给我一种宁静和新生的感觉，自始至终十分强烈。对我来说，它代表着一种母性的温暖。但是我渐渐发觉，我想说的东西，它并未完全表达出来，仍少了点儿什么。所以，在四年后的1927年，我又增加了一个中心建筑物，连着一个塔式的配楼。

又过了一段时间——大概四年——我又有了一种不完整的感觉。我还是觉得这栋建筑太原始了，所以在1931年，我扩建了这栋塔式配楼。我想在塔楼中隔出一间为我专有的房间用于独处。我记得，在印度的房屋中，总是有一个专门的区域——尽管可能只是房间的一个角落，用帘子隔开——供居住者在此隐退。他们会在里面做一刻钟到半小时的冥想或瑜伽练习。在居住环境非常拥挤的印度，这样的隐退之所非常重要。

我独自待在隐室之中。我随身携带房间的钥匙，未经我的允许，任何人不得入内。我在隐室墙壁作画，岁月流转，是画中的内容将我隔离在时间之外，脱离了现在，从而进入永恒。这第二栋塔楼，成了能让我精神专注的地方。

1935年，我开始想要一片篱笆围起的庭院。我需要一个更大的空间，能够敞纳天空，连通自然。于是——另一个四年之后——我加盖了庭院和一间湖边凉亭，它们构成了建筑群的第四部分，独立于其他三部分构成的建筑主体。于是，一个四位一体的建筑群就建成了，前后共用了12年的时间。

1955年，我的妻子去世之后，我感到一种内在的义务，要我成为我原本的样子。这一义务从柏林根的房屋上体现了出来，我突然发觉，房屋的中心部分小而低矮，被两栋塔楼遮掩，它正代表了我自己！我不能继续藏在"母性之塔"和"精神之塔"的背后了。所以，我给这个部分加了一层，它代表着我，也代表着我的自我人格。早些时候，我肯定不会这么做，我会把这当作对自我的肆意强调。现在，它则成了晚年阶段意识的延伸。至此，整个建筑便竣工了。第一层塔楼是在1923年破土动工的，那时我母亲刚去世两个月。这两个日期意味深长，因为我们将会看到，塔楼一直与死者有着某种联系。

我从一开始就觉得，塔楼在某种角度上是一个成熟的场所——像是母体子宫或一个母性形象，我在其中能够变成过去、现在和将来的自己。它让我觉得仿佛在石头中获得了再生。因此，它让自性化的过程具象化了，一种比青铜更恒久的记忆。在建造的过程中，我从没有想过这些事情。我根据各个时刻的具体需求，一个部分一个部分地建起了这栋房屋。甚至可以说，我在建造它的时候，恍惚如在梦中。事后我才看出，房屋的每个部分相辅相成，构成了含义丰富的形态，成了心灵完整性的象征。

在柏林根，我过着真实的生活，成了最本质的自己。在这里，我在某种程度上是"母亲的年老儿子"。这是炼金术里一个睿智的说法，我从小就觉得自己是"老人"，是"古人"，其实是指我的第二人格自始至终一直存在着。他存在于时间之外，是无意识这个母亲的儿子。在我的幻觉中，他以腓利门的形象存在，而在柏林根，他又再度恢复了生机。

有时，我感到自己仿佛融入了周围的景色和万事万物之中，我活在每一棵树里，在澎湃的波涛里，在白云里，在来来去去的动物里，也在季节的轮转里。几十年过去了，塔楼里所有东西都生长成了它们自己的模样，亦无一物不与我相关。每样东西都有它自己的历史，也记录了我的过往。这个空间留给了物质世界与精神世界的腹地，那是一个无边无际的王国。

我没有引来电力，亲自照管壁炉和火炉。每到黄昏，我会点燃老式油灯。这里没有自来水，我就从井中汲水。我还劈柴、烧饭。这些简朴的行为使人变得淳朴。淳朴是多么困难呀！

在柏林根，环境极其静谧，最微小的声音也清晰可闻。我则活得"体露金风"[1]。各种思想浮上表面，有的回溯到千百年前，也有的遥遥望去千百年后。在这里，创造的痛苦得到了缓解。创造和游戏变得很接近了。

1950年，我用石头刻了一座纪念碑，以表达塔楼对我的意义。我找到这块石头的经历也算是件趣闻。我需要些石头修建院子的围墙，于是便从柏林根附近的采石场订购了石料。石工当着我的面把需要的尺寸转达给采石场主，采石场主把它们逐一记在了笔记本上。而当船把石料运来并卸到岸边的时候，我们却发现拐角处要用的那块石料尺寸不对：本应是三角形底面的石料，可送来的却是方形的。这是一个完美的立方体，比订购的大了许多，厚度约为20英寸。那石工火冒三丈，要船上的人立刻把它运回去。

但是我一看见这石头便说道："不，这块石头我要了。我要定它了！"因为我一眼便看出，这石头很合我的心意，我想用它做点儿什么。只是我还不知道具体要将其做成什么。

我首先想到的是炼金术士阿诺德·维拉诺瓦（Arnaldusde Villanova，死于1313年）的一首拉丁文诗。我将之镌刻在这块石头上。诗文翻译过来便是：

这是一块卑微的丑石，

---

[1] "体露金风"原文为"in modest harmony with nature"，是一幅中国古代木版画的标题，画中一位老者站在壮美的风景中。——原注

论价钱实在便宜至极！

傻瓜们越是轻视它，

智者们就越是对它喜爱有加。

这首诗指的就是炼金术士的哲人石，即青金石，其为普通人所轻视和排斥。

很快，又有内容浮现出来。我在石头正面的自然结构里看见了一个小圆圈，像一只眼睛一样望着我。我把它在石头上刻了出来，又在中间刻了一个小矮人。这便是"瞳孔里的小玩偶"——是你自己——在别人的瞳孔里映出的影子。就像是迦比尔或阿斯克勒庇俄斯的特勒思弗洛斯[1]一样。在古代的雕像中，他身穿有帽斗篷、手持一盏提灯。他同时还是一个指路人。在雕刻的过程中，我想到了几句给他的献词，便也刻在上面。铭文用的是希腊文，译文如下：

时间是个顽童——一切皆儿戏——人生如棋盘——而他王权在握。这是特勒思弗洛斯，他游荡在宇宙中最暗淡无光的地方，像一颗星照亮了深浓的黑暗。他指出来一条路，通向太阳之门，通向梦的国土。[2]

在我凿刻石头的时候，这些话逐字逐句地流过我的脑海。

---

[1] 迦比尔（Kabir，1398—1518），伟大的古代印度诗人和古鲁，印度最有名的圣者之一，也是伊斯兰教的先知。阿斯克勒庇俄斯（Asclepius），阿波罗的儿子，罗马的医术之神。特勒思弗洛斯（Telesphoros），康复之神，是"完成者"，常与阿斯克勒庇俄斯相联系。——译者注

[2] 第一句取自赫拉克利特的著作片段，第二句暗指密特拉神的祷告文，最后一句则指荷马的作品（《奥德赛》，第24篇第12首）。——原注

石头的第三面朝向苏黎世湖，我悉听它的话语，用拉丁文刻在上面。这些话多少引自炼金术的文本，翻译过来是这样：

> 我是孤儿，独自一人，但又处处可见。我是一个整体，但又自我对立。我既年轻又衰老。我不知有父母，因为我像鱼，是被人从深水中捞起的；或像一枚白色的陨石，是从天而降的。我游荡在山川之中，也藏在灵魂的最深处。每一个人都曾看到我死去，然而我却不曾进入无尽的轮回。

最后，在阿诺德·维拉诺瓦那首诗的下方，我用拉丁文刻上了这样的文字："值75岁寿辰，卡尔·古斯塔夫·荣格特立此碑，谨表感恩，于1950年。"

石头雕琢完毕之后，我对它看了又看，充满了好奇，我在心里问自己，是出于何种动机才刻了这块石头。

这石刻立在塔楼的外面，就像是对塔楼的说明。它是居住者心态的表露，但对外人来说很难理解。你可知道我想在石头背面刻上什么吗？"墨林[1]的哭喊！"因为这块石头上的话使我想起了墨林，他从世界上消失后，在森林里度过了余生。人们仍然可以听到他的叫喊声，于是传说还在延续，但人们却不能理解或解释他在喊什么。

墨林所代表的，是中世纪的无意识尝试创造一个与帕西法尔类似的人物的意图。帕西法尔是基督教中的英雄，而墨林是恶魔与贞洁处女所

---

[1] 墨林（Merlin），亚瑟王传奇中的巫师和贤人。传说墨林爱上了一位湖之仙女，在其引导下立誓不得对自己使用法术。在此后的共同途中，仙女想方设法摆脱墨林，骗他演穿石术，趁他进入石头时将石头封印。因不得对自己使用法术的誓言，墨林永远被困在了石头中。——编者注

生的儿子，是帕西法尔阴暗的兄弟。12世纪，这个传说刚刚产生，人们尚不具备理解墨林的本质意义的前提条件。因此，他的故事便以流放告终，在他死后，森林里才会传出"墨林的哭喊"。没有人能听懂他在喊什么，这意味着他仍没有获得救赎。他的故事到此没有结束，仍然被人们广泛传诵着。可以这样说，墨林的秘密借助于墨丘利这个人物，依靠炼金术而流传了下来。现在，墨林再度被我的无意识心理学提起——还是不能被世人理解！这是因为，大多数人还不能把握无意识与生活的密切关系。我一再了解到，要做到这一点对人们来说是多么困难。

第一座塔式建筑即将建好时我住在柏林根。那是1923年年末与1924年年初的冬天。我依稀记得，当时地面上没有积雪，也许已到了早春时节。我只身独处了大概一个星期，或许更长些。空气中有一种无法言传的沉寂。

一天黄昏——我仍然清晰地记得——我正坐在壁炉前，把一只大水壶放在火上，将水烧热用于洗漱。水开始沸腾，水壶便开始唱歌。那声音听起来非常繁复，像弦乐，甚至像一整个管弦乐队所发出的声音。它就像一曲多声部的音乐，我平时并不欣赏，但是此时此刻，我却觉得它特别有趣。好像塔楼里有一支管弦乐队，塔楼外也有一支。一会儿这个声音占了主导地位，一会儿那一个又盖过了这一个，仿佛是一呼一应，一唱一和。

我坐在那里听得沉醉。我听着这音乐会，听着自然的旋律，听了远不止一个小时。这轻柔的音乐也掺杂着大自然中不协调的声音。这很正常，自然也不总是和谐的，她也有着糟糕的矛盾和混乱。这音乐也有同种情形：声音倾泻而出，恰似行云流水——奇妙如此，难以言喻。

另一天晚上，也是这样万籁俱静，我一个人独眠于柏林根（时值1924年冬末春初），却被一阵绕塔楼轻轻走动的脚步声惊醒了。远处传来了音乐声，声音越来越近，然后我便听到了笑声和谈话声。我心想："是谁潜行于此？用意何在？沿湖只有一条小路，可是几乎不曾有人走过！"想到这些，我完全清醒了过来，起身走向窗边。我把窗户打开——一切又恢复了寂静。外面没人也没有声音，甚至没有风，外面空无一物，毫无特别之处。

"真奇怪。"我想。我敢肯定，脚步声、笑声和谈话声是确有其事。但是很显然，刚才只是南柯一梦罢了。我躺回床上，琢磨我们终究有无办法自欺欺人，琢磨是什么导致了这样的梦。想着想着，我又沉沉睡去——而同样的梦片刻又出现了：我再次听到了脚步声、谈话声、笑声和音乐声。同时，我还看到了几百个黑衣人，可能是穿着礼拜服装的农民家的男孩们。他们从山上来，蜂拥至塔楼，将塔楼围得水泄不通。他们拼命地跺脚、大笑、歌唱，还拉起了手风琴。我十分恼火，心里想道："岂有此理！我本以为是做梦，这下可好，倒是变成真的了！"就在这时，我又醒了。我再次从床上跳下来，打开窗户和挡板，结果发现一切还跟刚才一模一样：月光如水，万籁俱静。然后我想："啊呀，这真是见鬼了！"

自然而然，我这样问自己，当一个梦如此逼真，同时一定要把我弄醒，这到底意味着什么呢？通常我们只有遇见鬼的时候才会这样。清醒状态意味着感受到的是现实。因此，这个梦便表现了一种与现实等同的情境，它让我处于一种清醒的状态。这种梦与一般的梦正好相反，无意识在其中似乎有意要传达给做梦者一种异常真实的印象，并通过重复来加强这种印象。这种真实性一方面来自身体的感官，另一方面则来自原型人物。

那一个晚上，一切都如此真实，至少在我看来是这样，以至我几乎无法区分现实与梦境。从梦本身，我什么也看不出来。鱼贯而出的农民家的男孩们演奏着音乐，究竟意味着什么呢？我觉得，他们可能是出于好奇，想参观一下这栋塔楼。

从那以后我就再也没有经历过或梦到过这种事情了，我也不记得是否听过类似的故事。又过了很久，我才找到了一个解释。我在翻阅伦瓦德·塞萨特（Rennward Cysat）写的17世纪卢塞恩编年史（Lucerne chronicle）时，无意中看到一个故事。故事是这样的：皮拉图斯山的一个高山牧场一向以有幽灵出没而闻名——传说沃坦（Wotan）迄今还在那里大施魔法——塞萨特来山中游玩，有一天晚上，一长队人马接踵而至，分两队从他的临时小屋两侧一边走过，一边吹拉弹唱，把他搅醒了——这和我在塔楼的经历几乎一模一样。

第二天一早，他向一起过夜的牧羊人询问这到底是怎么回事。那牧羊人倒有一个现成的解释：这些人一定是那些死去的老乡，用瑞士方言说，即Salig Lut。这个词也指受到保佑的死者——由死者的灵魂组成的沃坦的军队。他说，这些人喜欢到处走动，展示自己。

这可能意味着一种独居时会遇到的现象，外界的冷清和寂静被人群的意象补偿。隐士所看见的幻象也是同一类的，也同样具有补偿性。然而，这样的故事建立于怎样的真实性之上呢？也有可能，是我因隐居而变得敏感，才能够觉察到一大队路过的"死去的老乡"。

仅仅把这种体验解释为心理补偿不能让我完全满意，若说它是幻象，我又觉得像是在逃避问题。我认为有必要考虑到确有其事，特别是在我无意中看到了这篇17世纪的记载时。

这看上去最有可能是一个共时性现象。这种现象表明，预感和视象常常与外部现实具有一致性。而我亦发现，真的存在与我的经历相似的故事。在中世纪，就曾有过这样年轻人的聚会。他们是雇佣兵，通常在春季时被召集，从瑞士中部行军到洛迦诺，在米努西奥（Minusio）的卡萨帝菲罗（Casa di Ferro）集合，再一同行进到米兰。他们在意大利当兵服役，为外国的王室作战。这样一来，我的视象很可能正是这样一次每年春季例行的召集，年轻人们唱着歌，愉快地与家乡告别。

1923年，柏林根的建筑工作方才开始，我的大女儿前来看望，她惊叫道："什么！您把房子建在这儿了？这里到处是尸体啊！"我并未在意，心想："胡说八道！哪有这回事！"但是四年后，我们开始修建配楼的时候，确实挖到了一具骷髅。它埋在地下七英尺处。肘骨处仍嵌有一颗旧式来复枪的子弹。从各种迹象来看，尸体应当是在开始腐烂时才被扔进坟墓的。它大约是1799年在林特河（Linth）淹死的数十名法国士兵之一，后来被冲到苏黎世湖上游湖地区的岸上。当时法国士兵向格里瑙桥（Grynau）发起了猛烈的进攻，奥地利士兵便炸掉了桥，这些士兵就是当时溺水淹死的。我给挖开的坟墓和骷髅拍了照片，标注了发现它的日期——1927年8月22日——并把照片保存在了塔楼里。

我在院子里举行了一次正规的安葬仪式，并在这位士兵的墓旁鸣枪三响。然后，我还为他立了墓碑，写上了碑文。我的大女儿曾感觉到尸骨的存在。她对这类事情的感觉，是从我的外祖母那里继承来的。

1955年到1956年的冬季，我把父系的家谱刻在了三块石板上，把它们立在塔楼的庭院里。我还在天花板上画了我、妻子和女婿们的家纹图案。荣格家族原本用凤凰作为家纹，这种鸟与"年轻""青春""返老还童"有明显的联系。我的祖父改变了家纹的元素，或许是出于他对他父亲的反抗精神。他是一个狂热的共济会会员，又是共济会瑞士集会处的负责人。这跟他对纹章进行修改有很大的关系。这件事本身无足轻重，我提及此事，是因为它与我的思想和生活有着渊源。

为了保留我祖父所做的改动，我的家纹不再使用早先凤凰的图案了。新的家纹，盾形右上方有一个蓝色十字，盾形左下方是一串蓝色葡萄，印在金色的背景上。把二者隔开的，是一条天蓝色的盾形纹章中带，中心有一颗金色的星星。[1]这枚家纹象征着共济会和玫瑰十字会。就像十字与玫瑰代表玫瑰十字会对立的问题（"十字对玫瑰"）一样，基督教元素与酒神元素之间也存在着对立，所以，十字和葡萄分别象征着光明神圣的精神和阴暗神秘的精神。金星则是联合的象征，是哲人之金。

玫瑰十字会衍生自秘传哲理（Hermetic philosophy）或炼金术哲学。其创立者之一是迈克尔·梅厄（Michael Maier，1568—1622），一位著名的炼金术士，他与杰拉德斯·多尼乌斯（Gerardus Dorneus，16 世纪末）是同时代的人，但较为年轻。后者相对名气较小，但更为重要，他的论文载于1602年的《炼金术大全》（*Theairum Chemicum*）第一卷。两人都住在法兰克福，其好像是当时的炼金术哲学的中心。不管怎样，迈克尔·梅厄既是德国的王权公爵，又是鲁道夫二世的宫廷医生，在当地也多少算个名人了。那时，在附近的美因茨居住着医学博士兼法学博士卡尔·荣格（卒于1645年），关于他的其余信息则不得而知。家谱到我的高曾祖父便断了，他生活在18世纪初。他便是西格蒙德·荣格，出生于美因茨，是美因茨的居民。家谱之所以中断，是因为美因茨的市政档案馆在西班牙王位继承战争中的一次围城战中被焚毁了。有理由推测，博学广闻的卡尔·荣格博士一定熟悉上述两位炼金术士的著作，因为当时的药理学仍受帕拉塞尔苏斯的影响。多尼乌斯是一位心直口快的帕拉塞尔苏斯的追随者，还就帕拉塞尔苏斯的论文《长生》写过一本厚厚的评论集。比起其他炼金术士来说，他对自性化的过程研究得更多。考虑到我所有工作的大部分研究都是围绕对立问题开展的，特别是对立在炼金术中的象征意义，所以这些令我颇感兴趣。

---

[1] 将纹章的学术语翻译过来便是：右上方有一个蓝色十字，左下方有一串蓝色葡萄；背景金色，一条蓝带，上有金星。——原注

当我在石板上刻家谱时，我感觉我与我的祖先们有一种宿命的联系。我强烈地体会到自己受到了一种影响，那便是我的父母、祖父母与列祖列宗留下的未完成的、未回答的事情和问题。好像一个家族内部往往有一种客观的因缘代代相传。我一直觉得，我必须回答命运施与我祖先的问题，它们尚未得到解决。或者，我好像必须去完成或继续之前的时代所留下的未完成的事情。很难确定这些问题的本质是更个人一些，还是更一般（集体）一些。依我看是后者。一个集体的问题，如果未被认为是集体的，便会显得像个人的问题，在个体的案例中，个体往往会觉得个人的精神领域有些错乱。个人的领域的确受到了干扰，但是这样的扰乱并不要紧；它可能是次要的，只是因为社会氛围发生了难以承受的变化。所以，导致扰乱的原因不一定要在个人层面去寻找，而应当在集体的层面寻找。迄今为止，心理治疗仍然远未充分地考虑到此事。

就像任何具有内省力的人一样，我早就理所当然地认为，我的人格分裂纯属私事，当由我自己全权负责。浮士德的告白，"欸，有两个灵魂在我胸中"无疑使我松了一口气。但是，关于这一分裂的原因，他并未给出任何线索。在某种意义上，他的洞见似乎直指人心。在我第一次读《浮士德》的时候，我远未能估计在多大程度上，歌德这个奇幻的英雄神话是一种集体经验，甚至它还预言了德国人的命运。因此，我感到个人与它密切关联，当浮士德由于狂妄和自命不凡而害死了费莱蒙的鲍西丝的时候，我便感到内疚，就像我过去曾帮他谋杀了这两位老人似的。这种奇怪的想法把我吓了一跳，我认为自己有责任抵偿这一罪行，还要防止它重演。这个错误的结论，甚至进一步支持了我早年听来的一个小道消息。我听说，我的祖父是歌德的私生子，这件事曾传得沸沸扬扬。这个恼人的故事一下子让我觉得，难怪自己对《浮士德》感到好奇，原因就在于此。实话说，我不相信有轮回这回事，但我却本能地对印度人的业力（Karma）概念感到似曾相识。当年我对无意识的存在毫无概念，不可能从心理学方面去理解自己的反应。我当时也不知道——甚至今天，我也不比其他人知道得更多——未来早就酝酿于无意识之中，而能够被有洞察力的人推测出来。因此，德皇威廉一世在凡尔赛加冕的消息传出后，雅各布·伯克哈特便惊叹道："德国的末日到了！"瓦格纳的原型已经呼之欲出，随之而来的还有尼采酒神式的体验——这种体验，多半源自狂欢之神沃坦。威廉时代的傲慢引起了欧洲各国的敌意，为1914年的灾难埋下了伏笔。

年少时（1890年前后），我不知不觉地成了这种时代精神的俘虏，一时也找不到方法使自己从中挣脱出来。《浮士德》拨动了我的心弦，以一种非常私人的方式深深地打动了我。最重要的是，它唤醒了我心中的善与恶、精神与物质、光明与黑暗等对立问题。浮士德是一个愚钝无能的哲学家，他遇到了他生命的阴暗面，即靡非斯特，靡非斯特尽管是反派角色，却代表了生命真正的精神，与浮士德这个徘徊在自杀边缘的沉闷学者形成了对比。在这里，我自己的内心冲突被戏剧化地呈现了出来。歌德所写的几乎是我的个人冲突与解决的基本大纲和范式。浮士德与靡非斯特的对立都综合在了一个人的身上，这个人就是我。换句话说，我深受震撼，认识到那正是我的命运。因此，剧中的一切呐喊都切实地感动了我。我时而热烈地赞同，时而又奋起反对。没有一处解答是事不关己的。后来，我有意识地把自己的工作与浮士德所忽略的事情联系起来：尊重永恒的人权，对"祖先"予以认同，认识到思想文化史的连续性。[1]

---

[1] 荣格的这种态度，可以从塔楼大门上的题词中看出来：腓利门的神殿——浮士德的忏悔。当这个门被新建的墙堵住后，他又在第二座塔式建筑的入口处写了同样的话。——原注，安妮拉·亚菲

我们的灵魂与肉体，都由独立的元素组成，这些元素亦悉数出现在了我们世代代的祖先身上。个体心灵中的"新颖"只不过是古老元素无尽的排列组合。从这一角度来看，肉体与灵魂都有着根深蒂固的历史特性，在新异的、刚刚出现的事物中便找不到合适的位置。也就是说，祖先的成分只能部分融入新兴事物之中。我们的当代精神假装已经与中世纪、古典时代和原始性质断绝了关系，但实际上远非如此。不过，我们已然纵身跳入了前进的湍流里，其裹挟着我们冲向了未来，这洪流越是猛烈，我们离根就越远。一旦与过去断开联系，过去便会被洪流淹没，剩下的只是无休止的前进运动。恰是由于失去了与过去的联系，失去了根，我们才对文明有诸多"不满"，才会如此惶惑不安、步履匆匆，甚至更倾向于生活在未来，生活在那黄金时代的虚妄诺言里，而不是活在当下，然而即使是当下，我们的整个进化背景亦未能跟上其步伐。日盛一日的物质不足、精神不满和坐立不安，驱使着我们急躁地标新立异。我们不再脚踏实地地过日子，而是指望着未来；我们不再生活在光明的当下，而是寄居在黑暗的未来，期待这黑暗最终会带来充满希望的日出。我们拒绝承认更好的东西总以更坏的结果作为代价。比如，我们希望有更大的自由，却换来了国家更多的奴役，更不用提那些最聪明的科学发现反过来将我们置于可怕的风险之下。我们越是不了解父辈与祖先的追求，对自己的了解便也越少。于是，我们竭尽心智剥夺了个体的根和引导性的本能，让个体变成人群中微不足道的一粒，为尼采口中的重力精神所左右。

改良式的改革，即通过新的方法或小把戏来促成的改革，最初固然使人耳目一新，但却没有长远的把握，终究要付出昂贵的代价。这些改革根本不会提高人民的生活满意度或幸福感。在大多数情况下，它们是糖衣炮弹，就像提速后的交通、通信设备，令人不愉快地加快了生活的节奏，让我们花的时间比从前更少了。就像古代大师们常说的那样，匆忙即是魔鬼。

另一方面，通过倒退而促成的改革一般来说代价较低，效果也更长久，因为它们回归到了更简单的、尝试过和考验过的老路上去，最小化地使用报纸、广播、电视和一切理应会节省时间的新发明。

在这本书里，我用了很大篇幅描写我对世界的主观见解，而并不是理性思维的产物。它更像是一种想象，就像一个人故意半闭眼睛、半堵耳朵去体察生命的形式与声音的时候所感受到的那样。如果我们的印象过于清晰，便会局限于当下的每一分每一秒，而无从体会我们祖先的心灵是怎样聆听和理解当下的，也就是说，我们的无意识对当下所做出的反应。这样一来，我们便不会知道，我们祖先的成分是觉得我们的生活基本令人满意，抑或觉得厌恶。内心的平静与满足，在很大程度上取决于个体继承的家族历史，是否能与当下短暂的情境相协调。

住在柏林根的塔楼里，就像同时生活在许多个世纪。这个地方的寿命将比我的长久，而它的地点和风格都像是很久以前的事物。塔楼内外几乎没有什么指示着当下。要是一个生活在16世纪的人搬进这座房子，恐怕只有煤油灯和火柴会让他觉得新奇。除此之外，他会过得如鱼得水。没有任何东西会惊扰死者，没有电灯，也没有电话。此外，我的祖先的灵魂在这栋房子里也得到了保存，他们关于生活的遗留问题，我为他们做了解答。我尽我所能凿出了粗略的答案，甚至还把它们画在了墙上。好像一个安静、庞大的家族，传承了多个世纪，正在这所房屋里聚族而居。在这里，我活在我的第二人格里，全面地观察着生活，周而复始，生生不息。

第九章 旅 行

李孟潮

旅行其实也是一种心理疗愈活动，可以疗愈禁闭感、抑郁感，润滑夫妻关系，还可对抗衰老感。在荣格自传中，有关旅行的篇章有以下特点：

其一，他的旅行全部都是个人的，他没有提及自己旅行之时，全家老少都在干什么。所以，他大概是通过旅行远离家庭，回归内心。

其二，他的所有旅行都在海外。作家米兰·昆德拉曾经写过一部小说，叫作《生活在别处》，就是描述这种无根心态。生活在别处的心态总是容易把"他乡"投射为"美"国，把故乡投射为"丑"国。荣格自我分析了旅行这种活动中的分裂和阴影投射。尤其是海外旅行，在吸收同化其他民族集体心灵的过程中，我们会遇到不兼容的东西，包括民族偏见和民族特质。所有激怒我们的东西，都使我们更为了解自己。

北非之旅让荣格意识到工业文明的危机，要警惕"过度泛滥的文明掩盖的生命潜力"，这种生命潜力便是弗洛伊德在《自我与本我》《超越愉悦原则》中讨论的生本能和死本能。过度泛滥的工业文明和资本主义，把人变成了人矿，变成了供应链上的一颗螺丝钉，但是人的生本能和死本能是不可能被消灭的。

美国印第安之旅让荣格领悟到，原来除了欧洲的用脑的心理学，还有用心的心理学。申荷永教授对此进行发挥，提出西方的学院心理学实质是"脑理学"，我们还需要用心的"心理学"，也就是使用直觉、情感来领悟的心理学。脑理学，当然也和资本主义和工业文明的发展有关，它的基底是经济理性。

肯尼亚与乌干达之旅带给荣格的领悟在于民族主义和殖民主义的文化身份认同具有虚幻性。把人分为白人和黑人、德国人和美国人等都是近代民族主义扩张的结果，划分就必然有分裂。

至于印度，荣格6岁时就对印度书籍感兴趣，39岁时意象袭来开始练习瑜伽，50岁时遇到印度学者，确认腓利门是自己的上师。但是一直到1938年，63岁的荣格才真正来到印度。当时大家都以为他会去拜访印度教上师，但是这一幕并没有发生。相反，无论在意识层面和无意识层面，他都保持了对印度宗教的独立性和批判性。

在无意识层面，他做了"圣杯梦"，这个梦象征他认同了圣杯骑士（英雄—父亲原型），并且敢于孤身上路，一个人走上了自性化之路。在意识层面，他使用自性原型分析释迦牟尼，他认为自性突破了释迦牟尼的无意识，而成为释迦牟尼意识自我的主要占据者。换句话说，释迦牟尼已经没有小我，而化身为远离二元对立的状态，或者说无我之大我。

最后，荣格记录了拉韦纳和罗马之旅。拉韦纳之所以重要，是因为荣格在那里领悟到了原型投射可以产生共时性现象。也就是心里想什么，外在的物理世界中就会同时出现什么，他心里在想镶嵌画，结果就在外界看到了镶嵌画，而且别人也看到了。罗马之旅的意义也和拉韦纳一样，1912年荣格去罗马的时候，产生大量似曾相识感，然后他迎来了与无意识的面质。1949年他想要再去罗马，结果昏倒，然后他的学说更上一层楼，他提出了共时性原则。

第九章
旅　行

1　北非

1920年年初，一个朋友告诉我他将前往突尼斯办事，问我是否愿意同去。我立即表示同意。我们在3月出发，先到阿尔及尔，又沿海岸线东行，抵达突尼斯，再南行到苏塞（Sousse）。在苏塞，我朋友和我道别，办他的事去了。

我终于到了我梦寐以求的地方：一个非欧洲国家，不使用欧洲的语言，基督教观念并不盛行，居住着不同的种族，人们的脸上印着异域历史传统与哲学的烙印。我常希望能够有机会从旁观者的角度观察一下欧洲人，以完全不同的环境为镜子，看一看欧洲人的样子。我不懂阿拉伯语的确是一种遗憾，为了弥补这一点，我更加留心地观察当地居民和他们的行为举止。我常去一家阿拉伯咖啡馆，一坐就是几小时，听人们谈话，尽管我一个字都听不懂。不过，我仔细观察人们的手势，尤其关注他们的感情流露。我注意到，他们与欧洲人交谈时，手势会有微妙的变化。我因此知道，在某种程度上，应该用不同的眼光看待事物，也了解了离开自己地盘的白种人是什么处境。

欧洲人认为东方人冷静而又淡漠，我却觉得那是一种面具，我感到面具的后面有一种难以解释的不安和躁动。奇怪的是，一踏上摩尔人的土地，我便莫名其妙地被一种印象吸引了，我一直想，这儿的土地有股怪味。这是一股血腥味，好像泥土中浸透了鲜血。我蓦地想到，这片狭长的土地已经经历过三种文明的冲击：迦太基文明、罗马文明和基督教文明。技术时代会对伊斯兰教产生何种影响，要留到来日再判断。

离开苏塞以后，我向南行至斯法克斯（Sfax），又从那里进入撒哈拉沙漠，来到绿洲里的城市托泽尔（Tozeur）。城市坐落在轻缓的高地之上，位于高原的边缘，高原脚下，微温的淡盐泉水大量涌出，通过成千条小水渠灌溉了绿洲。茂盛的枣椰树在头顶形成绿荫，下面生长的桃树、杏树和无花果树皆欣欣向荣，果树下有一片苜蓿，绿得不可思议。几只翠鸟像珠宝一样绚丽，轻快地飞过绿丛。绿荫之下相对清凉，有罩着白袍的人在树下徘徊，其中有很多热恋的情侣紧紧拥抱在一起——一看便知是同性间的情谊。我感觉穿越回了古希腊时期。那时候，同性恋是男性社会及以其为基础的城邦制的黏合剂。显然在此地，男人只与男人讲话，女人只与女人讲话。外人能见到的女人很少，她们都像修女一样，戴着厚重的面纱。我也看到过几个不戴面纱的女人。我的翻译告诉我，那些便是妓女。走在大街上，一眼望去，清一色的男人和小孩。

我的翻译证实了我的印象，此地同性恋盛行，其被视为理所当然。他还立即向我求欢。这个热诚的人一定没有注意到，有一些想法如晴空霹雳般震撼了我，给我指明了观察的角度。我感觉仿佛回到了许多世纪以前，那时的世界要天真得多，人们天真如少年，借助于《古兰经》知识，准备摆脱他们源自上古的原始而蒙昧的意识状态，并开始意识到自己的存在，准备在外力侵入时保护自己，威胁已从北方传来。

这种恬静而古老的生活方式让我沉浸在了遐想之中，这时我突然想起了我的怀表，这是欧洲生活节奏加速的象征。这无疑是悬挂在毫无戒备的众灵魂头顶的乌云。我突然觉得，这些灵魂就像是猎物，虽然看不到猎人，却隐约地感到不安，嗅到了猎人的气息。"猎人"是时间之神，时间的连续仍近乎永恒，他毫不留情地将之切碎，成为天、小时、分和秒。

离开托泽尔，我将前往奈夫塔（Nefta）的绿洲。清早，日出后不久，我和翻译就上路了。我们的坐骑是腿脚灵活的高大骡子，驮着我们走得飞快。临近绿洲之时，迎面过来一位一袭白衣的独骑者。他器宇轩昂，昂首而过，未向我们致意。他骑着一头黑色的骡子，挽具有银质条纹和装饰。他仪态高雅，给人以深刻的印象。他肯定没有怀表，更不用说腕表，他明显而又不自觉地保持着此地一贯的风采。他没有欧洲人那几分抹不掉的傻气。的确，欧洲人深信自己早已不是从前的样子，但又不知道自己变成了什么。他的手表告诉他，"中世纪"与进步是同义词，它已悄悄降临，并已从他身上永远地夺走了一些东西。他的包袱减轻了，以稳步增加的速度继续着旅程，走向模糊的目标。他以幻影般的胜利，如轮船、火车、飞机和火箭，来补偿失却的重量和随之而来的缺失感。而这一切却夺去了他的延续感，把他载入了另一种速度至上、越来越快的现实中。

我们越是深入撒哈拉沙漠，我越是觉得时间过得缓慢，甚至有时光倒流的错觉。摇曳的热浪更是强化了我如梦如幻的状态，当我们抵达绿洲边缘的第一片棕榈树林和民居时，我感觉这里的一切都恰如其分，一如既往。

翌日清晨，我被旅馆门外陌生的嘈杂噪声吵醒了。旅馆门前有一个很大的开放广场，头天晚上还十分空荡，现在却挤满了人、骆驼、骡子和毛驴。骆驼长吁短叹，声调不一，宣泄着它们长久以来的不满，而毛驴则粗腔横调地长鸣不止，与骆驼一应一和。人们都十分兴奋，到处跑动，扯着嗓门喊话，还不时比画着。他们看起来粗鲁而机警。翻译解释说，这天是一个大节日，人们正在庆祝。几个沙漠部落趁夜晚赶来，要为隐士做两天农活。隐士是负责贫困救济的长官，在绿洲里拥有许多田地。人们到这儿来是要开辟一块新土地，并为之修建灌溉水渠。

在广场另一端，突然灰尘弥漫，一面绿旗展开，鼓声大作。几百个身强力壮的人提着篮子和短而宽的锄头列队而行，队首是一个相貌庄严的白胡子老人。老人表现出无可比拟的自在尊严，他俨然已有百岁高龄。他就是隐士，骑着一匹白骡。男人们围着他起舞，击响了小鼓。这一场景充满了狂热的兴奋、嘶哑的高呼声，空中弥漫着尘土和热气。整支队伍狂热而坚定地群簇而过，开入绿洲，犹如奔赴一场战斗。

我小心地保持了一段距离尾随着队伍，翻译也不想鼓励我走近一些，直到我们来到"工作"的目的地。在这里，人们的兴奋有增无减，大家豪迈地击鼓、呼喊。整个工作地点就像一个受到骚扰的蚂蚁窝。一切工作都如火如荼地进行着。男人们扛着满装沉重泥土的筐子，踏着鼓点跳起了舞，其他人非常麻利地掘挖土地，开挖沟渠，筑起堤坝。隐士驾着白骡，缓步穿过这一片热火朝天的场景，明显是在发号施令，姿态庄严温和，因高龄而略显疲惫。他所到之处，人们便更加忙碌，喊声更高，节奏亦更快了，在这样的背景中，这位圣者安然闲适的姿态显得尤其突出。到了傍晚，人群明显已精疲力竭，人们躺在骆驼旁边，很快就沉入了梦乡。夜里，狗吠声常常此起彼伏，像一场浩大的合唱，之后一切归于完全的沉寂，直到晨光熹微之时，报告祷告时刻的人开始大声祷告——那声音总是会把我彻底弄醒——召唤人们去做晨祷。

这一幕让我有所体悟：这些人跟着感觉走，受到了鼓动而陷入狂热之中。他们的意识一方面负责他们的空间方位感，传递来自外界的印象；另一方面也受到内部冲动和情感的刺激。但是，他们的意识并不习惯于思考，自我几乎毫无自主权。这种境况与欧洲人区别不大，但是，我们终究要复杂一些。欧洲人起码具有一定的意志力与明确的目的性。欧洲人所缺少的是生活的张力。

我无意陷入这种原始的魔力之中，但心理上还是受到了感染。在外部则表现为肠炎，多亏了当地的大米汤和甘汞，我几天后就痊愈了。

我头脑中充斥着各种想法，最后又回到了突尼斯。在登船返回法国马赛的前夜，我做了一个梦，我觉得这个梦是这一段经历的总结。这也是理所当然的，因为我一直习惯于同时生活在两个层面里，一是意识层面，它力求理解却又不能，二是无意识层面，它总想表达些什么，但除了梦之外找不到更明确的表达途径。

我梦见我到了一个阿拉伯城市，和其他这类城市别无二致，城里有一个城堡，即所谓的旧城区。城市坐落于广阔的平原之上，有城墙环绕。城墙为方形，有四个城门。

市中心的旧城区有一道很宽的护城河（在现实中的阿拉伯国家并非如此）。有一座木桥跨过河水通向一扇深色的马蹄形大门，门大开着，而我正站在桥头。我很想看看城堡的内部，便迈步上了桥。大约走了一半，有一位英俊、皮肤黝黑的阿拉伯青年迎面向我走来，他颇有王公气派。我认出这位披着白色连帽斗篷的青年正是城堡中的王子。一走到我面前，他就向我发动了攻击，意欲击败我。我们扭打在一起。打着打着，我们撞坏了栏杆。栏杆断开，我们俩都掉进了护城河里，他竭力把我的头按到水中，想要淹死我。不行，我想，这太过分了。于是我也把他的头按到了水中。我虽然这样做，可是心里却为他感到惊叹，但是我毕竟不想被他杀死。我也无意杀死他，只想让他晕过去不再打我。

此时梦中场景转变。他与我一同坐在城堡中心有八角拱顶的大房间里。房间是白色的，非常朴素和典雅。沿着浅色大理石墙摆着低矮的长沙发椅，我面前的地板上平摊着一本打开的书，奶白色的羊皮纸上写着黑色的字，字体华丽。那不是阿拉伯文，我看着倒是更像西土耳其斯坦的维吾尔文。我曾见过吐鲁番摩尼教的断简残篇，所以对这种文字感到熟悉。我不懂内容，但我感觉这是"我的书"，是我写的。刚才和我打了一架的青年王子坐在我右手边的地板上。我向他解释说，既然我打败了他，那么他必须读这本书。但是他拒绝了。我用胳膊圈住他的肩膀，以一种父亲般的慈祥和耐心强迫他读这本书。我知道这非常必要，最后他便屈服了。

　　这个梦里的阿拉伯青年，是那个骑骡遇到我们却没有致意的骄傲的阿拉伯人的替身。作为旧城区的居民，他是自性的化身，抑或是自性的信使和使者。因为他所居住的旧城区是一个完美的曼荼罗：城堡由方形城墙围绕，四面各有一个大门。他企图杀死我，这回应了雅各与天使搏斗的母题。他就像——用《圣经》的语言说——主派出的天使，上帝的使者，他想要杀死人类，因为他不认识他们。

　　实际上，天使本是我创造出来的。但是，他只懂得天使的道理，对人类则一无所知。所以，他初见我时与我为敌，但是我没有让步，反抗了他。在梦的后半部分，我成了城堡的主人，他坐在我脚边，被迫读书以理解我的思想，或者不如说——学习理解人类。

　　显然，同阿拉伯文化的接触给我留下了深刻的印象。这些从不反思的人，比我们更加接近生活。他们情绪化的本性强烈地暗示了我们身上的历史积淀，那些我们才刚刚克服、跨越了的积淀，或者只是我们认为已经克服了的积淀。这很像童年，我们想象自己摆脱了它，但是稍有挑拨，我们马上就会产生崭新的挫败感。的确，对进步的狂热使我们陷入危机四伏的境地，我们对未来的幻想越发幼稚，逃离过去的愿望亦越发强烈。

另一方面，童年还有一种特性，便是由于其天真和无意识，它能比成年期更完整地勾勒出自性的形象，勾勒出一个完整的人的纯洁的自性化过程。因此，儿童的和原始的眼光会唤起成年人、文明人心中的某些憧憬——这种憧憬与人格中未被满足的欲望和需求有关。为了建立适应环境的人格面具，那一部分人格被从全局中抹去了。

在前往非洲旅行，寻找欧洲氛围外的角度去观察心灵的举动之下，我亦希望在无意识中找到自己因身为欧洲人的影响和压力而消失于无形的那部分人格。这一部分人格无意识中站在了我的对立面，而我也的确试图去镇压它。按照它的本性来说，它想要让我变得无意识（将我按到水下）以杀死我。但是，我的目标是通过自省使它变得更有意识，这样我们就可以找到一个共同的过渡方式。阿拉伯人黝黑的脸色表示他是一个"阴影"，但不是一个人的阴影，而是种族的阴影，他与我的人格面具无关，却关乎我的人格完整性，即自性。作为旧城区的统治者，他一定是自性的一种阴影。以理性主义为主流的欧洲人发现许多关于人类的东西都很陌生，他还引以为豪，却不知道他的理性是以牺牲生命力为代价的，而他人格的原始部分，却因此被贬入了暗无天日的境地。

这个梦揭示了北非之行对我产生了怎样的影响。首先，我的欧洲意识可能会无意中遭到无意识心灵的强烈袭击，这是我所遇到的危险。从意识上说，我丝毫没有注意到这种情况。相反，我不由自主地感到优越，因为我每走一步都会想到欧洲精神，这是不可避免的。我本身是欧洲人，对那些与自己的组成不同的人有一种与生俱来的成见，且将自己与他们划清了界限。但是，我心中存在的无意识力量让我措手不及，它们如此强烈地从陌生人身上体现出来，造成了激烈的冲突。梦用蓄意谋杀象征了这一冲突。

我当时并未分辨出这些干扰的真正性质，直到若干年后，我在热带的非洲逗留时才恍然大悟。事实上，它是"从心里变黑"的第一丝迹象，这种精神危险威胁着客居非洲、漂泊无根的欧洲人，我们尚未充分认识到这一危险的紧迫程度。"哪里有危险，哪里也生救渡"——每逢这种时候，我就会想起荷尔德林的这句话。救渡即指我们能够借助警示性的梦，使无意识的欲望上升到意识层面。这些梦表明，我们身上有某种东西，不仅不消极地臣服于无意识的影响，还会迫切地迎上，让自己与阴影同一化。正如童年记忆会突然占据意识，其伴着极为生动的情感，让我们感觉时光倒转，好像回到了原来的情境之中。这种陌生而迥异的阿拉伯环境便唤醒了一种原本众所周知，却被忘得一干二净的史前史的原型记忆。我们应铭记被过度泛滥的文明掩盖的一种生活可能性，它仍存于某些地方。如果我们想天真地重温这种生活，便会退回原始野蛮的状态。因此，我们宁愿忘记它。但是，这种生活可能性可能会以冲突的形式重新出现，此时我们就得用意识接纳它，对比检验这两种可能：我们当下的生活和我们已经遗忘的生活。因为，如果没有充分的理由，已被我们遗失的可能是不会再度涌现的。在活跃的心灵结构中，没有一个部分仅遵从机械的规则，每一部分都要适应整体的架构，与整体相联系。也就是说，心灵有其目的，也有一番意义。但是，意识没有整体观，通常理解不了这番意义。因此，我们只能暂时满足于注意这种现象，寄希望于将来对其进行进一步的研究，以揭示我们与自性的阴影相冲突的重要性。无论如何，我当时对这一原型性经历的本质连一点儿模糊的概念也没有，对历史上类似的情况则知道得更少。不过，尽管我并未完全理解这个梦的含义，它却一直在我的记忆里徘徊，同时我强烈地期待着下一次重访非洲的机会。这个愿望五年之后才得以实现。

2 美国：普韦布洛印第安人

（未发表手稿片段）

为了使用批评的杠杆，我们总是需要一个外部的支点。在心理学中尤其如此，比起其他科学，心理学素材的性质决定了我们会更多地受主观因素的影响。例如，如果我们从来没有机会从外部观察我们的国家，我们怎么能意识到自己国家的特色呢？从外部观察，指的是从另外一个国家的视角来观察。为此，我们必须获取关于外国集体性心灵的充足知识，而在这个吸收同化的过程中，我们会遇到不相容的东西，包括民族偏见和民族特色。但凡他人使我们恼怒的地方，都会让我们了解自己。作为瑞士人，在我发现自己不适应英国的时候，方才了解了英国。作为欧洲人，在我发现自己无法融入世界的时候，才了解欧洲和我们的弊病。我通过与美国人交往，通过美国旅行的经历，才获得了对欧洲特性的深刻洞察。在我看来，对一个欧洲人来说，最有效的莫过于时不时地在摩天大楼之上俯瞰欧洲。我第一次在遥远的撒哈拉沙漠远观欧洲景象。撒哈拉有一种文明的氛围，其与我们的关系，多少类似于古罗马与现代的关系，我开始意识到，就连在美国，我也依然囿于白种人的文化意识之中。于是我有了一个愿望，通过退回一种更低水平的文化来进一步进行历史比较。

接下来的一次旅行我去了美国，和一群美国朋友前去访问新墨西哥州的印第安人，即建造城市的普韦布洛人。"城市"一词用在此处未免言过其实。实际上，他们建造的不过是小村庄罢了。不过，他们拥挤的房子一个挨着一个，连同他们的语言和整个风俗，都颇有"城市"的意味。在那里，我第一次有幸和一个非欧洲人及非白种人谈话。他是陶斯（Taos）普韦布洛人的首领，年龄在40～50岁，很有智慧。他名叫奥奇维艾·比昂诺（Ochwiay Biano，意为"山地湖泊"）。和他交谈比和欧洲人谈话还要顺畅。当然，他沉浸在他的世界里，正如欧洲人沉浸在自己的世界里一样，但是欧洲人的世界算什么！和欧洲人交谈的时候，我经常会陷入河口沙洲，那些事物人们早已熟悉，却从未理解过。但与这位印第安人交谈时，船只却能够自由地驶向深沉而陌生的大海。随后，我们不知道何种情境更令人欢喜：是发现新的领域，或是温故而知新。

"你看，"奥奇维艾·比昂诺说，"白种人个个面目狰狞。他们嘴唇薄，鼻子尖，脸上因皱纹而坑坑洼洼、扭曲变形。他们的眼睛直勾勾的，总是在寻找什么。他们在寻找什么呢？白种人每时每刻都有欲求，他们总是心神不宁，得不到满足。我们不知道他们想要什么。我们不理解他们。我们觉得他们疯了。"

我问他为什么认为白种人都疯了。

"他们说他们用脑袋思考。"他回答道。

"哦，当然是用脑袋。那你用什么思考？"我惊奇地问他。

"我们用这个。"他指着心脏说道。

我陷入了深深的思索。这是有生以来第一次，有人为我勾勒出了白种人真实的肖像。好像直到这时，我所见到的全是多愁善感、雕琢粉饰的图片。这个印第安人一针见血地指出了欧洲人的弱点，揭示了我们视而不见的事实。我觉得心中升起了一团无形的迷雾，一种未知却非常熟悉的东西涌上心头。迷雾之中，一个又一个意象浮现出来：先是罗马军团杀入高卢，随后出现了尤利乌斯·恺撒、大西庇阿和庞培的面貌，清晰得毫发毕现。我看见罗马雄鹰盘旋在北海和白尼罗河的岸边。接着，我看到了奥古斯丁用罗马长矛尖把基督教教义传给不列颠人，查理曼大帝迫使异教徒皈依基督教的光荣之战，还有十字军烧杀劫掠的队伍。我心中隐隐如针扎，了悟了十字军古老的浪漫主义原是虚空。哥伦布、西班牙和葡萄牙的议会和他们派出的征服者，带着炮火、刀剑、折磨和基督教教义来了，甚至连边远的视太阳为天父以及活在宁静梦中的印第安村庄都不放过。我还看到传教士强迫太平洋岛屿上的人穿上一种衣服，衣服上面携带的烈酒、梅毒和猩红热足以杀死他们。

这已足够了。我们从自己的角度出发所说的殖民、向异教传教、传播文明，还有另一张面孔——就像捕食的鸟带着残忍的专注搜寻远处的猎物——江洋大盗才有的嘴脸。装饰我们徽章的雄鹰和其他猎食者形象，在我看来都恰当地表现了我们的真实本性。

奥奇维艾·比昂诺对我说的其他事情也让我刻骨铭心。我觉得这些事情与我们会晤时特殊的气氛秘密地联系在一起，如果略去不提，我的叙述就会不完整。我们的谈话地点在主楼五层的屋顶上。其他印第安人的身影间或出现在屋顶上，他们裹着羊毛毯，陷入了深深的冥思，像那东升西落的太阳，每天都会升起在晴朗的天空。我们周围是一片用风干砖（泥砖）盖的低矮方形房屋，有特色的梯子连接地面与屋顶，或者从屋顶通向更高层的屋顶（在早先更危险的时代，门常常开在屋顶上）。我们眼前是起伏的陶斯高原（海拔约7000英尺），一望无际，在地平线上有几座锥形的山峰（古代的火山），高度超过12 000英尺。我们身后是一条清澈的小河，潺潺流过房前，河的对岸有一个次级村落，红土坯房层层叠起，通往村落的中心。这一场景奇妙地模仿了以摩天大楼为中心的美国都市景观。在河的上游约半小时路程的地方，有一座绝世独立的山，它是这里唯一的一座山，没有名字。故事说，在山顶云雾缭绕的日子里，人们便会消失在山巅，去践行某种神秘的仪式。

普韦布洛印第安人大都沉默寡言，对涉及他们宗教的谈话更是守口如瓶。他们心照不宣地将自己的宗教习俗当成秘密，而且这一秘密受到了严格的保护，所以我绝望地放弃了直接提问的尝试。在此之前，我从未遇到过如此秘密的气氛。文明社会的各种宗教都是众人能够接近的，其圣礼早就不再是秘密。然而在这里，所有教友有一个公开的秘密，大家都了然于心，白种人却丝毫不能介入。这一奇观异景让我想到了厄琉息斯（Eleusis），那秘密的仪式只为本民族所知，从未泄露。我理解了保萨尼阿斯（Pausanias）或希罗多德（Herodotus）写"我无权说出那个神的名字"时的感受。我认为，这并不是故弄玄虚，而是一种倘若泄露，便会导致团体或者个人毁灭的重大秘密。保住这个秘密，普韦布洛印第安人就能保持自尊心，抗拒白种人的统治力量。它给印第安人带来了团结和统一。而我确信，普韦布洛人作为一个独立的团体，只要他们的秘密不被亵渎，就会存在下去。

奥奇维艾·比昂诺在谈到他的宗教观念时所发生的感情转变令我惊讶。在日常生活中，他表现出了某种程度的克己和尊严，近乎宿命的平静。但是，一谈起与他的秘密有关的事物，他就会落入一种令人惊讶的掩盖不住的情绪里——这一事实满足了我的好奇心。就像我之前所说的，直接提问则一无所获。因此，在我想要了解关键事实的时候，我便尝试性地发表一点儿评论，观察我的谈话对象的表情，那些情绪化的表情是我非常熟悉的。如果我偶然猜中，他就会保持沉默或者支支吾吾，同时显出掩饰不住的深刻情感——他的眼中时常含着泪水。他们的宗教观念对他们来说不是理论（确实，能让一个男人流泪的理论大概十分奇特吧），而是事实，与相应的外部现实一样重要并激动人心。

我和奥奇维艾·比昂诺坐在屋顶上，炙灼的太阳越升越高，他指着太阳说："在那里移动的不正是我们的天父吗？谁能说他不是呢？怎么可能有另外的神？什么都离不了太阳。"他的兴奋溢于言表，逐渐升温。他搜肠刮肚地寻找词句，最后赞叹道："一个人在山里又能做什么呢？没有太阳，他连火都生不起来。"

我问他有没有想过，太阳可能是一个炽烈的火球，一个隐形的神创造了它。我的问题没有令他惊讶，更不用说愤怒了。显然，这个问题并没有触动他，他甚至也不认为我的问题愚蠢。这个问题让他无动于衷。我觉得好像碰到了一堵不可逾越的高墙。他只是答道："太阳是神，谁都明白。"

尽管每个人都不能否认太阳的伟大，但是看到这些成熟而庄严的人在谈到太阳时，竟表现出难以自持的情绪，我还是觉得新奇，我深深地被打动了。

还有一次，我站在河边仰望高山，它们比高原还要高上6000英尺。我正在想着，这是美洲大陆的屋脊，人们在这儿生活，向着太阳，就像这里的印第安人裹着毛毯站在村落最高的屋顶上，仰望太阳无言地沉思。这时，一个因压抑而颤抖的深沉声音，在我身后对着我的左耳说："难道你不认为一切生命皆来自这座山吗？"那是一位年长的印第安人，他穿着鹿皮鞋悄无声息地走到我身边，向我提出了这个让人摸不着头脑的问题。我望了一眼山上倾泻而下的河水，知晓了造就这个结论的外部意象。显然，一切生命都来自这座山，因为凡是有水的地方都有生命。这是显而易见的。通过他的问题，我感觉到一种与"山"一词有关的情绪翻搅起来。我想起了在山顶举行秘密仪式的故事，于是答道："谁都明白你说的是真理。"

遗憾的是，谈话很快就被打断，我没能进一步探讨水和山的象征意义。

我注意到，普韦布洛印第安人虽不愿谈论他们的宗教，却随时准备激烈讨论他们和美国人的关系。山地湖泊（指奥奇维艾·比昂诺）说："美国人为什么不放过我们呢？他们为什么禁止我们跳舞？我们想要我们的年轻人从学校回来，去基瓦会堂（举行仪式的场所）受教于我们的宗教，美国人为什么百般阻挠？我们从未妨碍过美国人呀！"他沉默了许久，又继续说道："美国人想要消灭我们的宗教。他们为什么不让我们安宁？我们做的事，不仅仅是为了我们自己，也是为了美国人。是的，我们做这些是为了全世界。每个人都能从中获益。"

我从他的兴奋中觉察出，他所指的是他们宗教中某种极为重要的元素。因此我问他："你认为你们的宗教行为会造福全世界吗？"他极富生气地答道："当然。如果我们不这样做，世界会变成什么样呢？"说着，他用一种独特的姿态指着太阳。

我感到我们此时触及了极精极微的根基，逼近了这个部落的秘密。"毕竟，"他说，"我们是居住在世界屋脊上的民族，我们是天父——太阳父亲的儿子，我们依靠我们的宗教，每天帮助天父东升西落。我们这样做，不仅是为了我们自己，还是为了整个世界。如果我们停止我们的宗教仪式，不出十年，太阳就不会再升起了。那时永恒的黑夜就会降临。"

我顿时明白了每个印第安人的"尊严"和安然镇静来自何处。这一切均源于他们太阳之子的身份。他的生命具有宇宙性的意义，因他协助天父及众生的保佑者每日升起和降落。若与我们自己的自我辩护比较，即我们用理性给生命规定的意义，就只能显出我们的贫乏。我们对印第安人的质朴一笑置之，用聪明来伪装自己，这纯粹是出于嫉妒，若不这样做，我们就会发现我们有多贫乏，有多破败不堪。知识没有使我们丰富起来，知识使我们越来越远离神话世界，而那本是我们最初的家园。

如果我们暂时撇开欧洲的理性主义，置身于这个孤寂高原山间的清新空气中，一侧连接着广袤无垠的大陆草原，另一侧通向太平洋；如果我们亦将关于世界的详细的知识置于一旁，代以尤边无际的地平线，而对更远处的事物一无所知，我们便能够真切地理解普韦布洛印第安人的观点。"一切生命皆来自这座山"让他们深深地信服，这个印第安人也同样确信，他住在无边世界之脊，是最接近上帝的地方。他独有神圣之耳，他的仪式能最快地抵达遥远的太阳。山的神性，耶和华在西奈的显灵，尼采在恩加丁获得了准允——这一切都说着同一种语言。仪式能够通过魔力影响太阳，这样的观念乍看之下固然荒谬，但如果进一步审视，虽然依然不合理性，但却比最初假设的要熟悉得多。我们的基督教——像其他宗教一样，碰巧——也含有这一观念，即特别的行为，或者某种特殊的活动能够影响上帝——例如，特定的仪式、祈祷或者神所喜欢的美德。

人类的仪式是对上帝施影响于人的反应和回答。或许不只如此，也许还是一种"激活"，一种有魔力的强迫性行为。人类觉得自己能够有效地回答上帝全能的影响，能够做一些对上帝很重要的事情来报答上帝，这一切会引发自豪感，使人类个体获得一种超自然的尊严。"上帝和我们"——即使这不过是一种无意识暗示，但这种对等关系无疑是普韦布洛印第安人那令人羡慕的静谧的底蕴。这样的人的确是自得其乐的。

3 肯尼亚和乌干达

出自造物主之手的东西都是好的。——卢梭

我去伦敦参观温布利博览会的时候（1925年），那里对英国统治之下的各部落的精彩介绍给我留下了深刻的印象，我决定稍后便去热带非洲旅行。

同年秋，我和两个朋友，一个英国人和一个美国人，启程前往蒙巴萨（Mombassa）。我们搭乘的轮船叫"沃尔曼号"，同行的人有很多英国青年，欲前往非洲各殖民地任职。船上的气氛显示，这些旅客不是在游山玩水，而是要去闯天下。自然，船上一派欣欣向荣的景象，不过严肃的潜流也很明显。而事实上，在我返航以前就听说了几位旅伴的命运。在后来的两个月之内，有几个人在热带死去了。他们死于热带疟疾、细菌性痢疾和肺炎。死者之中，有一位年轻人还曾与我同桌进餐，就坐在我的对面。另一位是艾克利博士，因建立了中非大猩猩保护委员会而扬名，就在此次旅行前不久，我还在纽约见过他。

在我的记忆中，蒙巴萨又湿又热，欧洲人、印度人和黑人的居所隐藏在棕榈和杧果的树林里。那里景色优美如画，是一个天然港湾，上方有一座老旧的葡萄牙堡垒。我们在蒙巴萨逗留了两天，傍晚乘窄轨火车前往内地的内罗毕，很快就融入了热带的夜晚之中。

沿着海岸地带，我们经过了许多黑人的村庄，人们围着小火堆坐着闲谈。不久，火车开始爬坡。民居消失了，夜色沉沉。气温逐渐变得凉爽，我便睡着了。伴着第一缕阳光，白昼来临，我便也醒了。火车穿行在滚滚红尘之中，正在一块陡峭的红色悬崖边转弯。我们上方有一块参差不齐的岩石，上面一个瘦高的黑褐色人影一动不动地站着，倚着一根长矛，俯视着火车。他的身旁耸立着一大棵仙人掌。

这一景象令我着迷——这是一幅完全陌生的画面，我并未经历过。但是，另一方面，这画面有一种极强烈的似曾相识的感觉。我觉得我曾经历过这个瞬间，我一向知道，将我与这个世界分离的只有时间。这种感觉就像回到了小时候的乡下，我似乎还知道，这个黑皮肤的人已经等了我五千年之久。

在游历荒蛮非洲的整个过程中，这一奇异的感情基调一直伴随着我。像这样的似曾相识感，我能想起来的还有一例。我曾与以前的上司——尤金·布鲁勒（Eugen Bleuler）教授一起第一次观察到了超心理现象。在那之前我曾想象，如果我见到如此奇幻的现象，一定会瞠目结舌。但是当它发生的时候，我却丝毫不觉得奇怪，我觉得它再自然不过了，视其为理所当然，因为我在很久以前就知道它了。

我不知道这个孤独的黑猎人的形象触动了我的哪一根心弦。我只知道，千万年来，他的世界曾是我的世界。

恍恍惚惚中，我在午间抵达了内罗毕，该城位于海拔6000英尺处。这里的光线明亮刺眼，使我想起恩加丁，那里有从冬日低地的雾霭中射出来的耀眼阳光。我惊奇地发现，火车站里聚集的一群"工人"所戴的旧式灰白色羊毛滑雪帽，我在恩加丁也看到别人戴过，我自己也戴过。这种帽子广受好评，因为上翻的帽边可以放下来，像护面一样——在阿尔卑斯，它可以很好地抵御寒风，在这里则可以遮挡热气。

我们乘坐一辆小型福特汽车从内罗毕去往阿西平原，这是一大片禁猎区。从一座低矮的山丘上俯瞰下去，这片广袤的热带草原的磅礴气象尽收眼底。在靠近地平线的地方，我们望见了大群的动物：小羚羊、羚羊、牛羚、斑马、疣猪等。牧群低着头吃草，像一条缓缓流动的河。除了一只猛禽的凄厉叫声，几乎没有任何其他声音。这里有属于永恒之初的平静，一如既往的世界，处于"无"的境界。因为到此时为止，没有人曾在此地认出这一个世界。我从同伴身边走开，走到看不见他们的地方，体验着孑然一身的感觉。我在那里是辨认出这个世界的第一人，却不知道在这一刻，我也是真正创造了这世界的第一人。

意识的宇宙性意义在这里变得十分清晰。炼金术士说："凡自然未能完善之物，艺术使之完善。"人类如我，在无形中从事着创造活动，把世界当作一种客观存在，给它打上完美的标记。我们通常把这种活动归功于造物主，丝毫没有考虑，这样一来，我们便把生命和人类的心灵当作了设计精良的机器，其毫无知觉地运作着，遵循着已知、先定的规则。这样惨淡的机械化的幻想，让人类、世界和上帝的戏剧性消失无踪。再也没有"新的一天"通往"新的彼岸"，只有枯燥的计算程序。我想起了我的普韦布洛老友。他认为他的村庄存在的理由是帮助他们的天父太阳每天东升西落。我一度很羡慕他，因为他的信仰充满了意义，我也一直在绝望地寻觅我们自己的神话。现在我终于找到了，还知道了更多：人类在创造的完成中是不可缺少的一部分。事实上，人类本身就是世界的第二个创造者，只有人类把世界当作客观的存在——若不是这样，在数以亿计的年岁里，世界就不会被听到，不会被看见，牧群只能在沉寂中进食、繁衍、死亡，低着它们的头颅。世界在"无"的最深沉的夜里运转着，默默地终结。人类的意识创造了客观存在和意义，人类在伟大的"有"的过程里找到了自己独一无二的地位。

乌干达铁路正在建设中，我们乘火车来到它临时的末端，第64站。工人们卸下了我们的行李。我坐在一个运输箱上，这是一个装着食品的板条箱，每个都需要一名工人来搬，我点起烟斗陷入了沉思。我们似乎已到了普世的边缘，即地球上有人居住的地带的边缘，诸多小径从这里无穷无尽地延伸出去，遍布整个大陆。片刻之后，一位年长的英国人——看起来是一位牧场主，过来坐在我旁边，也掏出了烟斗。他问我们要去哪儿。我大致介绍了一下我们各自的目的地，他又问道："你是第一次来非洲吗？我在这儿待了40年了。"

"是的，"我告诉他，"至少这个地方是第一次来。"

"那就让我给你点儿忠告吧？先生，你要知道这里不是人的国土，而是上帝的。所以如果发生了什么，且少安毋躁。"说到这里，他站起身来，什么都没有再说，消失在我们周围的黑人人群中。

他的话似乎有某种意义，这让我心中一惊，我试着揣摩他话中流露出的心理状态。显然，这些话体现了他经验中的精华：控制此处的不是人类，而是上帝——换言之，不是意志和目的，而是某种不可知的意念。

我尚未理出头绪，两辆汽车已整装待发了。我们8个壮汉爬上了车，和行李挤在一起，紧紧抓住车上的固定物。接下来几个小时的颠簸让我无法思考。下一站比我想象的要远得多。卡卡梅加斯（Kakamegas）是地区特派员的所在地，也是非洲步枪队一个小的卫戍队的总部，那儿还有一家医院，以及——最难以置信的是——一家疯人院。渐渐到了黄昏，夜幕很快就覆盖了大地。突然，热带风暴来了，一时间电闪雷鸣持续不断，暴风雨把我们从头到脚淋了个透，每一条小溪都成了凶猛的湍流。

我们抵达卡卡梅加斯的时间是夜里12点半，天上的乌云渐渐散去了。我们精疲力竭，地区特派员在他的会客厅里用威士忌款待了我们。壁炉中燃烧着欢乐而好客的火苗。房间很气派，中间摆了一张大桌子，上面放着几本英国期刊。这个地方简直就像是萨塞克斯（Sussex）的乡间别墅。在疲惫之中，我无力判断自己是从现实进入了梦乡，还是从梦中回到了现实。然后，我们还是要搭起帐篷——人生头一遭。幸亏没丢什么东西。

第二天早上我醒来的时候，有一点儿喉炎和发热症状，于是不得不在床上躺了一天。在这种情况下，我认识了"普通鹰鹃"，真是值得纪念，这种造物的独特之处在于它能够唱出准确的音节，但唯独少了最后一个音，然后又从头开始唱。发烧病倒的时候听到这种声音，神经几乎都要崩溃了。

香蕉种植园里的另一只长羽毛的栖息者，开始的两段叫声最甜美，有如笛子般婉转的旋律，可结尾处偏偏又加上一个惊悚刺耳的音符。"凡自然未能完善之物……"不过，"风铃鸟"的歌声是完美的。当它歌唱的时候，就像是一串风铃在遥远的地方随风而动。

第三天，在地区特派员的协助下，我们集合了一队搬运工人，外加三名当地民兵做护卫。我们开始向埃尔贡山（Mt. Elgon）跋涉，很快就看到了地平线上14 000英尺高的火山口壁。道路穿过种着伞形相思树、相对干燥的热带草原。整个地区密集地遍布着小而圆的土丘，高度在6～10英尺——是旧的白蚁窝。

沿路有供旅客用的休息室——圆形草顶的泥砖小屋都敞开着，里面空空荡荡。入夜时分便在门口燃起灯笼，以防夜盗者闯入。我们的厨师没有灯笼，但作为补偿，他独享一间很小的草屋，对此他很是满意。可是，这几乎要了他的命。前一天，他在草屋前宰了一头我们花了5个乌干达先令买来的羊，给我们的晚餐添了一道极美味的羊排。晚饭之后，我们围着火堆席地而坐，吸着烟，忽然听到远处传来奇怪的声音。声音越来越近。这声音听起来一会儿像是熊在咆哮，一会儿又像是狗在狂吠。接着，声音又变得尖锐，像是尖叫，又像歇斯底里的笑声。我的第一印象是：这就像巴纳姆贝利马戏团的滑稽演出。然而，紧接着，场面变得非常凶险：我们被一大群饥饿的鬣狗团团围住，它们显然嗅到了羊血的气味。它们上演了一场穷凶极恶的音乐会，在火光的照耀下，它们的眼睛在高高的象草丛中闪闪发亮。

尽管我们很熟悉关于鬣狗本性的知识，据说它们并不会攻击人类，但我们依然觉得不安全——突然，休息室后面传来了恐惧的尖叫声。我们抄起武器（一支9毫米口径的曼利彻尔步枪和一支霰弹猎枪），对着草丛中闪闪发亮的方位开了几枪。这个时候，厨师惊恐万状地冲到我们中间，含糊不清地说有一只肥鬣狗窜进他的屋子，差点儿把他咬死。宿营地一阵骚动。这阵喧闹看样子镇住了鬣狗，它们一边狂吠着抗议，一边退了场。搬运工们哈哈大笑好一阵子，之后的半个晚上很平静，大家相安无事。次日清晨，地方长官带着两只鸡和一篮鸡蛋来送礼。他恳请我们再多逗留一天打鬣狗。他说，就在前一天，鬣狗群把一个在小屋里睡觉的老人拖走吃了。非洲真是无奇不有！

黎明的时候，工人的驻地又爆发了一阵大笑。原来他们在表演昨晚的闹剧。一个人扮演正在睡觉的厨师，一个士兵扮演潜行的鬣狗，慢慢接近假寐的人，想要咬他。这个短剧不知演出了多少次，深受观众的喜爱。

从这以后，厨师便有了一个外号——"肥狗"。我们三个白人也早就有了"商标"。我的朋友，那位英国人得名"红脖子"——在当地人眼里，英国人都长着红脖子。那个美国人穿着很夸张的行头，外号是"潇洒绅士"。而因为我已经头发灰白（当时我50岁），我就是"老爷子"了。在那些地方，上了岁数的人很少见，我几乎没见过白头发的老人。"老爷子"是尊称，这么称呼我，还因为我是"布基苏心理学考察队"的队长——这是伦敦外交处强加的有名无实的名目。我们的确访问过布基苏人的部落，但在埃尔贡逗留的时间更长些。

黑人最突出的特点是他们善于判断他人的性格。这表明他们突出的模仿才能。他们能够极精准地模仿人们的表达方式、手势和步态，惟妙惟肖，入木三分。我还发觉他们对别人情感的理解也令人惊叹。我常常抽出时间和他们闲谈，他们非常喜欢聊天。就这样，我学到了很多。

我们这种半官方的旅行好处很多，这样更容易雇到搬运工，甚至还有士兵护送。护送队绝对不是多余的，因为我们要穿过不是白人管辖的地区。一名班长和两名士兵陪伴我们前往埃尔贡山考察。

我们没能帮助当地首领猎杀鬣狗，在经过那天的惊险以后便继续赶路，此后地形缓缓上升。第三纪熔岩断层标志也渐渐增多。我们穿过大片茂密的丛林，那里生长着高大的南迪火焰树，花红似火。硕大的甲虫和色彩斑斓的巨大蝴蝶在林间空地和丛林边缘活跃着。我们深入灌木丛的时候，好管闲事的猴子摇动了树枝。这是一个天堂般的世界。不过我们走过的大部分道路都是平坦的热带草原，泥土是深红色的。我们通常会走在崎岖蜿蜒的土路上。我们沿着行程路线进入了南迪地区，穿过南迪森林，那是一片面积可观的密林。我们平安到达埃尔贡山脚下的休息场所。几天以来，这座山在我们头顶上显得越来越高。从这里开始，只能沿着狭窄的小路向上攀登。我们受到了地方长官的热情迎接，他是当地巫医的儿子。他骑着一匹小型马——我们在这边看到的唯一一匹马。他告诉我们，他的部落属于马塞族，但是他们单独生活在埃尔贡山的山坡上。

乌干达的地方长官早已寄了一封信到这儿来，请我们护送一位取道苏丹返回埃及的英国女士。地方长官知道我们也走相同的路线，而且我们已经在内罗毕见过这位女士，知道她会是位合拍的旅伴。况且，地方长官无微不至的关怀让我们觉得对他亏欠良多。

我提出这一细节，是想说明原型以微妙的模式影响着我们的行为。我们本有三个男人——这纯属偶然。我曾请求过与另一位朋友同行，那样就会有第四个男人。但是他因故不能接受邀请。这足够形成一个无意识的、宿命性的群体：三位一体的原型，需要有第四个来完成，这种情形我们一再地在这一原型的历史中见到。

既然机会不请自来，我自然欣然接受，对这位女士参加我们的三人之旅表示欢迎。她吃苦耐劳、胆大心细，对我们这个单一的男性小组来说，可以达到有力的平衡作用。当一名组员患了严重的热带疟疾时，还真多亏了她。她在第一次世界大战中当护士的经验派上了用场。

我们爬了几小时的山，来到一块宽阔的空地，上方约十英寸高的瀑布倾泻而下，流淌成清澈冰凉的小溪，将空地一分为二。瀑布下面的水池变成了我们的浴盆。我们的营地约在300码以外的一个平缓、干燥的山坡上，一棵伞形相思树的绿荫之下。附近，即步行约15分钟有一个土人村庄，包括几间茅屋和一个防兽栅栏，还有一个院子，围着有刺钩的荆棘篱笆。这个小村庄向我们提供了运水工，一个妇女和她的两个女儿，她们都全身赤裸，只围着贝壳制成的腰带。她们有巧克力色的皮肤，非常漂亮，身材苗条，动作悠然从容，颇有贵族气质。每天早晨，她们从溪边走来，金属脚镯轻柔地叮当作响。稍后，她们走出金黄色的象草丛，步态摇曳，维持着头顶水罐的平衡，这一场景让人看了很是享受。她们佩戴着脚镯、铜手镯和项圈，耳环是铜制或木制的小圆管。她们的下唇都用骨片或铁钉穿了孔。她们彬彬有礼，每逢见到我们总是羞怯而可爱地微笑。

只有一个例外，我要在此略提一句，我从未和本地妇女说过话，虽然有人推测我可能这样做过。这儿和南欧一样，男人和男人说话，女人和女人说话。不然，就意味着调情。如果哪个白人乐于此道，就不仅有损名誉，而且要冒着"上黑名单"的危险。我碰到过几例颇有训诫意义的事。我常常听当地人评论一个白人："他是坏人。"问其原因，回答总是："他跟我们的女人睡觉。"

我看到的埃尔贡人，男人们总是忙着喂养家畜和狩猎，女人们则种植香蕉、白薯、非洲高粱和玉米。在住着整家人的圆形茅屋中，小孩、山羊和鸡和平共处。妇女们的尊严和天性是这种经济分工的结果——她们是推动经济发展的积极伙伴。妇女平等权利的概念是这种伙伴关系失去意义的时代的产物。原始社会是由一种无意识的利己主义和利他主义调节的，两种态度各司其职。如果发生紊乱，意识就必须加以调节，这样一来，这种无意识的秩序便会遭到破坏。

我想起了一位向我介绍埃尔贡人家庭关系的重点访谈对象，这是一段愉快的回忆。他是一个非常英俊的青年，名叫季伯亚，是部落酋长的儿子，人很有魅力，温文尔雅，我显然赢得了他的信任。当然，他高兴地接受了我的雪茄，但他并不贪婪，不像其他人什么礼物都想要。他时常来看望我，礼数周全，跟我讲许多有趣的事。我感觉到他有心事，某种说不出口的请求。直到我们结识了一段时间之后，他方开口请我去他家做客，此举出乎我的意料。我知道他尚未结婚，而且双亲已故。他家指的是他姐姐的家。他姐姐是他姐夫的第二个妻子，他们生了四个小孩。季伯亚很想让我去拜访她，好让她有机会见我一面。显然，她在他的生活中充当了母亲的角色。我同意了，因为我希望通过这种交际方式深入地了解当地人的家庭生活。

女主人恭候多时。——我们到达的时候，她走出茅屋自然大方地向我致意。她是一个好看的中年妇女——大约有30岁。除了必不可少的贝壳腰带，她还戴着手镯和脚镯，耳朵上挂着一些铜饰品，把耳垂抻得很长，胸部以某种小动物的毛皮遮挡。她把四个小孩关在茅屋的小隔间里，孩子们透过门缝张望，兴高采烈地笑着。在我的恳请之下，她把孩子们放了出来，但是他们颇费了些时间壮胆才走了出来。她的风度和她弟弟一样优雅，弟弟则因为计划达成而满脸喜悦。

我们没有坐下，因为除了席地而坐于尘土之上，没有其他地方可以坐，地上满是鸡屎和羊粪。谈话内容不外乎家庭、孩子、房子、菜园。她丈夫的大老婆的家产就在旁边，他们有六个孩子。这位"姐姐"的院子离她这儿有80码。大约在两位妇女的茅屋中间，三角形顶点的位置上，坐落着她们丈夫的茅屋，在后面约50码处有一间小茅屋，其属于大老婆的长子。两个女人各有各的田产。我的女主人显然为她自己的田产感到骄傲。

我感觉得到她的风度中流露出的信心和泰然，这在很大程度上源于她认同自己的完整性，认同自己由孩子、房屋、小型家畜、土地以及——最重要的——颇具吸引力的身体所组成的世界。她只是偶尔间接地提到她的丈夫。看起来他有的时候在这儿，有的时候则不在。当时他正不知在哪儿逗留。我的女主人毫无疑问是坚定的化身，是丈夫名副其实的依靠。看来，问题不在于他在不在这里，而在于她能否保持她的完整性，为赶着畜群四处流浪的丈夫提供一个地磁中心。这些"淳朴的"灵魂中的活动是无意识的，因此不为人所知，我们只能将其与"先进的"欧洲视角进行比较得出上述结论。

我自问道，白种人妇女日益增加的男性化特征是否与其自然完整性（土地、孩子、家畜、属于自己的房屋、炉火）的消失有关？这一现象是不是对她们的贫乏的补偿？白种人男性的女性化是不是这一现象导致的进一步的后果？制度越理性，性别的差异就越模糊。同性恋在现代社会中的作用是巨大的，这部分是由恋母情结导致的后果，部分在于这是一种有目的的现象（抑制生育）。

我的同伴和我着实是幸运的，能够品味非洲世界，还有它难以置信的美和同样难以置信的苦难。我的露营生活是我的一生中最值得怀念的节目之一。我很享受一个原始国度的"神圣的秩序"。我从来没有如此清楚地看过"人与其他动物"（希罗多德）。我与那万恶之源的欧洲相隔万里。各种恶魔都对我鞭长莫及——这里没有电报，没有电话铃声，没有信件，没有访客。我的心灵力量得到了释放，幸福地回到了原始的天宽地阔。

当地有些人，整天围着我们的营地，观察我们的一举一动而兴趣不减，所以每天早晨我们很容易找到一个当地人聊上一场。我的工人领队易卜拉欣教给我聊天的规范。所有男人（妇女从不走近）都必须席地而坐。易卜拉欣为我找到了部落酋长的四腿红木小凳，让我坐在上面。然后我开始发言，提出谈话的议程。当地人都能讲还算过得去的斯瓦希里语，我也充分利用了一本小字典，尽力使用这种语言。这本小书真是值得称赞。我的词汇量有限，只能说很简单的话。谈话常常像猜谜游戏一样有趣，因此，这样的闲谈很受人们欢迎。整个时长很少多于一个或一个半小时，因为人们会流露出倦意，做出戏剧性的姿态抱怨："啊，我们好累。"

我当然对当地人的梦很有兴趣，但是起初却不能让他们把梦讲给我听。我送给他们小礼物，比如雪茄、火柴和图钉等，他们都很想要。但是无济于事。我不能完全理解他们为什么羞于讲述梦境。我猜可能是因为害怕和不信任。众所周知，黑人害怕照相。他们担心给他们拍照的人会夺走他们的灵魂，所以可能他们同样害怕别人在知道他们的梦以后会伤害他们。不过，这一点并不适用于我们的工人，他们是来自海边的索马里人和斯瓦希里人。他们人手一本阿拉伯释梦书，在旅途中每天都要翻阅。如果对书上的解释有不能确定之处，他们便来请教我。他们称我是"读书人"，因为我熟悉《古兰经》。在他们心中，我是一个掩饰了自己身份的伊斯兰教徒。

有一次，我们与当地一位年老的巫医交谈。他身披华丽的斗篷，是用蓝猴的皮做的——一件能拿去展览的珍宝。当我问起他的梦时，他热泪盈眶地答道："过去，巫医们都做梦，以此得知是否会发生战争或瘟疫，会不会要下雨，应该把牧群赶向哪个方向。"他的祖父仍会做梦。但是他说，自从白人来到非洲，当地人便不再做梦了。人们不再需要梦了，因为英国人无所不知！

我从他的回答中得知，巫医已不再有存在的理由。巫医神圣的声音曾经给部落以忠告，如今却被弃如敝屣，因为"英国人知道得更多"。之前，巫医与诸神或命运的力量交谈，给人们忠告。他们发挥着巨大的影响，正如古希腊时，皮提亚的话语有着至高无上的权威性。然而今天，巫医的权威已被地区特派员的权威取代。现在，生命的价值完全体现在尘世之中，而且我觉得，黑人迟早会意识到物质力量的重要性，这只是时间问题，并与黑色人种的生命力有关。

　　我们这位巫医绝不是一个有影响力的人，他只是一个有些胆小怕事的老人。他是这个风雨飘摇、陈旧而无药可救、日益瓦解的世界的化身。

　　我多次把谈话引向精神的力量，尤其是仪式和典礼。在这方面，我只有一件事可讲。村庄里有一条熙熙攘攘的街道，中间是一间空的小屋，屋前方圆几码的地方打扫得一尘不染。其中心放着一个贝壳腰带、耳环、各种各样的陶片和一把掘地木棍。据我们所知，有一个女人在这间小屋里死去了。关于殡葬之事却无人提及。

　　在谈话中，人们言之凿凿地告诉我，西边村子里的人都是"坏人"。如果当地有人去世，邻近的村子就会得到通知，晚间遗体便被放在两个村子的中间。邻村把各种各样的礼品送到此处，可是到了早晨，遗体就不见了。言下之意是另一个村子的人吃掉了死者。他们说，这种事情从不在埃尔贡发生。其实，埃尔贡人将死者放在灌木丛中，鬣狗在夜里便会将之处理掉。我们确实没有发现任何葬礼的迹象。

　　但是，我听说，人死了以后，遗体要放在茅屋中间的地面上。巫医绕着遗体走动，把碗中的奶泼在地面上，口中念念有词："阿伊克，阿迪斯塔，阿迪斯塔，阿伊克！"

　　早些时候，我在一次记忆犹新的谈话中了解到这句话的含义。那次闲谈结束时，一位老人突然说道："黎明，太阳升起的时候，我们走出茅屋，向着手心吐唾沫，然后向着太阳举起双手。"我请他将这一仪式演给我看，并更确切地描述一番。他们把双手放在嘴前，用力地吐口水或呵气，然后把手掌向上对着太阳。我问他们这有什么意义，为什么要向手掌吐口水或呵气。但是并没有得到满意的答案。他们说："我们一直这么做。"想得到更多解释是不可能了，但我已明白，事实上，他们只知道他们做了这件事，却不知道这件事究竟代表什么。他们自己也不知道这种行为的意义。不过，我们也会践行一些仪式，虽然不知道有何意义——比如为圣诞树点蜡烛、藏起复活节彩蛋等。

那位老人还说，这是一切民族真正的宗教，包括凯维伦多人和布干达人在内的全部部落，在山巅上目力所及之处那无穷远的地方，都崇拜阿迪斯塔，即初升的太阳。这一刻的太阳是神，是上帝。在西边紫色天空中升起的第一道新月月牙也是上帝。只有这一刻月亮才是上帝，其他时候则不是。

显然，埃尔贡人仪式的含义是在太阳初升的神圣时刻向太阳献祭。至于为什么吐口水，那是因为当地人认为唾液含有个人的超自然神力，治愈、魔法和生命的力量。呵气则代表它是"罗勃"（roho），在阿拉伯语中是"卢赫"（ruch），在希伯来语中是"罗阿克"（ruach），在希腊语中是"普纽玛"（pneuma），意思是风和元气。因此，这个动作是在说：我向上帝献出活的灵魂。它是一种无言的、以行动表示的祈祷，或许相当于："父啊，我将我的灵魂交在你手里。"

我们还听说，除了阿迪斯塔，埃尔贡人也崇敬阿伊克，这种灵魂居住在地上，是一种撒旦（魔鬼）。他是恐惧制造者，是潜伏着等待夜间旅行者的冷风。那位老人吹了一段邪神主题的口哨，生动表现出阿伊克爬过高而神秘的丛林野草的情形。

总之，人们认为，造物主把一切创造得都很美好。他本身超越了善恶。他是美的，他所创造的一切也是美的。

我便发问："那么，那些咬死家畜的凶恶野兽呢？"他们说："狮子是好的，而且美丽。""那么，那些可怕的病疫呢？"他们说："只要躺在阳光里，病疫也是好的。"

这种乐观主义让我印象深刻。但是我很快发现，傍晚六点一过，这种乐观主义马上烟消云散。日落之后，世界变得截然不同——变成了阿伊克的黑暗世界，这是一个邪恶、危险和恐惧的世界。乐观主义哲学让位于对鬼的恐惧和旨在抵御恶魔的有魔力的仪式。黎明时分，乐观主义复又归返，二者互不干扰。

在尼罗河发源地，我发现了上述现象。这让我想起古埃及的一种概念，即荷鲁斯（Horus）和塞特（Set）是奥西里斯（Osiris）的两个追随者，这着实让我激动不已。显然，这是非洲的一种原始经验，它随着尼罗河的圣水流向地中海海岸：阿迪斯塔是初升的太阳，其和太阳神荷鲁斯一样有着光明的本质。而阿伊克是恐惧的散布者，有着黑暗的本质。在祭祀死者的仪式中，巫医的话语和泼洒的奶即结合了对立的两者：他同时对这两种本质做出祭献，这两种本质操纵着白天和黑夜，各为12个小时，从它们的统治地位确立伊始，便具有同等的力量和重要性。但重要的是第一道光线像箭一样射出的时刻，具有热带地区典型的突发性，然后，夜晚便结束在生机勃勃的光明中。

这个纬度日出的景象，每天都让我有新的惊叹。日出的壮观不在于太阳从地平线上升起的瞬间，而在于升起之后的景象。我习惯于搬着营地小凳，坐在伞形相思树下等候黎明。我面前是一条小山谷的谷底，那儿有一条深绿色的、近乎黑绿色的丛林，山谷对面的高地则拔地而起，与丛林高下呼应。起初，明暗对比非常强烈。随后，物体显出轮廓，沐浴在晨光之中，整个山谷似乎充满了明亮耀眼的光芒。而上方的地平线则发出耀眼的白光。越来越强烈的光线似乎渗入了物体的结构之中，物体开始由内而外发出光芒，直到通体闪耀着光辉，就像有色玻璃一样。一切都变成了火红的水晶。风铃鸟的歌声从地平线处响起。在这样的时刻，我感觉仿佛置身于寺庙的殿堂之中。这是一天之中最为神圣的一小时。我醉心于这一壮丽景象，这种快乐再多也不够，或者，这是一种永恒的狂喜。

在我的观察点旁边是一个陡峭的岩壁，那里住着大狒狒。它们整天吵吵闹闹地游荡在森林里，尖叫或喋喋不休，唯独每天的清晨时分，它们纹丝不动地静坐在悬崖边，面对着太阳。它们似乎像我一样，也在等待着日出。这让我想起埃及阿布辛贝神庙里那些做出顶礼姿势的大狒狒。这一切都指向同一个事实：自上古始，人类就开始膜拜这位从黑暗中发出万丈光芒，恢复了世界光明的神了。

那个时候我明白了，灵魂从开始出现之时，就一直怀有对光明的渴求，以及一种升出原始黑暗的不可遏制的愿望。深沉的夜降临的时候，一切都蒙上了一层忧郁的色彩，每一个灵魂都被一种对光明的不可言状的渴望攫获。这种幽闭的感情可以从原始人类的眼睛里看到，也可以从动物的眼睛里看到。动物的眼中有一种悲哀，我们无法得知这种悲哀是否与动物的灵魂有关，抑或是一种尖锐伤人的信息，还是无意识的存在在对我们讲话。非洲的情绪也是一样的悲哀，它让人觉得孤寂。这种原始的黑暗，神秘而具有母性色彩。这便是为什么清晨的日出对当地人有如此深远的意义。光明到来的瞬间就是上帝。这个瞬间带来了救赎和慰藉。如果有人说太阳就是上帝，就模糊并遗忘了这个瞬间的原型体验。当地人会说："我们很高兴，灵魂在外徘徊的夜现在已经过去了"——但是这已然是一种理性的概括了。实际上，与自然界的黑夜完全不同的另一种黑暗仍在大地上游荡。它便是心灵原始的黑暗，从古至今从没变过。对光明的渴望就是对意识的渴望。

我们在埃尔贡山的愉快驻扎临近尾声。我们收起帐篷，心情沉重，默念着一定要再来。我一点儿也没有想到，这是我第一次也是最后一次体验到这种不期而至的喜悦。在那之后，卡卡梅加斯附近发现了黄金，采矿开始，这些无辜而友善的当地人发动了矛矛起义[1]，而我们也从文明的美梦中猛然惊醒。

我们沿着埃尔贡山南线继续徒步旅行。渐渐地，景色的特征变了。平原的边缘耸起了更高的山，覆盖着浓密的热带森林。居民的肤色更黑，身体粗笨而高大，没有马塞人的风韵与优雅。我们进入了布基苏地区，在布南巴利（Bunambale）的休息站停留了片刻。此地海拔很高，我们饱览了宽广的尼罗河谷地美景，接着到了姆巴拉（Mbala），在那里乘坐两辆福特汽车前往维多利亚湖畔的金贾（Jinia）。我们把行李装上一列窄轨火车，这列车每两个星期会去吉奥格湖（Lake Kioga）一趟。到了那里，一艘烧木头的明轮汽船接上了我们，经过几次事故以后，终于抵达了马辛迪港（Masindi Port）。在那里我们改乘卡车，来到了马辛迪镇。该镇坐落在一块平原上，位于吉奥格湖和阿尔伯特尼亚萨湖（Albert Nganza）的中间。

从阿尔伯特尼亚萨湖到苏丹雷贾夫（Rejâf）的路上有一个村子，我们在那儿有一段非常令人兴奋的经历。当地的地方首领，一个身材高大的少年，带着随从来看望我们。他们是我见过的最黑的黑人。这一伙人有点儿令人捉摸不透。尼姆莱人的长官派了三名当地民兵保护我们，但是我发现，他们和我们的工人相处得并不融洽。毕竟，他们一人才

---

[1] 20世纪50年代肯尼亚人民反对英国殖民者的武装斗争运动。——编者注

有三发步枪子弹。所以，他们的到来只不过是政府的一种象征性姿态而已。

首领提议由他在晚间跳一个舞，我欣然同意。我希望聚会能够引出他们友好的天性。到了晚上，我们都感到困乏，突然听到鼓号齐鸣。旋即约60个人出现了，全身披挂着闪闪发光的投枪、木棒和刀剑，十分勇武。跟在他们后面不远，依次而来的有妇女和儿童，甚至婴儿也来了，他们由母亲背在背上。显然这是一次盛大的社交集会。虽然酷暑难当，温度在华氏93度[1]上下，他们还是燃起了篝火，妇女和儿童围着火堆站成一圈。男人们在他们的外围又站了一圈，这很像我曾见过的一群紧张的大象的站法。面对这一混乱的场面，我真不知是该高兴还是该担心。我环顾四周，寻找我们的小伙子和政府派的民兵——营地里却不见他们的踪影！为表示友善，我把雪茄、火柴和别针分赠众人。男人们开始合唱雄壮有力的战歌，倒也不算不和谐，同时开始踢腿。妇女和儿童围绕着火堆轻快地走动。男人们跳着舞走向火堆，挥动武器，接着后退，接着又向前，伴随着野性的歌声、鼓声和号角声。

这是野性而刺激的场面，沐浴在绚烂的火光和奇幻的月色之中。我的英国朋友和我也迈出步子，混杂在跳舞的人群中间。我挥舞起犀牛鞭，这是我仅有的武器，和人们一起跳舞。从他们满面红光的脸上，我看出他们准许我们加入了。他们的热情倍增，男女老幼全都跺着脚，大吼大唱，汗如雨下。舞蹈和鼓点的节奏渐渐加快。

在这种有音乐伴奏的舞蹈中，当地人轻易陷入了一种潜在的着魔状态。现在的情况就是如此。快到深夜11点时，他们兴奋得不行，突然，整个局面变得十分奇特。跳舞的人们变成一群野人，我开始担心该怎么

---

[1] 93华氏度≈33.89摄氏度。——编者注

收场。我向首领打手势表示应该结束了，他和他的部落应该回去睡觉。但是他还要"再来一个"。

我想起一位同乡，他是萨拉辛的表哥，曾到西里伯斯岛探险，在这类舞蹈中误被投偏的长矛射中。所以，尽管首领要求延长，我还是把大家招呼到一起，分发雪茄，并做出睡觉的手势。接着，我挥舞犀牛鞭做威胁状，但同时又大笑，还因为找不到更好的语言，便使用瑞士德语大声说跳够了，他们现在必须回去睡觉。我的愤怒在当地人看来显然是装出来的，但还是起了作用。人群发出笑声，雀跃着向四面八方散去，消失在黑夜之中。后来好一会儿，我们还听得见他们在远处兴高采烈的吼声和鼓声。最终，寂静降临，我们筋疲力尽地入睡了。

我们的徒步旅行结束于尼罗河畔的雷贾夫。在这里，我们把行李装上一艘在雷贾夫停泊的明轮汽船，但由于水位太浅，汽船的停泊相当勉强。此时此刻，我感到我的全部经历压上心头。千般思绪在我脑海里翻腾不已，我清醒而痛苦地认识到，我消化新印象的能力已经快到极限了。当下要做的事，是重温这些观感和体验，找出它们的内在联系。我把值得的记录都写了下来。

整个旅途中，我做的梦都顽固地坚持着忽略非洲的策略。这些梦只呈现出家乡的景色，这样看来，梦似乎想说——姑且把这些无意识过程进行一定的人格化——这次非洲之行不是真实的，而是症状性或者象征性的行为。就连旅途中印象最深的事件，也被严格地排除在我的梦之外。在整个考察的过程中，我只梦见了一位黑人。他的面容我十分熟悉，但是我回忆了很长时间，努力想知道我以前在什么地方见过他。最后终于想起来了，他是田纳西州查塔努加的理发师！一个美籍黑人。我梦见他手执一把大得出奇的烧红了的卷发钳放在我头上，要把我的头发烫成卷的，也就是说，黑人的发型。我甚至感到头皮热得发痛，然后我被吓醒了。

我认为这个梦是来自无意识的警告，它提醒我原始事物很危险。但那个时候，我明显接近于"头脑一片空白"。我正患白蛉热，病症可能降低了我的精神防御能力。为了表现黑人正对我构成威胁，我的无意识触发了12年前的美国黑人理发师的记忆，只是为了防止我想起眼前的黑人们。

我的梦如此神奇，碰巧就像第一次世界大战期间所记录的一种现象。战场上的士兵梦见战争比梦见家园少得多。军队里的精神病医师有一条基本原则，即如果士兵梦见太多的战争场面，就应该将他撤离前线，因为这意味着他不再具有反抗外界印象的心理防御机能。

同样，我身处非洲严酷的生存环境中，我的梦便也成功地保有底线。梦涉及的都是我个人的问题。我从中得出的结论是：我的欧洲人格在任何环境下都必须保持完整。

我亦没有料到，自己会渐渐怀疑此次非洲考察另有隐秘的目的，即避开欧洲和那些关于欧洲的错综复杂的问题，不惜冒着被困非洲的风险，这种做法有先例，当下这种人也不少。从这次旅行的结果看来，很难算是一次原始的心理学研究（"布基苏心理考察队"的缩写是B.P.E.，用黑体字印在了杂物箱上！），而是对一个尴尬问题的探讨：在非洲荒原之中，心理学家荣格会怎么样？尽管在理智上意欲研究欧洲人面对原始情境时的反应，我却一直回避这个问题。我渐渐明白，这种研究与其说是客观的科学项目，倒不如说是严格的个人项目，每一次深入研究的尝试，都触动了我内心的潜在痛点。我必须向自己承认，让我决定旅行的原因绝非温布利博览会，而是欧洲的气氛对我来说太过沉重这个事实。

在这样的思绪中，我沿尼罗河向北顺流而下——向着欧洲，向着未来。航程在喀土穆（Khartoum）结束。再往北就是埃及了。就这样，我实现了我的愿望，践行了我的计划，去接近南方的、尼罗河源头的，而不是西方的、欧洲的和希腊的文化领域。我对埃及文化中复杂的亚洲因素不太感兴趣，而对含米特人在其中的贡献则较感兴趣。沿着尼罗河的地理流向，也是时间的长河走向，我在这一方面有所体悟。我在其中最大的成绩，是在埃尔贡人的仪式中发现了太阳神荷鲁斯的本质。那整个的过程，全部的含义，在我于埃及南门的阿布辛贝神庙看到犬面狒狒雕像时，又再度戏剧性地浮现在脑海里。

荷鲁斯的神话是一个关于新升的神圣之光的古老故事。这个神话必定是在人类的文化即意识从史前时代的黑暗中把人类解放出来以后才有的。所以，从非洲腹地一直到埃及的旅行，对我来说就像是一出光明诞生的戏剧。这一戏剧与我以及我的心理亲密相连。我意识到了这一点，又觉得无力以文字将它阐述明白。旅行之前，我不知道非洲会给我何种馈赠。但是它终究给出了令我满意的答案和充实的经历。对我个人而言，这比任何民族学领域的成果，任何武器、陶器或猎物收藏更有价值。我曾想要知道非洲会怎样影响我，现在终于如愿以偿。

4　印度[1]

1938年的印度之行，并非我主动要去。此行的起因，是印度的英国政府邀请我前去参加加尔各答大学25周年校庆。

---

[1] 从印度返回之后，荣格在《亚洲》杂志（纽约，1939年1月和2月）上撰文两篇：《印度的如梦世界》和《印度能教给我们什么》。两文收入《过渡时期的文明》（《荣格文集》第十卷）。——原注，安妮拉·亚菲

在那以前，我读过很多有关印度哲学和宗教史的书，对东方智慧的价值深信不疑。但是这些知识对我来说就像蒸馏瓶里的小矮人[1]一样，我必须去旅行，才能得出我自己的结论。印度像一个梦一样影响着我，因为我始终在探索自我，寻求我自己的独特真理。

当时我正热衷于钻研炼金术哲学，这次旅行插在其中正是相得益彰的。我对此项研究极为热爱，所以我带着1602年版的《炼金术大全》同行，书中包含了杰拉德斯·多尼乌斯的重要著述。在旅途中，我从头到尾研读了这本书。于是，这份属于欧洲思想的基本资料，持续地与我对异域思维与文化的印象形成对比。两者都源于对无意识的原始精神体验，所以产生了相同、相似或至少能进行比较的洞见。

印度让我首次体验到了一种外国的、截然不同的文化。而贯穿我的中非之行的则是完全不同的因素，那时文化并不占主导地位。至于北非，我在那儿从未与能够用语言表述他们文化的人谈过话。而在印度，我得以与能够代表印度思想的人物谈话，并把印度的思维方式和欧洲的相比较。我访问过苏班曼亚·伊尔（S. Subramanya Iyer），他是迈索尔（Mysore）大君的古鲁（智慧导师），我当时是大君的客人。我还访问了一些其他的人，可惜忘记了他们的名字。另一方面，我竭力避开所谓的"圣人"。这样做是为了运用我自己的真理，不从他人那里获取那些我无法独自取得的东西。倘若试着从圣人处学习，把他们的真理纳为己用，在我看来无异于盗窃。即使在欧洲，我也不能借用东方学说，而必须依靠自己去塑造我的生活——依靠我内心的声音，或者大自然给予我的东西。

在印度，我最关注的问题是邪恶的心理本质。这一问题参与印度精

---

[1] 指欧洲的炼金术士创造出的人工生命。——译者注

神生活的方式，让我印象非常深刻。我开始以一种新的眼光去看它。同一位有学问的中国人交谈的时候，我屡次感觉到，这些人能够在不"丢面子"的前提下整合所谓的"邪恶"。在西方，我们做不到这一点。对东方人来说，道德似乎并不是首位的，不像欧洲人认为的那样。东方人认为，善与恶包含在自然之中，有着丰富的意义，甚至是同一件东西，只是在程度上不同罢了。

我看到，印度精神包含的恶与善一样多，基督徒追求善而屈服于恶。印度人觉得自己超脱了善与恶，并且想通过冥想或瑜伽来实现这一境界。我的反驳是，以这种态度去看问题，善与恶都没有了真正的界限，这就会导致某种停滞。人们既不真正相信恶，也不真正相信善。那么，善与恶至多被看作我的善或我的恶，即某物对我来说是善的或者恶的——这样便产生了两种矛盾的说法，一是印度精神中没有善恶的概念；二是因为其背负了太多的冲突，才需要无净，即从二元对立乃至从万物中解脱出来。

印度人的目标不是道德的完善，而是无净的境界。他们想要超脱于自然之外。为达此目的，他们通过冥想寻求没有意象的虚空境界。相反，我则希望自己处于活跃地思考自然和心灵意象的状态。我既不想脱离人类，也不想脱离我自己和自然，因为这一切都是最伟大的奇迹。自然、心灵与生命对我像是袒露出神性——既然如此，夫复何求？对我来说，存在的最高意义就在于它的有，而不在于它的无或者不再。

对我来说，不存在不计代价的自由。我不能够超脱我所不具备、没有完成或体验的一切。我认为，只有当我完成了一切能做的事，完全地投入一项事业中并将它做到极致之后，我方能真正得到解脱。如果我中途撤出，便相当于砍掉了我心灵的相应部分。当然，我或许会有很好的理由为没有某一经历而开脱。但是在那样的情况下，我会承认自己能力不足，同时也一定会认识到自己可能错过了重要的事情。这样一来，对自己能力的明确认识就会补偿积极行动的缺乏。

一个没有经历过情欲炼狱的人，也从未超越过它。这样，情欲就居住在隔壁，随时都可能有火苗窜出来，殃及这个人自己的房屋。每逢我们过度地放弃、丢下或遗忘，那些被我们忽略的东西就会变本加厉地卷土重来。

在奥里萨邦（Orissa）的科纳拉克市（Konarak），我遇到了一位梵学家，他亲切地提出要陪我去参观太阳神庙和众神像。庙里有一座宝塔，从塔基到塔顶都布满了巧夺天工的淫秽浮雕。对这一离奇的现象我们谈论了很久，他解释说这是达到心灵净化的一种手段。我表示反对——指着一群年轻的农民，他们站在这件作品前张大了嘴巴，称赞它的雄壮——这些青年男子此时此刻未必受到了净化，他们更可能脑中充满了性幻想。他回答道："但这不是关键。倘若他们不完成他们的业力（因果报应中的因缘），又怎能受到净化呢？这些明明白白的淫秽图像的目的正是唤醒人们对达摩（佛法）的认识，否则，芸芸众生就会把它忘记。"

他还说青年男子可以像非发情期的动物一样忘记他们的性欲，我觉得这真是一个奇怪的见解。可是，这位贤者却坚持认为，青年男子的性欲像动物一样是无意识的，他们需要受到告诫。他还说，为了这个目的，在他们步入大殿以前，外面的装饰就提醒他们要想着达摩，因为除非他们意识到了达摩，并使之完整，否则他们便不可能分享净化。

我们进入神庙大门时，我的这位同伴指着两名"引诱男人的女性"——两个舞女的雕像，都有着诱人的臀部曲线——微笑着迎接每一位进入的人。"你看见这两个舞女了吧？"他说道，"她们的含义也是一样的。当然，这并不适用于你我，因为我们的意识已达到了一定的水平，已经超越了这类事情。但是，对这些农民小伙子来说，这是一种不可缺少的教导与训诫。"

我们离开大殿之后，走在一条林伽[1]小路上，他突然说："你看见这些石头了吗？你明白它们的意义吗？我要告诉你一个大秘密。"我感到奇怪，因为我想，小孩都看得出来，这些石雕是阴茎的雕像。但是他非常严肃，凑到我的耳边小声说："这些石头是男性的隐私部位。"我原以为他会告诉我这些石雕指的是伟大的湿婆神（Shiva）。我错愕地看着他，他傲然地点点头，好像是说："是啊，就是这样。你们欧洲人这么无知，你肯定想不出这个道理的。"我后来把这件事告诉了海因里希·吉穆耳，他高兴地叫道："我总算听到了有关印度的真事，换了换口味！"

我参观佛陀讲经的桑奇佛塔时，体验到了一阵强烈的情绪，每当我遇到很重要但不知为何重要的事物、人或者思想的时候，便会产生这种情绪。佛塔建在一座小石山上，有一条在绿草地中间的、铺着舒适石阶的小路通向山的顶峰。佛塔、陵墓，或是存放舍利的地方为半球形，根据释迦牟尼自己在《大涅槃经》中所说的那样，像两只碗摞在一起倒扣在地上。英国人怀着最恭敬的心情完成了修复工作。建筑群中最大的一个的围墙上开了四扇极精巧的门。你若走进其中一扇门，便会发现门后小径拐向左边，引你顺时针绕佛塔一周。东南西北四个方向各有一尊佛像。走完一圈之后，便顺势进入更高的一圈。平原的远景，佛塔群，庙宇的废墟，这片圣土的宁静令我着迷。我离开了我的同伴，沉醉在这无法抗拒的气氛之中。

---

[1] 林伽（Lingam），男性生殖器的象征，代表着创生和繁衍。——译者注

片刻之后，我听到一阵有节奏的锣声由远及近。一批日本朝圣者列队鱼贯而入，每人各敲一面小锣。他们给古老的祷词"唵嘛呢叭咪吽"敲着节奏，锣点正好敲在"吽"上。在佛塔外，他们低低鞠躬，然后进门。进去之后，又在佛像前鞠躬，伴随着赞美诗般的歌。他们走完了两圈过道，在每一尊佛像面前唱一曲颂歌。我注视着他们，我的思维与灵魂与他们同在，我心中有某处在无声地感谢他们，他们帮我抒发了我无以言表的情感，令人惊叹。

我强烈的情绪表明，桑奇山触及了我的某种核心。我在那里看到了佛教的一个崭新的侧面。我把释迦牟尼的一生理解为自性突破并占有个人生活的一个实例。对释迦牟尼来说，自性比诸佛更高，自成一个统一的世界，代表着人类存在和整个世界的本质。自性包含了两个方面——固有的存在和已知的存在，二者缺一不可，否则世界便不复存在。释迦牟尼看见并掌握了人类意识的无上尊严，因此，他清楚地知道，如果人熄灭了意识的光，世界就会归于虚无。叔本华的伟大成就在于他也承认这一点，也可以说他独立地重新发现了这一点。

基督和释迦牟尼一样也是自性的体现，不过意义完全不同。两者都旨在征服世界。释迦牟尼凭借理性的洞见体现自性，基督则化身为宿命的牺牲者。基督教里的苦难更多，而佛教中所见所做的事更多，两种途径都是正确的。释迦牟尼是历史人物，因此更易于被人们理解。而基督同时是历史人物和上帝，所以比较难以理解。

后来，佛教和基督教经历了同样的变迁：释迦牟尼可以说是变成了自性发展的代表——他变成了人们模仿的榜样，而实际上他自己也布法，说只要脱离轮回，每个人都可以彻悟，可以变成佛。同样，在基督教中，基督是一个榜样，在每个基督教教徒心中是一个完整的人。但是，历史的潮流导向了效法基督，个人并不追求自己的完整之路，而只是力求模仿基督所走的道路。在东方，历史的潮流同样导向对释迦牟尼的虔诚模仿。认为释迦牟尼应成为效仿的对象，这本身就是对他的观念的削弱，正如效法基督预示了基督教思想演变的决定性的停滞一样。释迦牟尼凭借他的洞见，超越了梵天神，而基督也向犹太人呼吁："你们是神"（《约翰福音》10：34）。但是人们没有理解他的意思。

印度的阿拉哈巴德、贝拿勒斯和加尔各答三所大学授予我三个名誉博士头衔——三者分别代表着伊斯兰教、印度教、英属印度的医学和科学界。这有点儿过犹不及，我很想避开。在加尔各答，我终于得了痢疾，住院十天，总算能喘气。在新的印象潮水般涌来的时候，医院就像一个幸福的岛屿，我找到了立足之地，得以静观万物令人眼花缭乱的混乱。

基本恢复健康以后，我返回了旅馆，这时我做了一个十分典型的梦，在此必须讲一下。我和我的一大批苏黎世友人和熟人来到一个不知名的海岛，大概是在英格兰南部的外海上。海岛很小，几乎无人居住。这是一个狭窄的约20英里[1]长的岛屿，南北走向。岛屿南端的岩石海岸上有一座中世纪城堡。我们是一群观光的游客，正站在城堡的庭院里。我们正对着拔地而起的壮观钟楼，透过大门可见宽阔的石砌台阶。我们只能望见石阶向上通往一个圆柱形大厅。大厅内有微弱的烛光照明。我知道这是圣杯城堡，而且当晚正要举行"圣杯庆典"。这一消息似乎是秘密的，因为我们之中的一位酷似老蒙森[2]的德国教授就不知情。我饶有兴致地与他交谈，很欣赏他的学识和闪烁的智慧。但

---

[1]　1英里≈1.61千米。——编者注

[2]　老蒙森（Old Mommsen），可能指的是德国历史学家及政治家特奥多尔·蒙森（Theodor Mommsen）。——编者注

是有一件事令我不安：他经常谈论已不复存在的过去，旁征博引地讲着圣杯传说的英国与法国渊源有什么关系。显然，他没有意识到这个传说的意义，也没有意识到它依然存在着，但我却明确地意识到了这些。此外，他似乎没有认清我们当下的真实环境，因为他的姿态好像是在教室里给学生上课。我想请他注意环境的特殊性，但纯属徒劳。他没有看见阶梯，也没有看见大厅里绚丽夺目的节日装饰。

我环顾四周，有点儿束手无策，这才发现我正站在一座高大城堡的墙边。墙角处布满了格子架，不是普通木头的，而是由黑铁铸成，还精巧地铸造了葡萄藤，有叶子、卷须和葡萄串，无一不备。水平距离上每隔6英尺有一个很小的房屋，也是黑铁制成，像鸟笼一样。突然，我看见叶子抖动起来。起初，像是有老鼠走动，但是我旋即清晰地看见一个铁制、戴着兜帽的小地精从一间小屋钻进另一间。"啊，"我大吃一惊，对那位德国教授说，"你看那个，你有没有看见……"

顿时景象中断，梦改变了。我们——原班人马，唯独少了教授——出了城堡，来到一片没有树木、遍地岩石的景色之中。我知道事情未完，因为圣杯不在城堡中，但当晚必须举行庆典。据说圣杯在海岛北端，藏在一座无人居住的小屋里，那便是唯一的房屋。我知道我们的任务是把圣杯带回城堡。我们一行六人动身徒步向北走。

长途跋涉几个小时之后，我们来到了海岛最狭窄的部分，我才发现海岛由一道海湾分成两部分。海峡最窄处，海水只有约100码宽。夕阳西下，夜幕降临。我们疲惫不堪，就地宿营。这一地区荒无人烟，一片萧瑟。很大一片区域没有树或灌木，只有荒草和岩石。没有桥，也没有船。天气很冷，我的同伴也纷纷睡去了。我思考着自己能做什么，结论是，我必须一个人游过海峡去取圣杯。于是我脱下衣服。这时候，我从梦中醒来。

当时，我正困在来势汹汹的印度印象中走投无路，突然，这样一个具有欧洲性质的梦出现了。此前约十年，我发现在英格兰的许多地区，圣杯的传说依然有很多人知道，尽管已经有了许多关于这个传说的学术研究。当我意识到这个诗意的神话，与炼金术中的一个容器、一剂药方和一块青金石的相似之处以后，对它便有了更深刻的印象。白天被遗忘的神话在夜晚继续被传诵，曾被意识贬低成陈词滥调、荒唐浅薄的有力形象，又重新受到了诗人的认可，用预言将其复活。因此，它们也会被有思想的人以"其他形式"辨认出来。曾经的伟大人物并未死去，像我们想象的那样，他们只不过改了名字而已。"小而轻，力无穷"，蒙着面纱的印度圣人卡比尔遁入了新屋。

这个梦擅自抹去了我对印度的强烈观感，通过早先寻找圣杯和寻找哲人石的意象，我重新开始关心被忽略已久的西方。梦把我从印度世界中拖出，提醒我印度不是我的研究对象，而只是一段路——应当承认它是一条必经之路——引导我接近我的目标。这个梦似乎在问我："你在印度做了什么？你应当为自己和同伴寻求治愈的容器，寻找救世主，这才是你迫切需要的东西。你的状况岌岌可危，稍不留神就有毁灭千百年来的建树的危险。"

锡兰[1]是我旅行的最后一站，它给我的印象和印度不同，锡兰具有某种南太平洋风情，有一点儿人间天堂的意味，让人在此流连忘返。科伦坡是一个繁忙的国际港口，每天五六点钟，万里晴空总要浇下一场暴雨。我们很快离开该城，进入内部的丘陵地带。古老的皇城康堤裹在一层薄雾之中，温热潮湿的气候使草木繁茂。佛牙寺供奉着佛牙舍利（释迦牟尼圆寂后留下的），这里虽然不大，却散发出一种特殊

---

[1] 当时为英属殖民地，1948年独立为锡兰，1972年更名为斯里兰卡共和国。——译者注

的魅力。我在寺中藏经室徘徊了很久，与僧人谈话，看着刻在银箔上的大藏经文本。

在那里，我目睹了一次难以忘怀的晚祷。青年男女把大捧的茉莉花撒在祭坛前面，同时轻声吟唱。我想他们是在向释迦牟尼祈祷，但是陪同我的僧人解释说："不是的，释迦牟尼已经涅槃，我们不能再向他祈祷。他们唱的是——今生像这些花的美丽一样短暂。愿我的神[1]同我共享这一功德。"

仪式的序幕是个一小时的击鼓表演，在印度寺庙中被称为内殿的地方举行。鼓手共有五位，其中四位分别站在方形大厅的四个角上，第五位是一名青年男子，站在正中间负责独奏，他是一位技艺精湛的鼓手。他赤裸上身，古铜色的身躯闪闪发亮，系着红色的腰带，下身穿着白色舒卡（一种长及脚背的裙子），扎着白头巾，双臂上有闪光的镯子。他背着双面鼓，走到金色的佛像前"献乐"。他雄劲有力地舞动着身体和手臂，独自敲鼓，鼓音音调奇特，具有完美的艺术性。我从他的背后看着他，他站在内殿的入口前，那里有很多小的酥油灯。鼓声讲的是腹部与心口的语言：腹部并不"祈祷"，而是产生"有功德的"箴言或深思熟虑的言论。因此，它不是对不存在的释迦牟尼表示崇拜，而是觉醒之人为了自我救赎才践行的行为之一。

初春，我踏上了回国的旅程，脑中印象过盛，我实在不想下船去看孟买了，宁愿埋头阅读拉丁文版炼金术著作。不过，印度并非没有在我心中留下一丝痕迹，它引我从一种无限去往另外一种无限。

---

[1] 此处的神是指印度佛教中的提婆，一位守护神。——原注

5　拉韦纳和罗马

早在1913年，我第一次访问拉韦纳的时候，就感到加拉·普拉西狄亚（Galla Placidia）的陵墓似乎对我有某种意义，异常令我着迷。二十年后，第二次参观时，我的感受依然如故。踏入加拉·普拉西狄亚的陵墓中，一种异样的情绪再一次涌上心头，我又一次被深深感动了。我是和一位熟人同去的，我们直接从陵墓进入了正教的洗礼堂。

在这里，率先触动人心的是满盈一室的柔和蓝光，不过，我并没有大惊小怪。我不想找到光源所在，所以并不把这种没有明显光源的奇妙光线放在心上。让我惊奇的是，这是我记忆中第一次参观时看到的窗户，现在换成了四幅巨大的彩色玻璃镶嵌画，美不胜收。我似乎已完全不记得这里的样子了。我发觉自己的记忆很不可靠，这让我很是气馁。南面窗上的镶嵌画表现的是约旦河的洗礼；第二幅画在北面窗上，是以色列人渡过红海的画面；第三幅画在东面窗上，我看过就忘记了，不过很可能是乃缦在约旦河中治疗麻风病。我的藏书中有一本《梅里安圣经》，书中有一幅插图是同一个主题，和这幅镶嵌画很像。洗礼堂西面窗上的第四幅镶嵌画最为动人。我们最后才欣赏到这一幅画，故事是基督向沉没于波浪之中的彼得伸出一只手。我们伫立在画前至少20分钟，讨论早先的洗礼，特别是它在过去的奇怪概念，它的起源与死亡的危险有关。这种开始常常与死亡的危险有关，用以表示关于死亡与再生的原型观念。洗礼最初是让人真正淹没在水中，并且有淹死的危险。

我对彼得落水的镶嵌画记忆犹新，画中每个细节至今仍历历在目：海水是怎样一种蓝色，镶嵌画的每一个碎片，彼得和基督的对话被镌刻在卷轴上——当时我还试着解释这些对话的含义。离开洗礼堂之后，我立即去阿里纳利购买这些镶嵌画的照片，可是没有找到。时间紧迫——这只是一次短暂的访问——我只好迟些再买照片。我想，我或许可以从苏黎世订购这些照片。

回家之后，我托一位去拉韦纳的熟人代购。他没有找到照片，并发现我所描述的镶嵌画并不存在。

与此同时，我在一次讨论会[1]上谈论了洗礼概念的渊源，并提到了在正教洗礼堂看到的镶嵌画，这些画的记忆仍然鲜活。与我一起去那里的那位女士，怎么也不能相信她"亲眼见过"的东西竟不存在。

我们都知道，我们两个人可能同时看到了一样的东西，不过相似到什么程度很难确定。不过，在这件事上，我可以保证，至少我们二人看到的画的主要特征是一样的。

在拉韦纳的经历是我一生中最奇怪的经历之一。它几乎不能用常理解释。有一个关于加拉·普拉西狄亚皇后（公元450年逝世）的故事，其中一个情节或许可以提供一些线索。有一次，她在冬季极恶劣的暴风雪中从拜占庭前往拉韦纳，她发誓，如果能够平安抵达，她就建造一座教堂，在里面呈现海上的惊险场面。她遵守誓言，在拉韦纳建造了圣乔万尼教堂，装饰以镶嵌画。中世纪早期，圣乔万尼教堂和里面的镶嵌画被大火焚毁。但是，在米兰的安布洛其亚教堂仍然可以看到描绘加拉·普拉西狄亚乘舟渡海的图画。

从一开始，我个人就深受加拉·普拉西狄亚这一形象的感染，感叹她这样一位有教养、难以取悦的女性居然生活在一个暴戾的王储身边。她的陵墓，在我看来，是其最后的遗物，我可以从中窥见她的人格。她的命运和她的整个存在在我心中都如此鲜活。从她激烈的性格来看，她

---

[1] 1932年密宗瑜伽研讨会。——原注

就是我的阿尼玛的贴切化身。[1]

男性的阿尼玛具有强烈的历史特性。阿尼玛是无意识的人格化，她可以追溯到史前时期，还能体现出过去的内容。她向个体提供了他本应晓得的过去的元素。对这个个体来说，阿尼玛便是他从过去到现在的一切生活。与阿尼玛相比，我总觉得自己是一个没有历史的野蛮人——像是虚空的产物，没有过去，也没有将来。

与阿尼玛的相遇，让我亲身体验到了我在镶嵌画中看到的危难。我险些溺死。彼得的遭遇也是我的遭遇，他曾大声呼救，终被耶稣拯救。法老王的军队命运可能也是我的命运。像彼得，也像乃缦一样，我毫发无伤地渡过了危难，无意识内容的整合在我人格的完善过程中起了关键的作用。

当一个人把过去的无意识内容整合到意识之中的时候，他内心的体验是难以用语言形容的。只有经历过才会明白，那是一种主观事件，没有讨论的余地。我们对自己以及对自己是何样的人有独特的感觉，这是事实，不能讨论，也无须讨论。同样，我们向他人表达的也是一种特定的感觉，这也是不容置疑的事实。据我们所知，并没有更高的权威能够消除这些印象和观点之间的差异。整合是否会带来某种改变，改变又有怎样的性质，这是一个仁者见仁的问题。这一事实无疑不能经由科学来检验，所以不能在正统的世界观中占有一席之地。不过，它在实际中很重要，会导致很多现实结果。起码现实主义心理治疗师和对心理治疗有兴趣的心理学家都不可忽略这些事实。

经历过拉韦纳洗礼堂的事情之后，我深刻地明白了有些内在的事物看起来似乎是外在的，而某些外在事物也显得像内在的。我的肉眼肯定看见

---

[1] 荣格基于他关于原型起源的思想，把这一视象解释为无意识短暂的创造。他把这一次逼真幻觉归因于他的阿尼玛对加拉·普拉西狄亚的投射。——原注，安妮拉·亚菲

了洗礼堂真正的墙壁，但是它们被某种截然不同的幻象掩蔽了，这一视象和没有变化的洗礼池一样真切。但在那一瞬间，什么才是真实的呢？

此例绝非孤例。然而，当一个人遇到了这种情形时，就不能不认真对待，比对待听来的或读到的故事更认真。一般来说，听到这一类的传闻，人们都会马上给该神秘现象找到诸多解释。我却觉得，在建立关于无意识的理论之前，我们尚需要更多的体验。

我一生中旅行的次数并不多。我一直很想去罗马，但又觉得自己还没有准备好去接受这座城市将给予我的印象。单单庞贝已是太多，它带给我的感想几乎超出了我的接受能力。1910年到1912年，我研究了古典心理学，并对之有了一番深刻的见解，才计划去庞贝旅游。1912年，我乘船从热那亚前往那不勒斯。船只接近罗马所在的纬度时，我凭栏张望。罗马就在那儿，它仍是古代文化的中心，仍在发光发热，深陷在基督教和西方中世纪历史的盘根错节之中。在那里，古代的辉煌灿烂和残酷无情依然存在着。

我一向很奇怪，有的人去罗马就好像去巴黎或伦敦一样。当然，罗马也和其他的城市一样，可以从审美的角度去欣赏。但是，如果你每走一步，都被那里的精神与积淀触动着生命的内核，如果那里的残垣断壁都让你觉得似曾相识，那又完全是另外一回事了。甚至在庞贝，我意外地开启了回顾和展望之门，意识到了出乎意料的事情，问题接踵而至，而我却无力解决。

在古稀之年——1949年——我想要弥补这个缺憾，却在买票时突然昏倒。此后，去罗马旅行的计划便彻底搁浅了。

第十章　视　象

李孟潮

对第十章和第十一章我要进行一下高能预警。

首先需要测试一下，你是否认为下面三条假设是正确的：

1）意识是物质的产物，意识是大脑对客观世界的反映。

2）时间和空间是固定不变的。

3）唯物主义与唯心主义的斗争贯穿人类历史，唯物主义是正确的，唯心主义是错误的。

如果你频频点头，那么说明你的世界观中包括了19世纪的物理学、神经生物学假设，但是这种世界观随着当代科学的发展受到了挑战。

荣格这两章内容，论述了当代青年——学习过量子力学、时间心理学的人——才可能具有的世界观。在这种世界观中，时间和空间是统一的，是可以互换的，生命和死亡也是统一的。这种世界观之所以能够产生，一方面是荣格自己的切身体验，另一方面也是因为他提前接触到了量子力学、超心理学的前沿研究。

第十章主要记录了荣格的濒死体验，"黑岩寺"视觉意象及之后的"石榴屋"意象等。我们看到一个老人天命观的成熟——他既能够听天由命，又能够逆天改命，最重要的是，他还能够乐天知命。从此以后，他进入了"从心所欲，不逾矩"的老年后期。

荣格记录了"不喜不悲的妻子"这个梦，这个梦象征着荣格"由色悟空"，达到《红楼梦》中贾宝玉出家时的水平。他领悟到：所谓灵魂伴侣，其实是投射的结果，人们把灵魂伴侣这种主观幻想，投射到伴侣关系中，从而形成对伴侣的欲望，同时也产生占有对方的欲望。而超越性的灵魂伴侣，则是至爱无爱，悲智双运。

不过他在这里用了一个不大自性化的词，叫作"客观性"，客观性和主观性构成了新的二元对立。在下一章，他似乎才彻底摆脱这种二元对立，进入"假作真时真亦假，无到有处有还无"的自性圆满心态。

第十章
视　象

　　1944年年初，我的脚受了伤，接着又犯了心脏病。在无意识状态中，我体验到了谵妄和幻觉，大约始于我徘徊在死亡边缘、接受输氧和樟脑磺酸芬注射的时候。这些意象令人望而生畏，我觉得自己快要死了。后来，我的护士告诉我说："好像您周身围绕着明亮的光辉。"她又说，这是她在临死的人身上有时会观察到的现象。我已经达到了极限，不知道自己是在梦中还是身处某种出神的体验中。不管怎么说，我开始遇到极其奇怪的事情。

　　我仿佛悬于空中。我向下方可以看见地球，它沐浴在辉煌的蓝色光芒里。我看见深蓝的海水还有大陆。在我的正下方，远处的是锡兰，我前面的远处则是印度次大陆。我的视野并不能覆盖整个地球，球形轮廓明晰可见，而且地球的边缘闪烁着银光，穿过美妙的蓝光透射出来。地球上许多处是彩色的，或者有墨绿斑点，像氧化了的银器一样。我的左边远处有一大片荒野——那是赤黄色的阿拉伯沙漠，似乎大地的银色在那里呈现出一片赤金；然后是红海，红海后面很远的地方——大约是地图左上角的位置——我可以隐约看到地中海的一角。我的目光聚焦在那里，其他的一切都是模糊的。我也能看见冰雪覆盖的喜马拉雅山，但是那个方向云山雾罩。我压根儿没有向右边看。我还知道自己正在飞离地球。

后来我才发现，要有这么宽阔的视野得处于什么高度——将近一千英里！在这一高度看到的地球是我所见过的最壮丽的景象。

我思索了片刻，转过身来。我本来背朝印度洋站着，面向北方。然后我好像转了个身，面向南方，此时新的景色映入眼帘。在近处，我看见一块黑色巨石悬在空中，像是陨石。它和我的房子差不多大，或者更大些。它浮在空中，而我自己也浮在空中。

我曾在孟加拉湾的海岸上见过类似的石头。它们是茶色的花岗岩，有的已被掏空，凿成了寺庙。我的这块石头便是一样的深色石块。石块上的入口通向前厅。入口右面有一个皮肤黝黑的印度教教徒以莲花坐姿坐在石凳上。他穿着一件白袍，我知道他正在等我。有两级台阶通向前厅，厅内左侧是神殿大门。无数的小神龛绕门围成一圈，每个小神龛里都有浅碟状的凹穴，其中灌满了椰子油，配有小灯捻，火光摇曳。我在锡兰康堤的佛牙寺看到过这种景象——佛牙寺的殿门也围着几排这样的油灯。

在我走上石头入口处的台阶时，一件奇怪的事发生了，我觉得一切都渐渐消逝了——我所有的追求、希冀、思想，尘世的亦真亦幻，都离我远去，或被生生扯掉——这个过程极为痛苦。然而，也有一些东西留了下来，我似乎还保有我的经历，我做过的事和我身边发生的一切。我也可以说：这一切与我同在，我就是这一切。也就是说，我是由这一切组成的。我由我自己的过往组成，而且我真切地感受到：这就是我。"我是一切存在过或者完成过的事物的总和。"

这一体验令我感到极为贫乏，但同时又十分充实。我再也无欲无求。我以客观的形式存在，我就是我的过去和我曾经的生活。起初，种灵肉俱灭的感觉占了上风，我的身体好像被掏空，或被抢掠一空；但是突然之间，这种感觉又化为乌有，似乎一切都过去了，剩下的只有既成事实，我与过去的一切断绝了联系。我不再惋惜丢失或被夺走的东西；相反，我拥有组成我的一切，这就足够了。

还有一事引起了我的注意：当我走近寺庙时，我确信我将会进入一间光明的大厅，并在那里见到我在现实中的亲朋好友。在那里，我将最终理解——这也是我所确信的——我或我的一生应归入历史的哪一环。我将会知道，在我之前有什么，我为什么会存在，以及我将会去哪里。我经历的人生常像个没头没尾的故事。我觉得自己是一块历史的碎片，它的上下文都已失传。我的一生似是从一连串事件中被剪出来的片段，太多问题仍然得不到回答。为什么偏偏选了这一段？为什么我背负着特定的预设？我为之做了什么？以后又会怎样？我觉得一旦进入这座寺庙，就会得到所有问题的答案。在那里，我会知道为什么一切原是如此而非其他。在那里，我会遇到能够回答我问题的人，关于以前和以后是何种样貌。

就在我思考这些问题时，一件事突然引起了我的注意。在下方，从欧洲的方向浮起一个意象。他是我的医生H——或者只是他的形象——他头上戴着金链或者金色的桂冠。我立即发现："啊，这是我的医生，当然，他一直都给我看病。但是现在，他以他最初的形象到来，是科斯[1]的国王。在现实生活中，他是这个国王的化身，即这个从最初开始就一直存在的原始形象暂时的具象。现在他以原始形象出现了。"

可想而知，我也是以原始形象存在的，虽然我没有观察到这一点，却当其是理所当然的。医生站在我的面前，我们彼此无声地交流了思

---

[1] 科斯（Kos）在古代十分有名，是阿斯克勒庇俄斯神庙所在地，也是希波克拉底诞生的地方。——原注

想。医生H受地球派遣，给我捎来一条消息：我的离开是不被允许的。我没有权利离开尘世，必须返回。我一听到这个信息视象就消失了。

我深感失望，因为一切都显得徒劳。痛苦的剥离过程没有任何用处，我未被允许进入寺庙，回到昔日的亲朋好友群体中。

在现实中，又过了整整三周，我才真正下定决心要活下去。我不能进食，因为一切食物都让我反胃。病榻之外的城市和山峦景色，在我眼中似乎是破了洞的彩色窗帘，或者是印满毫无意义照片的旧报纸。失望之余，我想："现在，我又得回到'盒子系统'了。"在我眼中，三维世界此时就像一个在宇宙的地平线以外的所在，在那里，每个人都单独坐在一个小盒子里。当下我必须重新说服自己那是重要的！生活和整个世界犹如一座监狱，一想到我必须再度承认这一切合情合理，我就非常烦恼。我曾很高兴能摆脱这一切，但是，现在的情况是，我——和其他人一起——又被绳子吊在了盒子中。当我飘浮在空中的时候，我没有重量也没有负担。而现在，这一切竟是黄粱一梦！

我对我的医生有种强烈的抗拒，因为他令我起死回生。同时，我又替他担忧。"他有生命危险，天哪！他以原始形象出现在我的面前！谁要是以这种形象出现，就意味着他要死了，因为他已然属于'更大的群体'了！"突然我惊恐地想到，医生H可能会代替我死去。我煞费苦心地和他谈这件事，但是他不能理解我的话。后来，我开始生他的气。"为什么他总是假装不知道他是科斯的国王，还有他已经化身为原始形象？他想要让我相信他不知道！"这令我很是愤怒。我的妻子责备我对他太不友好。她是对的，但我还是很生他的气，他这么顽固，不肯提及在视象里我和他之间发生的一切。"可恶，他得小心点儿。他没有权利这么粗鲁！我要警告他，让他照顾好自己。"我坚信他的生命危在旦夕。

事实上，我是他最后一个病人。1944年4月4日——我仍记得准确的日期——我在病倒后第一次被获准坐在床边，而同一天，医生H却倒在了病榻上，而且再也没有起来。我听说他得了间歇热，不久他便死于败血症。他是一位好医生，颇有几分天赋。不然，他也不会以科斯王的身份出现在我的幻觉中。

那几个星期，我处于一种奇异的生活节奏中。白天我总觉得压抑，我感觉虚弱、凄惨，几乎不敢走动。我阴郁地想："如今我被迫回到了这个枯燥的世界里。"傍晚降临，我则沉入梦乡，一直睡到午夜前后。然后我会醒过来，醒着躺一小时，而精神状态则完全转变了。我感到一种狂喜——我觉得自己仿佛悬浮在空中，身心安然地待在宇宙深处——那是一种巨大的空寂，但我心中充满了至高的幸福感。"这便是永恒的快乐，"我想，"这无法用语言表达，真是太过奇妙了！"

身边的一切似乎都被施了魔法。在夜间的这一个小时，护士给我送来加热的食物——因为只有在这时候我才能吃些东西，而且食欲良好。有一段时间，我觉得这位护士是一个犹太老女人，比她的实际年龄老得多，她正为我制备仪式用的犹太食品。我望着她的时候，觉得她头部周围有一个蓝色光环。我自己则仿佛身处石榴园中[1]，蒂费莱特和马尔狄丝正在举行婚礼；或者，我是一位拉比，名叫西蒙·本·约斋，我的婚礼正在冥界举行。这是一场神秘的婚礼，就和卡巴拉传统中的一样。我无法告诉你们它有多奇妙，我只能不断地想着："这就是石榴园！这就是马尔狄丝和蒂费莱特的婚礼！"我不知道我究竟扮演了什么角色。从根本上说，婚礼就是我，我就是婚礼。我的极乐就是这场婚礼的极乐。

---

[1] 《石榴园》是摩西·科多维罗（16世纪）撰写的古老的卡巴拉，即犹太神秘哲学著作。在卡巴拉学说中，上帝本处于隐匿状态，有十种神圣的显灵，其中两种便是马尔狄丝和蒂费莱特。它们分别代表上帝头脑中的阴性特质和阳性特质。——原注

石榴园逐渐消失，场景改变了。接下来是羔羊的婚宴，地点是一派节日气氛的耶路撒冷。细节我描述不出来，但那是一种说不出的喜乐。有天使出席，一片光明。我自己就是"羔羊的婚宴"。

这一场景也消失了，接着出现了一个新的意象，这是最后的视象。我走到了一个广阔山谷的尽头，面前是一串起伏的丘陵。山谷尽头有一座古罗马的圆形露天竞技场。它坐落在绿草如茵的景色之中，十分壮观。在这里，人们正在庆祝神祇的婚礼。男女舞者登上舞台，主神宙斯和赫拉在撒满了鲜花的长椅上完成了神秘的婚礼，就像《伊利亚特》中所描写的一样。

这些体验全都是辉煌的。夜复一夜，我悬在最纯粹的极乐中，"周围簇拥着一切造物的意象"[1]。渐渐地，各种母题逐渐融合在一起，暗淡了下去。视象通常延续大约一小时，然后我就再次睡去了。清晨临近，我就会想：灰扑扑的早上又来了，阴郁的世界和它的盒子们又来了！这是什么蠢货，多么可憎的无意义！而那些内在的状态有种难以置信的美，相形之下，尘世彻头彻尾是荒唐可笑的。我日渐康复，幻象亦日渐疏淡，在第一次视象之后不到三周，它们就不复出现了。

那些视象出现时的美和情感张力是无法言传的，这是我所经历过的最了不起的场面。白昼是何等鲜明的对照：我深受折磨、紧张不安，对每件事都看不顺眼，事事都那么物质化、粗鲁、笨拙，在空间上和精神上都受到很多局限。白昼让我画地为牢，原因不明，然而它有一种催眠力量，一种说服力，似乎它本身就是现实。尽管如此，我依然感觉到了它的空虚。虽然我已恢复了对世界的信任，但是从那以后再也不能彻底摆脱一种印象，即生活仅仅是存在的一个片段，活跃在为之创建的盒子

---

[1] 引自《浮士德》第二部。——原注

般的三维宇宙中。

还有一件事让我记忆犹新。起初，每当我出现石榴园的视象时，我会请护士原谅我可能给她造成的伤害。我说，房间里会变得相当圣洁，可能会对她造成伤害。自然，她不能理解我的意思。对我来说，圣洁的到来伴有一种有魔力的气氛，我担心其他人可能无法忍受。这让我明白，为什么有人说神圣的气味，圣灵的"香味"。我感觉到的就是那种气味。整个房间弥漫着无法讲述的圣洁的元气，其表象就是种种神秘合体。

我从未想象过竟然能够有这般体验。它不是想象出来的。这些视象和体验完全是真实的，其中没有主观的东西，都具有绝对客观的品质。

我们不好意思说"永恒"，但是我要把这些体验描述为一种非时间的狂喜。在其中，当下、过去和未来合为一体。时光中的一切事物被凝聚成了一个结实的整体。一切都没有分散在时间里，一切都不能用现世的概念度量。这一体验只能被定义为一种感受状态，但这并不能靠想象产生。我又怎么能想象出昨天、今天和明天并存的情形呢？总有事情尚未开始，总有事物确定地存在于当下，还有另外的事物已经结束——这一切却都是一个整体。感觉所能捕捉的唯一的东西是印象的总和，一种光辉灿烂的整体，包含着对开始的期待、对现存的惊异和对结果的满足或失望。人便被编入了一个难以描述的整体之中，同时又以完全客观的态度观察着这个整体。

过了一段时间，我在此体验到了这种客观的态度。那是我妻子去世之后。我在一个很像视象的梦里见到了她。她站在一段距离之外，直视着我。她正值大好年华，大约30岁，穿着多年前我的灵媒表姐给她做的衣服。这也许是她所穿过的最美丽的衣服了。她的表情不喜不悲，而是客观、智慧、包容，没有哪怕最细微的情绪反应，仿佛已经超脱了情感的迷惘。我知道这不是她本人，而是她为我制作或送来的肖像。它包含了我们亲密关系的开始，包含了我们52年婚姻里的事件，还有她生命的终结。面对这种完整的、几乎无法领悟的形象，我只有沉默。

我在这个梦和先前的视象中体会到的客观性，也是完整自性化的一部分。这种客观性意味着脱离评价和感情束缚。一般来说，感情束缚对人类来说是重要的。但是，这种束缚包含着投射，从这些投射中脱身是很重要的，这样才能实现自性和客观性。情感关系是有欲望的关系，被强迫和限制污染——我们会对关系中的另一方抱有某种期望，也因此剥夺了对方和自己的自由。在情感关系中，客观认知藏在吸引力的背后，那似乎是核心的秘密。只有通过客观认知，真正的合为一体才可能实现。

病愈之后，我的工作进入了一个硕果累累的阶段。我的许多主要著作就是在这时写成的。我对万物归一的洞察或者想象，鼓励着我阐释新的构想。我不再致力于完善我的观点，而是让自己跟随思想流动。这样一来，问题一个接一个地出现在我面前，并渐渐明晰起来。

这场病还带来了其他改变。用语言表达出来，便是对现存事物的肯定：无条件地接受一切事物本来的样子，不加主观臆断——接受一切现状，接受我看到的和理解的，以及接受自己的本性，如它恰巧是什么样的。刚开始生病的时候，我觉得我的态度有些偏颇，而且我应对此负起责任。但是，当一个人走上了自性化的道路，开始过自己的生活，他便必须容纳错误——没有错误，生活就不完整。我们片刻也不能保证自己不会犯错误，不会失足落入致命的危险中。我们可以设想有一条安稳的道路，但那只可能是通向死亡的路。死后就没事了——无论如何，不管是正确的还是错误的——走上安稳道路的人，与死无异。

经过了这场病我才明白，承认自己的命运是多么重要。这样锻造出的自我才不会在遇到不解之事时崩溃。这样的自我更加持久，能够包容真理，也能够应付世界和命运。于是，经历失败也就等于经历胜利。没有什么会被影响——被内在或外在影响，因为个人的连续性已足以抵挡生命与时间的洪流。但是，这一切的前提是个体不能对命运的安排寻根究底。

我还认识到，对于那些自发出现在心中的思想，我们必须将其当作我们实在的一部分来接受。诚然，真与假的分类是长存的。但是，因为它们并非一成不变，所以需要使其退居第二位。思想的呈现比我们对其的主观评价更重要。不过，这些评价也不可压抑，因为它们也是当下的想法，是我们完整性的一部分。

第十一章　论死后的生活

李孟潮

荣格在这一章试图探索的是轮回这个现象。他更多是从实用主义的角度来承认轮回，也就是说，他认为无论轮回是不是事实，相信轮回观都有利于心理健康，所以希望人们从神话的角度来理解死亡。

他认为大多数人愿意相信死后有生命存在，假定他们的生活能够无限地延续下去，有着重要的意义，大部分人会觉得活得更感性，感觉会更加良好、平和。他觉得自己拥有的时间会非常长，所以就不会匆忙、慌张。

原文中有一段话颇值得玩味：

> 然而，只有触及极限时，我们才能感受到无限。人类的最大限制就是"自性"，它表现在这样的经验中："我不过如此！"只有意识到我们囿于自性之中有多狭隘，才可能构建起与无限的无意识的联系。

我一开始认为这段话翻译错了，因为英文版中"self"是小写的，可能翻译成"自体"比较好，荣格的意思应该是"自我"或者是"自体"限制了人类，而在荣格主流的学说中"自性"一般会大写，代表自性原型。自性原型在荣格的绝大部分文字中，就是超越的终点，是不可能造成限制的。

我查了五个版本的译文，其中只有一个译本翻译成"自我"。但我转念一想，荣格要是想表达"自我"是限制者的话，怎么不用"ego"这个词？用self很容易混淆。我就去查了德文原版，我惊奇地发现，对应单词Selbst就是大写的，所以至少有一半可能，荣格认为自性原型造成人的限制。

自性原型，其实就是印度教说的大我，和基督教中的上帝有类似之处，虽然在印度教中也有类似"大我无我"之说，但总体上强调事物的"有我"一面。荣格自己也表达过，他更欣赏"有我观"。但是"有我观""大我感"容易造成一种自卑感——"小我"的"我不过是地球上一个小小的人""我不过是上海市闵行区一个买不起别墅的知识打工者而已"。

而"无常无我"的理念，则如荣格所言，让人与无边无际的星空和大海联系起来。考虑到荣格死前都在看禅宗书籍，难说他是否产生了超越自性原型的理念，从而在这里说自性是限制。

第十一章
论死后的生活

　　我必须讲一讲关于冥世以及死后生活的事情，这些事全部由我的回忆、生活的表象和冲击性的思想组成。在某种程度上，我的回忆也是我的著作的基础，因为我的著作基本上在尝试回答"现世"和"冥世"相互作用的问题，并不断推翻重建。不过，我迄今没有专门写过死后的生活，因为写作必须能够引文佐证我的观点，但我却找不到相应的资料。虽然如此，我还是想在此将我的观点陈述一番。

　　即使是现在，我所能做的也只不过是讲一段故事——"编一则神话"。也许，人只有在接近死亡的时候，才能够无所顾忌地谈论它。这并不是说，我希望死后仍保有一种生活。实际上，我是不愿意那样想的。然而，虽然我并无这种意愿，也无相应作为，但是为了尊重事实，我必须坦白，死后生活的念头在我心中萦绕不去。我不敢说这些念头是对是错，但是我知道它们是存在的，而且如果我不因偏见而压抑这种想法，是可以将其表达出来的。偏见常常减弱和损害心灵生活的丰满面貌；何况，我对心灵生活所知甚少，故而觉得自己无法用更高级的知识正确地加以陈述。批判理性主义不仅扬弃了许多其他的神话概念，甚至连冥世的概念都丢弃了。造成这种情况的唯一原因在于，如今的大多数人将自己排他地等同于他们的意识，并假定他们对自己有充分的了解。但是，凡是稍具心理学常识的人，都会明白这一了解是相当有限的。理性主义和教条主义是存在于我们这个时代的弊病，它们自称能回答一切。但是，大量被我们现有的有限知识斥为不可能的事情，或许都会在将来被发现。我们的时空概念仅仅是近似于真实，也就是说，它很可能有着细微或悬殊的偏差。有鉴于此，我曾留意倾听有关灵魂的离奇的神话，并仔细观察我遇到的各种事件——不论它们是否符合我的理论假设。

很不幸，现代人忽视了神话的一面。人们不再能创作寓言，也因此失去了很多。因为谈论费解的事情既重要而又颇有助益。这样的谈话就好像是我们坐在壁炉边，叼着烟斗讲一个有趣的鬼故事那样。

我们当然不知道关于冥界的神话故事的真正含义，以及它们背后的现实是怎样的。这些故事将人的形象投射于鬼神，但除这一毋庸置疑的价值外，我们拿不准它们是否还有可以确定之处。所以请务必铭记，对超出我们理解范围的事物，我们是不可能对其下定论的。

很难设想有一个运转规则截然不同的世界，因为我们生活在这个特定的世界里，在其影响下形成了我们的思维方式，建立了我们基本的心理状态。我们深囿于一个固有体系之中，我们的整个身心和思维都让我们与这个世界难解难分。可以确定的是，神话的人需要某种"无拘无束"，但科学的人不允许有这种观念。理性认为一切神话创作都是想入非非；但是感性却觉得，它们是一种治愈性的、有益的举动——它能赋予生活一种魅力，让我们欲拒不能。我们也没有理由拒绝它。

超心理学认为，死者显灵——作为鬼魂出现或通过灵媒现身——并且传达一些大概只有他们自己才知道的事，便是死后仍有生活的科学证据。但是，即使这类例子确实有充分的证据，也还存在问题：鬼魂或者灵媒的声音是死去的某个人，还是一种精神投射？而它们传达的事情，是真的来自死者，还是来自无意识中可能存在的知识呢？[1]

姑且不说这些事是否确实存在的理性争辩，我们不能忘记，对大多数人来说，假定他们的生活不终结于现世，而是无限地延续下去，这有着很重要的意义——他们会活得更感性，感觉更为良好，生活也更为平和。一个人拥有千百年的时间，拥有一段长得惊人的时间可自由支配。那么，又何必为无谓的东奔西走呢？

当然，这种推理并不适用于每一个人。有的人就不渴望永恒，一想到要坐在云彩上弹上一万年竖琴，他就会吓得哆嗦。也有少数人命途多舛，或对自己的存在感到厌倦，他们就更倾向于到此为止。但是大部分时候，追求长生不老才是人们渴望的事情，而且这种观念根深蒂固，以至我们必须努力找到一种视角。可是，我们又该如何寻找呢？

我的假设是，我们可以借助于无意识提供的线索——比如梦。但我们通常会摒弃这些线索，因为我们相信这类问题是无解的。这种怀疑主义是可以理解的，但我建议做如下考虑：如果存在不可知的事物，我们便有必要放弃其作为智识问题的一面。例如，我并不知道宇宙的起源，以后也不可能知道。因此，其作为一个科学或智识问题必然会被我放弃。但是，如果我借由某种途径——梦或神话传说——获得了一种相关的见解，我就应该予以注意。我甚至应该基于这些启示提出设想，即使我明知它是无法被证实的，即使它永远只能是一个假设。

一个人能够说，他已尽最大努力去构建关于死后生活的设想，并为之创造一些意象——即使他必须承认自己的失败。不做尝试是一种重大损失，因为这个摆在我们面前的问题人类自古已有之，这是一个代代相

---

[1] 关于无意识的"绝对知识"，参见《共时性：非因果性联系》，载《心灵的结构与动力学》（《荣格文集》第八卷）。——原注

传的问题，其是一个富含神秘的生命力的原型，伺机加入我们的个人生活，使我们的个人生活臻于完整。理性给我们划定了过于狭窄的边界，只允许我们接受——连这种接受也是有限制的——已知的事物，并生活在已知的框架之中，就好像我们能够知道生命的确切长度似的。事实上，日复一日，我们的生活都远远超出意识的边界。不知不觉之间，无意识的生活正在我们心中进行。批判理性的管制越多，生活就越贫乏；而留意到的无意识和神话越多，生活就越完整。被高估的理性与政治上的独裁有共同之处：它的统治使个人贫穷。

无意识的好处在于它能够向我们传达信息并给出形象的暗示。它还有办法向我们传达凭借逻辑无法知道的事情。试想那些共时性现象以及预感和梦境成真的事件。我还记得第二次世界大战期间，我从柏林根回家途中的一次经历。我带着一本书，但是读不进去，因为火车出发的一瞬间，一个有人溺水的意象占据了我的头脑，那是我服兵役期间遇到的一次事故。整个旅途中我都没能摆脱它。我觉得十分蹊跷，心想："这是怎么回事？出了什么事吗？"

我在埃伦巴赫下车，又步行回到家里，这段回忆一直困扰着我。我次女的孩子们正在花园里。他们一家人和我们住在一起，因为战乱，我们从巴黎搬回了瑞士。孩子们站着，显得闷闷不乐，于是我问："欸，你们怎么啦？"孩子们告诉我，最小的弟弟艾德里安刚才掉进船库的水里了。那水很深，他又不太会游水，差点儿淹死。是他的哥哥把他捞了上来。这件事发生的时间，正是我在火车里陷于那段记忆的时候，这是无意识给我的一个提示。那么在其他事情上，无意识又怎会不给我以提示呢？

我妻子娘家的一个亲戚去世之前，我也有过类似的体验。我梦见我妻子的床是一个石砌的深穴。那是一座坟墓，颇有几分古典时代的风格。接着我听到了一声深深的叹息，似乎有人快要咽气了。一个酷似我妻子的人影在墓穴之中坐了起来，向上浮起。此人身穿一件织有奇怪黑色符号的白色长袍。我惊醒了，这也吵醒了我的妻子，我看了一眼时间——时值半夜三点。这个梦太奇怪了，我立即想到，它可能预示着有人要死了。早上七点，噩耗传来，我妻子的一个堂姐在凌晨三点去世了。

预示经常出现，但人们很难辨认当事人是谁。有一次我梦见我正在参加一个花园聚会。我在那里见到了我姐姐，这很令我惊讶，因为她几年前就去世了。我的一位已故的朋友也出席了这次聚会，其余的人都还在世。旋即，我看见一位熟悉的女士陪着我姐姐。甚至还在梦中，我就得出结论，这位女士将不久于人世。"她已经被标记了。"我想。在梦中，我很清楚她是谁。我还知道她居住在巴塞尔。可是醒来以后，我绞尽脑汁也想不起她是谁了，虽然整个梦依然历历在目。我逐一回想我在巴塞尔的熟人，看看记忆中的形象能不能对上号，但都对不上！

几个星期之后，我得到消息，我的一位朋友遇到事故去世了。我立刻明白过来她就是我的梦中之人，虽然之前我一直未能认出她。关于她的记忆十分清晰、历历在目，因为她在死前有差不多一年的时间曾是我的病人。但是，在我努力回忆梦中之人时，我想象出的一串巴塞尔熟人的肖像中，唯独她没有出现，虽然按理说她的肖像理应在最开始便出现。

如果一个人有类似经历——我稍后会讲述类似的经历——那么这个人便在某些方面对无意识的潜力和艺术怀有敬意。但是，他也必须保持批判性，能意识到与无意识进行的沟通可能具有主观性。它可能符合现实，也可能不符合。不过，我已发现自己依据这些来自无意识的启示，能够产生极有益的思想。当然，我不是想就之写一本启示录，可我得承认，有一种"神话学"鼓励我更深入地探索这整个领域。神话是科学最早的形式。当我谈论死后诸事时，谈的是内在的启示，而且无非就是与你谈论有关的梦和神话。

当然，可能有人从一开始就争辩道，涉及死后的生命延续的神话和梦，都不过是我们天性中固有的、补偿性的幻想——一切生命都渴望永生。为回答此问题我能引用的唯一论据便是这种神话学本身。

有许多迹象表明，心灵至少有一部分不受时空法则的支配。J. B. 莱因（J. B. Rhine）的著名实验为此提供了科学证明[1]。除了许多自发性预知、非空间知觉等案例——在这些方面我是用自己生活中的例子来说明的——这些实验还证明，心灵时常在时空的因果律之外运行。这就说明，我们的时空观念和因果观念都是不完备的，世界的完备图景仍需要增加另一个维度。只有这样，完整的现象才能得到系统的解释。理性主义者至今坚持认为，超心理体验并非真正存在，因为他们的世界观的成立与坍塌都基于这一认识。若超心理现象真的发生，理性主义者的宇宙图景就失效了，因为它不够完备。这样一来，便可能存在另外一种重要的事实，它藏在现象世界背后，成了一个不可回避的问题。而我们必须面对这个事实，我们的世界，包括它的时间、空间和因果，都与它背后或外表下的另一种事物的秩序有所联系。在该种秩序中，"远近"和"早晚"都不再要紧。我也一直相信，我们的心灵生活，起码有一部分的时空性质具有相对性。这种相对性似乎与离意识的距离成正比，直到达到一种超越了时间和空间的绝对境界。

不仅有我自己的梦，偶尔也会有别人的梦，塑造、修正和确认我对死后生活的看法。我尤其看重我的一名学生的一个梦，她已年过六旬，

---

[1] 见《超感知觉》（波士顿，1934年）；《理智的范围》（纽约，1947年）。——原注

该梦发生于她去世前两个月。她在梦中进入了冥界，梦中她正在上课，她的许多已故的女友都坐在前排长凳上。整个气氛充满了期待。她四顾寻觅老师，但是找不到。然后她发现自己就是老师，因为刚刚死去的人必须报告自己全部的生活经历。死人对于新死之人讲述的生活经历非常有兴趣，就好像在尘世时空里的活动、经历都十分关键似的。

不管怎么说，这个梦描述了尘世难寻的甚至不平常的听众：他们对人生的终极心理结果有着热烈的兴趣——按照我们的想法，那些结果毫无非凡之处，可以从中得出的结论也很有限。然而，如果"听众"们以一种相对的非时间状态存在，在其中，"终结""事件""发展"都成了不可靠的概念，那么他们就有可能对自己的情况中所缺乏的东西很感兴趣。

在做这个梦的那段时间，这位女士非常惧怕死亡，竭尽全力驱赶关于死亡的念头。但对日益衰老的人来说，死亡又是举足轻重的。老年人需要面对这个直截了当的问题，而且必须予以回答。为此，他应该有一则关于死亡的神话，因为理性告诉他的只能是他将被埋入漆黑的坟墓。而神话可以为他创造出其他的意象，为他勾勒出冥界灵生的图景，既有益而又丰富多彩。如果他相信这些神话，或者在某种程度上相信并欢迎这些神话，那么他便会像那些不信神话的人一样过于绝对了。但是，有的人正绝望地走向虚无，有的人则相信神话原型，沿着生命的道路前进，并在死后也依然活着。这两种情况当然都无法确证，但是，有一类人违背了本能，另一类人则依从了本能。

无意识中的形象也是信息不全的，故需要由人进行加工，与意识相联系，以获得信息。我刚开始研究无意识时，与莎乐美和伊利亚的形象多有纠缠。不久之后，他们消退了，又过了大约两年，他们再次出现。令我十分惊奇的是，他们丝毫没有变化，他们的言行举止就好像两年之中什么事情都未曾发生。而实际上，我的生活中发生了最不可思议的事情。因此，我必须从头开始，原原本本地告诉他们发生了什么，并加以解释。当时，我对这一情况大感诧异。后来我才明白原来是这样：两年间，这两个形象潜藏在无意识里，将自己隐匿了起来——我也可以说，他们处于一种非时间状态中。他们与自我及自我状态的变化失去了联系，因此，他们对意识世界中发生的一切一无所知。

我很早就知道，我必须指导自行解释无意识中的形象，还有那群难以区分的"已故者的灵魂"。我第一次体验到这一点，是在1911年，当时我正同一位朋友骑自行车穿越意大利北部。回家的路上，我们从帕维亚（Pavia）骑行至阿罗纳（Arona），在马焦雷湖（Lake Maggiore）的下游湖畔过夜。我们原想沿湖乘汽车穿过泰辛（Tessin）抵达法伊多（Faido），再从那里乘火车回苏黎世。但是，在阿罗纳，我做的一个梦扰乱了我们的计划。

在梦中，我正参加一个近代名人鬼魂的集会；这种感觉很像1944年的黑岩寺视象，我参与的"显赫祖先"的聚会。谈话是用拉丁文进行的。一位戴着长长的、卷曲的假发的绅士跟我讲话，问了我一个很难的问题，但醒来以后我就想不起是关于什么的问题了。我能听懂他的话，但是对拉丁文的掌握程度却不足以回答他的问题。我感觉非常羞愧，这种情绪使我从梦中醒来。

醒来的一瞬间，我立即想到了我正在著写《力比多的转化和象征》，再次为那个答不出的问题而感到非常自卑，于是我立即乘火车回家，想要继续工作。我不能再继续骑自行车旅行，浪费三天光阴。我必须工作，我要找到答案。

直到多年后，我才理解了这个梦和我的反应。那位戴假发的绅士是一个祖先的灵魂或者死者的灵魂，他向我提问实在是——白费力气！问这个问题为时过早，我还没有达到那个水平，但是我隐约觉得，只要我努力写书，便可以回答它。提问的人就好像是我精神上的祖先，希望并期盼着得知他们在世时没能弄明白的事情，因为答案在后来的几个世纪中才首度建立起来。如果问题和答案永远是现成的，总是唾手可得，那么我便无须再做努力，答案可能早在之前的某个世纪中已被发现了。的确，自然界中似乎有着无限多的知识，但是，只有在时机成熟的时候，意识才能理解它们。想来这个过程就像个体心灵的发展一样：一个人可能在很多年里对某一事物只有一种模糊的概念，却在一个特殊的时刻恍然大悟。

后来，我在写《向死者的七次布道》的时候，死者又向我提出了尖锐的问题。他们——如他们所说的——"自耶路撒冷归来，他们想要的在那儿未能如愿以偿"。这在当时颇出乎我的意料，因为按照传统观点，死者拥有很多知识。人们都认为死者比我们知道的多很多，因为基督教教义告诉我们，死后我们将会"坦诚相见"。然而，似乎死者的灵魂只"知道"临死时所知道的那些事，而不会超过这个范围。所以他们才努力混迹于尘世，想要分享人们的知识。我时常有一种感觉，他们就站在我们身后，等着我们给他们答复、给命运交代。我觉得，他们依赖于活着的人帮他们找出问题的答案，依赖于那些活得比他们长、还活在瞬息万变的世界里的人。似乎他们并不具有无限的知识——或者我更倾向于称为无限的意识——无限的意识只能注入活人的心灵，即与肉体结合的灵魂。因此，活人的头脑似乎至少在一点上要比死者的优越——获得清晰而确定的认识的能力。我认为，具有时间和空间概念的三维世界像一个坐标系；而在无时空概念的世界里，一件事物同时可以出现在不同的纵坐标和横坐标上，就像一个具有许多侧面的原始意象，或者围绕着某个原型的千头万绪的概念。不过，如果想对离散的事物加以分辨，那么坐标系便是必需的。而在一种广泛的全知状态下，或在一种无时空界限的、无主体的意识之中，则不需考虑划分坐标系的举动。认知与坐标系一样，都需要一个参照系，好比远近相形、高下相倾、前后相随。

如果死后仍有意识存在，我认为这种存在会在人类所达到的意识水平上延续下去，而意识在任何时代都具有一个可变的上限。许多人穷尽一生，直到临死时都未能实现他们自己的潜力，而且——更重要的是——落后于其他人在一生中所获得的知识。所以他们死后也需要寻求有生之年未能得到的认识。

这一结论是通过观察涉及死者的梦而得出的。有一次，我梦见前去访问一个两周前逝去的朋友。这位朋友生前只接受一种传统的世界观，而且顽固不化，从不反省。在梦中，他家在一座小山上，类似于巴塞尔附近的图林格山（Tüllinger Hill）。一座古老城堡的围墙围成了一个广场，内有一座小教堂和一些其他的小型建筑。这令我想起拉伯斯维尔城堡（Castle of Rapperswil）前面的广场。时值秋季，古树的叶子已变得金黄，柔和的阳光更使整个景致多姿多彩。我的朋友和他女儿坐在桌旁，他女儿曾在苏黎世学习过心理学。我知道她正在给她父亲讲心理学。他被她的话吸引，因而只是随意一抬手向我致意，似乎是对一位很熟悉的人表示："请勿打搅。"这种致意同时也是辞别。这个梦用一种令我费解的方式，告诉我现在他需要理解他将精神长存这一现实，这是他在世的时候所未能做到的。

关于人死后灵魂的进步，我还有一次体验——在我妻子死后大约一年。有一天晚上，我忽然醒来，我方才梦见和她一起待在法国南部的普罗旺斯，整整一天都和她在一起。她正在那里全心全意地研究圣杯。这对我来说非常重要，因为她死时仍没有完成这一项研究。在主观层面上的解释——我的阿尼玛尚未完成她的任务——让人兴味索然。我很清楚自己没有完成这一任务。但是，想到我的妻子死后还在继续努力进一步发展她的精神——不论这种念头是怎么来的——都令我觉得意义非凡，并在某种程度上令我欣慰。

当然，这类观点是不准确的，容易给人错误的印象，就像将三维的形体投影到一个平面上；或者相反，就像从一个三维的形体出发去设计四维的模型。它们都采用了三维世界的术语来向我们表达自己。数学不惜劳苦地创造出一种纯粹从理论层面即可理解的关系表达式。类似地，训练有素的想象力从无形中创造出意象也是非常重要的，或是通过逻辑法则，或是建立在经验资料之上，即以梦作为依据。所用的方法则被我称为"必要条件陈述法"。它表现了在梦的分析中的扩充原则，不过，用简单整数所隐含的陈述能最容易地说明这一点。

1为数字之首，也是数字的单位。但它也是"一统"，即一元、统一体、个体和非二元性。其不只是一个数字，还是一种哲学概念，是上帝的原型和属性，即不可再分的单子。人类的智力理所当然可以做出这一番陈述，但是同时，智力也受到它对统一的或明或暗的定义的规定和限制。换言之，这一番陈述并非随心所欲。它们受到统一的性质的制约，因此对条件的陈述是必要的。从理论上说，同样的逻辑过程也可以应用于后续的数字概念，但是实际上，由于数字的复杂性骤增，处理量太大，这一过程很快就停止了。

每增加一个单元都会产生新的特性和变化。例如，数字4的特性，是4次方程能够求解，而5次方程则不能求解。因此，关于数字4必要的陈述便是：它既是一个制高点，同时也是有限的。由于每增加一个单元都会出现一个或更多的数学特征，因此叙述会变得非常烦琐，甚至不能明确地叙述。

自然数的无限排列对应着造物无穷的个体数目。自然数的排列也是离散的，可能数字真的代表着什么——甚至起首数字，也具有某种"一生二，二生三，三生万物"的性质。数的特性也是万物的特性，因此，某些方程式可以预言物质的行为。

所以，我主张，除数学陈述外（如自然界中隐含的陈述），也有陈述能够体现出超出其本身以外的、难以表现的事实——例如，那些被普遍接受的或因频繁出现而著名的想象的产物，就像整个原型母题系列一样。就像我们不知道数学方程里的个别未知数对应着怎样的物理事实一样，起初我们也不知道有些神话产物指的是何种心理事实。表述加热气体不规则运动的方程在出现了很久之后，这种气体的问题才得到了精确的研究。同样，我们历来有很多神话，它们表达了某些无意识过程的动态，尽管这些过程最近才被命名。

我认为，死去的人能够获得的知识上限，是由来自所有地方的最高水准意识决定的。这大概就是尘世生活如此重要的原因，也是一个人在死后"带去另一个世界"的东西如此重要的原因。只有在这个对立冲突不断的尘世中，意识的总体水平才可提高。看来，这就是人类形而上的任务——是非"神话化"而不能完成的。神话介于无意识认知和意识认知之间，是一种自然而不可或缺的中间状态。的确，无意识比意识懂得更多。但是，无意识的知识是特殊的，它是永恒的，与此时此处无关，而且不能用智识的语言表述。我们只能让它自明其身，就像上面所举的数字的例子一样，只有这样它才能在我们的理解范围之内；只有这样，我们才能看到一番新天地。这一过程令人信服地反复出现在每一次成功的梦的分析中。这也是为什么，不对梦的陈述抱有先入为主的、教条式的观点是如此重要。一旦惊觉某种"一劳永逸的解释"，我们便可知道，自己的方法已经变成了干巴巴的教条。

虽然没有灵魂在死后长存的有效证据，但有很多经历值得我们深思。我将这些经历视为启示，亦不敢冒昧地给它们赋予意义。

有一夜，我躺在床上琢磨一位朋友突然去世的事情，他的葬礼于前一天举行。这令我甚为忧伤。突然，我感觉到他就在我的房间里。我觉得，他就站在我的床头，请我跟他走。我不觉得他是鬼，倒觉得他是我内心产生的视觉形象，我告诉自己，这是一个幻觉。但是，坦率地说，我也在问自己："我有什么证据说这是幻觉呢？如果这不是幻觉，那么假设我的朋友真的在这儿，而我却断言他是个幻觉——这样我岂不成了一个糟糕的人了吗？"但是，我同样也证明不了站在我面前的是他的鬼魂。接着我又想："能不能证明并不重要！我不能把它解释成幻觉，我应该在证据不足的情况下考虑其他情况，就算做一个实验，试着证明他是真实存在的。"我这样想着，他已走到门口，招呼我随他一起走。那么我只好和他一起走了！这是我设想之外的事情。我只好再向自己重复了一遍上述论证。这样，我才能想象跟着他走了出去。

他带领我出了房子，穿过花园，走上大路，最后来到了他的家（在现实中，他家离我家只有几百码远）。我进了门，他引我进了书房。他爬上一个凳子，指给我看书架第二层上，用红色带子绑在一起的五本书中的第二本。这时，视象中断。我不熟悉他的书房，不知道他有什么书。当然，他给我看的书在书架顶端的第二层，我从下面也看不清书脊上的标题。

这个经历让我觉得很有趣，所以第二天早上，我便去拜访他的遗孀，问她我是否可以到我友人的书房中去找一本书。书架下面的的确确放着我在视象中看到的那个凳子，而且我还没走近，就望见了那五本用红带子绑在一起的书。我踏上了凳子去细看书名。那是埃米尔·左拉小说的译本。第二卷的标题是《死者的遗产》。我对书的内容并不感兴趣，但是标题与我的经历有所联系，是极有意义的。

在我母亲去世之前，我在梦中也有一次同样重要的体验。我在泰辛逗留期间得知她与世长辞的消息。这令我深为震惊，因为消息非常突然，出人意料。她去世前一晚，我做了一个恐怖的梦。我在一片浓密阴森的树林里，周围高树林立，错综复杂，嶙峋巨石散落其间。景色壮阔而原始。突然，我听见一声尖厉的呼啸响彻云霄，我的腿开始发抖。接着，灌木丛中突然传出咆哮，一头巨大的猎狼犬张着可怕的大嘴窜了出来。我一看到这头猛兽，全身血液都凝固了。它从我身边掠过，我突然就明白了，是荒野猎人命它去取一个人的灵魂。我惊醒了，吓得魂不附体。第二天早晨，我听到了母亲过世的消息。

几乎不曾有梦令我如此震惊，表面上看来，梦似乎在表达魔鬼抓走了她。然而更精确地说，这场梦表明，是荒野猎人，即"戴着绿色帽子的人"当晚带着猎狼犬外出打猎——在1月这个焚风肆虐的时节。他是沃坦，我们日耳曼人祖先的神灵，他召唤我的母亲回她的祖先那里去——消极地说，它们是"孤魂野鬼"，但积极地说，便是"受到保佑的死者"。基督教传教士曾经把沃坦说成魔鬼。沃坦本身是一个重要的神——罗马人将他理解为墨丘利或者赫尔墨斯。在圣杯传说中，其由一种自然灵魂化身为墨林而复活，并变成了精神之汞，这是炼金术士所寻求的秘药。从这个角度来看，这个梦便表达了我母亲的灵魂被带入了更加广阔的自性之中，超越了基督教道德的条条框框，进入了自然与灵魂的大一统之中，其中一切冲突和矛盾都不复存在。

我立即踏上了回家的旅程，在乘坐夜班火车的时候，我感到非常悲痛，但是，在我心底深处，我却并不悲哀，而原因很是奇特——整个旅程中，我持续地听到舞曲、笑声和欢闹声，好像车上正在举行一场婚礼。这与梦中那惊悚的场面形成了鲜明对照。这里有快活的舞曲，欢乐的笑声，使我无法沉溺于悲伤之中。悲哀一次又一次地袭来，几乎就要淹没我了，但是马上我发觉自己又一次投入到了愉快的音乐中。我一半感到温暖与欢愉，另一半则感到恐惧与悲哀。我就是在这两种判若霄壤的情绪之中左右摇摆。

假设我们有的时候以自我的角度来考虑死亡，有的时候从精神的角度来考虑死亡的话，这一矛盾就能得到解释了。在前一种情况下，死亡像一种灾难。这是它常常留给我们的印象，好像一股邪恶无情的势力，意欲终结人们的生命。

事实上也的确如此——死亡确实是一件可怕而残酷的事情，这一点无须赘言。不仅从物质的变化角度看，它很残酷，在精神上也是如此——一个人离开了我们，留下的是死亡的冰冷和孤寂。不可能再与死者建立任何关系，所有的联系在一瞬间灰飞烟灭。理应长寿的人英年早逝，而碌碌无为之徒反而长命百岁。这种残酷的现实让我们无处可藏。死亡的残酷和无常的切身体验令我们痛不欲生。于是我们总结说，上帝并不仁慈，正义销声匿迹，邪恶充满人间。

但是，换一个角度看，死亡也是一桩乐事。从永恒的观点去看，死亡就像一种结合，一种神秘合体。在某种程度上，灵魂找到了它遗失的另一半，从而圆满。希腊石棺以舞蹈的少女代表快乐的元素，而伊特鲁里亚的坟墓则使用宴会。虔诚而神秘的犹太哲学拉比——西蒙·本·约斋临终时，他的朋友们说他正在庆祝自己与永恒的结合。直至今日，很多地区还有在万灵节这一天在坟墓上野餐的习俗。这样的习俗表示，死亡的确有值得庆祝之处。

在我母亲去世前几个月，1922年9月的时候，我做了一个预示性的梦。这个梦涉及我的父亲，我对之印象十分深刻。自1896年我父亲去世后，我一直没有梦见过他。现在他又一次出现在梦中，看起来像刚从远方旅行归来。他显得很年轻，而且做出一副他身为父亲的权威状。我和他一起走进我的书房，我觉得非常愉快，期待得知这段时间里他一直在做什么。我还特别期待向他介绍我的妻子和孩子们，带他看看我的房子，告诉他我在此期间的境遇和成绩。我还想跟他讲我近期出版的关于心理学的著作。但是，我很快就发现这些都不合时宜，因为我父亲一副若有所思的表情——显然他对我有某种期待。我对此心知肚明，所以把自己关注的话题从嘴边咽了回去。

然后他对我说，既然我是一个心理学家，那么他想向我咨询一下婚姻心理学的问题。我正打算就婚姻的复杂性向他发表长篇大论，这时我醒了过来。我没能正确理解这个梦，我绝对想不到它可能预示着我母亲将要去世。只是在1923年1月她突然去世的时候，我才意识到这一点。

我父母的婚姻并不幸福，而是充满了磨难、困难和对耐心的考验。他们俩都犯过夫妻之间典型的错误。我的梦预示着我母亲的去世，在梦中，我的父亲在去世26载后又归来，想要向一个心理学家请教，关于婚姻问题有什么最新见解和信息，因为他可能马上就要恢复这段婚姻关系。显然，他在那种非时间的状态里并未获得更好的见解，因此必须求教于活着的人。由于活着的人享受着时代改变带来的好处，可能会对整件事有崭新的理解。

梦所传达的信息就是如此。毫无疑问，如果我深究梦的主观意义，就会发现更多东西——但是，为什么我正好在母亲逝世之前做了这个梦，却又没有预见她的死？这显然与我父亲有关，随着年龄的增长，我对父亲的同情程度也日益加深。

由于无意识具有时空相对性，所以无意识比有意识头脑——它只能感知到可供感官接收的内容——有更好的信息来源，我们便依赖于梦中微弱的线索和其他来自无意识的类似自发启示，完成关于冥世的神话。就像前面已经说过的，我们不能把这些线索与知识等价，更不用说是证明了。但是，这些线索作为神话详述的基础则很合适；它们给具有探究精神的理性带来了必不可少的生机与素材。若割断了这一联结神话想象的中间世界，我们的头脑就会沦为教条主义僵化的牺牲品。然而另一方面，若与神话的起源接触过多，对薄弱、轻信的头脑来说就很危险，因为他们倾向于把模糊的暗示当作真正的知识，把纯粹的幻觉视为切实的具象。

有一个广为流传的关于冥世的神话，它的观点和意象都围绕着轮回这个中心。在一个智慧文明高度复杂，比我们古老得多的国家——当然，我说的是印度——轮回被视为理所当然，就像我们认为上帝创造世界，或者存在某个"精神引导者"一样自然。受过教育的印度人知道我们不赞同他们的轮回观念，但是他们并不把这反对放在心上。按照东方的灵魂论，生与死的轮回是一个无穷延续的过程，就像一个永恒的车轮，永远向前滚动，没有目的地。人们出生、学习知识、死去，然后再从头开始循环。只有佛有目的，要化人间为庄严净土。

西方人对神话的需求，需要一种逐步演进、善始善终的宇宙起源说。西方人反对那种有始有终的创世论，正如他们也不能接受静态的、独立的、无尽轮回的观念。然而，东方人却似乎能够接受这样的观念。显然，双方对世界本质的认识颇有出入，就像现代天文学家对这个问题亦没有达成共识一样。对西方人来说，宇宙如果仅仅是静止而无意义的，那么会让人无法容忍。他们必须假设它具有某种意义。东方人则不需要这样的假设；相反，他们认为自己就是宇宙的意义。在西方人觉得需要完善世界的意义的同时，东方人则力求在人身上实现这种意义，要从尘世和生死之中解脱出来（成佛）。

我想说的是，二者都是对的。西方人大都外向，东方人大都内向。前者将意义投射在外部，认为其存在于客体之中；后者则觉得意义就在他们自己身上。然而，意义是同时存在于内外的。

轮回的观念与业力的概念紧密相连。问题的关键在于一个人的业力是个人的还是非个人的。如果业力是个人的，那么一个人轮回时所携带的预定命运就代表了前世的成就，因此轮回就具有个人的连续性。如果不是这样，而是在投生时攫取了其他人的业力，使之在今世再次显现，也就不存在个人的连续性。

佛陀的弟子曾两度问他，人的业是不是个人性的。每次佛陀都避而不答，而且从未探讨过这个问题，佛说，知道了亦无助于脱离生死的幻觉。佛陀认为，思考因缘对其弟子更为有益，即生老病死、因果报应。

至于我现世的业是我前世的结果，还是我祖先的成就全部由我继承等问题，我答不上来。我是不是祖先生活的综合体，又有没有让这些生活再现呢？前世，我是否作为一个特殊的人生活过，我在那一世取得的进步能否让我在现世找到答案呢？我不知道。佛陀存疑而不论，我却觉得是他自己也没有得出一个确切的结论。

我可以这样想，我可能活了几百年，遇见了我无力解决的问题，我必须再回到世上，因为我还没有完成过去的任务。我死的时候，我做的业也会随我而去——我觉得就是这样，我会带走我做过的业；同时，能确保我最终并非一无所得也是很重要的。佛陀似乎也考虑到了这一点，才会劝诫弟子们不要把时间浪费在无谓的猜疑上。

生活向我提出了一个问题，这就是我存在的意义。或者反过来说，我自己就是一个向世界提出的问题，我必须与世界交流我的答案，不能单方面地依赖世界的回答。这超越了个人的人生任务，我只能尽心尽力、披荆斩棘地完成它。也许它曾是我的祖先所关切的问题，而且他们没能给出答案。这可能就是我对《浮士德》结尾处的戛然而止耿耿于怀的原因吧？难倒尼采的问题也同样让我念念不忘：基督教教徒似乎找不到生活中原始放纵的一面了；抑或，这是我的日耳曼和法兰克祖先出的一道很有挑战性的谜语，无休止的沃坦与赫尔墨斯之争？

那些让我觉得像是祖先生活的结果，或是前世积累的业力，大约等同于一种非个人的原型。这些原型如今强烈地影响着每个人，对我而言尤为特殊，比如在几百年间发展起来的神圣的三位一体；以及三位一体与阴性特质的对峙；诺斯替教关于恶的起源的答案仍没有结果，因此基督教的上帝意象依然不够完整。

我还想到一种可能性，或许一个人凭一己之力向世界提出了一个问题，对此他必须提供某种答案。比如，我提问的方式和答案都不尽如人意。那么，某个继承了我的业力的人——也许是我自己——就必须转世，去提出一个更为完善的答案。如果世界暂时不需要这个答案，我就不会转世，而是享有几百年的安宁，直到有一天，又有人对这些事情有了兴趣，或许他将任务进行了改良和更新，那么某个人就得再度回到世间。在我的想象中，也许偶尔是有一段休息时间的，直到前世留下的任务需要重新完成。

在我看来，关于业力的问题十分晦涩，个人转世、灵魂轮回一类的问题也一样。我持一种"自由而开放的心态"专心聆听了印度的转世论，审视我在世上的体验，看看是否能在某处发现关于轮回的可靠迹象。自然，我并不指望在西方找到比较多的关于轮回信仰的证据。对我来说，信仰只能证明信仰的现象是真，却不能证明信仰的内容是真。我必须切身体验到它才能认可它。直到几年前，我还没有在这方面发现任何有说服力的证据，虽然我一直留心这类迹象。然而最近，我留意到了自己一系列的梦，其似乎描述了我的一位已故的熟人转世轮回的过程。但是，我从未从他人处听到过类似的梦，所以没有比较的依据。既然这种观察是主观的且未重复，我只想提到它存在，而不做深入研讨。不过，我必须承认在这些体验之后，我对转世的问题有了新的看法，虽然还不能提出一种肯定的看法。

如果假定生命会进入生死之间的"中有"[1]状态，我们就无法推测除精神之外的其他存在形式——精神的存在不需要空间与时间。精神的存在，尤其是我们在此关注的内在意象，为关于死后生活的神话设想提供了素材，而在我的想象里，精神长存于意象的世界里。因此，冥世或中有可能都存在于精神之中。

从心理学观点来看，冥世似乎是晚年心灵生活顺理成章的继续。随着年龄的增长，观察、思考内在意象自然在人的生活中起着越来越重要的作用。"你们老年人要做异梦。"[2]当然，这是以老年人的心灵尚未变得迟钝或完全痴呆为前提的。到了晚年，人开始有意识地翻开记忆的长卷，开始沉思，在过去的内在和外在意象之中重新认识自己。这就像是对冥世的一种准备，正如在柏拉图看来，哲学是对死亡的准备一样。

内在意象让我免于迷失在个人的反思之中。许多老年人沉湎于再现往事，他们成了这些回忆的囚徒。但是，如果对回忆进行反思，将之转化为意象，这样的回顾则可起到以退为进的效果。我想要看见引我的生命进入世界，又引之离开世界的那一条线。

一般来说，人们对冥世形成的观念在很大程度上是一厢情愿的偏见。所以，在很多观念中，冥世被描绘成了极乐世界。我却觉得这种情形并非显而易见。我几乎不认为我们死后都会被带到一个花草茂盛的乐土去。如果死后的一切都愉快且美好，我们就应该与受到保佑的灵魂保持友好交流，未转世的灵魂向我们倾注的是善与美。然而绝非如此。为什么死者与生者之间存在着无法逾越的界限呢？至少一半有关邂逅死者

[1] 中有为佛教概念，指众生在死后尚未正式投胎的生命状态。——编者注
[2] 引自《使徒行传》2：17；《约珥书》2：28。——原注

的报告，是讲遭遇黑暗幽灵的可怕经历的，而且通常来说，冥界的沉默像冰一样，丝毫不为亲人的悲恸所动。

从我那些不由自主的念头推论，我觉得世界是高度一致的，故不可能有一个对立规则完全消失的中有状态。中有同样也是属于自然的，也算是属于上帝的。我们死后将进入的世界既宏伟又恐怖，就像上帝以及我们所知道的一切自然一样。我不能设想痛苦会完全消失无踪。即使1944年我在视象中的体验——我摆脱了躯壳的负担，感觉到了永恒的意义——让我深感慰藉。然而，其中也有黑暗，人情温暖奇异地消失了。试想我遇到的黑色巨石吧！那是深色的、最为坚硬的花岗岩啊。这意味着什么呢？如果造物居住的土地本无不完美和原初的缺陷，那么创造的动力何在，必须将某物实现的渴望又何在呢？诸神又为何应该关怀人和造物，关怀无限的生死轮回呢？归根结底，佛陀在面对存在的痛苦时，认为色即是空，而基督教则盼着现世尽快终结。

我觉得，或许冥世也存在着某些局限，而死者的灵魂只有逐渐发觉这种解脱状态的界限。在"那边"，一定有某种决定性和必然性在维持那个世界，寻找机会结束中有状态。这种颇有创造性的决定因素——依我想——便决定了什么样的灵魂将再度转世。在我的想象中，某些灵魂觉得三维存在的状态比永生更为幸福。但是，也许决定因素在于，这些灵魂从世间带去了多少完成或未完成的任务。

一旦灵魂达到了一定的理解力，三维生活里的魅力就可能会失去意义。因此更充分的理解便浇熄了投胎转世的愿望，灵魂也就无须再度归返。这时，灵魂就从三维世界消失，实现佛教所说的涅槃。但是如果仍留有未完结的业，灵魂就会又陷入欲望中，并再次转世，甚至在这样做时，该灵魂都没有意识到还有某事未完成。

就我而言，造成我转世的一定是一种对理解力的热烈追求，因为这是我的性格中最为强烈的因素。对理解力的不知足的欲望似乎创造了意识，以求知物质的本质和发生的事情，并且从不可知的微弱启示中拼凑出神话的概念。

我们不能具体地证明我们的某些部分将会长存。我们最多可以说，有一定的可能性，我们某些精神会在肉体死后继续存在。我们亦不知晓凡继续存在的事物能否意识到自身的存在。如果觉得有必要对这个问题做一番讨论，我们也许可以考虑那些来自精神分裂现象的知识。在大多数情况下，当某种分裂情结出现的时候，它会表现得像一种独立的人格，似乎情结具有自我意识。因此，精神病患者听到的声音都是人格化的。很久以前，我在博士论文中论述过情结的人格化现象。如果愿意，我们可以把这些情结当作意识具有延续性的证据。同样，在人类脑损伤或重病之后的深度昏迷中所观察到的令人惊奇的现象，也支持了这一假设。在这两种情况下，意识的完全丧失可能伴有对外在世界的了悟，人们会体验到生动的梦。在这种时候，大脑皮层负责意识的部位未在运转，所以至今尚无法解释这类现象。它们至少可能是意识能力能够独立存在的证据——甚至在明显的无意识状态下。[1]

人的自性是永恒的，而尘世的人活在时空之中，二者的关系是难解的问题，而我的两个梦在此问题上很有启发性。

在1958年10月的一个梦里，我在家里看见了两个透镜形状的、发出金属光泽的圆饼，紧擦房屋上方而过，落了在湖里。那是两个飞碟（不明飞行物）。随后，另一个物体直冲我飞来。那是一个非常圆的透镜，像望远镜的物镜一样。它在四五百码处逗留了片刻又飞走了。旋即，又有一个不明物体从空中急速飞来：这是一个透镜，通过金属延伸物连着

---

[1] 参看《共时性：非因果性联系》，收入《心灵的结构与动力学》（《荣格文集》第八卷）。——原注

一个箱子——幻灯机。在六七十码远的地方，它悬浮在空中，将幻灯打向我。我大吃一惊，从梦中醒来。半梦半醒中，我心想："我们一直认为飞碟是我们心灵的投射物。现在却发现，其实我们是它们的投射物。我被幻灯机投射为卡尔·荣格。然而，是谁在操纵着这个机器呢？"

在此之前，我还有一次也梦见了自性和自我的问题。在较早的这个梦中，我在徒步旅行。我正走在山间的小路上，阳光灿烂，四面视野都很开阔。随后我路过了路旁一间小教堂。门半开着，于是我走了进去。祭坛上没有圣母像，也没有十字架，只摆了些鲜花，这让我很是诧异。但是，我又看见祭坛前面的地板上，正对着我坐了一位瑜伽修行者——他采用了莲花坐姿正在冥想。我更仔细地看他，忽然发现他长着我的脸。我深感惊骇，醒来时还在想："哎呀，他就是那个把我想出来的人。他做了一个梦，我就在梦中。"我知道，到他醒来的时候，我就不复存在了。

我是1944年患了一场大病之后做的这个梦。它是一个比喻——我的自性陷入了沉思，想象出了我尘世的形态。换句话说，自性化作人形，得以进入三维存在，就像一个人穿上潜水服才能潜入深海一样。当自性摒弃存在状态，进入中有之后，它呈现出一种宗教的姿态，正如梦中的小教堂一样。自性以尘世的形式经历三维世界，而随着意识的增长，便又向着觉悟更进了一步。

那位瑜伽修行者的形象，或多或少地表现了我的无意识生前就有的完整性，其还代表着远东，那里常常成为我的梦发生的背景，那是一种与我们自己的精神状态不同甚至相反的精神状态。像幻灯机一样，瑜伽修行者的冥思"投射"出了我经验的现实。通常，我们会反过来看待其中的因果关系：我们在无意识的诸多产物中发现了曼荼罗象征，即表现完整性的圆形或正方形图案。只要我们需要表达完整性，就可以使用这种图案。我们立足于自我意识，以自我的焦点为中心射出的光芒照亮了我们的世界。从这一点看出去，世界暧昧得像谜一般，而我们永远也不会知道，这阴影在多大程度上是由我们的意识导致的，它们又在多大程度上拥有自己的现实。肤浅的观察者满足于前一种假设。但是，深入的研究表明，无意识中的意象不是由意识产生的，它们有自己的现实性和自发性，只是我们将其视为微不足道的现象。

这两个梦的目的，是颠覆自我意识与无意识之间的关系，无意识表现为现世人格的生产者。这一颠覆意味着在"彼岸"的观点中，我们的无意识存在才是真的，我们的意识世界反而是一种幻觉，一种为专门目的而设计的表面现实，就像当我们身临梦中时，梦也像是现实一样。显然，这种情形很接近东方的"空幻"（Maya）概念。[1]

因此我觉得，无意识整体是一切物质和精神事件的真正精神引导者。有一条力图达到完全的觉悟的原则——对人来说，意味着获取全部的意识觉悟。从最广泛的意义上讲，意识的获取就是文化，而认识自我则是这一过程的核心和本质。东方人给自性赋予了毋庸置疑的神圣意义，而根据古代基督教的观点，认识自我就是认识上帝的途径。

对人类来说，关键问题在于——人类是否与某种无限的事物有关系。这是人的一生中最引人注目的问题。只有当我们知道真正重要的事物是永恒的，我们才可以避免把我们的兴趣集中在无用的事情，或是各种并不真正重要的目标上。因此，我们需要世界承认属于我们个人财产的那些品质：我们的才能或美丽。一个人越强调虚假的财富，对本质的东西就越不敏感，他的生活也就越不让人满意。他觉得束手束脚，是因为他的目标太狭隘，这就导致了羡慕和嫉妒。如果我们懂得并能感觉

---

[1] 荣格在童年时，就萌生出了质疑现实究竟存在于何处的问题，还是孩子的他坐在一块石头上，心里琢磨着石头在说"我"，或者石头就是"我"。这很像著名的庄周梦蝶的故事。——原注，安妮拉·亚菲

到，在现世我们已与永恒有了某种联系，那么我们的欲望和态度就会不同。归根结底，我们有价值只是因为我们本身就是重要的，如果我们不体现出这一点就会虚度生命。同样，在我们与他人的关系中，最重要的问题也是这段关系是否体现了哪怕一丝无限性。

然而，只有触及极限时，我们才能感受到无限。人类的最大限制就是"自性"，它表现在这样的经验中："我不过如此！"只有意识到我们囿于自性之中有多狭隘，才可能构建起与无限的无意识的联系。在这种意识中，我们会感到自己既是有限的，又是永恒的，同时具有这两种属性。当我们认识到各自的组合是独一无二的——在根本上是有限的时——我们便具有了意识到无限的能力。这是必要的条件！

在一个不惜任何代价进行生存空间的扩张并获得理性知识的增长的时代，要求人们意识到自己的独一无二和局限性具有极高的挑战性。独一无二和局限性是同义词。如果没有这两者便不可能感受到无限——也就不可能觉悟——这只能是一种自欺欺人的认同感。其体现为深为大多数所毒害，并对政治权力抱有贪欲。

我们的时代把全部注意力都转移到了此地此刻，因此也就把人们和世界妖魔化了。独裁者现象及其带来的一切灾难，都是因为目光短浅的高级知识分子剥夺了人类的超绝。像知识分子一样，人类沦为了无意识的牺牲品。但是，人类的任务恰是相反的——人们应该意识到从无意识中涌出的内容。人们既不应该执着于无意识，也不应该认同其生活里的无意识元素，进而回避他的命运，命运需要他创造更多意识。就我们能认识到的来说，人类存在的唯一目的，是为纯粹存在的黑暗投下一丝光明。甚至可以认为，正像无意识影响着意识那样，我们意识的增长也同样影响着无意识。

第十二章　晚年思想

李孟潮

　　在这一章开头，荣格就说"理论"对他很重要。在注解中可以看到他所说的"理论"其实就是"世界观"。通观全章，我们不难看出，荣格其实建立的是一个新时代的、个人化的心理化基督神学。大致要点如下：

　　1）集体无意识中的"神或上帝"，经过三个阶段化身为人。第一阶段是蛇诱惑人类，通过吞服善恶树的果实，提升了人类的意识水平；第二阶段是天使降临人间，这是无意识侵入了意识；第三阶段是神通过圣子耶稣化身为人。神自我实现，成为至善。

　　2）这种至善神之说经历了一千多年，在12世纪达到顶峰，然后在20世纪遭遇危机。危机来自人类的自大和基督教的腐败。

　　3）神需要发生转化，转化包含善恶两面。宗教神话也需要发生转变。

　　4）转化的关键在于曼荼罗。分析治疗因为探索无意识会引发分裂，需要统一来补偿，这种补偿过程在于寻找象征，如曼荼罗。

　　5）无意识相当于神、鬼，神、鬼也相当于无意识。

　　6）荣格还提出一种"心理史学"，建立在占星基础上，类似科幻小说家阿西莫夫在其小说《银河帝国》中说的心理史学，用来预测人类的宏观变化。

　　7）荣格在第二部分着重阐述了个人和集体的关系，个人需要通过集体来发展个体性，尤其需要进入秘密社团，随着个性的进一步发展，他可以离开集体。

8）心灵的内部充满了变动和辩证平衡。

9）爱是宇宙的缔造者，万物的根源。

不过本章对荣格宗教观点的总结实在不够清晰，读者们可以参考梁恒豪的《信仰的精神性进路——荣格的宗教心理观》来了解。当然最直接反映他世界观的书籍还是荣格自己写的《红书》。荣格的出现，影响到了整个新时代灵性运动，可以参考大卫·戴西的《荣格与新时代》。

荣格是个宗教徒，是个唯心主义者。作为社会执业的江湖心理医生，我们个人执业者，在世界观的态度上则是保持中立的，无论是唯物主义、唯心主义、功利主义还是灵性主义，都被我们同等尊重，我们都会帮助这些个案，找到最适合他们心理健康的世界观。

第十二章
晚年思想

我认为，我的任何传记都必须纳入下述思想。诚然，这些思想可能对读者来说理论性过强，但是制造诸如此类的"理论"[1]，就像是我的一部分，是一个重要功能，就像吃饭与喝水一样。

第一部分

基督教很引人注目的一点，是在其教义体系里预言了神圣将发生质变，即一种"彼岸"的历史性转变过程。基督教的这一预言采用了天堂里的纷争这种新神话的形式。最初的暗示出现在创世神话中，一条大蛇作为造物主的敌人出现了，它诱惑人类背叛上帝，应允提升他们的有意识的知识（知道善恶）。第二个暗示是天使的降临，无意识的内容过早地侵入了人类世界。天使是奇异的种属，他们就是他们所呈现的样貌，不可能再是别的了。他们本身只是些没有灵魂的存在，只代表主的思想

---

[1] "理论"（Theory）一词在希腊文中是"察看世界"（Theorein），在德语中则为"世界观"（Weltanschauung）。——原注，安妮拉·亚菲

和意愿，此外什么也不是。因此，堕落的天使都是"坏"天使。这便出现了著名的"膨胀"效应，这种效应我们可以在今天狂妄自大的独裁者身上看到。《以诺书》里讲，天使与人结合生出了巨人族，他们最后威胁要吃掉人类。

然而，这个神话的第三个且具有决定性意义的阶段，是上帝化作人形达到自我实现，即履行了《旧约》里关于神圣结合的观念及其结果。早在基督教形成的原始时期，化为人身的观念已经上升到了觉察到"基督就在我们之中"的程度。于是，无意识的完整性便深入到了内在体验的精神领域，使人们能够意识到自己完整而真实的全貌。这不仅对人类来说是决定性的一步，对造物主来说也是如此。在那些被从黑暗中解救出来的人眼中，造物主已经摆脱了他阴暗的特质，变为至善（summum bonum）了。

一千年中，这个神话保持着不可撼动的重要性——直到11世纪，意识进一步转化的迹象才开始显现。[1]从那时起，不安与怀疑的迹象日渐增多，直到第二个千年快要结束时，一场世界性的大灾难已略显雏形。其首先表现为对意识的威胁。这一威胁存在于"巨大症"中——换句话说就是意识的狂妄——人们断言说："再没有比人及其行为更伟大的了。"人们抛弃了基督教神话里的冥世和超绝，还有在另一个世界里方可达到完整的观点。

有光的地方就有阴影，造物主亦有其阴暗的一面。这一发展在12世纪达到了顶峰。基督教世界现在确实面对着邪恶原则的问题，以及赤裸裸的不公正、暴政、谎言、奴役和道德强迫的问题。这些毫不遮掩的邪恶在1917年经历过革命的民族中明显是根深蒂固的，但其第一次爆发却

---

[1] 参见《爱翁》（《荣格文集》第九卷下册）。——原注

是在德国。源源不断的邪恶表明，20世纪，基督教已经被腐蚀到了何种程度。恶的程度之深，已不再能够轻描淡写地说成善行缺乏了。邪恶变成了不可扭转的事实。花言巧语再也抹不掉世界上的恶行。我们必须学会对付它，因为它会继续存在于世上。目前我们尚不知道如何才能与它和平共处，而不至于造成可怕的后果。

不管怎样，我们急需确定一个新方向，需要一种心灵转变（metanoia）[1]。接触邪恶便会招来屈从于它的巨大危险。因此，我们绝不应再屈从于任何事物，甚至不能屈从于善。我们若是屈从于一种所谓的善，那么这种善便丧失了伦理属性。这并不是说善有什么不好，而是因为屈从于它可能会招来麻烦。任何一种成瘾都是坏的，无论让人上瘾的是酒精、吗啡还是理想主义。我们必须谨防把善与恶进行完全对立。有的观点认为，善具有绝对命令的力量，而所谓的恶则能够坚决避开，但伦理行为的标准已不再如此简单。欲认识现实中的邪恶，就要把善与恶相对化，将二者视为一个矛盾整体的两个部分。

实际上，这意味着善与恶已不再那么容易区分了。我们必须承认，无论善恶都只表示一种判断结果。考虑到所有人的判断都难免有谬误，我们不能相信我们的判断总是正确的。我们很容易成为错误判断的牺牲品。只有当我们对道德判断不确定的时候，伦理问题才会受到上述原则的影响。虽然如此，我们还是必须做出伦理决策。"善"与"恶"的相对性并不意味着这样的分类是无效或者不存在的。道德判断总是存在，并伴随其特征性的心理结果。我曾多次指出，我们那些错误的行为、思想和念头会一如既往来找我们的灵魂复仇。只有审判的内容会随时空而

---

[1] 荣格在自性化过程概念中，使用metanoia这个术语表示通过无意识力量发起的一种治疗以实现心灵的转变，这是人的完全转变，与蛹内部发生的转变十分相似。——译者注

变化，呈现出相应的不同的形式。这是因为，道德判断总是建立在明显确定的道德准则之上，而这些道德准则总是假装可以明辨善恶。但是，一旦我们知道这一基础是多么不牢靠，伦理决策就变成了一种主观的、创造性的行为了。只有如上帝所愿时，我们才会相信伦理决策的有效性，也就是说，必须在无意识方面有一种自发的、决定性的动力。伦理本身对善恶的判断，并不受这种动力的影响，这就让情况变得更加困难。什么都无法使我们摆脱伦理决策的折磨。然而尽管听上去很苛刻，如果我们的伦理决策有特殊要求，那么在某些情况下，我们必须能够自由地不去践行已知的道德上的善，而去做被人们视为邪恶的事情。简单来说便是：我们绝不可屈从于矛盾双方的任何一方。印度哲学中的"非此亦非彼"为我们提供了一个有用的范式。在某些案例中，道德准则确实被废弃了，伦理选择则完全由个人决定，这种情况本身并无新鲜之处。在前心理学时代，这类困难的选择也是为人们所知的，而且归入了"职责冲突"的范围中。

然而，个体通常压根儿意识不到这些，因此也看不到自己有决策的潜能。相反，人们不断焦虑地左顾右盼，想找到某些外部规则与章程，指导他们摆脱混乱。除了人类普遍的缺点，对此进行的指责大都指向了教育。因为教育宣讲的都是老一套的一般知识，对私人的经验则只字不提。于是，教育千方百计给人们灌输理想信念或规范，而人们心里清楚地知道自己永远做不到。这些理想也被官员挂在口头上，他们也很清楚，他们本人从未达到这样的高标准，而且永远达不到。更离谱的是，从没有人质疑过这种教育的价值。

恶的问题如今已摆在我们面前，想回答这个问题的人们首先且最重要的是要有自知之明，即需要尽量多地了解自己整体的特性。他必须不掺杂感情地知道自己能做多少善事，又能犯多少罪过，还得小心不能放松标准。二者都是他天性中的元素，二者同样都会在他身上体现出来，只要他愿意——他也应该如此——不自欺欺人地过日子。

然而，总的说来，多数人离这种理想状态还差得太远，尽管如今有很多人有能力看到自己灵魂的深处。自知之明至关重要，因为我们可以通过它去接近人性的底层或核心，那是本能栖身之所。这便是最终制约了意识所做的伦理决策的那些先验的动力因素。自知之明的核心在于无意识及其内容，而我们无法对此做出终极判断。我们关于无意识的观点是不充分的，因为我们无法认识并理解它的本质，也不能用理性限定它。我们通过科学认识大自然，科学扩大了意识的范围。因此，深度的自我认识也需要科学，此处即指心理学。若没有光学知识而仅出于善意，没有人能够刹那之间就造出望远镜或显微镜。

如今的我们需要心理学，是因为它关系到我们能否独特地存在于世。在纳粹主义面前，人类曾茫然失措，因为我们并不理解人性，只对其有一些片面和歪曲的印象。如果我们能够认识自己，就不会出现这种情况。我们面对着恶这一个糟糕的问题，却不知道面前究竟是什么，更不用说怎样与之斗争了。就算知道如何斗争，我们还是不能理解"它为什么会发生"。一个以纯真为荣的政治家上台了，骄傲地宣称自己没有"作恶的想象力"。这好极了：我们想象不出如何作恶，但邪恶却不会放过我们。有人不愿意看到这一点，也有人与恶同流合污。当今全世界的人的心理状况就是这样的：有些人自称是基督徒，想象自己只凭意念就能够把恶踩在脚下；另一些人则屈服于恶，再也看不到善了。恶如今成了一股看得见的压倒性力量。人性的一半茁壮成长，紧附于从推理得来的教条；人性的另一半则缺乏与这种情形相抗衡的神话，生命枯萎了。在基督教国家里，遗憾已然发生：基督教精神一直沉睡着，数百年来没有进一步发展它的神话。有些人表达出了神话观念在黑暗中的一丝萌芽，人们却拒绝听其陈述。菲奥雷的约阿希姆（Gioacchino da Fiore）、梅斯特·埃克哈特（Meister Eckhart）、雅各布·波墨（Jacob Boehme）及其他许多人，一直被大众看成神秘主义者。唯一一线光明，是比约十二世和他的教义。但是当我提起这些时，人们都不懂我在说什么。他们没有意识到，神话若不再鲜活、不再演变，就失去了它的作用。

我们的神话沉寂了，不能再给我们任何答案。错误并不在神话本身，像《圣经》里写的那样，而在于我们自身，我们不但没有进一步发展神话，反而压制了任何想要发展它的尝试。神话的原始版本提供了丰富的出发点和发展的可能性。例如，基督曾说："所以你们要灵巧如大蛇，驯良如白鸽。"人们为什么需要像大蛇那样狡猾呢？这种狡猾又与白鸽的天真无邪有什么关联呢？"你们若不回转，变成小孩子的样式……"谁又考虑过现实中的小孩子是什么样的呢？主牵走一头驴，为了获胜回归耶路撒冷，他又是根据何种道德来证明此举师出有名？此后不久，他又幼稚地发了一通脾气，诅咒无花果树，这又算什么事呢？不义的管家的比喻是想说明怎样一种道德呢？而真伪不明的基督语录"人啊，如果你知道你在做什么，你就有福了；如果你不知道，那你就该受诅咒，就是犯法了"[1]，又对我们自己的困境有着怎样深刻的洞察和怎样深远的意义呢？最后，当圣保罗忏悔说"我所不愿意的恶，我倒去作"，究竟是什么意思呢？我不想再讨论《启示录》中那些可以一眼看穿的预言了，因为没人相信它们，整个主题都令人觉得尴尬。

诺斯替教曾提出过一个古老的问题："恶从何处来？"但基督教世

---

[1] 《伯撒抄本》。——原注

界一直没能回答，奥利金谨慎地提出，魔鬼也是可以赎罪的，却被认为是异端邪说。今天，我们不得不面对这一问题。但是我们两手空空、不知所措，甚至从未想过，尽管我们迫切地需要神话，但是没有神话能够帮我们回答这个问题。政治局势和可怕乃至残忍的科学成果令我们暗暗颤抖，萌生出不祥的预感。而我们无路可走，少有人会得出结论：这一回，我们遇到的是长久以来被忘却的人的灵魂问题。

神话的进一步发展或许开始于圣灵在使徒身上的倾注，使他们成为上帝之子。其他所有人通过经由或追随使徒也获得与上帝的父子关系——成为上帝之子。因此，大家共享一种确定感，即自己不只是地球上土生土长的生物，更是精神上重获新生的人，植根于神性本身。他们那看得见的物质生命在地球上，但是那看不见的内在的人则来自原始的整体意象，来自永恒的天父，日后也将回归那里，就像基督教的救赎神话所讲述的那样。

正如造物主是完整的，于是他的造物、他的儿子也应是完整的。神圣的完整性这一观念是不可侵犯的。但没有人知道，该完整性的分裂也随之而起，于是便有了光明和黑暗。甚至在基督出现之前，这样的结局已初现端倪，我们尤其可在约伯的经历中观察到这一点，基督教时代之前广泛流传的《以诺书》中也可以看到。在基督教精神中，这种形而上的分裂昭而永存：《旧约》里的撒旦仍是耶和华的贴身随从，如今却成了与神圣世界截然相反的永恒对立。撒旦亦是不能被根除的。所以早在11世纪初，人们便顺其自然地相信创世者是魔鬼而非上帝。这一基调回荡在基督教时代的尾声，继承了早先堕落天使的神话。正是那些堕落的天使，将有关科学和艺术的危险知识教给了人类。这些古老的讲故事的人若看到了广岛事件，又会说些什么呢？

想象力丰富的天才雅各布·波墨认识到了上帝意象的矛盾性，为这个神话的进一步发展做出了贡献。波墨画的曼荼罗象征[1]，内圈分开成两个半圆反对着，代表着分裂了的上帝。

　　既然教义认为上帝在三位一体的每一位里都是完整的，他也完整地出现在那圣灵倾注的每一部分中，那么，每一个人都从上帝处获得了完整性，与上帝建立了父子关系。上帝意象的对立复合因而进入人身上，但不是作为统一体，而是以冲突的形式呈现。上帝意象的阴暗面与一般认为上帝就是"光明"的看法形成对立。这个过程正发生在我们这个时代里，却没有被人文学科的官方教师认识到，他们的职责本就是理解这种事。诚然，人们普遍觉得，如今我们正处于某个重大的转折点上，但人们却想象这巨变只与核裂变、核聚变和宇宙飞船有关。与之同步发生于人们心灵之中的一切却总是被忽视。

　　从心理学的观点来看，上帝意象是心灵范围的一种体现，人们日益意识到该意象的分裂具有一种深刻的二分性，它甚至深入世界政治中，导致了补偿的发生。这种补偿采取统一的圆圈的象征形式，表示了心灵中对峙双方的整合。我联想到传闻中有关不明飞行物的世界性流言，最早可以追溯到1945年。这些流言要么基于幻觉，要么基于真实的现象。关于不明飞行物的最常见的故事，通常是说它们是从其他星球飞来的宇宙飞船，甚至说它们来自第四维度。

　　20多年前（1918年），在研究集体无意识的过程中，我发现了一类模式相似的通用符号——曼荼罗象征。为了证实我的发现，我又用了十几年时间去搜集另外的资料，才首次公开发布了我的发现。[2]曼荼罗是一种原型性意象，它的出现经历了时代的考验，意味着自性的完整性。这一圆形的意象代表着心灵领域的完整，用神话术语来说，便是人身上

---

[1]　重现于《集体无意识的原型》（《荣格文集》第九卷上册）。——原注

[2]　在《〈金花的秘密〉评注》（1931年）中，见《荣格文集》第十三卷。——原注

孕育的神性。现代的曼荼罗与波墨的相反，它争取的是统一，代表对心灵分裂的一种补偿，或期望这种分裂即将被克服。由于这一过程发生于集体无意识之中，它便显得无处不在。世界范围的不明飞行物故事盛行便是其中一例——它们象征着普遍存在的精神气质。

　　只要分析治疗能让人们意识到"阴影"，就会导致分裂，对立双方剑拔弩张，而这反过来会让心灵在统一中寻求补偿。这种调整是通过象征来实现的。如果我们严肃地对待对立双方的冲突，或它们紧抓住我们不放，这种冲突就会让我们的心灵到达极限。逻辑的排中律告诉我们，这样是解决不了问题的。如果一切运作良好，解决办法便会主动从自然中显现出来。只有这时的解决办法是有说服力的，因为它使人觉得像某种"天赐恩惠"。既然解决办法是从对立双方的对抗中逐渐生成的，故它通常是意识和无意识因素的莫可测的组合，因此也是一个象征，就如同钱币被分成两半，彼此之间可以严丝合缝地契合[1]。它指意识与无意识合作的成果，以曼荼罗的形式与上帝意象达成了一致，曼荼罗大约是完整性概念的最简单的模型了，而且它还是在头脑中自发出现的，代表着对立双方的斗争与整合的模型。这里面的冲突首先是一种纯粹的个人天性，然而马上我们便会看到，这一主观冲突不过是对立物普遍冲突的一个个例罢了。我们的心灵是按照宇宙的结构来设立的，宏观宇宙中发生着的，必将也发生在微小的世界中，包括心灵这一最主观的疆域。因此，上帝意象常常是一种强大的相对的内在经验的投射。该象征所依附的客体，来自对原初冲动的内在体验，从此刻起便有了神圣的意义，或以其神圣及压倒性的圣秘（numinosity）为特征。由此，想象力从客体的具体主义中解放出来，试着描绘那些看不到的、站在表面现象背后的

---

[1]　"象征"一词有一个含义，是主人与客人之间各持一半的镶嵌客人牌，或两位朋友分别时各执一半的一枚钱币。——原注，安妮拉·亚菲

意象。在此，我探讨的是曼荼罗最简单基础的形式，即圆形，还有它最简单的分割方法，即四分法或称十字交叉。

　　这样的经验会对人有助益，但也可能有破坏作用。人们不能把握、理解和控制它们，也不能使自己超脱出来不受它们的影响，因此感到它们过于强势了。当人们意识到它们并非来自个人意识，便称之为超自然力（Mana）、恶魔或上帝。科学界采用的术语则为"无意识"，相当于承认了我们对其一无所知，因为科学无法了解心灵的实质，只能通过心灵本身去了解。所以，超自然力、恶魔或上帝等术语既不能被证伪，也不能被证实。不过我们可以确定，涉及客观事物经验的陌生感明显是独立于心灵之外的，是真实可信的。

　　我们明白，未知而不熟悉的事情可能会发生，正如我们也知道梦与灵感并非我们刻意所为，而是在某种程度上自发降临的。这般发生的事情，我们便会说是超自然力、恶魔、上帝或者无意识所为。前三者有一个很大的优点，便是包含并唤起了神秘的情绪特质；而后者——无意识——则平庸许多，也因此更靠近真实。无意识概念包含了经验性领域，即我们熟悉的日常现实。无意识这一术语过于中立和理性，以至无法充分激发想象力。归根结底，这一术语与科学目的相匹配，也更适合不掺杂感情的观察。比起那些有争议的、容易招致盲信的超验概念，其会更少提出形而上的主张。

　　因此，我更喜欢"无意识"这个术语，不过我在使用神话语言进行表达时，也会用到"上帝"或"恶魔"等词。当我使用神话语言的时候，我也会意识到，"超自然力""恶魔"和"上帝"亦是无意识的同义词——换言之，我们对它们的理解和对无意识的理解一样少之又少。人们倾向于相信自己对前者懂得更多——而且出于某种目的，相信前者比科学上的概念更加有用和有效。"恶魔"和"上帝"概念的巨大优势在于它们使对峙更好地客体化了，也就使对峙人格化了。它们的情感特质赋予了它们生命和灵验性。爱与恨、恐惧与崇敬走上了对峙的舞台，并上升到了戏剧的高度。原本只是"陈列"着的东西，如今被"表演"着。[1]人类整体皆被挑战了，与整个现实进行着斗争。只有这时，人才变得完整，也只有这时，"上帝才能诞生"，也就是说，上帝才能进入人的现实里，以"人"的形体与人产生联系。通过道成肉身，人——人的自我——从内部被"上帝"取代，而上帝的外观则变成了人，正如耶稣所说的："看见了我，也就看见了天父。"

神话术语在这一点上露出了马脚。基督教里关于上帝的一般观点认为他是无所不能、无所不知、仁慈的天父，是这个世界的创造者。如果这位上帝想变成人，他就必须艰难地放弃神性（置空）[2]，好让他的全体缩小到极小的人类尺寸。就算这样说，为什么人体框架未被这样的道成肉身撑破，仍然十分令人费解。神学思想家们因此认为，有必要赋予耶稣超乎常人的特质。其中最重要的是，他没有原罪的污点。因此，不为别的，耶稣才成了半神半人，或者半人半神。基督教中的上帝意象无法化身为经验性的人而不引起矛盾——人类因其外在特征，似乎丝毫不适合成为神。

神话最终必须严格采纳一神论而拒绝二元论，尽管官方对二元论大力挞伐，它却一直存在至今，并光荣地成了全能的上帝永恒的黑暗敌对者。在这一体系之内，必须为库撒的尼古拉斯的对立复合体哲学、雅各布·波墨的道德矛盾性留出一席之地。只有这样，"独一无二的上帝"才能拥有本就属于他的完整性，还有对立双方的整合。实际上，由于象

---

[1] 参见《心理学与宗教：西方和东方》（《荣格文集》第十一卷）中的《弥撒中的转化象征》。——原注

[2] 《腓立比书》，2：6。——原注

征的独特性质，它们能够将对立的两方紧密结合，使它们不再分离或冲突，而是相互补充，为生活赋予意义。有了这样的体验后，自然神或造物神的意象中的矛盾便不难理解了。相反，上帝道成肉身的神话，即基督教义的本质便可以理解成人类意欲创造性地正视对立面，正视对立双方在自性中的整合，即人格的完整性。造物之神的意象中那不可避免的内在冲突能在自性的统一和完整中达成和解，像炼金术的对立复合体或神秘合体一样得到调和。在自性的经历中，对立的双方不再是"上帝"与"人类"——像以前那样——而是上帝意象本身的对立冲突。这便是礼拜（人献给上帝的仪式）的意义：让黑暗之中生出了光明，让造物主意识到他的造物，让人类意识到其本身。

这就是目的，或者是目的之一，它使人类恰如其分地置入造物的框架，同时也给这框架赋予了意义。几十年里，我逐渐构思一种解释性的神话并成型。我认可并尊重这样的目的，它使我心满意足。

人类凭借反思能力从动物界脱颖而出，并通过他的头脑证明，大自然是高度嘉奖意识之发展的。通过意识，人类觉察到了世界的存在，并对自然有了更深入的掌控，从而确认了造物主的存在。经过人类意识反思的世界即现象世界（phenomenal world）。如果造物主自己有意识，他根本就不需要创造有意识的生物；况且，几百万年来，他创造了无数的物种和生物，这种做法未免过于浪费和间接了，不太可能是有意为之。自然史表明，在数亿年间，物种通过捕食与被捕食而生的进化是偶然和随机的。人类的生物史和政治史也是同样的偶然的复杂重复。但是，对心智来说却是另一番景象。懂得反思的意识奇迹般地介入了——堪称第二次宇宙起源。意识是如此重工，以至我们不禁要怀疑，在所有这些巨大的、看似无意义的生物活动中，可能隐藏着有意义的元素，拥有复杂大脑结构的恒温脊椎动物出现后，才终于产生了意识——这似乎是偶然、无意料之外的，但在某种意义上似乎也被感知并觉察到了，经过了某种黑暗冲动的努力探寻。

我未曾幻想自己在思考人类及其神话的意义时，能够说得出终极真理。但经过一番思考，我想这已是我们在双鱼时代结束之时就能说的话了，或许还是非说不可的。在水瓶（宝瓶）时代即将到来的时刻，水瓶座像一个人形，紧挨着双鱼座的标志。双鱼座的标志是两条头尾互接的鱼，这是一个对立复合体。宝瓶座则似乎代表着自性。他以威严的姿态，把他的宝瓶中的东西倒进南鱼座[1]的嘴里，南鱼座象征着儿子，是一种仍然无意识的内容。在这一无意识内容之中，又经过两千多年的漫漫岁月，此时会产生一种未来，以摩羯座为象征：那是一只半羊半鱼的怪物[2]，象征着高山和深海，是由两种生长在一起的截然不同的动物元素构成的两极。这种奇异的生物很可能是造物主遇到的人类原始意象。在这个问题上，我只能保持沉默，其在我所能掌控的经验资料中并未涉及——包括我所熟悉的其他人的无意识产物或是历史文献。如果洞见不是自然产生的，那么苦思冥想也没有用。只有当我们拥有了可与水瓶时代的资料相媲美的客观资料之时，这一切才有意义。

我们不知道走向意识的路还有多远，又将通向何方。在创世的故事里，这是一个新元素，而且没有可供参考的类似物。因此，我们不知道它具有哪些潜力，也看不到人类这一物种的前景：它是否会与那些一度活跃在地球上的现已灭绝的物种拥有相似的命运？生物学界找不到理由否决这一切。

当我们构想出一种世界观，它出自我们心灵的完整性以及意识与无意识的合作，并能够解释人类生于宇宙的意义时，合格的神话讲述便完

---

[1] 指南鱼星座，它的嘴巴由北落师门星组成，正处于宝瓶星座的下方。——原注

[2] 摩羯座最初又称"羊鱼座"。——原注

成了。无意义性阻碍了生命的充实，因而便等于疾患。意义让许多东西经久不衰——也许可以让任何事物长存。科学永远取代不了神话，科学也不能创造神话。因为"上帝"并不是一种神话，神话揭示的是人类身上的神圣生命。与其说我们发明了神话，不如说它是"上帝的话语"。"上帝的话语"传到我们的耳朵里，我们根本无法区分它有几分不同于上帝。"上帝的话语"中没有什么是不可以被看作已知的和属于人的，除非它自发地出现在我们面前，并将义务加在我们身上，它不受我们意志的摆布。我们无法解释灵感。我们对灵感的主要感觉便是，它并非我们推理的结果，而是从别处落到我们头脑中的。此外，如果我们碰巧做了一个预见性的梦，又怎能把它归功于我们自己的能力呢？毕竟我们经常后知后觉，直到一段时间以后才知道这个梦表示某种预兆，或是对远方发生的事情的感知。

"上帝的话语"对我们诉说着，我们忍受着它，因为我们也承受着深刻的不确定性的苦。由于上帝是一个对立复合体，这个词便充分说明，一切都可能发生。真与假、善与恶都具有同等的可能性。神话可以模棱两可，或就是模棱两可的，就像德尔斐神谕或者一个梦。我们不能也不应该拒绝理性，同样，我们也必须坚信本能会赶来帮我们的忙——上帝会帮助我们与上帝相抗衡，正如约伯很早以前就明白的那样。表达"另一意志"的任何事物都以人作为中介——人的思维、语言、意象甚至局限性。因此，当人开始以心理学笨拙老实的术语进行思考时，他便倾向于把一切归因于自己，断定一切都产生自他的意图，产生自他本身。他怀着孩童般的天真，他假设知道自己能力所及的一切，也知道他作为"他自己"究竟是什么。然而与此同时，他也有着致命的缺陷，即意识的软弱，并因此产生了对无意识的畏惧。因此，他根本没有办法区分，什么是他谨慎推理而得出的结论，什么又是从他处获得、自发涌上他心头的东西。他对自己有失客观，又不能把自己当作一种现存的、与之同一的现象去看待。最初，一切都强加到了他身上，一切都发生在他身上。而只有历经千辛万苦，他方可成功地征服，为自己撑起一片相对自由的天地。

只有当人找到了成功的道路时，他才会意识到自己正面对本能的根基，他从一开始就带着它，不论他多想摆脱，它都挥之不去。他的开端绝不仅仅是过去。本能的根基与人共存，是人存在的永恒基础，和周围的物质世界一样，塑造着人的意识。

这些事实以压倒性的力量于内于外向人类发起攻击。人类把它们归于神圣的观念，借助神话来描述它们的效用，又把神话解释成"上帝的话语"，也就是"彼岸"的守护神所带来的灵感与启示。

第二部分

个体意欲加强被珍视的感觉，最好的方法就在于个体发誓要守护某个秘密。社会结构甫产生便显示出了对秘密组织的渴望。当缺少可信的秘密时，人类便发明秘密宗教仪式，只有享有特权的新人方可加入。"玫瑰十字会"及其他许多社团都是这样。在这些伪造的秘密中的确有——颇具讽刺意味——新入会者完全不曾察觉的真实秘密——比如说，从炼金术传统中借鉴了他们"秘密"的那些社团。

在远古时代，对虚张声势的秘密的需求有着重大的意义，因为那为众人所分享的秘密起着凝聚整个部落的作用。部落中的秘密起到了补偿个体缺少凝聚力的作用，不断地将个体拉回群体其他成员最初的无意识认同里。实现人类的目标——让个体意识到自己独特的天性——的过程，因而变成了一种长期的、几乎毫无希望的教育过程。因为即使是加入了某些秘密的个体，已经标榜了自己的与众不同，根本上也还是需要服从团体的规则，只不过在这种情形中，该团体在社会性上有所不同。

秘密结社是在通向自性化的道路上的中间阶段。个体仍然在依靠集体组织来实现自己的与众不同，也就是说，他仍然没有认识到，让自己与众不同、自食其力其实是个人的任务。一切集体的认同，如成为某些组织的成员、支持各式"主义"等，都会干扰这一任务。这些集体认同感是瘸子的拐棍，胆小鬼的护盾，懒惰者的温床，不负责任者的育婴堂；但是，它同时却也是穷人和弱者的庇护所，海难中船只的港湾，孤儿亲爱的家园，理想破灭的流浪者与疲惫的朝圣者的希望，迷途之羊的羊群与安全的羊圈，以及甘于奉献且慈爱的母亲。因此，我们不该把这个中间阶段当作陷阱；相反，在未来很长的一段时间里，它将代表着个体生存唯一可能的形式。当代的个体正遭受前所未有的泯灭个性的威胁。集体组织仍然非常重要，以至许多人不无道理地认为它是终极目标。而若要求继续走自主性的道路则显得狂妄或异想天开，甚至荒唐愚蠢。

尽管如此，还是会有人以充足的理由，认为自己必须迈向更宽阔的天地。生活提供给他的一切外表、样式、性状、模式和礼仪，他都不再需要了。他将独自上路，与自己为伴。他自己就像一支队伍，有多样化的观点和意向——它们甚至不必要朝向同一个方向。他其实会与自己生出龃龉，并发现就连统一日常行动的意愿都很难实现。即使他表面上被中间阶段的社会形态保护着，然而面对自己内心的多样性，他还是束手无策。自身的分裂对峙可能会使他放弃努力，与世同流。

正像秘密社团的新人终于冲破庸庸碌碌的集体一样，独行者也需要一个由于种种原因而无法说出口的秘密。这个秘密让他更加执着于达成个人目标，所以踏上了孤独的旅程。许多个体是受不了这种孤独的。他们是神经症患者，不可遏制地逃避他人，也逃避自己，不能够认真地对待人生。一般来说，他们最终都会放弃个人的目标，转而追求集体的一致性——他们所处环境中的一切观点、信仰与理想都在鼓励他们这样做。而且，理性的争辩又何尝敌得过环境呢。只有秘密，个体无力背叛的秘密——他或是害怕透露这个秘密造成的后果，或是无法用语言来描述它，这个秘密也因此被归入了疯狂念头的类别中——为了防止那势不可当的退步。

在许多情况下，对这样一个秘密的需要非常紧迫，让人不知不觉陷入了自己都无法负责的观念与行动中去。促使他这样做的既非任性亦非狂妄，而是一种他本人也无法理解的迫切的需要。这种需要是一种残酷的命运，落到他的身上，兴许是他一生中第一次亲眼见到某种异己事物的存在，而在他最个人的领域内，他本以为自己就是主人，但这东西竟比他自己还强劲有力。雅各的故事便是生动的一例：雅各与天使摔跤，结果以髋关节脱臼而告终，但是他的角力却阻止了一次谋杀。安稳岁月里，人们对雅各的故事深信不疑。如果有一位当代的雅各，自己讲述了这样一个故事，怕是要换来人们意味深长的一笑了。他可能不愿意去讲这种事情，特别是他可能还打算要保留有关耶和华派来的使者的真面目的观点。这样，他便会发现自己不管愿意与否，都拥有了一个无法与人谈论的秘密，逐渐变成了偏离集体的异常者。自然，除非他一辈子成功地扮演着伪君子，否则他保留的想法总有一天会被揭露。话又说回来，有的人企图二者兼顾，既想融入集体，又能追求个人目标，他们最终都变成了神经症患者。这位当代的雅各，大约也会绝口不提天使是二人之中的强者的事实——从来没有过传闻说最后是天使一瘸一拐地离开了。

因此，人被自身的劣根性驱赶着，终于跨过了中间阶段的范围，真正进入"人迹罕至，不能涉足之境"[1]了，在这里，没有路标也没有遮蔽物能够给他撑起保护的屋顶。当他遇到前所未见的情形时——比如职责的冲突——也没有规则可循。在很大程度上，在无人之境的跋涉仅仅在冲突发生时出现，而冲突烟消云散的时候，这跋涉也便停止了。我不能够责备那些即刻溜之大吉的人。不过我也不赞同他把自己的软弱和胆怯当作美德。我的藐视不会对他造成更大的伤害，所以我不妨直说，这样的投降实在是不足称道。

不过，如果一个人碰到责任冲突的时候，完全自作主张地去处理它们，那么在一位夜以继日地审判着他的法官面前，他便会发现自己陷入了孤立无援的境地。这时，他的生命中就有了一个无法讨论的真正的秘密了——即使仅仅是因为他卷入一场没完没了的内心审判，在这场审判中，他同时担任了自己的辩护律师和无情的审判者，牧师或精神上的法官再也不能使他安然入睡了。若不是他对这样的法官的判断厌烦至极，他本是不会陷入冲突之中的。这样的冲突总是以更高度的责任感为先决条件的。拥有这一特质的人不会接受集体的决策。在这种情况下，法庭被搬进了内心世界，宣布与世隔绝的审判。

这种情况一旦发生，个体的心灵便上升到了更高、更重要的地位。心灵不只是他那众所周知、为社会所定义的自我的基础，还是衡量内部及外部价值的度量衡。再没有比内心的对立冲突更能促进意识成长的东西了。起诉书中提出了出人意料的事实，被告一方不得不去应对前所未有的辩护。在这个过程中，外部世界的很大一部分便进入了内部世界，也正是因此，外部世界变得贫乏或者不重要了。另一方面，内部世界却由于上升到了伦理法庭的地位，因而身价大增。然而，一度职责明确的

---

[1] 《浮士德》第二部分。——原注

自我失去了只扮演原告的特权，它必须也学会扮演被告。自我变得矛盾和模糊，腹背受敌。它开始意识到高于它本身的一种两极性的存在。

我们不可能真正地"解决"所有职责冲突，甚至任何一种职责冲突都不可能被解决，不过它却可以被争论、权衡和抵消，直到世界末日。迟早在某一天冲突会停止，这结果就像是走了捷径得来的一样。实际生活不可能总是悬在没完没了的矛盾状态之中。但对立双方及它们之间的矛盾却不会消失，甚至在它们屈服的一瞬间正在酝酿着行动的冲力。它们不断地威胁着人格的统一性，并一再将生活卷入它们的对峙冲突里。

若看穿了这一状态的危险与痛苦，人们很可能会裹足不前，永远不离开那安全的羊圈、温暖的茧袋，只有这些能够保护人们免受内应力的冲击。那些不必离开父母的人当然是最安全的。然而很多人却发现自己被推上了通向自性化的道路。他们几乎马上就会认识到人类天性的正性和负性两个方面。

一切能量均来自对立，故而心灵也有它内在的两极，这是心灵的活力不可或缺的前提条件，赫拉克利特对此早有认识。不论在理论上还是实践上，一切生命皆有与生俱来的两极性。这是一种不可抗力，与之相对抗的是脆弱的自我，自我经历了几千年，皆依靠不可计数的保护措施才得以成形。自我之所以可能存在，似乎是源于这样的事实，即所有的对立双方都想要达到平衡状态。这发生在诸如热与冷、高与低等相冲撞时所产生的能量交换里。有意识的精神生活背后的能量是先于意识而存在的，因此它最初是无意识的。当它向意识靠近时，最初是投射在超自然力、神明与恶魔的形象中的，它们的元神似乎变成了能量的最主要来源，而且，只要这些超自然的形象被人们接受，它们就是能量之源。但是，当这些形象逐渐褪色，失去了它们的能量时，自我即经验的人似乎便掌控了能量的源泉。用如下所述的悖论来形容再合适不过了：一方面，人想要抓住这能量，要占有它，甚至想象他确实占有了它；而另一方面，他却又被它占有。

其实，这种可笑的情境仅发生于人们把意识内容看成心灵存在的唯一形式时。这种时候便会招来自我膨胀的恶报。但是容许无意识心灵存在的地方，这样的投射便可以作为早于意识的天生本能的形式而被接受了。它们的客观性与自主性因此便得到保存，而膨胀的恶报亦得以避免。先于意识而存在并调制着它们的各种原型，便表现出它们在现实中的真实面目：以意识物先验的结构形式出现。它们不论如何也代表不了事物本身，而是代表了事物被感知与领悟的形式。自然，制约着知觉的特殊性质的不只是原型。它们只是说明了知觉的集体性成分。作为本能的一种属性，它们也具有动力学特性，于是也具有特定的能量，能够引起或促使特定形式的行为或动机产生。也就是说，在特定环境中，它们拥有一种占有性或强迫性的力量（圣秘）。它们也被称为恶魔，这一术语是十分符合其本性的。

要是有谁相信，事物本性的任何方面都可以通过这样的简述改变，那他未免过于轻信词语的作用了。无论我们赋予其什么名字，事实是不会改变的，受到影响的只是我们自己而已。即使有人把"上帝"设想为"纯粹的虚无"，也丝毫不会撼动他是一种至高无上的原则的事实。我们仍像之前一样为之狂热，名称的改变根本不能抹去任何现实。如果新的名称有否定意味，我们对现实的态度便是错的。另一方面，给不可知的事物起一个积极的名字，则可以很好地让我们对其采取一种相对积极的态度。因此，我们说"上帝"是一种"原型"，这相当于没有涉及他的真实本性，而只能让人知道，"上帝"已经在我们的心灵中占有一席之地罢了。此外，这一席位是先于我们的意识存在的，因而不能认为上帝是意识所创造的。我们既没有让上帝远离，也没有抹杀他，而是让他更接近我们，让我们可以体验得到他。这绝不是无足轻重的，因为无法被体验的事物很容易令人怀疑其是不存在的。这种怀疑非常有吸引力，以至所谓的信奉上帝者在我重建原始无意识心灵的尝试中只看见了无神论。或者不是无神论，而是诺斯替教——偏就是看不到这是无意识之类的心灵现实。如果无意识真的是任何别的东西，那它一定是由意识心灵的早期进化阶段所组成的。创世第六日，人类沐浴着荣光产生了，之前并没有任何预备阶段，这种说法于今竟是有些太简单、太不合时宜了，不能令人满意。大家普遍都认可这一点。但是涉及心灵时，不合时宜的观念仍然顽固而难以去除：心灵没有其前身，它是一张白纸，人们出生时便得到了崭新的心灵，它想象自己是什么样子就是什么样子的。

意识是系统发育与个体发育的附属现象。随着时间的推移，这一昭显的事实才终为人们所知。肉体拥有解剖学上百万年的史前历史，精神系统的情形也是一样。正如人体的每一部分如今仍体现进化的结果，随处可见较早阶段的痕迹一样——精神上也是如此。意识从一种动物式的状态开始进化，该种状态在我们看来是无意识的，而同样的演变过程在每一个婴孩身上都会重复一次。小孩子在发展出意识之前的状态里，其心灵根本不是一张白纸。它已经以一种能够识别个体的方式运行，此外还有人类的全部独特本能，以及各种更高级功能的先天基础。

在这一复杂的基础上，自我便产生了。终其一生，自我皆靠这一基础所维持。当这一基础不再起作用时，停滞便接踵而来，然后便是死亡了。其生命与现实性有重大的意义。与之相比，甚至连外部世界也是次要的，因为若缺少了要把握它和操纵它的内源性冲动，外部世界又能做什么呢？从长远来看，有意识的意志是取代不了生命本能的。这本能源自我们的内心，表现为冲动、意欲或命令，如果——其实自远古时代起，我们或多或少已开始做了——我们赋予其以拟人的名称，如恶魔，也至少能够恰当地表达出这种心理状况了。而如果通过原型的概念，能够稍稍了解恶魔是如何掌控我们的，我们就没有损失，而只会更加接近生活本源。

我作为一个精神病学家（灵魂的医生），很自然是会信奉上述观点的，因为我的主要兴趣便是帮助我的病人恢复健康。欲做到这一点，我深知自己需要大量的知识。医药行业总体来说以相似的态度向前发展着。其所取得的进展，并不是通过发现独门诀窍而看似大大简化了治疗方法来实现的。相反，它逐渐发展为一门极其复杂的科学——首要的原因便是它将一切可能的学科纳为己用。因此，我并不关心如何在其他学科里证明什么，我只会尝试将这些知识应用到我自己的领域中来。报告这种应用及其效果自然是我义不容辞的责任。当人们把一个学科的知识拿到另一个学科，并应用到实践中去的时候，往往会发现新的现象。X光若一直只是物理学家独享的财富，而没有被应用到医学领域，那我们的知识便会少多了。还有，要是放射疗法在某些情况下会产生危险的效果，这就属于医生所感兴趣的范畴了，物理学家却不一定对此感兴趣，因为他们使用放射性的方法和目的不同。在医生指出不可见光线具有某些有害的或有益的特性时，物理学家也不会认为前者侵犯了自己的领地。

又比如说，如果我把历史学或神学的知识应用到心理治疗中，它们自然会显示出不同的属性，得出的结论也会不同于限于特定学科时的结论，因为在不同领域里，它们是为不同目的服务的。

所以，在精神动力的背后潜藏着一种两极对立的事实，便意味着从广义上说，对立问题及其所有宗教与哲学上的侧面，都已经被纳入了心理学的讨论范围。这些侧面即失去了在它们自己领域内时所具有的自主性——这是不可避免的。因为我们是用心理学有关的术语来描述它们的，也就是说，不再从宗教或哲学真理的角度来看待它们，而是去考察它们在心理学上的效度和意义。如果不管它们是不是所谓的"独立真理"，那么从经验上看，也就是从科学上看，它们首先是心理现象。这是在我看来不可辩驳的事实。它们为自己辩护也是与心理历程相符的。这一要求并非不，相反，其需要我们特别考虑。心理学不容许做"只是宗教上的"或"只是哲学上的"这种判断，尽管实际上我们频繁地听到某种东西被指责为"只是心理学上的"——尤其是从神学家们那儿听到这样的话。

所有可以理解的陈述皆是由精神做出的。相较于其他事物而言，精神表现为一个动力学过程，这建立在对立双方能量流动的基础之上，即对立两极之间的能量流动。"原理不应比所需更多"，这是一条普遍的逻辑规则。因此，既然用能量的术语所做的阐释在自然科学的解释中已被证明是一条普遍有效的原则，那么我们在心理学上也应当给自己做如此的限定。至于其他观点，则没有牢固的事实做支撑。此外，心灵及其内容的对立性或两极性，是通过心理体验而得到证实的。[1]

既然心灵的动力学概念是正确的，那么任何试图逾越心灵两极性界限的表述——比如说，关于形而上的真实表述——若是声称自己具有某种有效性，便一定是矛盾的。

心灵无法超越自身的局限。它无法建立绝对真理，因为它自身的两极性已决定了它的陈述具有相对性。每当心灵宣布了绝对的真理——如"上帝是运动的"或"上帝是独一无二的"——便一定偏向了对立双方的某一方。因为这两句话同样可以这样说："上帝是静止的"或"上帝是无处不在的"。心灵因片面性而瓦解，失去了认知能力。它变成了没

---

[1] 参见《论心灵能量》，收入《心灵的结构与动力学》（《荣格文集》第八卷）。——原注

有反映性的（因为没有能力去反映）一系列精神状态，每种状态都假设自己是合理的，因为其看不到或尚未看到其他任何一种状态。

这样说并不是在表达一种价值判断，我只是想指出，越界的事情实在非常之普遍。这的确在所难免，就像赫拉克利特所说的，"万物皆流"。论点都有与之对立的反论点，而在二者之间还产生了第三个因素，即消解二者对立的因素，这在此前是不能被感知的。在这种情形中，心灵只是再一次证明了其具有对立性，并没有真正地超越自己。

在我详细叙述心灵的局限性时，我无意暗示心灵是唯一的存在。我只是想说，就感觉与认知而言，我们是看不到心灵之外的事物的。科学严肃地证明，非心灵的、超验的物体也是存在的。但是科学也知道，要理解这些物体的真正性质是多么困难，尤其当感觉器官派不上用场，恰当的思维方式也不存在或仍有待发明时。当我们的感觉器官和人造的器官装置，均无法证明客体的真实存在时，要了解其性质就更加困难了，人们难免会被蒙蔽，断言说根本就不存在这一客体。我是绝不会做出这种草率判断的，因为我一向不觉得我们的感官能够感知一切形式的存在。所以，我宁愿冒险假设，原型现象——它们是最为卓越的心灵事件——可以建立在心理活力的基础之上，也就是说，建立在只有部分是精神的，可能完全不同的存在形式之上。由于缺乏经验数据，我对这种常被称为"精神的"存在形式既没有什么知识也缺乏理解。从科学观点来看，它是非物质的，我相信这一点，而且必须承认自己的无知。然而只要我仍受到原型的影响，对我来说它们就是真实的，即使我并不知道它们真正的本性是什么。这不但适用于各种原型，也适用于一般的心灵本性。不论它如何阐述自己，总是无法超越自身局限。所有理解的和被理解的，本质上都是精神性的，我们因此被绝望地囚禁在一个纯精神的世界里。尽管如此，我们仍有充分的理由假设，在这道帷幕之后有一个尚未被理解的绝对物影响着我们——甚至可以假设它存在于不能被确切陈述的精神现象中。有关可能或不可能的表述，只有在专门的领域里才是可靠的；一旦超出特定范围，它们便只是狂妄的假设罢了。

尽管按照客观的观点，异想天开的陈述——缺乏充分推理的陈述——是被禁止的，但个别缺乏客观推理的陈述却是不得不做的。因为其是心理动力的，通常被称为主观性，并被视为纯属个人私事。这便犯了这样一类错误，没有区分这种陈述是属于独立主题，仅由个人动机所激发，还是普遍发生的、出自集体的动力模式。在后一种情况下，它就不应被归为主观性，而应归入心理客观性。因为不知有多少人认为自己是因内心冲动而做出了某个同一的陈述，或者感觉到某一观点非常必要。既然原型不是一种闲置的形式，而是充满了特殊的能量，我们就有充分的理由认为原型是这种陈述的动因与主题。换句话说，做出这一陈述的并不是个体，而是通过其来讲话的原型。医学经验和常识都证实，倘若这些陈述被压抑或忽视了，精神问题便会积聚。这些问题将会以神经症的症状出现，在没有神经症的人群中，则以集体幻觉的形式出现。

原型性陈述以本能为前提，与理性无关。它们既不基于推理，也无法靠合理的论据来排除。它们向来是世界景象的一部分，或正如列维·布留尔恰当的描述，其是一种集体再现（Representations Collectives）。当然，自我及其意志在实际生活中非常重要，但自我的意志最大限度地受到了原型过程的自主性和神秘性的干扰，自我通常是觉察不到这种干扰的。如果可以从心理学的观点去看宗教，那么对这些原型过程的实用性考虑就是宗教的本质。

第三部分

说到这儿，有一个事实突然抢占了我的注意力，在反思的领域之外还有另一个同样广阔甚至比其更加广阔的领域，理性理解和理性的表达模式在此领域里几乎无处容身，这便是厄洛斯的王国。这类事情在古典时代得到了恰当的理解，厄洛斯作为一位神祇，其神性超越了人类的极限，因此既不能被理解，也不能用任何方式来表现。我愿像先前许多人一样冒险谈论一位恶魔，它的活动范围上可至天堂，下可至地狱。但面对这个任务，我开始支支吾吾，找不到合适的语言去恰当地表述"爱"中不计其数的矛盾。厄洛斯是宇宙的缔造者，是高级意识的创造者与父母。有时候我觉得，保罗的那句"我若能说万人的方言，并天使的话语，却没有爱"，是一切认知的先决条件和神性本身的精华。不管学者怎样解释"上帝就是爱"这句话，其本身已经证实了神性的对立复合。在医疗实践中及我自己的生活中，我曾一再遭遇爱的神秘，却从未能够解释它是什么。像约伯一样，我只好"用手捂口。我说了一次，再不回答"（《约伯书》，40：4）。这便是最伟大的与最渺小的，最遥远的与最接近的，最高的与最低的，我们无法只讨论其中一方面而不涉及另一方面。这种矛盾无法用语言表述。不论人们说什么都不能涵盖全部意义。谈论部分或侧面，往往不是过多就是过少，因为只有整体才是有意义的。爱"凡事宽恕""凡事容忍"（《哥林多前书》，13：7）。这句话道出了一切，再添一个字都是多余的。从最深刻的意义上说，我们都是造物"爱"的牺牲品和工具。我把爱这个字放在引号内是为了表示，我并不将之与欲望、偏爱、喜欢、希望之类的情感相混淆，而是把它作为某种高于个人的东西，一种统一不可分割的整体。人们身在此山中，无法把握整体。人们任由它摆布。人们可以同意它或者反抗它，却总被它掌握，被关在它的圈子里。人们依赖它并靠它来维持自己。爱既是光明，又是无尽的黑暗。"爱永不止息"这句话，无论是从"天使的话语"的角度还是从科学的精确性角度来说，都从细胞的生命追溯到了其最深处的源泉。人可以设法给爱命名，将其掌握的一切名字赋予它，可是到头来仍会陷进无尽的自欺欺人之中。要是人还有点儿智慧，便会停手，用陌生的比未知还未知的名字来命名那未知——以上帝的名义。这样，他承认自己的臣服、不完美和依赖性；但同时，这也证明了他能够自由地在真理与谬误之间做出选择。

回 顾

李孟潮

　　这一节充分表明，荣格已经达到人生发展的最后阶段，他能够整合无意义和有意义、无价值和有价值。他引用了老子的话作为结语，是真正读懂了老子，具有了其撒手归西的智慧。

回　顾

　　人们若说我是智者，或称我为圣人，那么我是不能接受的。一个人偶尔从溪流中舀出了一帽子水来能算什么呢？我不是溪流。我只是站在溪畔，什么都没做。人们都站在同一条溪流边，他们中的大多数认为自己非得对这条溪流做点儿什么。我却什么也不做。我从来不认为自己得保证樱桃是从茎上长出来的。我袖手旁观，惊叹于大自然的造化。

　　有一个有趣而古老的故事，一个学生跑去问拉比："在古代，曾有人看见过上帝的脸。可今人为什么看不见他呢？"拉比答道："因为现在没有人愿意深深弯腰了。"

　　为了从溪中舀水，人是必须弯腰的。

　　我与大多数人不同的是，那所谓的"隔墙"在我眼中是透明的。这便是我的与众不同之处。他人眼中的隔墙不透明，于是他们看不见墙后的东西，便认为墙后空空。在某种程度上，我能觉察到墙后正发生着的事情，这让我胸有成竹。看不见墙后的人则没有这种自信，也无力做出推论——就算做出推论也不会相信它们。我不知是何物让我开始觉察到生活的溪流。可能是无意识本身。也可能是儿时的梦境。它们一早便决定了我要走的路。

对墙后过程的认识在早期便塑造了我与世界的关系。这种关系在儿时或者今天大致是相同的。还是孩子的时候，我已觉得自己是孤独的，现在仍是这样。因为我晓得并必须指出他人一无所知的事情，而且大多数人也并无了解的愿望。孤独不是身边无人环绕，而是一个人无法将他认为重要的事情与他人交流，或他持有的观点不为世人所欣赏。这一孤独始于我童年的梦境体验，又在我研究无意识时达到顶峰。要是一个人比别人知道得更多，他就会变得孤独。但孤独并不一定不利于陪伴，因为再没有比孤独的人对陪伴更敏感的了，而其中情谊只有在每一个人铭记了自己的个性并不把自己等同为他人时，才能茁壮成长。

　　拥有秘密，即对未知事物的预感是很重要的。它为生活灌注了非个人的东西——一种怀有敬畏的向往。如果一个人没有体验过这种感觉，就等于错过了某种重要的东西。人必须觉察到，在他所生活的世界，有某些层面是神秘的；发生的一些事情虽能体验却无法解释；并非一切都可以预测。这个世界上也有出人意料和难以置信。只有认识到这些，生活才能完整。对我来说，世界从一开始就是无穷并难以把握的。

　　与我的想法共处让我吃尽苦头。我身体里有一个邪神，而且最终证明，它的存在起了决定性的作用。它掌控着我，要是我有时残酷无情，那便是因为我被这个邪神掌控着。我永远不会停留在已得到的东西上。我必须匆忙赶路，追赶我的视象。可以理解，由于与我同时代的人无法领悟我的视象，所以他们看见的只是一个匆匆赶路的傻瓜。

　　我得罪过许多人，因为只要我发现他们并不理解我，于我这方一切就终结了。我要赶路。我对人没有耐心——唯独对我的病人例外。我不得不服从内心的规则，它从天而降，强加于我，我并无选择的余地。当然我也不总是服从于它。生活中哪有不善变的人呢？

　　有那么一些人，只要他们与我的内心世界相同，我便会与他们频繁相见、关系密切；可是随着时间推移，我亦可能会与他们分道扬镳，因为能够联系起我和他们的东西不复存在了。我只能痛苦地认识到，就算人们不再有话对我讲，他们也依然存在着。很多人让我感受到了鲜活的人性，不过只限于他们出现在心理焦点之中的时候。过了一会儿，焦点移向了别处，先前的东西就都看不见了。我会对许多人萌生很强烈的兴趣，而一旦我看透了他们，魔力就消失了。这使我树敌不少。一个有创造力的人是无力控制自己的生活的。他不得自由。他被身体里的邪神俘虏，被驱赶着疲于奔命。

> 屈辱啊，
> 一股力量强夺了我们的心，
> 天上的神皆要人献祭，
> 然而若是不肯奉上，
> 我们就难得善终。

荷尔德林如是说。

缺少自由是我的一大憾事。我总觉得自己如临战场，说道："我亲爱的战友，你倒下了，我却必须继续向前。"因为"一股力量强夺了我们的心"。我喜欢你，甚至爱你，可我却不能止步不前。这确实令人心碎，而我自己就是献祭，我不能停留。而邪神安排好一切，好使人经历，不一致是受到福佑的，于是与我的"不忠诚"对比鲜明的是，我可在未知之中保持信仰。

也许我可以这么说，我比他人更加需要与人交往，但同时也比他人更不需要陪伴。当邪神掌权时，人总是要走极端的。只有在它沉默的时候，人才能够做到适度。

创造力之邪神无情地将我摆布。我计划的普通事业最终坏得无以复加——尽管并非事事如此。作为一种补偿，我觉得自己保守到了骨子里。我从祖父的烟叶罐里取烟叶填充我的烟斗。我保存着他的手杖，这手杖顶端套着羚羊角，是他作为首批客人从新开张的疗养地蓬特雷西纳带回来的。

我对我一生所经历的一切感到满意。我的生活很是充实，这让我收获良多。我本不敢期望有这么多收获。然而意料之外的事接连不断地发生了。不过如果我自己是不同的，很多事情也就不会是这样的。但是该发生的还是会发生，因为我就是我。许多事按计划发展，但最终的结果不一定于我有益。但是几乎一切都自然地发生了，像是命运的安排。我后悔因固执而犯的罪。但若少了这种特质，我便无法达到我的目标。因而我失望而又不失望。我对人们失望，也对自己失望。我从人们那里学到了很棒的事情，取得的成就也超过了自己的期望。我无法做出最终的裁决，生命现象和人的事情太宏大了。年纪越是增长，我对自己的理解、洞察和认识就越少。

面对自己，我感到惊异、失望而又欣愉。我既忧虑又消沉，却也喜不自胜。我同时集此于一身，但它们又不肯混合。我无力判断终极价值或无价值，对自己和自己的整个一生也无从评判。没有什么事情是能够确定的。我也没有明确不变的观点——对任何事情都没有。我只知道我生到了世上并存在着，而且好像是被裹挟着前进的。我存在于某样未名事物的基础上。在一切不确定之中，我还感受到了万物背后潜藏着一种不变的东西，我存在的方式之中也有着连续性。

我们投生的这个世界野蛮而无情，同时又圣洁而美丽。我们认为何种元素压倒了其他，其是有意义的还是无意义的，这决定了我们的气度。如果无意义占据了压倒性优势，生活的意义便随着我们每一步的发展而消逝。但实际上——在我看来——情形并非如此。或许，就像所有形而上的问题一样，两者都是正确的：生活有意义，同时也无意义。但我却抱有急切的愿望，希望意义能够占上风，赢得这场战役。

老子云："俗人昭昭，我独昏昏。"他所表达的正是我在耄耋之年的体会。老子是一位有着超凡洞察力的典范，他看到也体验到了价值以及无价值，并在其生命行将结束之时渴望回归本真，复归到那永恒的、不可知的意义中去。这位见多识广的老者，其原型必是永恒的真。在智力的每个水平上，这一种类型的典范都会出现。不论其看上去像个老农，或者像老子那样是个哲人，其特点总是相同的。这便是年老，也是局限。然而我心里还是充满了各种东西：植物、动物、云朵、白昼与黑夜、人与永恒等。我愈是感到摸不准自己，便愈是感到与万物关系密切。实际上，在我看来，长时间以来将我与世界隔开的异化感，仿佛已经转移进了我的内心世界，向我揭示出我自己竟是如此陌生，令我措手不及。

附 录

李孟潮

　　附录首先收录了荣格和弗洛伊德的通信，但只选了弗洛伊德批判神秘主义的部分，表现了荣格对弗洛伊德很在意。

　　附录的第二、三部分是荣格和妻子艾玛的通信，这似乎在宣示荣格对妻子的爱。但这只是荣格婚姻生活的光明面。其婚姻生活中的阴暗面是没有被充分展示的。好在后来有关他的婚姻及性爱生活有多本传记。我在《自愈与成长：荣格的生命故事》中，也专门用一章篇幅阐述了这些内容。简而言之，近代，人们首先迎来了父权制家庭的解体，然后迎来了家庭的解体和消亡，开始进入单身时代。在这种情况下，人们更容易把完美的"灵魂伴侣"四处投射，把荣格夫妻想象成符合中国传统的"君子—淑女"的结合，而且还是一夫一妻制。这种投射一旦失败，人们就开始批判，认为荣格是"渣男"。纯粹研究荣格及其情人之间关系的书籍也有不少，不过只有和萨宾娜有关的被翻译成了中文，这段情史还被大卫·柯南伯格拍成了电影，名为《危险关系》。

　　附录的第四部分出现了卫礼贤，看来他是对荣格影响很大的人，仅次于弗洛伊德。这篇短文有三点值得注意：1）卫礼贤对道教炼金术感兴趣，和荣格有共同话题，让荣格不再孤独；2）通过卫礼贤带来的《易经》、道教和中国佛教的典籍，荣格的自性化历程得到了加速和提升；3）卫礼贤的"全盘中化"让荣格感受到了一种危机，他认为欧洲人还是应该扎根于自身的传统文化。

附录的最后一部分是《向死者的七次布道》，如前所述，这是《红书》的剧透。如果荣格心理学相当于荣格创造的心理学化的基督神学，那么《红书》就相当于这种基督神学的《圣经》。

附录1
弗洛伊德致荣格的信[1]

维也纳第9区，伯尔格街19号

1909年4月16日

亲爱的朋友：

……这确实非同小可，在同一个晚上，我正式认你为我的长子，又任命你为我的继承人和王储——有名无实的。你本可以当场夺去我身为父辈的尊严，这拒绝给你带来的欢愉，就像你的认可将给我带来的欢愉一样多。现在我恐怕还得在你面前耍一下父亲的权威，跟你谈谈我对恶作剧之鬼事件的看法。我不得不谈及此事，因为事情并不是你想的那样。

我不否认你的一番评论和实验让我印象十分深刻。你离开以后，我决定做一些观察，以下便是观察结果。我的前厅时常嘎吱作响，声源处有两块沉重的埃及石碑放在橡木书架的隔板上，很明显是它们在作怪。在第二个房间里，也就是我们听到响声的地方，这种响声便少有了。你在这儿时我们频繁听到的这种响声，在你走后不再出现的话，我本想赋予其某种意义。然而打那时起，这响声一再响起，却并不与我的思绪相

---

[1] 承蒙厄斯特·弗洛伊德的慷慨允诺得以再版，伦敦。——原注

关，也并非在我想起你和你的独特问题时响起。（就算在写信的此刻也不会响起，我冒险添上这一句。）于是这一现象的重要性很快就被别的事情取代了。我原本的轻信，至少是准备好的相信，连同你本人出现的魔力一道消失了。又一次，由于诸多内在原因，我还是觉得任何这类事情都是完全不会发生的。我面前的家具没有灵魂，没有生命，就好像希腊众神离去以后，诗人出现以前，自然界的静寂无声一样。

所以，我又戴起了牛角框的眼镜扮起父亲，我要告诫我亲爱的儿子保持冷静的头脑。与其为了弄懂什么而做出巨大牺牲，倒不如不知道的好。我还对着精神分析与锻炼结合的方法大摇其头，我毕竟须发灰白而有一番智慧，并且想道：好吧，年轻人就是这样。只要不被我们拖后腿，年轻人确实是活蹦乱跳的，而我们气喘吁吁、腿脚不便，跟不上他们的节奏。

到了我这个年纪，人有变得唠叨的特权，现在我要将之付诸实践，跟你啰唆一件天堂与尘世之间令我费解的事情。几年前，我的脑子里钻出一个念头，我会在61岁到62岁之间死去，当时似乎我还来日方长（今天，离那个日子则只剩8年了）。之后不久，我与弟弟去希腊旅行，离奇地发现数字61或者60与1或2相继出现的情况层出不穷，尤其是在交通工具上。我有意记录下这些情形。抵达雅典以后，我已经垂头丧气。我们在旅馆里分到的房间在二楼，我希望这下能透口气了——至少不会再碰上61了。然而，我的房间号是31（按宿命论来说，我把它当作62的一半）。这个狡猾而敏感的数字比起之前的数字更令我伤脑筋。

自那天起，直到最近，31这个数字始终紧跟不舍，还总有2和它联系在一起。不过，我心中有些区域亦单纯地渴求着知识，未曾迷信过，所以我便试着分析了这个想法。现将其写在这里。这一信念开始于1899年，同年还发生了两件事：其一，我写了《释梦》（你知道，它是早于1900年的）；其二，我分配到了一个新的电话号码，现在用的还是它——14362。这两件事之间很容易建立一种联系：1899年写《释梦》时我正好43岁。电话号码中的其他数字便意味着我生命的终结，61或62，这真是再明显不过了。于是突然间，这个看上去不合理的事情便能够解释了。我将死于61岁到62岁之间的迷信，相当于相信有了这本关于梦的书，至此我就算完成了毕生的工作，不必再多说一句也可以瞑目了。这样一番分析下来，你也将同意这种迷信不再那么荒谬。顺带一提，威廉·费利斯施加的影响也与该迷信有关：其正始于他开始攻击我的那年。

此处还有另一个例证，你可以再度核实我的神秘主义具有独特的犹太特质。除了这些我只想说，我对数字62所做的这种冒险的猜测，可用两件事来解释。第一，对潜意识应保持高强度的警惕心，这样才能像浮士德一样在每个女人身上发现海伦的影子；第二，不容置喙的"机会主义协作"就像歇斯底里症伴随的身体症状或是一语双关的语音巧合一样，也在幻觉的形成中起着一样的作用。

所以，我很想多听你对鬼神情结（spook-complex）的研究，我的兴趣是针对美妙幻象的，独乐乐哪抵得上众乐乐。

向你、你的妻子和孩子致以衷心的祝愿
弗洛伊德

维也纳第9区，伯尔格街19号
1911年5月12日

亲爱的朋友：

……我知道你被内心最深处的驱动力驱使着去研究神秘学，也并不怀疑你将会满载而归，没有什么可以阻止这股力量。一个人若听从内心冲动的命令，那他总是正确的。你写《早发性痴呆心理学》一书所得到的声誉，会在一段时间内帮你堵住别人说你"神秘兮兮"的嘴。只是，不要离开我们太久，别沉浸在苍翠繁茂的热带殖民地，守住大本营也很必要……

　　向你致以衷心的问候，并希望你稍事休息后能够再度回信。

你忠诚的
弗洛伊德

维也纳第9区，伯尔格街19号
1911年6月15日

亲爱的朋友：

　　……自从费伦齐的经历给我上了很重要的　课之后[1]，再谈到神秘主义的问题，我就变得谦逊起来。我承诺要相信任何事物，只要它们看上去有一丁点儿的道理。但你也知道，我这样做时心里并不愉快。但我的自负已然崩溃了。我希望你和费伦齐不论谁准备要冒险发表著述的时候，都能够互相扶持。我猜想这样在工作过程中你们能和睦相处，又能各自保持完全的独立……

衷心问候你并祝贺你拥有那漂亮的房子
你忠诚的
弗洛伊德

---

[1]　参见欧内斯特·琼斯的《弗洛伊德生平及作品》（纽约，1953—1957年），第三册。——原注

附录2
自美国致爱玛·荣格的信（1909年）

于斯坦利·霍尔教授的家

克拉克大学，伍斯特

1909年9月6日，星期一

……所以，现在我们已平安抵达伍斯特！我迫不及待要跟你讲讲这趟旅行。上周六纽约天气阴沉沉的。我们一行三人都泻了肚子，胃也很痛。……虽然身体很不舒服，也没怎么吃饭，但我还是去了古生物博物馆。所有巨大的古生物，以及耶和华创世的焦虑梦境，在那儿都能看到。这个博物馆的特色在于能看到第三纪哺乳类动物的种系发生。我不能够把目睹的一切都讲给你听。然后我见到了琼斯，他刚从欧洲过来。三点半左右，我们经由高架铁路，从四十二大街一直开到码头。在码头，我们上了一艘大得滑稽的蒸汽轮船，上面有大概五层白色的甲板。我们住在船舱里，船沿着西河绕过高楼冲天的曼哈顿岛，穿过布鲁克林和曼哈顿的大桥驶向东湾。周围是没完没了的拖船、渡船等船只，然后穿过长岛后面的桑德。空气又湿又冷，我们又是胃痛，又是腹泻，肚中空空，所以都趴在了床上。星期天一早，我们已经到了福尔里弗，我们冒雨搭上去波士顿的火车，马不停蹄地赶往伍斯特。在路上时天放晴了。眼前的乡村景色美得令人心醉，平缓的山坡、大片的森林、沼泽和小小的湖泊，数不清的巨岩嶙峋而立，小村庄里坐落着许多木屋，它们被漆成红色、绿色或灰色，镶嵌着白色的窗框（好一番荷兰风情！），木屋皆掩映在大片美丽的树荫下。11点30分，我们到达伍斯特。斯坦迪什酒店真是一个宜人的居所，房价也很便宜。正如这儿的人说的，"美式酒店服务"也就是包吃包住。晚上6点，在经过了必要的休息之后，我们拜访了斯坦利·霍尔。他很有学问，是一位远近闻名的绅士，已年近古稀。他很热情地接待了我们。他妻子身材丰满，乐呵呵的，一副脾气很好的样子。虽然她容貌奇丑，不过烧得一手好菜。我们一见面，她就把我和弗洛伊德当成"孩子"，一再给我们做好吃又有营养的菜，并添上名酒。我们的身体明显很快恢复过来了。我们在酒店酣睡一晚，次日一早就搬到了霍尔家。霍尔家房屋的装修风格有一种难以置信的风趣别致，每一间屋子都宽敞、舒适。有一间华丽的书房，里面摆着上千本书，到处都是雪茄盒子。两个黑极了的黑人身着晚礼服，一本正经得可笑，他们是仆人。地上全铺了地毯，所有门都开着，包括浴室门和房子大门。人们忙忙碌碌、进进出出。窗户都是落地的。房子周围环绕着英式草坪，没有花园围栏。这座城市（约有18万人）的一半都被排布整齐的古树林遮住了，街道也完全被林荫遮挡了。大部分房子比我们住的要小，也都被鲜花和开着花的灌木环绕，其中不乏弗吉尼亚爬山虎和紫藤。所有植物都受到了良好的照管、清洁和培育，非常宁静和谐。好一个令人耳目一新的美国！这就是他们所说的新英格兰了吧。这座城市始建于1690年，是一座古老的城市，经济十分发达。这所大学资金丰富，规模虽小，名气却很大，虽然质朴，但有一种真正的高雅。今天上午举行了开幕式。X教授首先做了一个讲座，内容乏味。我们没一会儿工夫就溜出来，在镇子的外围高兴地散了步，镇郊尽是小湖和凉爽的树林。

我们陶醉在环境的宁静和美好之中。从纽约来到这里，一切都是那么清新，那么生机盎然……

克拉克大学

伍斯特，马萨诸塞州

1909年9月8日，星期三

……这儿的人全都非常亲切，拥有良好的教育水平。我们在霍尔家受到了非常周全的照料。在纽约时的不适一天天好转。我的胃已基本恢复，只是偶尔还有点儿痉挛。不过除此之外，我的整个健康状况颇佳。昨天，弗洛伊德开始做讲座，他赢得了热烈的掌声。我们在这里一战成名，追随者人数也在缓慢却真切地增加。今天我和两位受过高等教育的中老年妇女谈论精神分析，她们看上去都很了解这一议题，思想也很解放。这让我大吃一惊，因为我都准备好受到反驳了。最近我们还举办了一次大规模的花园聚会，有50个人参加，整场聚会上我都被5位女士围绕着。我甚至能用英语讲笑话——就凭那般英语水平！明天就是我的第一场讲座了。我原本为之担心，现在也不担心了，因为听众们善良无害，只是想听些新鲜事罢了，这对我们来说当然不在话下。听说下周六这所大学将授予我们荣誉学位，场面很讲究，晚上则要举行"正式欢迎会"。今天不得不就此收笔，因为霍尔夫妇请了一些客人5点来见我们。《波士顿晚报》也采访了我们。事实上，我们是这里最忙的人。偶尔能够这样大展一番拳脚还是很好的。我可以感觉到我体内的力比多正贪婪地享受这些日子……

克拉克大学

伍斯特，马萨诸塞州

1909年9月14日

……昨晚的庆典太隆重了，大家的穿着也很奇怪——红色与黑色的长袍，方形帽子上还垂着金流苏。在这场盛大而欢乐的集会上，我被授予了法学博士学位，弗洛伊德也是。现在我能在我的名字后面缀上法学博士的头衔了。很厉害吧！今天M教授开车带我们出去吃中饭，地点在一个美丽的湖上，那里景色极美。今天晚上在霍尔家还要举行一次"私人会议"，探讨"性心理"问题。我们的日程很紧。美国人在安排时间上真是在行——他们几乎不留一点儿时间叫人透口气。现在，经历这些传奇般的事情真叫我筋疲力尽，我很向往山中的静寂。我的头脑飞速运转。昨晚在学位授予仪式上，我在大概三百人的面前做了即兴演讲……弗洛伊德高兴得如上九天。看到他这样，我也由衷地感到高兴……

我现在特别想回到海上去，那样过度兴奋的心灵才能在无边无际的宁静和阔达之中恢复。而在这里，人像陀螺似的转个不停。不过，感谢上帝，我还是完全恢复了享受的能力，这样才能怀着热情迎接一切。现在我要接受暴风雨般袭来的一切，然后再安定下来，心满意足……

奥尔巴尼，纽约

1909年9月18日

……还有两天就要离开这里了！每个人都忙得团团转。昨天，我站在约5 600英尺高的光秃秃的岩石峰顶，在辽阔的原始森林之中极目眺望无穷无尽的蔚蓝美洲。冷风袭来，沁人心脾。今天我到了喧闹的大都市奥尔巴尼，它是纽约州的州府！大好一片奇境，我要从中带走万种深思，这又岂是一支笔可以描绘得了的。一切都太大、太不可估量了。过去的这几天中，有什么东西渐渐潜入了我心中，那是一种认可。我在这里以一种理想的状态挖掘着生命的潜力。男人们已在文化水平允许的条件下达到完善，而女人们则境况不佳。此地所见的一切都令人热情赞慕，间或引人深思社会变革中的问题。单单科技文化方面，我们便落后于美国许多。但那些科技文化是要付出昂贵代价的，而且其本身就已显示出终结的萌芽。我有好多事情要告诉你。我永远都不会忘记这次旅行的经历。现在我们已经开始厌倦美国了。明天早晨我们会起程去纽约，9月21日就要起航了……

威廉大帝号汽船
北德劳埃德船级社
不来梅
1909年9月22日

……昨天早晨，我抖落鞋子上的美国尘埃，心情轻松，只是头有些疼。因为Y一家用上好的香槟款待了我们。……自从戒酒以来，我的立场总是摇摆得厉害，为了坚持原则，我只好诚实地退出了形形色色的戒酒协会。我承认自己是个诚实的罪人，唯愿我见到一杯酒时不要再冲动了——当然得是一杯未喝的酒。本性难移，只有被禁止的东西才具有吸引力。我想，我不能太过严格地限制自己……

然后，昨天上午10点左右我们起航了，船的左侧耸立着纽约市有点儿发白又有点儿发红的摩天大楼，右侧则是霍博肯冒烟的烟囱、码头。一上午都烟雾缭绕。开船没多久纽约就消失了，又过了一会儿，海洋开始变得汹涌起来。出港引水员下了船，我们的船便驶向了"忧伤而荒凉的海"。大海总是有着无边的壮丽和朴素，令人沉默。尤其当夜晚降临，只有满天繁星与大海相伴时，人何须再说话呢？一个人安静地远眺时会放弃一切自负的念头，许多古老的传说和意象掠过脑际，只有一个低沉的声音在诉说："远处涨潮了，低沉的大海啊。""海浪汹涌，爱也一样。"还有琉科忒亚（Leukothea），那个可爱的女神，她现身于起伏不定的海浪泡沫中，给风尘仆仆的奥德修斯送上缀满珍珠的面纱，救他于波塞冬的暴风雨中。大海像一支歌，大海里珍藏着灵魂的梦，并将它们歌颂。大海的美与壮阔就存在于我们的存在之中，迫使我们走入自身心灵硕果累累的谷地，让我们在"忧伤而荒凉的海"的生机中遇到自己，并重新认识自己。目前，我们还是因为"这几日的疲于奔命"而倦怠不堪。我们默默反省着过去的几个月，无意识还要做不少工作，把美国塞进我们脑里的东西理出头绪来……

威廉大帝号汽船
北德劳埃德船级社
不来梅
1909年9月25日

　　……昨天的暴风雨持续了一整天，快到午夜才停。一天中的大部分时间我都站在船的前部，桥楼下边有保护装置且离甲板很高，我欣赏着巨浪排山倒海般高卷起来，又鼓着气泡旋转着扑到船上的壮景。船开始狂烈地摇晃，好几次我们被咸咸的海水兜头浇下。天气转凉，我们便进到船舱喝了杯茶。可是在船舱里，感觉就像脑子要沿着脊梁流进肚中，再从胃里喷出来一样。我倒回了床上，很快又觉得缓过来了，稍后便能愉快地吃上一顿晚餐。外面时不时有海浪冲击着船体。船舱中的行李都像活了似的：沙发垫趁暗在地板上爬行；一只横放的鞋突然立起来，吃惊地四下张望，又悄悄躲进了沙发底下；另一只鞋原本立着，在疲惫地转了个圈儿后，也追随它的伙伴去了。此时，表演发生了变化。我发现鞋子们去沙发下面，是去找我的包和公文箱的。稍后这支队伍便与床底下的行李箱会师了。沙发上的一件衬衣则在它们背后向往地挥着衣袖，衣柜和抽屉里面也一片吵闹。突然，我脚下的地板受到了可怕的冲击，混杂着咔嚓、哗啦和叮叮当当的声音。有一个厨房就在我船舱的正下方。在那里，五百个碟子一下子从死寂中醒来，英勇一跃，结束了它们枯燥的服役生涯。整个船舱顿时充满了难以言表的太息，下一顿饭没悬念地没了。我睡得很熟，今早的风开始从另一个方向吹来……

附录3
从北非致爱玛·荣格的信（1920年）

苏塞大饭店

苏塞

1920年3月15日，星期一

非洲真叫人难以置信！

……可惜我没法条理清晰地告诉你，因为要写的东西实在太多。就挑点儿有趣的写吧。在海上经历过阴冷天气之后，阿尔及尔的早晨便显得熠熠生辉。明亮的房屋和街道，深绿色的树丛，高高的棕榈树冠从其间冒出来。在白色连帽斗篷和红色土耳其毡帽中掺杂着身穿黄色制服的非洲狙击手及身穿红色衣服的阿尔及利亚骑兵。此外还有植物园、迷人的热带森林、印度风情，以及气生根状若怪兽的圣树和奇异的诸神居所。这一切绵延不绝，深绿色的植物在海风的吹拂下沙沙作响。

我们踏上了前往突尼斯的火车，整整30个小时。这个阿拉伯城市是历史古城，中世纪时摩尔人在此建立了格拉纳达王国，还有巴格达的传说。人们在此皆入忘我之境。你将融入这无法估量的繁复之中。还有好多新奇的事：罗马圆柱作为墙的一部分伫立着；一个丑不堪言的老犹太女人穿着麻袋一样的白马裤走过；还有个叫卖小贩，他抱着一堆连帽斗篷推攘着穿过人群，用喉音喊着什么，一听就是从苏黎世州流传过来的；深蓝色天空的碎片映照在一个雪白的清真寺圆屋顶；一个鞋匠在小小的拱顶壁龛里忙碌地穿针引线，他面前的毯子上有一小片刺眼的阳光；卖唱的盲艺人手执鼓和精巧的三弦琴；一个衣衫褴褛的乞丐一无所有；油饼冒起油烟，苍蝇成群结队。抬头看去，福气缭绕的清真白塔之上传出了报告祷告时刻的人的声音，这是中午时分的祷告；向下看，则是一个阴凉的有柱廊的大院，琉璃瓦中镶嵌有马蹄形的门桥，墙上一只脏乎乎的猫正躺着晒太阳。来往人群身着红色、白色、黄色、蓝色或棕色的披风，白头巾、红毡帽，或者制服。白皮肤、浅黄皮肤渐变到深黑皮肤的脸孔，黄或红的拖鞋踢里踏拉，无声而匆忙的没穿鞋的黑脚板，诸如此类，写之不尽。

黎明，伟大的神冉冉升起，前后地平线之间的土地上洋溢着欢乐与力量，万物都听从他的支配。晚上则有银白色的月亮闪耀着圣洁的清辉，没有人能够质疑丰饶与爱之女神阿斯塔蒂的存在。

阿尔及尔和突尼斯之间是550英里长的非洲土地，连接着高贵而舒展的阿特拉斯山脉。宽广的山谷和高地上，葡萄、谷物和深绿色的栓皮栎林欣欣向荣。今天，太阳神荷鲁斯遥远地升起在苍白的群山之中，照耀着无尽的棕绿相间的平原，沙漠里吹来一阵强劲的风，一直吹向暗蓝色的大海。绵延不绝的苍绿色山坡上有罗马古城的黄棕色废墟，小群小群的黑山羊围绕着废墟啃食牧草，附近则是贝都因人的营帐，有黑色的帐篷、骆驼和毛驴。一头骆驼还没来得及反应，火车便朝它冲了过去，这头牲口就这样送了命。穿白袍的身影们好一阵跑动、喊叫并互做手势。总是能看到大海，其时而暗蓝，时而在阳光下闪烁，直刺人眼。在一片橄榄树、棕榈树、高大的仙人掌丛和强光照射的跳动的空气之中出现了一座雪白的城市，有着圣洁的纯白圆屋顶和尖塔，覆盖了一整个山坡。随后就到了苏塞，白墙、白塔下面是港湾，港湾外面还是那蔚蓝的大海。港内泊着一艘帆船，斜挂两面大三角帆，这是我以前画过的那种帆船！！！

有人绊倒在罗马遗迹上了，我则用手杖从土中挖出一片罗马陶器的碎片来。

通篇讷言，空无一物。我不知道非洲要对我说些什么，但它确实在诉说。试想那高悬的骄阳，空气洁净如至高山巅，还有见所未见的湛蓝大海，一切色彩都具有不可思议的力量。在市场里，还能买到两耳细颈酒罐这样的古董——这样的一切——还有月亮！……

附录4
卫礼贤

初识卫礼贤是在凯瑟林伯爵住处,时值达姆施塔特的"智慧学派"大会期间。那是20年代(20世纪)初的事了。1923年,我们邀卫礼贤来苏黎世,他在心理学俱乐部向我们讲《易经》。[1]

早在认识他以前我就对东方哲学很有兴趣,1920年前后已开始研习《易经》。夏天在柏林根时,我决心对这本谜一样的著作发起全面进攻。传统方法要求使用蓍草的茎秆,而我用一把芦苇代替。我常常在那个百岁梨树下面的空地上一坐数小时,身旁摊着《易经》来练习卜筮,查阅那些环环相扣的谕示,看因果相互影响。各种各样确凿的神迹出现了——它们与我的思维过程形成那些有意义的联系,我自己都不知作何解释。

实验中唯一的主观介入,是实验的一处随意性——不计数——将一束49根的草茎随机分开。实验者并不知道两把草茎各有多少,而卜筮结果正依赖它们之间的数量关系。其他的操作步骤则是机械化的,没有意愿支配的余地。如果说精神方面的因果也参与其中了,便只可能出现在

---

[1] 《易经》由卫礼贤译为德文,又由卡利·贝恩斯从德文译为英文。相传这本古老的关于智慧与预言的中国名著写于四千年前。——原注

将草茎束一分为二的时候（这和扔硬币的随机性具有异曲同工之处）。

整个暑假里我都在思索这样一个问题：《易经》给出的答案到底有没有意义呢？如果有，那么精神事件与物质事件的顺序又是怎样发生联系的呢？我屡次三番遇见惊人的巧合，像是一种非因果关系的平行事件（稍后我将之命名为共时性事件）。我过于痴迷这些实验，把做记录这件事抛在了脑后，后来我很为此后悔。不过，稍后我常在我的病患身上做这样的实验，相当一部分结果的确是正中靶心的。我还记得一个年轻人的案例，他有强烈的恋母情结。他想要结婚，也结识了一个看上去挺般配的女孩。然而他心中不安，担心在恋母情结的影响下，他会再度陷入一个强势"母亲"的掌控中。我为他卜了一卦，卦辞是这样说的："此女力量强大，不宜婚配。"

30年代（20世纪）中期，我见到了中国的哲学家胡适。我问他对《易经》持何种看法，得到了这样的答复："哦，那本书不算什么，不过是过去的巫术符咒，并没有意义。"他未曾研习过《易经》——至少他是这么说的。在他记忆中只遇到过一次实际的体验。有一天，他正和一个朋友散步，这位朋友跟他谈起自己不愉快的恋爱经历。这时他们恰好经过一座道观。他开玩笑地跟朋友说："你可以去占一卦呀！"说着他们就真的去了。进了道观后他们请道士用《易经》算了一卦。不过他丝毫不相信那些瞎话。

我问他那一卦准不准。他支支吾吾地答道："啊，是的，当然……"我想起了有名的"益友"故事，他所做的每件事都并非出于自愿，于是我小心翼翼地问他，是否从这一契机中获益。"是的，"他回答道，"我当时也开玩笑似的问了一个问题。"

"那么卜筮有没有给你一个合理的回答？"我问道。

他迟疑了一下。"好吧，你要想这么说的话，还算合理吧。"这个话题明显让他不自在了。

在我用芦苇卜卦的几年之后，卫礼贤译注的《易经》出版了。我马上弄到了一本，令我欣慰的是，卫礼贤有意义的联系的观点与我如出一辙。而他在这方面学识广博，能够自圆其说，我对此则是无能为力的。卫礼贤来苏黎世时，我才有机会与他详尽地探讨这一问题，我们还论及许多中国哲学与宗教的问题。他对中国精神所知甚多，他向我讲的话，澄清了许多欧洲无意识曾给我带来的难题。另一方面，我跟他谈到我对无意识的研究结果，他神色中并未出现一丝惊讶，因为他在其中辨出了他认为是中国哲学传统独有的东西。

卫礼贤年轻时曾前往中国，以基督教传教士的身份传教。到了中国后，东方的精神世界便为他敞开了大门。卫礼贤拥有地道的宗教灵魂，对事物有着深刻、长远的见解。他有一种天赋，能够不抱偏见地倾听出人意料的异域心智，凭借一种奇迹般的同理心，将中国的智慧财富引进欧洲。他深受中国文化影响。有一次他对我说："我从来不曾给中国人施洗，这令我非常欣慰！"尽管他有基督教背景，但他情不自禁地认同中国思想的逻辑和清晰性。"影响"一词已不足以描绘他所受到的效用，他已被征服、同化了。他的基督教观点退居次位，却并没有完全消失，它们成了一种精神保留。道德的尾缀稍后却带来了致命的后果。

在中国时，卫礼贤曾有幸拜见过一位旧学哲人，其因时逢革命而不再做官。这位哲人名叫劳乃宣，他向卫礼贤介绍了中国瑜伽哲学和《易经》中的心理学。正是由于这两人的合作才有了附带精辟评论的《易经》译本。这本东方最深邃的著作首次被介绍到西方来，形式生动且易于理解。我认为这是卫礼贤最重要的成果。尽管他的思想是西化的，他的《易经》评注却清晰而明确地显示出他对中国式心理学的理解程度已达到无与伦比的程度。

当最后一页翻译完毕，首版即将付梓之时，年迈的劳乃宣大师与世长辞。仿佛他的任务已经完成，已将奄奄一息的古老中国的最后音讯传至欧洲。而卫礼贤的确是一个完美的弟子，他实现了这位哲人毕生的夙愿。

我见到卫礼贤时，他全然是中国式的，不管是写作风格还是谈吐，甚至举止。东方的观点和中国古代文化已刻入了他的骨子里。他一回欧洲就加入了法兰克福的中国学院担任教职。但是，不论是他的教学工作还是他给外行做的一些讲座，都表现出他已受到了欧洲精神的压迫。基督教观点和思维模式逐步走向前台。我听过他的几次讲座，发现它们几乎与传统的布道别无二致。

这种倒退在我看来颇欠考虑，因而非常危险。我将之视为西方的再度同化，所以我觉得，这必将导致卫礼贤与自己的冲突。我想，由于这是一次被动的同化，也就是一种对环境影响的屈服，因此会产生相对无意识的危险冲突——他的西方精神与东方精神的碰撞。我设想，如果基督教精神当初屈服于中国的影响，那么当下很可能已经发生了相反的事情：欧洲元素很可能再次压倒东方元素。这样的变化发生时，如果没有一种强力、有意识的努力去诠释，那么无意识的冲突便会严重影响机体的健康状态。

听了他的讲座后，我曾试图让他关注他正面临的危险。我的原话是："我亲爱的卫礼贤，请不要误解我的话，但是我有种感觉，西方思想正在你身上复苏，你正要背叛那将东方思想引来西方的使命。"

他回答："我认为你说得对——这儿有某种东西正将我淹没。可我又能做什么呢？"

几年后，卫礼贤来我家做了一次客，后因染上阿米巴痢疾而病倒了。20年前他曾患过同样的病。后来的几个月里，他的病情每况愈下，随后我便听说他住院了。我去法兰克福探望了他，发现他已病入膏肓。医生们还没有放弃，卫礼贤也谈论着病愈后想实施的一些计划。他和我分享了他的愿望，但我也自有一种预感。当时他向我说的一些话也证实了我的猜测。他反复在梦中看到无边无际、杳无人烟的亚洲草原——那曾被他抛弃的中国。他意欲重拾中国摆在他面前的问题，而西方却将那答案远隔在山水之外。事到如今，他刚意识到这个问题却已无力寻求答案了。他的病又拖延了数月。

有相当一段时间我没有再听说他的消息。直至他临死前几周，有一晚我刚要睡着，却被一幕视象惊醒。我的床边站着一位一袭深蓝长袍的中国人，两手抄在衣袖里。他向我深鞠一躬，像是有消息要告诉我，我知道这预示着什么。这视象异常清晰：我不但能看清那个人脸上的每一条皱纹，就连他长袍上的每一根棉线也历历在目。

卫礼贤的问题大概可以归结为意识与无意识的冲突，这一冲突在他身上以西方与东方相互冲击的形式出现。我相信我可以理解他的处境，因为我自己也有相同的问题，知道卷入这样的冲突意味着什么。诚然，我们最后一次会面时卫礼贤并未坦诚相告。尽管在我向他介绍心理学观点时，他表现出极高的兴趣，但这仅限于论及客观事物的时候，比如宗教心理学引发的冥思或疑问。此时还能风平浪静。只要我尝试触碰他心中冲撞着的实际问题，马上就能感觉到他的退缩，他给我一种心门紧锁的感觉——因为这些问题深入骨髓。这种现象我在许多大人物身上都观察到过。记得歌德在《浮士德》里把它描写成了一处"人迹罕至，不能涉足"之境。任何人或物皆不能够亦不应当强行入内。这便是命运，不允许任何人干扰。

附录5
向死者的七次布道（1916年）

　　荣格允许将《向死者的七次布道》私下印成小册子。他偶尔会赠给朋友一两本，书店则从来没有出售过。后来，荣格把它定义为年轻时代的罪过，并因之追悔。

　　其语言多少与《红书》的文风相似。但是相较于《红书》中与内在形象没完没了的对话，《向死者的七次布道》构建了一个完备的整体。其断断续续地传达了一种印象——关于荣格在1913—1917年的经历和他所产生的思想。

　　布道中包含着一些观点的线索与前体，稍后在他的科学著作中成形，重点涉及心灵的两极本质、普通的人生和一切心理学声明。正是这些自相矛盾的思想将荣格引向了诺斯替教。这也是他认同诺斯替派作家巴希里德（2世纪初）的原因，甚至还沿用了巴希里德的一些措辞——例如称上帝为阿卜拉克萨斯（Abraxas）。这是一种寓意丰富的神秘游戏。

　　荣格在百般犹豫后，只是"为了诚实"，才同意将《向死者的七次布道》放在他的自传中出版。直到本书最后，他也没有揭示这一游戏的含义。

向死者的七次布道，

由巴希里德书于埃及亚历山大港，

那是东西方相接的圣城

第一次布道

一群死者从耶路撒冷归来，他们想要的在那儿未能如愿以偿。他们恳求我让他们进来，以便听我的训示。于是，我开始向他们布道。

各位请听：我首先要讲无。无即是有。在无限的时空里，充满与空无是一样的。无既是空也是满。你可以就无再说些什么，比如它是白是黑，或再加一句，它是虚是实。无限和永恒的事物是没有特质的，因为它包含一切特质。

这样一种虚无或充满被我们称为普累若麻（Pleroma）[1]。在那里，思想和存在是停滞的，因为永恒和无穷没有特质。普累若麻并不包含存在物，因为存在物是有别于普累若麻的，并因此获得了特质，将其区分为与普累若麻不同之物。

在普累若麻中，空无一物而又无所不有。揣摩普累若麻终究无益，这种思考自身是不攻自破的。

受造之物（Creatura）不属于普累若麻，而是存在于自身之中。普累若麻是造物的开始，也是终结。它将造物照得通透，恰如阳光将空气照得通透。尽管普累若麻透射着万物，造物却没有分到一丁点儿的普累若麻，就像光线透过一个完完全全透明的物体，物体却不因之变明或变

---

[1] 普累若麻，如佛教之"空"或道教之"道"，乃是诺斯替教派中的精神世界之充满。——译者注

暗一样。但我们却是普累若麻本身，因为我们是永恒和无穷的一部分。不过，当我们无限地远离普累若麻时，便不再拥有普累若麻了。这并非精神的和暂时的，而是本质上的，因为我们作为受造之物囿于特定时空之内，故有别于普累若麻。

不过，因为我们是普累若麻的一部分，普累若麻仍在我们之中。即使是最微小的一点，普累若麻仍是无尽、永恒和完整的，因为微小与阔大都是包含在内的特质。虚无是完整而连续地充满各处。于是，只是在象征性的层面上，我才会说造物是普累若麻的一部分。因为普累若麻实际上是不可分的，它就是虚无。我们也是一个完整的普累若麻，因为从象征性上说，普累若麻既是我们之内最微小的一点（仅是假设，实际不存在），也是我们头顶无尽的天空。那么，既然普累若麻什么都是，又什么都不是，为什么我们还要说它呢？

我要讲普累若麻是为开始做铺垫，也是为了避免你们从一开始就抱有幻想，以为不论是外部还是内部，某处一定存在着一些确定的或在某些方面既定的东西。任何所谓确定和必然的东西都是相对的。只有变化才是确定和必然的。

可变之物就是受造之物，因而变化便是唯一确定和必然的东西，因为它有多种特质。变化本身也是一种特质。

问题出现了：受造之物从何而来？造物凭空发生了，但受造之物则不然。造物恰是普累若麻的一个特质，就像非受造之物是永恒的死亡。造物与死亡皆贯穿着时空。普累若麻包纳一切，是泾渭分明可也是清浊容杂。

泾渭分明者，即受造之物。受造之物是清晰可辨的，区别性是其本质特性，于是可辨。所以人与人有区别，因为他的天性可辨。因此他也去区分普累若麻中清浊容杂的那些特质。他是发自天性地去区分的。他便非要说出普累若麻中清浊容杂的特质。

你们问：讲这些又有何益？你不是说过思索普累若麻徒劳无益吗？

我同你们讲的话，正是要助你们不要误以为普累若麻是可以被思索的。当我们区分普累若麻的特质时，其实完全是基于我们自己区分的天性，这便等于完全没有谈及普累若麻。我们应该谈我们自我的区别性，因为只有这样才能区分自我。我们的特性就是区分。倘若我们不能真诚对待我们的特性，就谈不上区分自我。因此，我们必须分清诸多特质。

你们问，若不区分自我，又有什么害处呢？我们若不区分，就会超出我们的天性，脱离受造万物。我们将堕落到黑白不分当中，这种非区别性本是普累若麻的另一个特质。于是我们陷入了普累若麻之中，不再是受造之物。我们就会被瓦解，融入虚无。这就是受造之物的死亡。从这种意义上说，当我们不做区分时，我们就死了。因此，人的天性就在追求区分，抵制退回原始时代危险单调的生活。这就是所谓的自性化原则。这一原则符合受造之物的本质。由此你们可看到，为何清浊容杂、不分黑白是受造之物面临的一大险境。

因此，我们必须分清普累若麻的特质。这些特质是相形相依的两极，如：

有效的与无效的，

充满的与空无的，

生与死，

异与同，

明与暗，

热与冷，

力与质，

时与空，

善与恶，

美与丑，

太一和多元，等等。

这一组组的对立物就是普累若麻的特质，倒不是因为它们互相平衡。我们自己也是普累若麻，我们身上也包含了上述特质。因为我们最深刻的本性是区分性，它一定会体现在区别性的名称与符号之中。

第一，在我们心中，这些特质相互区别，因此它们不平衡亦不空虚，然而却是有效的。我们变成了这一组组对立物的受害者。普累若麻被我们一分为二。

第二，那些特质皆属于普累若麻，只有在使用有区别性的名称和符号之后，我们方可占有它们，且必须与它们一起生活。我们必须以特质区别自己。在普累若麻中，一组组的对立物平衡而空虚，但在我们内心却并非如此。只有区别于它们，我们才得了一条生路。

当我们为善或美而战斗时，我们忘记了自己的天性，即区别性，我们受到了普累若麻的特质，即一组组的对立物的控制。我们为善与美而劳作，但同时也获得了恶与丑，因为在普累若麻中，善恶与美丑皆合二为一了。当我们真诚对待我们的天性时，我们就会区别，会将自己区别于善与美，同时也区别于恶与丑。于是我们堕落，不是坠入了普累若麻之中，而是跌落在虚无和瓦解之中。

你们说道，客体中的异与同皆是普累若麻的特质。那么，一旦我们努力追求差别，会发生什么吗？这样做难道就会违背我们的天性吗？再有，当我们求异时，是否应当依然求同呢？

你们千万不要忘记，普累若麻没有特质，是我们想出了这些特质。所以，如果你追求异或同或其他某种特质，你就要追索那些从普累若麻之中向你喷涌而来的思想。思想，也就是普累若麻的那些虚空不实的特质。因为你追索那些思想，你会再次坠入普累若麻之中，同时获得异与同。你的存在，而非你的思维，是有区别性的。因此，不要想当然地努力追求差异，而要追求"你独特的存在"。从根本上说，只有一种奋斗，即追求你独特的存在。如果你如此地奋斗着，你其实不需要知道普累若麻及它的特质，而只凭你的独特存在这一种美德，亦可以达到正确的目标。不过，因为思想会让你偏离你的存在，所以我必须教你这些知识，你得用这些知识来控制你的思想。

第二次布道

晚上，一群死者沿墙而立，齐声喊道：

我们想要懂得上帝。上帝在哪里？上帝已死吗？

上帝没有死。他现在活着，也将永远活着。上帝是受造之物，因为他是确定的，也因此不同于普累若麻。上帝是普累若麻的特质，我说过的每一件关于受造之物的事都同样适用于上帝。

不过，即使如此，上帝也是有别于造物的，他比起造物更加模糊和不确定，更少有差异，因为他存在的基础是实在的充满。只有确定和可区别的时候，他才是受造之物。从这种角度来看，他便体现了普累若麻是实在充满的。

我们分辨不清的任何事物都会坠入普累若麻之中，并被其对立物抵消成为虚无。因此，如果我们不能辨别神明，我们那实在的充满便烟消云散了。

甚而，上帝就是普累若麻本身，造物中最微小的点和未被创造的都是普累若麻本身。

实在的虚空是魔鬼的本性。上帝和魔鬼皆说明了我们称为普累若麻的那种虚空。其实，是不是普累若麻并无差别，因为其在任何事物中都是平衡而抵消成为虚无的，但受造之物却并非如此。上帝与魔鬼皆为受造之物，但他们并不互相消灭，而是作为实在的对立物而相互依存。我们不需要证明他们的存在。关于他们我们已讲得足够了。即使他们不是受造之物，也因其自身固有的区别性而永远被排除在普累若麻之外了。

任何事情具有了区别性就会脱离普累若麻而成为一组对立物。上帝则永远与魔鬼同在。

这种不可分离性在生活中随处可见，其坚固而不可分裂，就像普累若麻本身一样。因此，对立而不可分离的双方均非常接近普累若麻，而在普累若麻之内，对立物则会抵消或融合。

上帝与魔鬼的区别在于其特质，是充满还是虚无，是生成还是毁损。两者皆有有效性。有效性将他们联结在一起。这种效力凌驾于两者之上，是神中之神，它统一了充满与虚无。

这一位神你们可能不太了解，因为人类已将它遗忘。我们称之为阿卜拉克萨斯（Abraxas）。其是不确定的，比上帝与魔鬼更加不确定。

这位神与上帝不同，我们称其为太阳神赫利俄斯。阿卜拉克萨斯是一种影响力。与它对立的只有"无效"，因此它那实在的本性是展露无遗的。"无效"即是没有，因此不产生阻力。阿卜拉克萨斯高于太阳，也高于魔鬼。它是不可能发生的可能，是不真实的现实。假如普累若麻是一种存在，阿卜拉克萨斯便是它的体现。它是效应本身，却不是任何具体的效果，而是最为概括的效应。

它是不真实的现实，因为它没有确切的效果。

它也是受造之物，因为它有别于普累若麻。

太阳的效果是确切的，魔鬼的效能也是确切的，因此太阳与魔鬼似乎比不确切、不确定的阿卜拉克萨斯有更多的效能。

它是力量、延续和变化。

死者们听后发出了好一阵骚动和抱怨，因为他们都是基督徒。

第三次布道

仿佛迷雾在沼泽上升起，死者们渐渐靠近我，叫嚷着：多说一些关于至上神的事情吧。

要了解阿卜拉克萨斯这位神明岂是易事！人们不能够洞见它，它的力量巨大无比。人们从太阳那里吸取了至善，又从魔鬼那里吸取了至恶，但是从阿卜拉克萨斯那里却获得了生命和整体的不确定性，那是善与恶之根源。

生命似乎比至善渺小和虚弱，因此人们也很难感觉到阿卜拉克萨斯的力量胜过太阳，毕竟太阳本身是一切生命力的辐射源。

阿卜拉克萨斯就是太阳，同时也是虚无永远吸吮的腹囊，是卑微与破坏的魔鬼。

阿卜拉克萨斯的力量是一把双刃剑，但你们却看不见。因为在你们眼中，这股对立物相互冲突的力量已经抵消了。

太阳神的话语是生命。

魔鬼的话语则是死亡。

而阿卜拉克萨斯讲着神圣与诅咒的语言，这语言同时是生也是死。

阿卜拉克萨斯讲述着真理与谎言，善良与邪恶，光明与黑暗，用一样的话语、一样的举止。因此阿卜拉克萨斯糟糕至极。

一头雄狮一举击倒了它的猎物，这是多么辉煌壮丽。就像明媚的春日一般美丽。它既是伟大的潘神（Pan），也是渺小的普里阿普斯神（Priapos）。

它是阴曹地府的怪物，是千足水螅，是盘旋着的有翼大蛇，是暴怒。

它是最初的雌雄同体。

它是蟾蜍和青蛙的君主，居于水中，亦可爬到陆上，每逢中午和子夜，则齐声鸣唱。

那是富饶在追求与虚空合一。

那是神圣的降生。

那是爱与杀死爱的凶手。

那是圣人与叛徒。

那是白天最明亮的光，是夜里最黑暗的疯狂。

看见它，则目盲。

认识它，则生病。

崇拜它，则死亡。

畏惧它，是智慧。

不抗拒它，是救赎。

上帝居住在太阳的后边，魔鬼居住在黑夜的后边。上帝将光明带过来，魔鬼吞噬光明，让黑夜降临。而阿卜拉克萨斯就是世界，是世界的发生与流逝。太阳神每次向人类馈赠礼物时，魔鬼都会送上一句咒语。

你从太阳神处许的愿，总是摆脱不了魔鬼的契约。

你与太阳神一起创造的任何东西，都会赐予魔鬼更多力量。

这就是糟糕至极的阿卜拉克萨斯。

它是非凡的受造之物，所及之处，受造之物皆显畏惧。

它展示的是受造之物与普累若麻对立的一面，以及受造之物的虚无。

那是儿子对母亲的畏惧。

那是母亲对儿子的怜爱。

那是尘世的极乐，天堂的残酷。

在它面前，人们变得像石头。

在它面前，没有问题，也没有答案。

它赋予受造之物以生命。

它是差异性的体现。

它使人们拥有爱的情感。

它是人们的话语。

它是人们的外表和影子。

它亦是虚幻的真实。

听完这些之后，死者们愤怒地嚷嚷起来，因为他们不能够十全十美。

第四次布道

屋里挤满了死者，他们低声说道：

该死的，给我们讲鬼神的事情！

太阳神是至善的，魔鬼则相反。因此，你有两个神。另外还有很多至上和至善的东西，以及许多卑劣的邪恶。这其中包括了两位半神半鬼：一位是燃烧，另一位是成长。

那燃烧的是伟大的厄洛斯，他有火焰般的外形。这火焰因为消耗而发出光亮。

那成长的是生命之树。它萌生枝丫，在成长中积累着有生命的物质。

厄洛斯燃起了火焰又将其熄灭。生命之树却缓慢地成长，随着时间的推移不断生长。

善与恶在火焰中合一。

善与恶也在生命之树成长的过程中合一。在它们的神性中，生命与爱对峙而立。

鬼神的数量不可数，其就像数不清的星辰。

每一颗星都是一位神灵，每一颗星所占据的空间都代表一个魔鬼。虚空与充满的整体则是普累若麻。

操纵着一切的正是阿卜拉克萨斯，在它的对面只有无效性。

有四位最重要的神灵，数字四便是世界最基本的度量。

第一位是万物之始，是太阳神。

第二位是厄洛斯，他把匹配者拴在一起，在一片光明中蔓延伸展。

第三位是生命之树，它以形体充满了空间。

第四位则是魔鬼，他将一切关闭的都打开，他将一切有形体的自然物瓦解，他是毁灭者，将万物化为虚无。

我觉得，了解许多有关诸神多重性和多样性的知识是件不错的事情。但你们会有些悲哀，如今一个神取代了他们。由于不能明白，你知晓的这一切便折磨着你，受造之物的本性和目的便是使事物泾渭分明。但当你企图将多数改为唯一的时候，你又如何能够真诚面对自己的本性呢？你怎样对待神明，神明便会怎样对待你。若是万物都平等，你们的天性就会受到伤害。

平等是人的原则而非神的原则。因为有无数的神，人却是有限的。诸神因为能忍受他们的多样性，所以强大。正如星辰能忍受孤独，彼此间隔着那么遥远的距离。然而人们不能承受多样性，于是软弱。他们聚群而居，需要沟通，这样才能忍受分离。为了救赎，我教你们拒绝接受真理，我也同样为了救赎而拒绝接受真理。

神明的多样性等同于人的多样性。

无数的神在等候化为人身，无数的神已经降生为人。人与神有着共同的特性。人来自神，也回归于神。

所以，崇拜神的多样性也没有益处，就像没有必要去思索普累若麻。崇拜首要的神是最没有用的，崇拜丰饶和至善也是如此。祈祷并不会给我们带来任何东西，也不会带走任何东西，因为那实在的虚空将吞噬一切。

光明之神构成了天上的世界。他们多种多样，无限地延伸着，越升越高。太阳神是这个世界至高无上的主宰。

黑暗之神构成了凡尘的世界。他们是单一的，无限地缩小和坠落。魔鬼是尘世最低的主宰，他像月亮的精灵、地球的卫星，他比尘土更微小、更寒冷、更死气沉沉。

天堂之神与凡世之神的力量并无区别。天堂之神能够放大，凡世之神能够缩小。他们的行动都是不可测量的。

第五次布道

死者们带着嘲弄的神色齐声喊道：笨蛋，告诉我们关于教会和宗教团体的事情。

诸神的世界体现在灵性与性欲里。天堂之神以灵性的形式出现，凡世之神则以性欲的形式出现。

灵性是思索的、包容的，像女性，我们称其为天堂之母，即天母；性欲则是生育的、创造性的，更像男性，我们称其作阳刚之物，即大地父亲。

男性的性欲更加世俗化，女性的性欲比较精神化。

男性的灵性更近乎天堂，追求落在更高处。

女性的灵性则更接近世俗，追求更微小的东西。

如果男性的灵性是欺骗的、邪恶的，他就变得渺小。

如果女性的灵性是欺骗的、邪恶的，她就变得伟大。

双方必须各司其职。

当男性与女性在灵性上不能区分时，他们就变为彼此的魔鬼，因为受造之物的天性应当泾渭分明。

男性的性欲追求的是世俗的满足，女性的性欲追求的是精神上的满足。当男性与女性在性欲上不能区分时，他们就变为彼此的魔鬼。

男性应该了解渺小，女性应该了解伟大。

男性应从灵性上和性欲上分辨出自我。他要称灵性为母亲，将其置于天地之间。他要称性欲为"阳具"，将其置于他自己与大地之间。母亲和阳具是超越人性的魔鬼，反映了诸神的世界。对我们来说，诸魔比诸神更加有效，因为诸魔与我们的本性相通。如果你不从性欲和灵性上区分你自己，如果你不承认性与灵的特性高于你、超越了你，那么你就会赋予性与灵以普累若麻的特质。灵性与性欲并非你的特质，也不是你所拥有或包含的品质。它们拥有和包含着你，因为它们是强有力的魔鬼，是诸神的体现，因此是你无法触及的东西，它们只存在于自身之中。没有人拥有灵性或性欲，人们总是受到灵性与性欲的规律支配。

因此，没有人能躲开这些魔鬼。你们必须把它们当作魔鬼，就像生活交与你的日常任务和冒险，一个普通的负担。对你来说，生活就是日常的使命和危险，对诸神来说也是如此。连那个名列首席、糟糕至极的阿卜拉克萨斯也是如此。

人是弱小的，因此少不了宗教团体。如果你与神的交流未经过天母的授意，就该在阳具的授意下进行。没有宗教团体，则会痛苦而病态。任何共享都是分割与分解。

泾渭分明将导致孤立。而孤立与宗教团体是对立的。但是由于人有着不同于诸神和诸魔的弱点，因此人需要宗教团体，这是为了神的缘故，而非人的缘故。诸神迫使你同他们交流。他们逼迫得越紧，宗教团体的需要便增加得越多，邪恶也是这样。

宗教团体使人与人之间和解，于是团体便维持下去，因为人们需要它。

但是孤立却使人较他人更优越，每个人都得以自立，并尽力避免受到奴役。

宗教团体要求人们克制欲望。

孤立却使人放荡。

宗教团体是深邃的。

孤立则位于高处。

宗教团体里正确的措施能起到净化与维持的作用。

孤立时正确的举动则起到净化与提升的作用。

宗教团体带给我们温暖，孤立则带给我们光明。

第六次布道

性欲的恶魔像一条大蛇逼近我们的灵魂。它一半是人，象征着有思维的欲望。

灵性的恶魔像一只白鸟潜入我们的灵魂。它一半是鸟，象征着有欲望的思想。

大蛇是尘世的灵魂，她一半是恶魔，属于一种精灵，类似于死者的魂魄。如此这般，她缠绕着尘世的一切，或使我们恐惧，或激发我们放纵的欲念。大蛇的天性像女性。她总是与死者为伴，这些死者被尘世的诅咒困扰，他们除了孤立的道路，再找不到其他出路。大蛇还是妓女。她与魔鬼和邪恶的灵魂淫乱。她是施恶的暴君，是摧残者，永远诱惑最邪恶的伙伴。那白鸟是男性的半人半神的灵魂，他苦苦等待天母的降临。那白鸟的天性像男性，是实实在在的思想。他是天母的使者，贞洁又孤独。他在大地上空高高地盘旋。他指挥着孤立。他从那些冷漠、完美的带路者那里汲取知识。他把我们的消息带给天母。她为我们调停，给我们以忠告，但她又没有力量与诸神抗衡。她是太阳的容器。大蛇在地下爬行，她用她的狡猾绊住了崇拜阳具的魔鬼们，或者诱惑着他们。她放纵世人产生狡黠的想法，那些诡计无孔不入，渴望地缠住了一切。不论如何，大蛇无疑是对我们有用的。她脱离我们的控制，给我们指明了一条路，那是人类自己永远不可能找到的。

死者们眼神轻蔑地说道：别再谈论诸神、魔鬼与灵魂了。实际上我们早已熟知了这一切。

第七次布道

当夜幕降临，死者们又重新靠过来。他们神色哀伤地说道：有一件事我们忘了请教。请给我们讲一讲人。

人是一扇大门，通过这扇门，你可以从诸神、魔鬼和灵魂的外在世界进入内在世界，可以从一个广阔的世界进入一个微小的世界。人是微小而短暂的。你们将他抛在背后，你们会再一次发现自己置身于无边的空间内，在一个微小或内在最深刻的无穷之中。在遥不可测的远方，一颗孤独的星悬在天穹之上。

这是一个人的独有的神。这是他自己的世界，他的普累若麻，他的神性所在。

在这个世界里，正是阿卜拉克萨斯创造了自己的世界，也毁灭了它。

那颗星是神，也是人的目的地。

他是为人引路的神。人在那里可以找到安息之所。人死后，灵魂便朝着那里长途跋涉，在他的光芒照耀下，人从大的世界回归。人应该向这个神祈祷。

祈祷会为这颗星带来更多的光，会架起一座跨越死亡的桥。它为生命准备了一个微小的世界，能缓解那个大世界里无望的欲念。

当那个大世界被冰雪覆盖，这颗星正在熊熊燃烧。

只要人类能够对阿卜拉克萨斯熊熊燃烧的壮景视而不见，他与他的神中间便没有间隙。

人在这边，上帝在那边。

脆弱和虚无在这边，永恒的造物力量在那边。

这边只有黑暗和寒冷的湿气。

那边则有圆满的太阳。

听到这些之后，死者们皆沉默不语。他们像牧羊人篝火上的烟一样袅袅上升，仿佛讲述着牧羊人曾彻夜看护他的羊群。

ANAGRAMMA：[1]

---

[1] 荣格留下的字谜，他生前并未对其做出解释。——编者注

NAHTRIHECCUNDE

GAHINNEVERAHTUNIN

ZEHGESSURKLACH

ZUNNUS.

（由H. G. 贝尼斯翻译）

术语表

　　放大（Amplification）：通过直接联想（参见相应条目）或人文科学（符号学、神话学、神秘学、民俗学、宗教历史、生态学等）中相应的方法，对梦中意象做出详细阐述与澄清。

　　阿尼玛和**阿尼姆斯**分别是男性无意识中的女性特质和女性无意识中的男性特质的人格化象征。这种心理上双性同体的现象，反映了一种生物学事实，即决定性别的关键因素是性染色体的数目，而非种类。占少数的另一种性别的基因，似乎带来了另一种性别的特质，该特质常潜藏在无意识中。阿尼玛与阿尼姆斯最典型的表现形式，是在梦和幻象中以人格化的形象出现（"梦中女孩""梦中情人"），或者是以不合乎常理的形式出现，如男性的感受和女性的思考。作为行为的调节因素，它们是两种最具影响力的原型。

　　C. G. 荣格："每个男性体内都永远存在一个女性意象，不是某一个女人的形象，而是一种绝对的女性意象。这一意象从根本上来说是无意识的，是自远古以来便嵌入男性生命有机体系的遗传因素，是关于女性的全部原始经验的印记或'原型'（参见相应条目），可以说是一种对女性的全部印象的积淀……由于该意象是无意识的，它总是被无意识地投射到爱人的身上，这也是情感上产生好恶的重要原因。"[1]

"阿尼姆斯在其原始的'无意识'状态下，是一些自发、偶然的观点的化合体，会对女性的情感生活造成强力的影响；而阿尼玛也是一种相似的感想化合体，影响甚至扭曲着男性的理解力（'她改变了他的头脑'）。结果，阿尼姆斯喜欢投射在'知识分子'及各种各样的'英雄人物'身上，包括歌唱家、艺术家、体育明星等；阿尼玛则偏爱女性身上所有无意识的、阴郁的、暧昧的和无目的性特质，还有她的虚荣、冷漠、无助等。"[2]

"……任何一位男性，在与一个阿尼姆斯交谈五分钟后，都会变成他自己的阿尼玛的牺牲品。如果有谁还有足够的幽默感，能客观地听听后续谈话，准要大吃一惊，因为其中掺杂着大量陈腐见解、老生常谈，以及从报纸和小说里摘出来的古董和在商店里放过期了的描述，缀上些通俗的脏话，缺少连贯的思路和逻辑。这是一场很不尊重参与者的谈话，在世界上被各种语言无数次重复着，总是换汤不换药。"[3]

"阿尼姆斯（以及阿尼玛）的自然功能，是在个人意识与集体无意识之间坚守自己的位置，就像人格面具作为一种隔层被置于自我意识与外界客体之间一样。阿尼姆斯和阿尼玛可起一种桥或门的作用，导向集体无意识中的意象，就如同人格面具也是一种通向世界的桥梁一样。"[4]

原型（Archetype）：C. G. 荣格："原型的概念……是从多次观察研究中得来的。例如，世界各国文学作品如神话和童话，都明确包含相应

---

[1] 《人格发展》，《荣格文集》第十七卷第198页。

[2] 《心理治疗实践》，《荣格文集》第十六卷第521段。

[3] 《爱翁》，《荣格文集》第九卷下册第15页。

[4] 未发表的研讨会记录，《幻象》上册第116页。

母题，并充斥于各处。今天活着的个体以幻觉、梦、狂乱与妄想的形式遇到了同样的母题。我把这些典型的意象和联想称为原型性观念。它们愈是生动，就愈是具有强烈的情感基调……它们令我们印象深刻，我们被影响并被迷惑着。它们出自原型之中，而原型本身是不能被表现出来的，原型是无意识的、先在的，就好像是心灵所继承的结构部分一样，能够随时随地显现。因为原型具有本能的性质，它成了情结的基托，并控制着情结。"[1]

"我曾反复碰到人们错误的见解，认为原型是由其内容决定的，换句话说，原型是一种无意识的念头（如果可以这样表述的话）。我有必要重申，原型的内容并不是确定的，唯有其形式是确定的，而且也只是在很小的程度上是确定的。一个原始的意象，只有在被意识到，以及被有意识的经验填满的时候，其内容才是确定的。至于它的形式……可以比作晶体的轴向系统，就像晶体无中生有地从母液中析出。这种现象始自离子与分子相聚合的特殊途径。原型本身是空的、纯形式的，只是一种优先表现的可能性，而别无他物。这些表现本身不是传承的，它们也只是形式，从这个角度看，它们与本能是全然相似的，本能也只有形式而没有内容。只要原型并未具体地呈现出来，原型的存在就是本能存在最好的证据。"[2]

"……在我看来，原型的真正本质很可能不能够被我们意识到，它是超验的，因而我称其为类精神的（参见相应条目）。"[3]

联想（Association）：由于相似、共存、对立或因果相依而产生关联的观念、知觉等。在弗洛伊德式的释梦中，乃是自由联想：同时发生

[1] 《过渡时期的文明》，《荣格文集》第十卷第847段。

[2] 《原型与集体无意识》，《荣格文集》第九卷上册第79—80页。

[3] 《心灵的结构与动力学》，《荣格文集》第八卷第213页。

在梦者脑中的念头，该念头不一定要与梦中情境有关。在荣格式的梦的分析中，则为有指向性的或控制联想：同时产生的念头，该念头应来自特定的梦之情境，并始终与该梦有关联。

联想测验（Association test）：通过测试反应时间以及对给定刺激词的回答来揭示情结的方法。

情结指标（Complex-indicators）：当刺激词触及受试者想要隐瞒或没有意识到的情结时，会导致反应时间延长、错误增加或答案具有某些特殊的征兆。

情结（Complex）：C. G. 荣格："情结是一种心灵片段，它因创伤性的影响或某些不相容的趋向而分离出来。联想实验证明，情结会干扰意志的目的，扰乱意识的表现。它们会引起记忆的扰动，阻碍联想的流动。它们恣意地出现、消失，能够短暂地攫取意识，在无意识中影响人们的言谈举止。总之，情结的活动就好像具有独立的生命一样，在头脑状态异常的时候表现得尤其明显。精神病人会认为他们听到的声音拥有独立的人格，就像是那些通过自动书写来显灵的精灵一样。"[1]

意识（Consciousness）：C. G. 荣格："当我们思索意识究竟是什么的时候，便会惊叹于这样一个事实，在外在宇宙发生的事件，若同时也产生了内在的意象，就是说也在内部发生了，这就是所谓的被意识到了。"[2]

"实际上，我们的意识并不是自发创造的——它是从未知的深处涌上表面的。在童年阶段，意识逐渐被唤起，终其一生，意识每天早上从梦的深处醒来，从无意识状态中醒来。它像一个孩子，每天都从无意识

---

[1] 《心灵的结构与动力学》，《荣格文集》第八卷第121页。
[2] 巴塞尔研讨会记录，私人印刷，1934年，第1页。

的原始子宫中降生一回。"[1]

梦（Dream）：C. G. 荣格："梦是通向最内在、心灵最隐秘处的一扇隐藏的小门，通向心灵无边的黑暗，自我意识仍然远未出现，而不论我们的自我意识将延伸到何处，总有一部分心灵处于黑暗之中……一切意识都被隔离了。但是在梦中，我们得以看见那个身处原始夜晚黑暗之中的更全面、更真实、更不朽的人。他是完整的，完整性存在于他的体内，天性混沌、毫无自我。它从未像这般幼稚、怪诞而不朽。"[2]

外倾性（Extraversion）：一种态度类型，特点是兴趣集中在外部客体上。参见内倾性。

上帝意象（God-image）：从教父一词演变而来的术语，他们认为上帝意象（imago Dei）印在人类的灵魂之中。当这种意象自发地出现于梦、视象、错觉中时，从心理学的观点看，它便是自性与心灵整体性的象征。

C. G. 荣格："只有通过心灵，我们才能认识到上帝对我们的影响，但我们却分不清这影响来自上帝还是无意识。我们说不出上帝或无意识是不是两种不同的实体。两者都是解释超验内容的、模糊不清的概念。但它可从经验上被证实，并具有相当的可能性。在无意识之中存在一种整体性的原型，能在梦中自发地呈现出来，还有将其他原型吸引到这一中心的趋势，且独立于有意识的意愿。结果，该原型看上去便能够制造一种象征，总是以上帝的特征和形象表现出来……上帝意象也并不与无意识相吻合，而是与无意识中一种特殊的内容相吻合，也就是自性的原型。正是这一原型让我们不再能够以经验区分上帝意象。"[3]

---

[1]　《心理学与宗教：西方和东方》，《荣格文集》第十一卷第569页。

[2]　《过渡时期的文明》，《荣格文集》第十卷。

[3]　《心理学与宗教：西方和东方》，《荣格文集》第十一卷第468页。

"那么，我们便可以将上帝意象解释为……自性的反映，或者反过来说，将自性解释为一个人身上的上帝意象。"[1]

圣婚（Hierosgamos）：神圣的或者精神上的婚姻，古代重生神话和炼金术中的原型人物的结合。典型例子是将基督和教会作为新郎新娘（未婚夫与未婚妻），以及炼金术中太阳和月亮的结合。

自性化（Individuation）：C. G. 荣格："我使用'自性化'一词，旨在表示一个人变为心理学上的'个人'的过程，即一个单独而不可再分的统一体或'整体'。"[2]

"自性化意味着变成一个单一、同质的个体，由于'自性'包含了我们内心最深处的、最后的、无与伦比的独特性，它也意味着成为一个人真正的自我。我们由此可以把自性化过程转化成'走向自我'或者'自我实现'。"[3]

"但是我一再写道，自性化过程常与对自我的意识相混淆，自我（ego）常被误认为是自性（self），这自然产生了一个令人绝望的概念混淆。这样一来，自性化就成了自我中心论和自体性欲主义。但是自性比简单的自我所包含的东西要多得多……自性不仅指一个人的自性，也是他人之自性的整体，这一点与自我相仿。自性化并非使个人从世界中抽离，而是将整个世界都包容在个人里。"[4]

膨胀（Inflation）：通过与人格面具或原型相认同，或在病理情境下与某一历史或宗教人物相认同，从而人格变得膨胀，逾越了适当的界限。它将导致个人自尊感夸大，并常常以自卑感进行补偿。

---

[1] 《心理学与宗教：西方和东方》，《荣格文集》第十一卷第190页。

[2] 《原型与集体无意识》，《荣格文集》第九卷上册第275页。

[3] 《分析心理学的两篇论文》，《荣格文集》第七卷第266页。

[4] 《心灵的结构与动力学》，《荣格文集》第八卷第226页。

内倾性（Introversion）：一种态度类型，其特点为在生活中通过主观的心灵内容来定向。参见"外倾性"。

超自然力（Mana）：美拉尼西亚语，意为一种超凡的有效力量，可能源自人、客体、举动或事件，也可能来自一种超自然的存在和精神。其意味着健康、声望、力量，能制造奇迹，有治愈力量，是心灵能量的一个基本概念。

曼荼罗（梵文）（Mandala）：魔环。在荣格心理学中，象征着中心、目标或作为心灵整体的自性（参见相应条目）。它是集中于中心的心理过程的自我再现，也是人格新生中心的产物。这一象征可显示为圆形、方形或四位一体，即数字四及其倍数的对称排列。在喇嘛教和密宗瑜伽中，曼荼罗（称为"具"）是冥想时所使用的工具，是诸神的座椅和出生的地方。

扰乱的曼荼罗（Disturbed mandala）：任何圆形、方形、端正十字或四与四的倍数的衍生形式。

C. G. 荣格："曼荼罗是圆圈的意思，特别指魔环，这种象征形式不但可以在整个东方找到，在我们之间亦能看见。曼荼罗曾在中世纪大量地复现。那些具有基督教味道的曼荼罗产生于中世纪早期。它们大多把基督置于中心，周围主要位置上是四位福音传道者，或是象征这些传教士的事物。曼荼罗的概念一定非常古老，因为荷鲁斯和他的四个儿子也以同样的方式被埃及人再现了……在大部分情况下，曼荼罗的形式像花朵、十字架或车轮一样，并明显倾向于以四个一组作为其结构的基础。"[1]

"曼荼罗……往往在心理迷惑和失调情形下出现。因而原型便得以表

---

[1] 《〈金花的秘密〉评注》，《荣格文集》第十三卷第31段（有改动）。

现出一种秩序模式，像一种精神上的'取景器'，以十字或分成四份的原型为特色，置于混乱不堪的心理上，让每种东西各自归位，搅动着的迷惑便被这个保护性的圆圈钳制住了……与此同时，它们还是印度教与佛教坐禅时使用的'具'，一种帮助恢复秩序的工具。"[1]

敬畏的向往（Numinosum）：鲁道夫·奥托所使用的术语（见其《论神圣》一书），意为一种无法言述的、神秘的、令人恐怖的、直接体验的神圣性感觉。

人格面具（Persona）：最早指演员戴的面具。

C. G. 荣格："人格面具……是个人适应世界的体系，或他认为能够合宜地应对世界的方式。比如，各行各业都有其自己特有的人格面具……只是其中潜藏着危险，人们会认同他们的人格面具——教授与其课本，歌唱家与其声音……可以稍加夸张地说，人格面具实际上并非人的真实面目，但是别人，甚至他本人都认为该面具即是其真实面目。"[2]

原始意象（Primordial image）：荣格最初使用的术语，指原型。

类精神的（Psychoid）："灵魂状的"或"准精神的"。

C. G. 荣格："……集体无意识……呈现出一个心灵……不能被直接感知或'再现'。相对于可感知的心灵现象，考虑到它'不能被再现'的性质，我称它为'类精神的'。"[3]

四位一体（Quaternity）：C. G. 荣格："四位一体是一种几乎遍布全球的原型。它是任何完整判断的逻辑基础。如果一个人想要完成这样一个判断，就必须从四个方面出发。例如，你若想整体地描述一下地平

---

[1] 《过渡时期的文明》，《荣格文集》第十卷第803段。

[2] 《原型与集体无意识》，《荣格文集》第九卷上册第122—123页。

[3] 《心灵的结构与动力学》，《荣格文集》第八卷第436页。

线，你就必须命名天空的四个方位……总是有四种元素，四个基本性质，四种颜色，四个阶层，四条精神发展的道路，等等。同样，在心理的定向中，也有四个方位……为了给我们自己定位，我们必须有肯定某种事物在某处的功能（感觉）；第二个功能便是确定该事物是什么（思维）；第三个功能即说明该事物是否与我们相适应，我们是否希望接受它（感受）；第四个功能即知晓该事物从哪里来，到哪里去（直觉）。完成了这些，也就没有其他该说的了……理想的完成就是圆形或球形，但它的自然最小分裂是四分的。"[1]

四位一体或四元经常具有3+1的结构，组成四位一体的某一元常常占有一个特殊地位，或者具有一种区别于其他三者的性质（例如，三位福音传道者的象征皆为动物，而第四个传教士圣路加的象征则为天使）。就是说这"第四个"与其他三个相加，使四者成为"一体"，象征着整体。在分析心理学中，"劣势"功能（个体不受意识支配的功能）代表"第四个"，它对意识的整合是自性化中最重要任务之一。

自性（Self）：最核心的原型，次序的原型，人格的完整性。其象征为圆形、方形、四位一体、儿童、曼荼罗等。

C. G. 荣格："自性的数量是巨大的，超过了意识的自我。它不仅包含意识，也包含无意识心灵，因此可以说，它也是我们的一种人格……我们几乎没有希望出没于自性的意识边缘，因为不管我们如何意识，总存在着一个没有限定也无法确定的大量无意识素材，它们属于自性的整体。"[2]

"自性不仅是中心，也是个圆圈，囊括着意识和无意识。它是这一

---

[1]　《心理学与宗教：西方和东方》，《荣格文集》第十一卷第167页。

[2]　《分析心理学的两篇论文》，《荣格文集》第七卷第274段。

个整体的中心，就像自我是意识的中心一样。"[1]

"自性是我们生活的目标，它是我们称为自性化的命运般结合的完整体现。"[2]

阴影（Shadow）：人格中较低劣的部分。其全部因与意识态度相违背而不能在生活中表达，变为相对自主的"分裂人格"进入无意识中的个人与集体精神因素的总和。阴影是意识的补偿，所以它的影响可以是积极的也可以是消极的。在梦中，阴影形象的性别总是与做梦者相同。

C. G. 荣格："阴影将一切个人不愿承认的东西都人格化了，但也往往将它自己直接或间接地强加在个人身上——例如，性格中的卑劣品质和其他不相容的倾向。"[3]

"……阴影是一个隐匿的、受压抑的部分，因为卑劣而负罪的人格大部分可以回溯到我们的动物祖先，整个无意识历史层面都被包括了进去……倘若因此相信阴影是人类罪恶的源头，那现在便可以通过进一步的观察研究来确认，人的无意识，即其阴影不仅由道德上受指责的倾向构成，也包括许多好的品质，比如正常的本能、适宜的反应、现实的洞见、创造的冲动等。"[4]

灵魂（Soul）：C. G. 荣格："如果人类有灵魂，那它一定是难以想象的复杂和多样的，我们不可能仅仅通过本能心理学就将其弄懂。我只能惊奇而敬畏地望着我的心灵本质的深度和广度。在灵魂那没有空间的宇宙中，藏着数不清的丰富意象，它们在人类发展的几百万年中积淀而

---

[1] 《心理学与炼金术》，《荣格文集》第十二卷第44段。

[2] 《分析心理学的两篇论文》，《荣格文集》第七卷第404段。

[3] 《原型与集体无意识》，《荣格文集》第九卷上册第284—285页。

[4] 《爱翁》，《荣格文集》第九卷下册第266页。

成，已附着在了有机体上。我的意识如同一只眼睛，可以看到天际，却是精神上非自我的部分用无空间的意象填满了它们。这些意象不是苍白的阴影，而是威力巨大的精神元素……在这一图景旁边，我想再添上一幅奇景，即夜晚的星空。因为只有外在的宇宙可与内心的空间相比肩。就像我以肉体为媒介，触摸到了外在世界一样，我也可以以心灵为媒介，抵达内心的世界。"[1]

"若说上帝除了人的灵魂还可以在任何地方显现，那便是一种亵渎。但正是上帝与灵魂之间的亲密关系，自动防止了后者的贬值。用亲密关系一词也许有些言过其实。但不管怎样，灵魂之中一定包含了与上帝相连通的能力，也就是通信的能力，另外的联系倒是不存在的。这种相容的能力，用心理学的术语来描述即是'上帝意象的原型'。"[2]

共时性（Synchronicity）：荣格杜撰的词，指有意义的巧合或等价：（a）精神与身体状态或事件的共时性，相互之间并非有因果关系。例如，当一种内在感知的事件（如梦、视象、预感等）与外在现实相呼应，即内心预感的意象"变成了现实"。（b）相似或一致的想法、梦等在不同地点同时发生，也为共时性。不能将任意一方的发生解释为偶然，然而似乎与无意识中的原型过程有着根本的联系。

C. G. 荣格："我对无意识心理学的痴迷持续了很长时间，迫使我去寻找另外的原理来解释，因为我觉得偶然的原理不能充分解释一些无意识心理学上的现象。于是，我发现了精神并行现象，它们并不是偶然地联系在一起的，而一定是通过其他原理相联系，也就是事件的附带发生。在我看来，这些事件之所以被联系起来，是由于它们是同时发生的，即所谓'同步'。确实，时间诚然不是抽象概念，而是一个实在的

---

[1] 《弗洛伊德与精神分析》，《荣格文集》第四卷第331—332页。

[2] 《心理学与炼金术》，《荣格文集》第十二卷第11段。

连续统一体，包含着质量或基本条件，在不同地点通过平行将自己显现出来。这样的平行现象不能用偶然现象来解释，就像不能将同时发生的一致想法、象征或者精神状态解释为偶然现象一样。"[1]

"我之所以选取了这一个术语，是因为我觉得，两件同时发生的事情之间的联系具有意义而非纯属偶然，这是一种非常重要的规则。所以，我使用了共时性的一般概念，专门表示两件或多件在意义上相同或相似的事情，它们偶然被联系在一起，且在时间上具有巧合性。与此不同的是，'同步性'一词仅仅意味着两个事件同时发生。"[2]

"共时性并不比心灵的不连续性更费解、更神秘。只是人们有一种根深蒂固的念头，认为偶然性的力量是至高无上的，因而共时性才显得很难理解，似乎很难想象有无缘无故的事情存在，并在现实中发生。……有意义的巧合实属巧合，这才是合情合理的。但当事情变得复杂，巧合变得更具影响力、更精确的时候，其可能性就降低了，而不可理解的程度增加了，直到不能再用纯属巧合来解释，我们便不得不为它们做一个合理的安排。……它们之所以'不可解释'，不是因为其诱因是未知的，而是因为这个诱因无法用理智的词语来描述。"[3]

无意识（Unconscious）：C. G. 荣格："理论上讲，我们是不能给意识领域划定界限的，因为它能够无尽地扩张。但是从经验上说，遇到未知事物时，我们又往往会发现意识是有限的。未知事物包括所有我们不知道的事物，它们与作为意识领域中心的自我没有关联。未知事物可分为两类：一是那些外在的、可被感官感知的客体，二是那些内在的、可被即刻体验的客体。第一类包括外部世界中的未知事物，第二类包括内

---

[1] 《纪念卫礼贤》，《荣格文集》第十五卷第81段（有改动）。

[2] 《心灵的结构与动力学》，《荣格文集》第八卷第441页。

[3] 《心灵的结构与动力学》，《荣格文集》第八卷第518页。

部世界中的未知事物。我们把后一领域称为无意识。"[1]

"……所有我知道但此刻并未想到的；所有我曾意识到，但现在却已忘记的；所有我曾以感官感知到，但我的有意识头脑不曾注意到的；所有我不主动、刻意地去感受、思维、记忆、渴望与践行的；所有在我体内形成着，将在某些时刻进入意识的未来事物，这一切都是无意识的内容。"[2]

"除了这些，我们还必须纳入那些对痛苦的想法和感觉的有意压抑。我把这些内容的总和命名为个体无意识。然而在此之外，我们也在无意识中发现了许多不是个体获得，而是继承下来的性质。比如，本能就是一种按需采取行动的动力，而并不需要有意识的动机。在这'更深'层次中，我们也发现了……原型……本能与原型一起构成了集体无意识。我之所以称其为'集体'的，是因为它不像个体无意识，不是由个体的、多少有些独一无二的内容所组成的，而是由普遍而频繁地发生的内容所构成。"[3]

"个体无意识包括那些个体人格的重要组成成分，因此可以被意识到。集体无意识，似乎可以这样说，形成了一种无所不在、永恒不变、放之四海而皆准的性质。"[4]

"心灵的更深'层次'在向纵深的黑暗之中隐去时，失掉了其个体独特性。'往下'即是说，当它们的功能系统愈接近自主，它们愈具有集体性质，直至它们变成普遍的，消失于有机体的物质性中，即化学物质中。有机体内的碳就是碳。因此'在最底层'，心灵也就是'世界'了。"[5]

---

[1]　《爱翁》，《荣格文集》第九卷下册第3页。

[2]　《心灵的结构与动力学》，《荣格文集》第八卷第185页。

[3]　《心灵的结构与动力学》，《荣格文集》第八卷第133页。

[4]　《爱翁》，《荣格文集》第九卷下册第7页。

[5]　《原型与集体无意识》，《荣格文集》第九卷上册第173页。

《荣格文集》目录

编委会委员包括赫伯特·里德先生、迈克尔·福德姆博士、格哈德·阿德勒博士和威廉·麦克吉尔。除特殊说明外，译者均为R.F.C.赫尔。

在下列目录中，最初发表的日期用括号注明。多重日期则表示再版。

1 《精神病学研究》（*Psychiatric Studies*）

On the Psychology and Pathology of So-Called Occult Phenomena

《论所谓神秘现象的心理学和病理学》（1902）

On Hysterical Misreading

《论歇斯底里的误读》（1904）

Cryptomnesia

《潜隐记忆》（1905）

On Manic Mood Disorder

《论躁狂心境障碍》（1903）

Association, Dream, and Hysterical Symptom

《联想，梦，癔症症状》

The Psychopathological Significance of the Association Experiment

《联想实验在心理病理学中的意义》

Disturbances of Reproduction in the Association Experiment

《联想实验的再现障碍》

The Association Method

《联想法》

The Family Constellation

《家庭联想群集》

心理物理学研究（1907—1908）

On the Psychophysical Relations of the Association Experiment

《联想实验的心身关系》

Psychophysical Investigations with the Galvanometer and Pneumograph in Normal and Insane Individuals

《用电流计和呼吸描记器对普通人和精神病患者进行的心理物理学调查》（F. 彼得森与荣格合著）

Further Investigations on the Galvanic Phenomenon and Respiration in Normal and Insane Individuals

《对普通人和精神病患者在电击现象和呼吸作用上的深入调查》

Appendix: *Statistical Details of Enlistment*; *New Aspects of Criminal Psychology*; *The Psychological Methods of Investigation used in the Psychiatric Clinic of the University of Zurich*; *On the Doctrine of Complexes*; *On the Psychological Diagnosis of Evidence*

附录：《兵役期间的统计细节》（1906），《犯罪心理学的新特点：对心理诊断所提供证据之方法的新贡献》（1908），《用于苏黎世精神病诊所的心理学调查方法》（1910），《情结学说》（1911，1913），《心理诊断提供的证据：在国家仲裁论坛审判中的证据实验》（1937）

3　《精神疾病的心理机制》（*The Psychogenesis of Mental Disease*）

The Psychology of Dementia Praecox

《早发性痴呆心理学》（1907）

The content of the Psychoses

《精神病的内容》（1908，1914）

On Psychological Understanding

《论心理的理解力》（1914）

A Criticism of Bleuler's Theory of Schizophrenic Negativism

《对布鲁勒精神分裂症否定论的批评》（1911）

On the Importance of the Unconscious in Psychopathology

《论无意识在心理病理学中的重要性》（1914）

On the Problem of Psychogenesis in Mental Disease

《论精神疾病的心理机制问题》（1919）

Mental Disease and the Psyche

《精神疾病与心灵》（1928）

On the Psychogenesis of Schizophrenia

《精神分裂症的心理机制》（1939）

Recent Thoughts on Schizophrenia

《关于精神分裂症的新见解》（1957）

Schizophrenia

《精神分裂症》（1958）

4 《弗洛伊德与精神分析》（*Freud and Psychoanalysis*）

Freud's Theory of Hysteria: A Reply to Aschaffenburg

《弗洛伊德的癔症理论：对阿沙芬堡的回应》（1906）

The Freudian Theory of Hysteria

《弗氏的癔症理论》（1908）

The Analysis of Dreams

《梦的分析》（1909）

A Contribution to the Psychology of Rumour

《对谣言心理学的贡献》（1910—1911）

On the Significance of Number Dreams

《论梦中数字的意义》（1910—1911）

Morton Prince, "The Mechanism and Interpretation of Dreams": a Critical Review

《莫顿·普林斯的"梦的机制和解释"：批判性回顾》（1911）

On the Criticism of Psychoanalysis

《对于精神分析的批评》（1910）

Concerning Psychoanalysis

《关于精神分析》（1912）

The Theory of Psychoanalysis

《精神分析理论》（1913）

General Aspects of Psychoanalysis

《精神分析的通性》（1913）

Psychoanalysis and Neurosis

《精神分析与神经症》（1916）

Some Crucial Points in Psychoanalysis: The Jung-Loÿ Correspondence

《精神分析中的重点问题：荣格和洛伊的通信》（1914）

Prefaces to "Collected Papers on Analytical Psychology"

《〈分析心理学论文集〉序言》（1916，1917）

The Significance of the Father in the Destiny of the Individual

《父亲对个体命运的影响》（1909，1949）

Introduction to Kranefeldt's "Secret Ways of the Mind"

《克兰费尔德〈精神的秘密方法〉序》（1930）

Freud and Jung: Contrasts

《弗洛伊德与荣格：对比》（1929）

5 《转化的象征》（*Symbols of Transformation*，1912，1952）

德文原版称为《力比多的转化和象征》（*Wandlungen und Symbole der Libido*）（1912）。现版为1952年的增补版。

Appendix：*The Miller Fantasies*

附录：《米勒小姐的幻想》

6 《心理类型》（*Psychological Types*，1921）

Appendix：Four Papers on Psychological Typology

附录：心理类型学的四篇论文（1913，1925，1931，1936）

7 《分析心理学的两篇论文》
（*Two Essays on Analytical Psychology*）

On the Psychology of the Unconscious

《无意识的心理学》（1917，1926，1943）

The Relations between the Ego and the Unconscious

《自我与无意识的关系》（1928）

Appendices: *New Paths in Psychology; The Structure of the Unconscious*

附录：《心理学的新途径》（1912）

《无意识的结构》（1916）

8 《心灵的结构与动力学》
(*The Structure and Dynamics of the Psyche*)

On Psychic Energy

《论心灵能量》（1928）

The Transcendent Function

《超验功能》（1916，1957）

A Review of the Complex Theory

《情结理论综述》（1934）

The Significance of Constitution and Heredity in Psychology

《体质与遗传在心理学中的意义》（1929）

Psychological Factors Determining Human Behavior

《决定人类行为的心理因素》（1937）

Instinct and the Unconscious

《本能与无意识》（1919）

The Structure of the Psyche

《心灵的结构》（1927，1931）

On the Nature of the Psyche

《论心灵的本质》（1947，1954）

General Aspects of Dream Psychology

《梦心理学的通性》（1916，1948）

On the Nature of Dreams

《梦的性质》（1945，1948）

The Psychological Foundation of Belief in Spirits

《神灵信仰的心理基础》（1920，1948）

Spirit and Life

《精神与生命》（1926）

Basic Postulates of Analytical Psychology

《分析心理学的基本假设》（1931）

Analytic Psychology and Weltanschauung

《分析心理学和世界观》（1928，1931）

The Real and the Surreal

《现实与超现实》（1933）

The Stages of Life

《人生诸阶段》（1930—1931）

The Soul and Death

《灵魂与死亡》（1934）

Synchronicity: An Acausal Connecting Principle

《共时性：非因果性联系》（1952）

Appendix: *On Synchronicity*

附录：《论共时性》（1951）

9　上册：《原型与集体无意识》

（Part Ⅰ *The Archetypes and the Collective Unconscious*）

Archetypes of the Collective Unconscious

《集体无意识的原型》（1934，1954）

The Concept of the Collective Unconscious

《集体无意识的概念》（1936）

Concerning the Archetypes, with Special Reference to the Anima Concept

《关于原型，特别涉及阿尼玛概念》（1936，1954）

Psychological Aspects of the Mother Archetype

《母亲原型的心理学视角》（1938，1954）

Concerning Rebirth

《关于重生》（1940，1950）

The Psychology of the Child Archetype

《儿童原型心理学》（1940）

The Psychological Aspects of the Kore

《科莱的心理特性》（1941）

The Phenomenology of the Spirit in Fairytales

《童话中的精神现象学》（1945，1948）

On the Psychology of the Trickster-Figure

《论愚者的心理》（1954）

Conscious, Unconscious, and Individuation

《意识、无意识与自性化》（1939）

A study in the Process of Individuation

《一个自性化进程的研究》（1934，1950）

Concerning Mandala Symbolism

《关于曼荼罗象征》（1950）

Appendix: *Mandalas*

附录：《曼荼罗》（1955）

9 下册：《爱翁：自性现象学之研究》

（Part II *Aion: Researches into the Phenomenology of the Self*, 1951）

The Undiscovered Self（Present and Future）

《未发现的自性：现代与未来》（1957）

Flying Saucers: A Modern Myth

《飞碟：现代神话》（1959）

A Psychological View of Conscience

《心理学的良知观》（1958）

Good and Evil in Analytical Psychology

《分析心理学中的善与恶》（1959）

Introduction to Toni Wolff's "Studies in Jungian Psychology"

《托妮·沃尔夫〈荣格心理学研究〉绪论》（1959）

The Swiss line in the European Spectrum

《欧洲光谱中的瑞士谱线》（1928）

Reviews of Keyserling's "America Set Free" and "La Rvolution Mondiale"

《论凯西林〈自由美国〉》（1930）与《论凯西林〈世界革命〉》（1934）

The Complications of American Psychology

《美国心理学的复杂性》（1930）

The Dreamlike World of India

《印度的如梦世界》（1939）

What India Can Teach Us

《印度能教给我们什么》（1939）

Appendix: Documents

附录：短篇论文（1933—1938）

11 《心理学与宗教：西方和东方》
（*Psychology and Religion: West and East*）

西方宗教

Psychology and Religion

《心理学与宗教》（1938，1940）

A Psychological Approach to the Dogma of the Trinity

《三位一体教义的心理学探讨》（1942，1948）

Transformation Symbolism in the Mass

《弥撒中的转化象征》（1942，1954）

Foreword to White's "God and the Unconscious" and Werblowsky's "Lucifer and Prometheus"

《怀特〈上帝与无意识〉与韦尔布娄斯基〈卢西弗和普罗米修斯〉前言》（1952）

Brother Klaus

《克劳斯兄弟》（1933）

Psychotherapists or the Clergy

《心理治疗者和神职人员》（1932）

Psychoanalysis and the Cure of Souls

《精神分析与灵魂治疗》（1928）

Answer to Job

《答约伯》（1952）

东方宗教

Psychological Commentary on "The Tibetan Book of the Great Liberation"

《对〈西藏大解脱经〉的心理学评论》（1939）

Psychological Commentary on "The Tibetan Book of the Dead"

《对〈西藏度亡经〉的心理学评论》（1935，1953）

Yoga and the West

《瑜伽与西方》（1936）

Foreword to Suzuki's "Introduction to Zen Buddhism"

《铃木〈禅宗佛教导论〉前言》（1939）

The Psychology of Eastern Meditation

《东方冥想心理学》（1943）

The Holy Men of India: Introduction to Zimmer's "Der Weg zum Selbst"

《印度圣人：吉穆耳〈自我之路〉序》（1944）

Foreword to the "I-Ching"

《〈易经〉前言》（1950）

12 《心理学与炼金术》（*Psychology and Alchemy*，1944）

Introduction to the Religious and Psychological Problems of Alchemy

《炼金术的宗教与心理问题简介》

Individual Dream Symbolism in Relation to the Alchemy

《与炼金术相关的个体梦境象征》（1936）

Religious Ideas in Alchemy

《炼金术中的宗教观念》（1937）

Epilogue

《结语》

13 《炼金术研究》（*Alchemical Studies*）

Commentary on "The Secret of the Golden Flower"

《〈金花的秘密〉评注》（1931）

The Visions of Zosimos

《佐西莫斯的视象》（1938，1954）

Psychology and Literature

《心理学与文学》（1930，1950）

"Ulysses" : A Monologue

《〈尤利西斯〉：一场独白》（1932）

Picasso

《毕加索》（1932）

16　《心理治疗实践》（*The Practice of Psychotherapy*）

心理治疗的一般问题

Principles of Practical Psychotherapy

《实用心理治疗的原则》（1935）

What Is Psychotherapy?

《什么是心理治疗？》（1935）

Some Aspects of Modern Psychotherapy

《现代心理治疗的若干方面》（1930）

The Aims of Psychotherapy

《心理治疗的目标》（1931）

Problems of Modern Psychotherapy

《现代心理治疗问题》（1929）

Psychotherapy and a Philosophy of Life

《心理治疗与人生哲学》（1943）

Medicine and Psychotherapy

《医学与心理治疗》（1949）

Psychotherapy Today

《当代心理治疗》（1945）

Fundamental Questions of Psychotherapy

《心理治疗的基本问题》（1951）

心理治疗的具体问题

The Therapeutic Value of Abreaction

《发泄的治疗价值》（1921，1946）

The Practical Use of Dream-Analysis

《梦的分析的实际应用》（1934）

Psychology of the Transference

《移情心理学》（1946）

Appendix: *The Realities of Practical Psychotherapy*

附录：《实用心理治疗现状》（1937）

17　《人格发展》（*The Development of Personality*）

Psychic Conflicts in a Child

《儿童心理冲突》（1910，1946）

Introduction to Wickes's "Analyse der Kinderseele"

《威克斯〈儿童分析〉导言》（1927，1931）

Child Development and Education

《儿童发展与教育》（1928）

Analytical Psychology and Education: Three Lectures

《分析心理学与教育：三份讲稿》（1926，1946）

The Gifted Child

《神童》（1943）

The Significance of the Unconscious in Individual Education

《无意识在个性化教育中的意义》（1928）

The Development of Personality

《人格发展》（1934）

Marriage as a Psychological Relationship

《作为心理关系的婚姻》（1925）

18　《象征生活》（*The Symbolic Life*，1954）

译者为R.F.C.赫尔等。

杂文集。

19　《C.G.荣格文集完整目录》

（*Complete Bibliography of C.G.Jung's Writings*，1976；
2nd edn.，1992）

20　《文集索引》

（*General Index of the Collected Works*，1979）

21　《佐芬吉亚讲座》（*The Zofingia Lectures*，1983）

本书为文集补充卷A，由威廉·麦奎尔编辑，简·范赫尔克翻译，玛丽·路易斯·冯·弗朗茨撰写前言。

22　《无意识的心理学》

［*Psychology of the Unconscious*，（1912）1992］

A Study of the Transformations and Symbolisms of the Libido

《对力比多象征和转化的研究》

A Contribution to the History of the Evolution Thought

《对进化思想历史的贡献》

本书为文集补充卷B，由比阿特丽斯·M.辛克尔翻译，威廉·麦奎尔撰写前言。

相关出版物

23 《荣格基本著作选》（*The Basic Writings of C. G. Jung*）

由维奥莱特·拉兹洛选编并撰写前言。

24 《心灵与象征》（*Psyche and Symbol*）

由维奥莱特·拉兹洛选编并撰写前言。

25 《荣格书信》（*C. G. Jung: Letters*）

由格哈德·阿德勒与安妮拉·亚菲合作选编。

由R. F. C.赫尔从德文翻译。

第一卷：1906—1950

第二卷：1951—1961

26 《弗洛伊德与荣格的书信》（*The Freud-Jung Letters*）

27 《荣格谈话：访谈和对话》

（*C. G. Jung Speaking: Interviews and Encounters*）

编者为威廉·麦奎尔和R. F. C.赫尔。

28 《荣格：词语与意象》（*C. G. Jung: Word and Image*）

编者为安妮拉·亚菲。

29 《荣格精选》（*The Essential Jung*）

由安东尼·斯托尔选编并撰写前言。

30 《荣格与诺斯替教》（*The Gnostic Jung*）

由罗伯特·A. 西格尔选编并撰写前言。

荣格研讨会记录

31 《梦的分析》［*Dream Analysis*，（1928—1930）1984］

编者为威廉·麦奎尔。

32 《尼采的查拉图斯特拉》
　　［*Nietzsche's Zarathustra*，（1934—1939）1988］

编者为詹姆斯·贾勒特（两卷）。

33 《分析心理学》［*Analytical Psychology*，（1925）1989］

编者为威廉·麦奎尔。

34 《昆达利尼瑜伽心理学》

[*The Psychology of Kundalini Yoga*，（1932）1996]

编者为索努·沙姆达萨尼。

35 《视象的解释》

[*Interpretation of Visions*，（1930—1934）1997]

编者为克莱尔·道格拉斯（两卷）。

荣格自我疗愈年表

1875年7月26日 （荣格诞生）	荣格母亲此前曾流产，因此非常盼望荣格出生。 摇篮记忆。 12月移居劳芬。
1878—1879年 （3~4岁）	全家移居巴塞尔近郊，父母不和，母亲住院。 梦1"独眼肉柱梦"。[1] 对女仆、阿姨、岳母产生温情记忆。 出现湿疹，被父亲唱歌安抚。 多次摔伤，可能有自杀冲动。 母亲教导祈祷词安慰。 看到黑衣神父产生莫名恐惧。
1881年 （6岁）	与父母远行。 对母亲的连衣裙产生温暖记忆；在教堂受伤，感到羞愧。 父母开始辅导自己读书，阅读时对印度教产生兴趣。 母亲对自己打其他小孩这件事的态度前后不一，感受到母亲的双重性。
1882年 （7岁）	出现母亲房间有断头人飘出的幻觉，做了一系列物体由小变大的梦。 哮喘时在父亲杯中看到金色天使的幻象。 热衷积木游戏。 （同年荣格的妻子艾玛出生。）

---

[1] 为方便指代，李孟潮曾将荣格的梦进行编号和概括性命名，可参见《自愈与成长：荣格的生命故事》。——编者注

1883—1886年 （8~11岁）	热衷战争游戏。 父亲带自己看火山，对死亡和尸体感兴趣。
1884年 （9岁）	妹妹出生，不相信父母的"出生解释"。 和同伴玩火，产生石头冥想。
1885年 （10岁）	开始雕刻石头和小人。 开始喜欢玩积木。
1886年 （11岁）	进入巴塞尔中学，产生自卑感。 母亲编造了有关父亲的谣言，后来又讲述了完全不同的故事，再次 感受到母亲的双重性和不可靠。
1887年 （12岁）	对母亲要求自己讲卫生和讲礼貌产生逆反。 梦2"教堂上帝梦"。 夏季，出现"上帝大便"意象。
1887—1888年 （12~13岁）	患病，可能是脑创伤后产生的癔症，休学六个月。 讨厌数学、绘画和体操课，但喜欢自己绘画。
1888—1890年 （13~15岁）	对母亲的回忆感到温暖，发现自己和母亲的相似之处，发现父亲信 仰的虚伪性。 远离人群，在父亲的书房里大量阅读文学、哲学书籍。 母亲推荐阅读《浮士德》。 被老师和同学嫉妒和排挤。
1889年 （14岁）	被送去疗养，认识了化学家。 首次出现了高峰体验，之后独自登上轮船，再次产生高峰体验。
1890或1891年 （15岁或16岁）	敬佩父亲能够和当地神父交往。 路遇美丽的农家女孩。
1892—1895年 （17~20岁）	阅读古希腊哲学，爱克哈特、叔本华、康德、黑格尔的著作等。 在舅舅家吃饭，萌发对神学的兴趣，遭到父亲的劝退。 想要消除第二人格。
1893—1895年 （18~20岁）	梦3"挖掘古墓梦"，梦4"放射虫目生物梦"，梦5"小小意识灯 火梦"。

	父亲死前做了兄弟会演讲，领悟到父亲原来丧失了青春活力。
1895—1896年 （20～21岁）	1895年秋季父亲生病，1896年1月父亲去世，出现梦6"死亡父亲回家梦"。
	1896年春季，搬家到伯林根。
1895—1900年 （20～25岁）	医学院学习，对唯灵论、尼采感兴趣。
	因为表妹的经历，开始研究超心理现象。
	在医学院演讲，后结集命名为《佐菲迦演讲录》（Zofingia Lectures）出版。
1900年 （25岁）	决定专业方向为精神病学。
	移民定居苏黎世。
	阅读《释梦》，是最初的800名读者之一。
	（荣格的病人、诺贝尔物理学奖得主泡利诞生。）
	（卫礼贤在中国上海结婚，开设德华学校，他于1897年来华。）
1902年 （27岁）	7月，发表学位论文《关于神秘现象的心理学与病理学》。
	巴黎进修，在让内的医院学习精神病学。
1903年 （28岁）	结婚，与妻子相继生育5个子女。
1903—1905年 （28～30岁）	精神病院做实习医师。
	做字词联想测验，验证弗洛伊德所说的"情结"。
1902—1906年 （27～31岁）	作多篇精神病学症状学研究文章，后汇集为文集第一卷。
	1904—1905年成立心理病理学实验室，专门研究字词联想。
1905年 （30岁）	在苏黎世大学任医学系讲师，同时担任苏黎世精神科医院主治医师。
1906年 （31岁）	开始支持弗洛伊德，与之通信。
	发表《弗洛伊德的癔症理论：对阿沙芬堡的回应》。
1907年 （32岁）	面见弗洛伊德，发表《早发痴呆的心理》。

1904—1907年 （29～32岁）	做多项实验研究、字词联想。对情结等进行心理生理学研究，这些论文收录到《荣格文集》第2卷。成为精神医学界与心理学界的新星。 与病人萨宾娜发展恋情和师生情，持续7年；也有研究者认为他们的关系持续了12年，至1916年才终止。
1908年 （33岁）	发表《犯罪心理学新领域》《精神病的内容》《弗洛伊德的癔症理论》。 辞去苏黎世精神科医院主治医师职务，开始个人执业。
1909年 （34岁）	9月与弗洛伊德等人一起赴美，去克拉克大学演讲。 梦7"地下室头骨梦"，梦8"关吏幽灵与十字军幽灵梦"。 发表《梦境的分析》《父亲在个体命运中的意义》（1949年重修）。
1910年 （35岁）	担任国际精神分析协会首任主席。 开始撰写《转化的象征》，与弗洛伊德发生强烈争执。 回想起童年关于小石头和小人的记忆，发现他们和医神崇拜有关，开始假设原型的存在。 发表《一个孩子的精神冲突》（1946年有修改）、《论对精神分析的批评》。 开始阅读炼金术书籍。
1911年 （36岁）	发表《布鲁勒精神分裂阴性症状的批判》《论数字梦的意义》《也论谣言的心理学》。 与萨宾娜决裂。 骑自行车穿越意大利北部，梦到与鬔发绅士对话，认为这是祖先的灵魂在提问。
1912年 （37岁）	与弗洛伊德决裂。 去罗马旅游，在庞贝古城产生大量似曾相识感。 圣诞，梦9"白鸽女孩梦"，梦10"死者复活梦"。 决定与托尼·伍尔夫发展婚外情关系。 出版《转化的象征》，其中引用佐西摩斯的幻觉。 发表《心理学新路》《关于精神分析》。 回想起自己10～11岁时喜欢玩积木，开始玩建筑游戏。

	将自己的理论命名为"分析心理学",从苏黎世大学辞职。
	开始"与无意识面质",写作《黑书》,写作过程持续了17年,一直到1930年,《黑书》的内容精选改写为《红书》。
1913年 (38岁)	10月,出现了欧洲血海视觉意象。
	发表《精神分析理论》《精神分析理论的一般方面》。
	12月12日,决定"与无意识面质",沉入视觉意象中,看到圣甲虫和太阳;18日,梦11"杀死西格弗里德";19日出现"腓利门与莎乐美"的视觉意象;之后不久出现梦12"腓利门钥匙梦"。
	访问拉韦纳,感觉到加拉·普拉西狄亚陵墓对自己有神秘意义。
1913—1919年 (38~44岁)	中断服兵役,1916年任英国拘留营陆军医疗队的医生与队长。
1914年 (39岁)	和托尼·伍尔夫的恋情进一步发展,这段关系持续终生。
	彻底与弗洛伊德的精神分析协会决裂,辞去国际精神分析协会主席职务。
	最小的孩子出生。
	于春夏之交多次梦到大地冰冻,6月出现梦13"冰冻葡萄树"。
1914年 (39岁)	7月28日,第一次世界大战爆发。丰富的视觉意象出现。
	练习瑜伽。阅读炼金术研究书籍,对炼金术的观点发生改变,从之前的贬低蔑视,转为兴趣盎然。
	发表《论心理学中无意识的重要性》《精神分析中一些关键问题:荣格医生与罗伊医生往来信件》。
1916年 (41岁)	发表《向死者的七次布道》,写完后开始绘画曼荼罗。
	发表《论超越功能》(1957年有修改)、《自我与无意识的关系》《无意识的结构》,开始使用集体无意识、阿尼玛、阿尼姆斯、自性、自性化等概念。
	发表《论梦心理学的一般方面》(1948年重修)、《精神分析与神经症》《〈分析心理学论文集〉序言》。
1917年 (42岁)	发表《无意识的心理学》(1926年、1943年重修),收录于英文版《荣格文集》第7卷。

1918年 （43岁）	第一次世界大战结束。 开始研究诺斯替文献。
1919年 （44岁）	发表《本能与无意识》，使用"原型"这一概念。 开始理解曼荼罗，大量绘制曼荼罗。
1920年 （45岁）	北非之旅（3月4日至4月17日）。 开始学习《易经》。 开始建造塔楼。 梦14"驯服阿拉伯王子梦"。 发表《灵性信仰的心理基础》（1948年重修）。 在英国之旅中，再次雕了两个木小人，类似童年的小石头和小人。
1921年 （46岁）	出版《心理类型》。 发表《宣泄的治疗价值》（1928年修改）。
1922年 （47岁）	9月，梦15"死去父亲婚姻咨询梦"。 发表《论分析心理学与诗歌的关系》。
1923年 （48岁）	母亲去世。 梦16"魔王狼狗梦"，梦17"蟾蜍男孩梦"。 塔楼初步建成，具有母性核心感。 邀请卫礼贤去苏黎世心理学俱乐部做《易经》讲座。
1924年 （49岁）	卫礼贤回到德国，开始和荣格交往，交流卫礼贤版本的《周易》等。 在塔楼闭关一周（1923年年末至1924年年初），其间听到美妙音乐，体验到梦醒同一感。
1924—1926年 （49～51岁）	去美国印第安人居住地考察，领悟到用脑与用心的心理学，保留生活的意义。
1925年 （50岁）	去东非（肯尼亚和乌干达）考察。 梦18"黑人理发师梦"。 举办分析心理学讲座，这是最早系统讲述分析心理学的讲座，发表《作为心理关系的婚姻》。遇到印度老者，谈论中发现"上师"可以是"灵体"，确认腓利门是自己的上师。

1926年 （51岁）	梦19 "配楼炼金术图书馆梦"，梦20 "困在17世纪"。 发表《灵性与生命》《分析心理学与教育》。
1927年 （52岁）	梦21 "利物浦之梦"（1月2日），1月9日画 "永恒之窗" 曼荼罗。 修建塔楼配楼，挖到了士兵尸体。 发表《精神的结构》（1931年重修）。
1928年 （53岁）	出版《自我与无意识的关系》，发表《论心理能量》。 开始炼金术研究。 发表《心理治疗与灵魂的疗愈》《心理疾病和精神》《分析心理学与世界观》《儿童发展与教育》《个性化教育中无意识的意义》。
1928—1929年 （53～54岁）	绘画 "金色城堡" 曼荼罗，阅读《金花的秘密》，认为自己正在寻找的方法已经在中国人那里存在，写作《〈金花的秘密〉评注》。
1928—1929年 （53～54岁）	发表《帕拉塞尔苏斯》《心理学中体质和遗传的意义》《弗洛伊德和荣格：比较》。
1930年 （55岁）	完成《红书》。 担任 "心理治疗通科医师协会" 副主席。 卫礼贤逝世，发表《怀念卫礼贤》。 发表《现代心理治疗的某些侧面》《生命的阶段》《克兰菲尔德（心灵之隐秘路径）序言》《心理学与文学》（1950年有修改）。
1929—1930年 （54～55岁）	举办《梦分析研讨会》。 购买了炼金术书籍，但是拖延阅读。
1931年 （56岁）	塔楼扩建。 发表《心理治疗的目标》《分析心理学的基本假设》。 开始为物理学家泡利进行治疗。
1932年 （57岁）	举办《昆达里尼瑜伽研讨会》。 发表《心理治疗师或神职人员》《弗洛伊德及其历史地位》《毕加索》《〈尤里西斯〉：一场独白》。
1930—1934年 （55～59岁）	在苏黎世心理学俱乐部开展《意象分析研讨会》。 秘密为美国特工提供对纳粹、希特勒的精神分析。

1933年 （58岁）	在纳粹管理的"心理治疗通科医师协会"任代理主席，因为和纳粹有关受到谴责。 在苏黎世联邦理工大学开始做讲座，在爱诺斯会议发表《自性化过程的经验》《现实与超现实》。 结识冯·弗兰兹（Marie-Louise von Franz），她成为荣格后半生的重要助手、学术传承人。 再次访问拉韦纳，自己和同行人都在普拉西狄亚的陵墓中看到了彩色镶嵌画，事后却发现实际没有镶嵌画，只是历史记载，领悟到阿尼玛原型投射可以出现共时性现象。
1934年 （59岁）	在爱诺斯会议演讲，题为《关于集体无意识的原型》。 发表《梦分析的实践用途》《情结理论回顾》《灵魂与死亡》《自性化过程研究》（1950年重修）、《人格的发展》。 开始系统地研究炼金术。
1934—1939年 （59～64岁）	在苏黎世心理学俱乐部举办《尼采的〈查拉图斯特拉如是说〉研讨会》。
1935年 （60岁）	为塔楼搭建一个开放空间。 在爱诺斯会议演讲，题为《自性化过程的梦象征》，后出版为荣格文集《心理学与炼金术》第二部分。 在伦敦塔维斯多克诊所演讲，题为《分析心理学的理论与实践》。 发表《实践心理治疗的原则》《什么是心理治疗》。
1935年—1938年 （60～63岁）	获得了许多名誉教授、名誉博士称号。 妹妹于1935年去世。 遇到了胡适，和他讨论《易经》，发现胡适不懂《易经》。
1936年 （61岁）	在爱诺斯会议演讲，题为《炼金术中的救赎象征》，后出版为《荣格文集》《心理学与炼金术》第3章。 发表《瑜伽与西方》《纪念弗洛伊德》《集体无意识的概念》《关于原型：尤其是阿尼玛》。

1937年 （62岁）	在德里的艾尔大学做讲座，题为《心理学与宗教》，1940年汇编为《心理学与宗教》。 在爱诺斯会议演讲，题为《佐西摩斯的幻象》，1938年出版。 写作《实用心理治疗现状》，1966年发表于《荣格文集》第16卷。 发表《决定人类行为的心理学因素》。
1936—1937年 （61～62岁）	在纽约等地演讲，题为《自性化过程的梦象征》。
1938年 （63岁）	印度之行，梦22"圣杯梦"。 在爱诺斯会议发表论文，《母亲原型的心理学侧面》（1954年重修），发表《心理学与宗教》。
1939年 （64岁）	第二次世界大战爆发。 为塔楼添加了庭院和凉亭，形成四位一体性。 在爱诺斯会议演讲，题为《论重生》（1940年发表，1950年重修）。 为铃木大拙《禅宗导论》写序。 发表《论精神分裂症的心理病因》《意识、无意识与自性化》。
1940年 （65岁）	爱诺斯会议发表论文，《三位一体教理的心理之途》（1942年、1948年重修）。 发表《儿童原型的心理学》。
1936—1940年 （61～65岁）	在苏黎世心理学俱乐部举办《梦分析研讨会》，在瑞士联邦理工学院举办《儿童之梦研讨会》。
1941年 （66岁）	发表《作为医生的帕拉塞尔苏斯》《（少女）科尔的心理学侧面》。 与卡尔·克伦伊（Carl Kerenyi）合著《神话的科学文集》。 在爱诺斯会议做报告，题为《关于弥撒中的象征》。
1933—1941年 （58～66岁）	在瑞士联邦理工学院做讲座，包括心理学历史、意识心理学和梦心理学、瑜伽心理学、炼金术心理学等内容，共8卷，目前只有第1卷出版，其他7卷待出版。
1937—1941年 （62～66岁）	在苏黎世心理学俱乐部举办《古代及现代的释梦研讨会》。

1940—1943年 （65～68岁）	开始编辑《心理学与宗教》，并开展系列讲座。
1942年 （67岁）	发表《作为灵性现象的帕拉塞尔苏斯》。 辞去苏黎世大学的名誉教授、苏黎世联邦理工大学教授职位。
1942年 （67岁）	在爱诺斯会议做演讲，题为《精灵墨丘利》（1948年有改动）。 发表《群众中的转化象征》。
1943年 （68岁）	再次担任巴塞尔大学的心理学教授。 发表《东方禅修的心理学》《心理治疗与生命哲学》《天才儿童》。
	退出教学领域。
1944年 （69岁）	出版《心理学与炼金术》。 出现濒死体验，进入印度神庙，发表《印度的圣人》。 梦23"瑜伽行者梦"。
1945年 （70岁）	第二次世界大战结束。 在爱诺斯会议做演讲，题为《灵魂的心理学》。 在苏黎世心理学俱乐部做演讲，题为"论心理及视觉艺术"。这个 演讲曾经于1942年在苏黎世精神科协会举办过一次。 发表《哲学树》（1954年有改动）。 发表《医学与心理治疗》《今日心理治疗》《论梦的本质》 （1948年重修）、《童年中的灵性现象》（1948年重修）。
1946年 （71岁）	出版《移情心理学》。 在爱诺斯会议演讲，题为《心理学的精神》。 在BBC演讲，题为"与阴影的搏斗"，此文收录于《荣格文集》 第1卷。
1948年 （73岁）	成立苏黎士荣格学院，并出版《精神的象征性》。 在爱诺斯会议做演讲，题为"关于自性"，后收录于《荣格文集》 第9卷第4章。 发表《论精神的本质》（1954年重修）。
1949年 （74岁）	出版《无意识结构》。 想要再次去罗马，结果买票时昏厥了。

1950年 （75岁）	再次获得苏黎世联邦理工学院名誉博士学位。 发表《〈易经〉前言》《论曼荼罗象征》。 在塔楼制作石碑，雕刻有关孤儿、时间的炼金术诗句。
1951年 （76岁）	出版《爱翁》。 在爱诺斯会议做演讲，题为《论共时性》。 发表《心理治疗的基本问题》。
1952年 （77岁）	出版《答约伯》。 梦24"配楼乐队梦"，梦25"父亲圣经梦"。 发表《共时性：非因果性联系》，此文首先发表于和泡利合著的 《对自然和精神的解释》中，后收录于《荣格文集》。
1953年 （78岁）	托尼·伍尔夫去世，开始戒烟。 开始出版英文版《荣格文集》（20卷）。
1954年 （79岁）	出版《论意识的起源》。 发表《论愚弄者形象的心理学》。
1955年 （80岁）	妻子艾玛去世。 梦26"不喜不悲的妻子"。 发表《曼荼罗》。
1956年 （81岁）	梦27"亡妻研究圣杯梦"。
1955—1956年 （80~81岁）	雕刻父系家谱，绘画家族图纹。 出版《神秘化合》。
1957年 （82岁）	开始撰写《荣格自传》。 发表《精神分裂症近思》。
1958年 （83岁）	出版《飞碟——一个现代神话》。 梦28"UFO投射梦"。
1958年 （83岁）	获得荣誉市民称号。 发表《精神分裂症》。 病人兼好友泡利去世。

1959年 （84岁）	接受BBC采访，录制记录片《面对面：荣格》。
1960年 （85岁）	德文版《荣格文集》续出版。
1961年 （86岁）	发表《接近无意识》。 梦29"狼獾母亲梦"，梦30"金线树根"。 6月6日，荣格于库斯那赫特家中逝世。

读客®三颗钻人类思想文库

本本都有专家伴读，伴你啃透社科名著！

欢迎您从
《荣格自传：我的梦与潜意识（专家伴读版）》
走进　读客三颗钻人类思想文库

亲爱的读者，感谢您选择读客三颗钻人类思想文库。

文库收录政治学、心理学、社会学等社科领域名家名著，汇聚人类文明进程中的重大议题——

▽ 马基雅维利《君主论》：道德和政治之间有什么关系？

▽ 卢梭《社会契约论》：个人利益和集体利益哪个更重要？

▽ 弗雷泽《金枝》：人类的思维是如何发展和进化的？

▽ 弗洛伊德《自我与本我》：自我和本我哪一个才是真正的我？

▽ 阿德勒《理解人性》：人性的本质是什么？

…………

针对经典社科啃不动、读不懂等问题，推出三颗钻专家伴读版！

文库里的每一本书，都会邀请知名专家学者，定制专家伴读，解析创作背景、厘清重要概念、勘误过时观点，伴您从头读到尾！

封面统一使用"三颗钻"的设计，您可以凭借晶莹剔透的"三颗钻"找到我们，探索那些曾经改变人类文明的伟大思想。

啃透社科经典，就读三颗钻专家伴读版！